LES
GRANDS ÉCRIVAINS
DE LA FRANCE
NOUVELLES ÉDITIONS

PUBLIÉES SOUS LA DIRECTION

DE M. AD. REGNIER

Membre de l'Institut

ŒUVRES

DE

P. CORNEILLE

TOME V

PARIS. — IMPRIMERIE DE CH. LAHURE ET Cⁱᵉ
Rue de Fleurus, 9

ŒUVRES

DE

P. CORNEILLE

NOUVELLE ÉDITION

REVUE SUR LES PLUS ANCIENNES IMPRESSIONS
ET LES AUTOGRAPHES

ET AUGMENTÉE

de morceaux inédits, des variantes, de notices, de notes, d'un lexique des mots
et locutions remarquables, d'un portrait, d'un fac-simile, etc.

PAR M. CH. MARTY-LAVEAUX

TOME CINQUIÈME

PARIS
LIBRAIRIE DE L. HACHETTE ET Cie
BOULEVARD SAINT-GERMAIN

1862

THÉODORE
VIERGE ET MARTYRE
TRAGÉDIE CHRÉTIENNE
1645

NOTICE.

Tous les historiens de notre scène et tous les éditeurs de Corneille s'accordent à dire que *Théodore* fut mise au théâtre en 1645[1]. Elle n'y demeura pas longtemps. « La représentation de cette tragédie n'a pas eu grand éclat, » dit notre poëte avec sa franchise habituelle[2]. A en croire l'auteur du *Journal du Théâtre françois*[3], cette pièce fut jouée par « les comédiens du Roi » et n'eut que cinq représentations. Il est certain du moins qu'elle n'a pas été reprise à Paris. En effet, Corneille, après avoir remarqué, dans l'*Examen* de *la Suite du Menteur*[4], que cette dernière pièce y fut rejouée, mais qu'elle ne fut pas représentée par les comédiens de province, ajoute : « Le contraire est arrivé de *Théodore*, que les troupes de Paris n'y ont point rétablie depuis sa disgrâce, mais que celles des provinces y ont fait assez passablement réussir. »

« On ne put souffrir dans *Théodore*, dit Fontenelle, la seule idée du péril de la prostitution, et si le public étoit devenu si délicat, à qui M. Corneille devoit-il s'en prendre qu'à lui-même[5] ? » A cette occasion Fontenelle rappelle les singulières libertés de Hardy. Peut-être eût-il mieux valu citer la *Tragedie de sainte Agnès*, par le sieur d'Aves, qui nous montre comment on osait traiter un sujet tout à fait analogue à celui de *Théodore*, trente ans avant la représentation de cette pièce. Quoique, dans la dé-

---

1. Voyez tome IV, p. 399 et 400, note 2. — « Sur la fin de 1645, » dit Voltaire.
2. Voyez ci-après, p. 8. — 3. Tome II, fol. 889 verso.
4. Voyez tome IV, p. 286.
5. *Œuvres*, tome III, p. 106 et 107.

dicace adressée « A noble et vertueuse dame Françoise d'Averton, » l'auteur nous apprenne qu'il n'agit que pour remplir les ordres de cette sainte personne, et qu'il n'a eu « d'autre but que l'honneur de la gloire de Dieu, » on trouve dans son ouvrage des scènes que nous n'oserions citer, et dont l'*Argument* placé dans l'*Appendice* qui suit *Théodore* donnera une idée plus que suffisante. Cette tragédie, imprimée à Rouen par David du Petit Val, en 1615, forme un volume in-12; Pierre Troterel, sieur d'Aves, qui en est l'auteur, n'a pas composé moins d'une dizaine de pièces, dont la dernière est de 1627. On ne sait presque rien sur lui, mais dans l'épigramme suivante il nous a appris lui-même qu'il était Normand[1] :

> Il faut, lecteur, que je te die
> Que je demeure en Normandie.
> Le lieu de ma nativité
> Est près Falaise, du côté
> Où le soleil commence à luire,
> A l'opposite du zéphire.

Il semble bien difficile que Corneille n'ait pas entendu parler de lui et n'ait pas connu son *Agnès*[2]; peut-être y a-t-il puisé la malheureuse idée de mettre en scène une vierge chrétienne condamnée à la prostitution; en tout cas, il n'y a pas pris autre chose, car son plan est tout différent, et le détail que nous allons rappeler, le seul qui puisse donner lieu à un rapprochement, se présente assez naturellement pour qu'il soit inutile de supposer une réminiscence du pitoyable ouvrage du sieur d'Aves.

Dans la pièce de Corneille[3], Théodore dit au prince dont elle est aimée :

> Un obstacle éternel à vos desirs s'oppose.
> Chrétienne, et sous les lois d'un plus puissant époux....

On doit croire que l'acteur fait un geste d'étonnement qui

---

1. Cette épigramme est reproduite dans le *Dictionnaire portatif des théâtres*. Paris, 1754, p. 533.
2. Il nomme sainte Agnès dans le cinquième acte de *Théodore*, scène v, vers 1639.
3. Acte III, scène III, vers 868-873.

n'est pas signalé par Corneille dans les jeux de scène, très-peu nombreux, qu'il a indiqués. Aussitôt la jeune fille reprend :

> Mais, Seigneur, à ce mot ne soyez pas jaloux.
> Quelque haute splendeur que vous teniez de Rome,
> Il est plus grand que vous; mais ce n'est point un homme :
> C'est le Dieu des chrétiens, c'est le maître des rois.

Dans la pièce du sieur d'Aves, cette courte méprise, si discrètement indiquée par Corneille, se prolonge outre mesure. Sainte Agnès commence par s'exprimer ainsi[1] :

> Je ne suis plus à moi, je suis à mon époux,
> Lequel vous passe autant en vertus et richesse,
> En parfaites beautés, en esprit, en adresse,
> En pouvoir, en justice, en superbe grandeur,
> Voire en ferme constance et amoureuse ardeur,
> Que l'on voit surpasser un prince magnifique
> Un simple gentilhomme ou bien quelque rustique ;
> Bref, qu'en dirai-je plus ? son père est le vrai Dieu,
> Et lui-même est tenu pour tel en ce bas lieu.

Elle amplifie encore fort longuement cette déclaration si claire ; mais le Prince n'y comprend rien, et dans la scène suivante il s'écrie :

> Oui, par le dieu Pluton, je le ferai mourir,
> Quand bien un escadron viendroit le secourir,
> Ce mignon, ce beau fils que son âme trop folle
> Appelle son grand Dieu, son sauveur, son idole,
> Tant le vin de l'amour qu'elle a humé sans eau
> A donné dans son casque[2] et troublé son cerveau.

Une telle citation dispense de toute autre, et personne après

---

1. Acte II, scène 1.
2. On lit dans les *Études de philologie comparée sur l'argot*, de M. Francisque Michel, l'article suivant : « CASQUETTE. Ivre, gris. Ce mot doit son origine à une expression proverbiale et figurée qui avait cours au seizième siècle : « Ils furent ensemble dans un cabaret « boire quelques bons pots de vin... dont ils s'en donnèrent *tanquam* « *sponsus*, ce qui veut dire en bon françois, jusqu'aux yeux ; si bien « que ce malheureux Jean *s'en donna dans le casque.* » (*L'Art de plumer la poulle sans crier*, IXe avanture, p. 103.) L'auteur aurait pu, on le voit, ajouter à ce curieux exemple une autorité tragique.

cela ne nous fera un reproche de ne pas nous arrêter davantage à la *Sainte Agnès* de Troterel.

On comprend qu'on n'ait point gardé le souvenir des acteurs qui ont joué d'original dans *Théodore*. On ne trouve nulle part le moindre renseignement à ce sujet.

La première édition de la pièce de Corneille a pour titre : Théodore, vierge et martyre, tragédie chrestienne. *Imprimé à Roüen, et se vend à Paris, chez Antoine de Sommauille, au Palais....* M.DC.LXVI. *Auec priuilege du Roy.*

Elle forme un volume in-4° de 4 feuillets et 128 pages. L'achevé d'imprimer est du dernier jour d'octobre; le privilége a été accordé le 17 avril à Toussainct Quinet, qui « a associé avec lui » Antoine de Sommaville et Augustin Courbé.

« Saint Polyeucte, a dit Corneille, est un martyr dont... beaucoup ont plutôt appris le nom à la comédie qu'à l'église[1]. » Cette réflexion pourrait s'appliquer tout aussi bien à Théodore ; et il est permis de croire que, malgré son peu de succès, la pièce de Corneille ajouta un intérêt tout profane à la pieuse curiosité qu'excita la translation des reliques de la sainte dans le monastère des Ursulines de Caen.

L'auteur d'une relation contemporaine, où l'on trouve, comme il arrive trop souvent, plus de prétentions oratoires que de faits et de détails curieux, s'exprime en ces termes au sujet de cette translation : « Un excellent religieux.... ayant porté aux pieds du saint-père le pape Alexandre VII les humbles devoirs et respects de ces vertueuses filles (*les Ursulines de Caen*), et lui ayant demandé pour elles, avec sa bénédiction, quelque portion de tant d'aimables et pieux trésors, pour enrichir leur église et enflammer leur dévotion, ce digne successeur du nom aussi bien que des vertus et de la chaire de celui qui gagna autrefois à Dieu le cœur de sainte Théodore, lui en accorda le corps pour ces dames[2]. » L'instrument qui constate l'authen-

---

1. Voyez tome III, p. 475.
2. *Connoissance plus particulière du nouueau thresor apporté de Rome en cette ville de Caen, ou Discours sur ce qui se trouue chez les anciens autheurs de la bien-heureuse sainte Theodore vierge et martyre romaine dont les reliques transferées de Rome sont honorées dans la chapelle du monastere de Sainte-Ursule. Dedié aux Dames de ce monastere.* Par

ticité des reliques est daté de Rome du 19 décembre 1655, et le procès-verbal de l'ouverture de la châsse en la chapelle des Ursulines de Caen, du 22 juillet 1656; il constate que cette cérémonie a eu lieu en présence de Son Altesse[1] et de Mme de Longueville avec la plus grande solennité[2].

M. G. Marcel, prestre et curé de Basly. Caen, Claude le Blanc, 1658, in-8º.

1. Henri II d'Orléans, duc de Longueville, gouverneur de Normandie.
2. Nous devons la communication de ces deux pièces manuscrites, tirées d'un recueil de miscellanées appartenant à la Bibliothèque de Caen, à l'obligeance de M. Chatel, bibliothécaire de cette ville.

A MONSIEUR L. P. C. B.[1].

Monsieur,

Je n'abuserai point de votre absence de la cour pour vous imposer touchant cette tragédie : sa représentation n'a pas eu grand éclat; et quoique beaucoup en attribuent la cause à diverses conjonctures qui pourroient me justifier aucunement, pour moi je ne m'en veux prendre qu'à ses défauts, et la tiens mal faite, puisqu'elle a été mal suivie. J'aurois tort de m'opposer au jugement du public : il m'a été trop avantageux en mes autres ouvrages pour le désavouer en celui-ci; et si je l'accusois d'erreur ou d'injustice pour *Théodore*, mon exemple donneroit lieu à tout le monde de soupçonner des mêmes choses tous les arrêts qu'il a prononcés en ma faveur. Ce n'est pas toutefois sans quelque sorte de satisfaction que je vois que la meilleure partie de mes juges impute ce mauvais succès à l'idée de la prostitution que l'on n'a pu souffrir[2], quoiqu'on sût bien qu'elle n'auroit pas d'effet,

---

1. Il est probable que Corneille, découragé par le mauvais succès de *Théodore*, n'a présenté cette pièce à personne, et qu'il n'a écrit cette sorte d'épître dédicatoire que pour tenir lieu d'un avis au lecteur.

2. D'Aubignac s'exprime ainsi à ce sujet dans sa *Pratique du théâtre* (p. 78-80), publiée un an après *Théodore* : « Il ne faut pas s'imaginer que toutes les belles histoires puissent heureusement paroître sur la scène, parce que souvent toute leur beauté dépend de quelque circonstance que le théâtre ne peut souffrir.... La *Théodore* de M. Corneille, par cette même raison, n'a pas eu le succès ni toute l'approbation qu'elle méritoit. C'est une pièce dont la constitution est très-ingénieuse, où l'intrigue est bien conduite et bien variée, où ce que l'histoire donne est fort bien manié, où les changements sont fort judicieux, où les mouvements et les vers sont dignes du nom de

et que pour en exténuer l'horreur j'aye employé tout ce que l'art et l'expérience m'ont pu fournir de lumières ; et certes il y a de quoi congratuler à la pureté de notre théâtre, de voir qu'une histoire qui fait le plus bel ornement du second livre *des Vierges* de saint Ambroise[1], se trouve trop licencieuse pour y être supportée. Qu'eût-on dit si, comme ce grand docteur de l'Église, j'eusse fait voir Théodore dans le lieu infâme, si j'eusse décrit les diverses agitations de son âme durant qu'elle y fut, si j'eusse figuré les troubles qu'elle y ressentit[2] au premier moment qu'elle y vit entrer Didyme? C'est là-dessus que ce grand saint fait triompher son éloquence, et c'est pour ce spectacle qu'il invite particulièrement les vierges à ouvrir les yeux[3]. Je l'ai dérobé à la vue, et autant que j'ai pu, à l'imagination de mes auditeurs ; et après y avoir consumé toute mon adresse, la modestie de notre scène a désavoué, comme indigne d'elle, ce peu que la nécessité de mon sujet m'a forcé d'en faire connoître. Après cela, j'oserai bien dire que ce n'est pas contre des comédies pareilles aux nôtres que déclame saint Augustin, et que ceux que le scrupule, ou le caprice, ou le zèle en rend opiniâtres ennemis, n'ont pas grande raison de s'appuyer de son autorité. C'est avec justice qu'il condamne celles

l'auteur. Mais parce que tout le théâtre tourne sur la prostitution de Théodore, le sujet n'en a pu plaire. Ce n'est pas que les choses ne soient expliquées par des manières de parler fort modestes et des adresses fort délicates ; mais il faut avoir tant de fois dans l'imagination cette fâcheuse aventure, et surtout dans les récits du quatrième acte, qu'enfin les idées n'y peuvent être sans dégoût. » Dans l'exemplaire que d'Aubignac avait préparé pour une nouvelle édition, il a substitué « qu'il en promettoit » à « qu'elle méritoit, » et a fait disparaître tout ce qui adoucissait la rigueur de sa critique.

1. Voyez l'*Appendice*, troisième partie.
2. Var. (édit. de 1652-1656) : les troubles qu'elle ressentit.
3. *Aperite aurem, virgines* ; « prêtez l'oreille, vierges. » Voyez ci-après la troisième partie de l'*Appendice*. p. 109.

de son temps, qui ne méritoient que trop le nom qu'il leur donne de spectacles de turpitude[1]; mais c'est avec injustice qu'on veut étendre cette condamnation[2] jusqu'à celles du nôtre, qui ne contiennent, pour l'ordinaire, que des exemples d'innocence, de vertu et de piété. J'aurois mauvaise grâce de vous en entretenir plus au long : vous êtes déjà trop persuadé de ces vérités, et ce n'est pas mon dessein d'entreprendre ici de désabuser ceux qui ne veulent pas l'être. Il est juste qu'on les abandonne à leur aveuglement volontaire, et que pour peine de la trop facile croyance qu'ils donnent à des invectives mal fondées, ils demeurent privés du plus agréable et du plus utile des divertissements dont l'esprit humain soit capable. Contentons-nous d'en jouir sans leur en faire part; et souffrez que sans faire aucun effort pour les guérir de leur foiblesse, je finisse en vous assurant que je suis et serai toute ma vie,

  MONSIEUR,

    Votre très-humble et très-obligé serviteur,

        Corneille.

EXAMEN.

La représentation de cette tragédie n'a pas eu grand éclat, et sans chercher des couleurs à la justifier, je veux bien ne m'en prendre qu'à ses défauts, et la croire mal faite, puisqu'elle a été mal suivie. J'aurois tort de m'opposer au jugement du public : il m'a été trop avantageux

---

1. « Per omnes pæne civitates cadunt theatra, caveæ turpitudinum et publicæ professiones flagitiorum. » (*De consensu evangelistarum*, lib. I, cap. LI.)
2. Var. (édit. de 1652 et de 1655) : condemnation.

en d'autres ouvrages pour le contredire en celui-ci ; et si je l'accusois d'erreur ou d'injustice pour *Théodore*, mon exemple donneroit lieu à tout le monde de soupçonner des mêmes choses les arrêts qu'il a prononcés en ma faveur. Ce n'est pas toutefois sans quelque satisfaction que je vois la meilleure et la plus saine partie de mes juges imputer ce mauvais succès à l'idée de la prostitution, qu'on n'a pu souffrir, bien qu'on sût assez qu'elle n'auroit point d'effet, et que pour en exténuer l'horreur, j'aye employé tout ce que l'art et l'expérience m'ont pu fournir de lumières ; pouvant dire du quatrième acte de cette pièce, que je ne crois pas en avoir fait aucun où les diverses passions soient ménagées avec plus d'adresse, et qui donne plus de lieu à faire voir tout le talent d'un excellent acteur. Dans cette disgrâce, j'ai de quoi congratuler à la pureté de notre scène, de voir qu'une histoire qui fait le plus bel ornement du second livre *des Vierges* de saint Ambroise[1], se trouve trop licencieuse pour y être supportée. Qu'eût-on dit si, comme ce grand docteur de l'Église, j'eusse fait voir cette vierge dans le lieu infâme[2] ? si j'eusse décrit les diverses agitations de son âme pendant qu'elle y fut ? si j'eusse peint les troubles qu'elle ressentit au premier moment qu'elle y vit entrer Didyme ? C'est là-dessus que ce grand saint fait triompher cette éloquence qui convertit saint Augustin, et c'est pour ce spectacle qu'il invite particulièrement les

---

1. Corneille s'est plus rapproché du récit de Métaphraste que de celui de saint Ambroise ; cependant c'est ce dernier qu'il a suivi en plaçant le lieu de sa tragédie à Antioche et non à Alexandrie. On trouvera les deux relations dans l'Appendice de *Théodore*.

2. Les éditions de 1660 et de 1663, les deux premières où se trouve l'*Examen*, ont *infamé*, au lieu d'*infâme*. Est-ce, comme il paraît probable, le participe du verbe *infamer*, qu'on lit dans le *Dictionnaire de Nicot*, ou une faute commune à ces deux impressions ?

vierges à ouvrir les yeux. Je l'ai dérobé à la vue, et autant que je l'ai pu, à l'imagination de mes auditeurs; et après y avoir consumé toute mon industrie, la modestie de notre théâtre a désavoué ce peu que la nécessité de mon sujet m'a forcé d'en faire connoître[1].

Je ne veux pas toutefois me flatter jusqu'à dire que cette fâcheuse idée aye été le seul défaut de ce poëme. A le bien examiner, s'il y a quelques caractères vigoureux et animés, comme ceux de Placide et de Marcelle, il y en a de traînants, qui ne peuvent avoir grand charme ni grand feu sur le théâtre. Celui de Théodore est entièrement froid : elle n'a aucune passion qui l'agite ; et là même où son zèle pour Dieu, qui occupe toute son âme, devroit éclater le plus, c'est-à-dire dans sa contestation avec Didyme pour le martyre, je lui ai donné si peu de chaleur, que cette scène, bien que très-courte[2], ne laisse pas d'ennuyer. Aussi, pour en parler sainement, une vierge et martyre sur un théâtre n'est autre chose qu'un Terme qui n'a ni jambes ni bras[3], et par conséquent point d'action[4].

Le caractère de Valens ressemble trop à celui de Félix dans *Polyeucte*, et a même quelque chose de plus bas, en ce qu'il se ravale à craindre sa femme, et n'ose s'opposer à ses fureurs, bien que dans l'âme il tienne le parti de son fils. Tout gouverneur qu'il est, il demeure les bras croisés, au cinquième acte, quand il les voit prêts à s'en-

1. Jusqu'ici l'*Examen* reproduit presque textuellement l'*Épître* qui précède. Nous y renvoyons pour les notes. — Voyez tome IV, p. 418, note 5.
2. C'est la cinquième de l'acte V.
3. Var. (édit. de 1660) : ni jambe ni bras.
4. Dans l'édition de 1660, c'est-à-dire dans la première où se trouve l'*Examen*, cette phrase n'est pas placée ici, mais à la suite de la deuxième phrase du cinquième alinéa (p. 14), après les mots : « ....qu'à une action propre au théâtre. »

tre-immoler l'un à l'autre, et attend le succès de leur haine mutuelle pour se ranger du côté du plus fort. La connoissance que Placide, son fils, a de cette bassesse d'âme, fait qu'il le regarde si bien comme un esclave de Marcelle, qu'il ne daigne s'adresser à lui pour obtenir ce qu'il souhaite en faveur de sa maîtresse, sachant bien qu'il le feroit inutilement. Il aime mieux se jeter aux pieds de cette marâtre impérieuse, qu'il hait et qu'il a bravée, que de perdre des prières et des soupirs auprès d'un père qui l'aime dans le fond de l'âme et n'oseroit lui rien accorder.

Le reste est assez ingénieusement conduit; et la maladie de Flavie, sa mort, et les violences des désespoirs de sa mère qui la venge, ont assez de justesse. J'avois peint des haines trop envenimées pour finir autrement; et j'eusse été ridicule si j'eusse fait faire au sang de ces martyrs le même effet sur les cœurs de Marcelle et de Placide, que fait celui de Polyeucte sur ceux de Félix et de Pauline. La mort de Théodore peut servir de preuve à ce que dit Aristote, que, *quand un ennemi tue son ennemi, il ne s'excite par là aucune pitié dans l'âme des spectateurs* [1]. Placide en peut faire naître, et purger ensuite ces forts attachements d'amour qui sont cause de son malheur; mais les funestes désespoirs de Marcelle et de Flavie, bien que l'une ni l'autre ne fasse de pitié, sont encore plus capables de purger l'opiniâtreté à faire des mariages par force, et à ne se point départir du projet qu'on en fait par un accommodement de famille entre des enfants dont les volontés ne s'y conforment point quand ils sont venus en âge de l'exécuter.

L'unité de jour et de lieu se rencontre en cette pièce; mais je ne sais s'il n'y a point une duplicité d'action, en

---

1. Voyez le *Discours de la tragédie*, tome I, p. 65.

ce que Théodore, échappée d'un péril, se rejette dans un autre de son propre mouvement[1]. L'histoire le porte; mais la tragédie n'est pas obligée de représenter toute la vie de son héros ou de son héroïne, et doit ne s'attacher qu'à une action propre au théâtre. Dans l'histoire même, j'ai trouvé toujours quelque chose à dire en cette offre volontaire qu'elle fait de sa vie aux bourreaux de Didyme. Elle venoit d'échapper de la prostitution, et n'avoit aucune assurance qu'on ne l'y condamneroit point de nouveau, et qu'on accepteroit sa vie en échange de sa pudicité qu'on avoit voulu sacrifier. Je l'ai sauvée de ce péril, non-seulement par une révélation de Dieu qu'on se contenteroit de sa mort, mais encore par une raison assez vraisemblable, que Marcelle, qui vient de voir expirer sa fille unique entre ses bras, voudroit obstinément du sang pour sa vengeance; mais avec toutes ces précautions je ne vois pas comment je pourrois justifier ici cette duplicité de péril, après l'avoir condamnée dans l'*Horace*. La seule couleur qui pourroit y servir de prétexte, c'est que la pièce ne seroit pas achevée si on ne savoit ce que devient Théodore après être échappée de l'infamie, et qu'il n'y a point de fin glorieuse ni même raisonnable pour elle que le martyre, qui est historique : du moins l'imagination ne m'en offre point. Si les maîtres de l'art veulent consentir que cette nécessité de faire connoître ce qu'elle devient suffise pour réunir ce nouveau péril à l'autre, et empêcher qu'il n'y aye duplicité d'action, je ne m'opposerai pas à leur jugement; mais aussi je n'en appellerai pas quand ils la voudront condamner.

---

1. Voyez le *Discours des trois unités*, tome I, p. 98 et 99.

LISTE DES ÉDITIONS QUI ONT ÉTÉ COLLATIONNÉES POUR LES VARIANTES DE *THÉODORE*.

ÉDITION SÉPARÉE.

1646 in-4º.

RECUEILS.

1652 in-12 ;   1663 in-fol. ;
1654 in-12 ;   1664 in-8º ;
1655 in-12 ;   1668 in-12 ;
1656 in-12 ;   1681 in-12.
1660 in-8º ;

ACTEURS.

VALENS, gouverneur d'Antioche.
PLACIDE, fils de Valens et amoureux de Théodore[1].
CLÉOBULE, ami de Placide.
DIDYME, amoureux de Théodore.
PAULIN, confident de Valens.
LYCANTE, capitaine d'une cohorte romaine.
MARCELLE, femme de Valens.
THÉODORE, princesse d'Antioche.
STÉPHANIE, confidente de Marcelle[2].

La scène est à Antioche, dans le palais du gouverneur.

---

1. Les mots *et amoureux de Théodore* manquent dans les éditions de 1646-1664.
2. A cette liste il faut ajouter AMYNTAS, personnage muet, qui est nommé dans la scène IV de l'acte IV, et qui paraît dans la scène V du même acte. — Les seuls noms que Corneille ait trouvés dans Métaphraste sont ceux de *Théodore* et de *Dydyme*.

THÉODORE,
VIERGE ET MARTYRE.
TRAGÉDIE CHRÉTIENNE.

ACTE I.

SCÈNE PREMIÈRE.
PLACIDE, CLÉOBULE.

PLACIDE.

Il est vrai, Cléobule, et je veux l'avouer,
La fortune me flatte assez pour m'en louer :
Mon père est gouverneur de toute la Syrie ;
Et comme si c'étoit trop peu de flatterie,
Moi-même elle m'embrasse, et vient de me donner[1], 5
Tout jeune que je suis, l'Égypte à gouverner.
Certes, si je m'enflois de ces vaines fumées
Dont on voit à la cour tant d'âmes si charmées,
Si l'éclat des grandeurs avoit pu me ravir,
J'aurois de quoi me plaire et de quoi m'assouvir. 10
Au-dessous des Césars, je suis ce qu'on peut être :
A moins que de leur rang le mien ne sauroit croître ;
Et pour haut qu'on ait mis des titres si sacrés[2],

---

1. *Var.* Moi-même elle m'embrasse, et me vient de donner. (1646-56)
2. *Var.* Et si de cet espoir je voulois me flatter,

On y monte souvent par de moindres degrés.
Mais ces honneurs pour moi ne sont qu'une infamie, 15
Parce que je les tiens d'une main ennemie,
Et leur plus doux appas qu'un excès de rigueur[1],
Parce que pour échange on veut avoir mon cœur.
On perd temps toutefois, ce cœur n'est point à vendre.
Marcelle, en vain par là tu crois gagner un gendre : 20
Ta Flavie à mes yeux fait toujours même horreur.
Ton frère Marcellin peut tout sur l'Empereur;
Mon père est ton époux, et tu peux sur son âme
Ce que sur un mari doit pouvoir une femme :
Va plus outre, et par zèle ou par dextérité, 25
Joins le vouloir des Dieux à leur autorité;
Assemble leur faveur, assemble leur colère :
Pour aimer je n'écoute Empereur, Dieux, ni père;
Et je la trouverois un objet odieux
Des mains de l'Empereur, et d'un père, et des Dieux. 30

CLÉOBULE.

Quoique pour vous Marcelle ait le nom de marâtre,
Considérez, Seigneur, qu'elle vous idolâtre :
Voyez d'un œil plus sain ce que vous lui devez.
Les biens et les honneurs qu'elle vous a sauvés.
Quand Dioclétian fut maître de l'empire.... 35

PLACIDE.

Mon père étoit perdu, c'est ce que tu veux dire.
Sitôt qu'à son parti le bonheur eut manqué,
Sa tête fut proscrite, et son bien confisqué;
On vit à Marcellin sa dépouille donnée :
Il sut la racheter par ce triste hyménée[2]; 40

Par de moindres degrés on en voit y monter.
Mais je tiens ces honneurs à titre d'infamie. (1646-56)
1. *Var.* Et leur plus doux appas n'a pour moi que rigueur. (1646-56)
2. *Var.* Il en rompit le coup par ce triste hyménée;
Et par raison d'État il sut, dans son malheur,
Se racheter du frère en épousant la sœur. (1646-56)

ACTE I, SCÈNE I.

Et forçant son grand cœur à ce honteux lien,
Lui-même il se livra pour rançon de son bien.
Dès lors on asservit jusques à mon enfance :
De Flavie avec moi l'on conclut l'alliance,
Et depuis ce moment Marcelle a fait chez nous 45
Un destin que tout autre auroit trouvé fort doux.
La dignité du fils, comme celle du père,
Descend du haut pouvoir que lui donne ce frère ;
Mais à la regarder de l'œil dont je la vois,
Ce n'est qu'un joug pompeux qu'on veut jeter sur moi. 50
On élève chez nous un trône pour sa fille ;
On y sème l'éclat dont on veut qu'elle brille ;
Et dans tous ces honneurs je ne vois en effet
Qu'un infâme dépôt des présents qu'on lui fait.

CLÉOBULE.

S'ils ne sont qu'un dépôt du bien qu'on lui veut faire[1], 55
Vous en êtes, Seigneur, mauvais dépositaire,
Puisqu'avec tant d'efforts on vous voit travailler
A mettre ailleurs l'éclat dont elle doit briller.
Vous aimez Théodore, et votre âme ravie
Lui veut donner ce trône élevé pour Flavie : 60
C'est là le fondement de votre aversion.

PLACIDE.

Ce n'est point un secret que cette passion :
Flavie, au lit malade, en meurt de jalousie ;
Et dans l'âpre dépit dont sa mère est saisie,
Elle tonne, foudroie, et pleine de fureur, 65
Menace de tout perdre auprès de l'Empereur.
Comme de ses faveurs, je ris de sa colère :
Quoi qu'elle ait fait pour moi, quoi qu'elle puisse faire,
Le passé sur mon cœur ne peut rien obtenir,
Et je laisse au hasard le soin de l'avenir. 70

1. *Var.* S'ils ne sont qu'un dépôt des biens qu'on lui veut faire. (1646-56)

Je me plais à braver cet orgueilleux courage :
Chaque jour pour l'aigrir je vais jusqu'à l'outrage;
Son âme impérieuse et prompte à fulminer
Ne sauroit me haïr jusqu'à m'abandonner[1].
Souvent elle me flatte alors que je l'offense,   75
Et quand je l'ai poussée à quelque violence,
L'amour de sa Flavie en rompt tous les effets,
Et l'éclat s'en termine à de nouveaux bienfaits.
Je la plains toutefois; et plus à plaindre qu'elle[2],
Comme elle aime un ingrat, j'adore une cruelle,   80
Dont la rigueur la venge, et rejetant ma foi,
Me rend tous les mépris que Flavie a de moi[3].
Mon sort des deux côtés mérite qu'on le plaigne[4] :
L'une me persécute, et l'autre me dédaigne;
Je hais qui m'idolâtre, et j'aime qui me fuit,   85
Et je poursuis en vain, ainsi qu'on me poursuit.
Telle est de mon destin la fatale injustice,
Telle est la tyrannie ensemble et le caprice
Du démon aveuglé qui sans discrétion
Verse l'antipathie et l'inclination.   90
Mais puisqu'à d'autres yeux je parois trop aimable[5],
Que peut voir Théodore en moi de méprisable?
Sans doute elle aime ailleurs, et s'impute à bonheur
De préférer Didyme au fils du gouverneur.

CLÉOBULE.

Comme elle je suis né, Seigneur, dans Antioche,   95
Et par les droits du sang je lui suis assez proche;

---

1. *Var.* Ne me sauroit haïr jusqu'à m'abandonner. (1646-56)
2. *Var.* Je la plains, sa Flavie; et plus à plaindre qu'elle. (1646-64)
3. *Var.* Me rend tous les mépris qu'elle reçoit de moi. (1646-64)
4. *Var.* Ainsi par toutes deux mon sort me persécute :
   L'une me sollicite, et l'autre me rebute. (1646-56)
5. *Var.* Mais que voit Théodore en moi de méprisable?
   Puisqu'on m'adore ailleurs, encor dois-je être aimable.
   Elle aime, elle aime un autre, et s'impute à bonheur. (1646-56)

ACTE I, SCÈNE I.

Je connois son courage, et vous répondrai bien
Qu'étant sourde à vos vœux elle n'écoute rien,
Et que cette rigueur dont votre amour l'accuse[1]
Ne donne point ailleurs ce qu'elle vous refuse.   100
Ce malheureux rival dont vous êtes jaloux
En reçoit chaque jour plus de mépris que vous;
Mais quand même ses feux répondroient à vos flammes,
Qu'une amour mutuelle uniroit vos deux âmes,
Voyez où cette amour vous peut précipiter,   105
Quel orage sur vous elle doit exciter,
Ce que dira Valens, ce que fera Marcelle[2].
Souffrez que son parent vous die enfin pour elle[3]....

PLACIDE.

Ah! si je puis encor quelque chose sur toi,
Ne me dis rien pour elle, et dis-lui tout pour moi;   110
Dis-lui que je suis sûr des bontés de mon père,
Ou que s'il se rendoit d'une humeur trop sévère,
L'Égypte où l'on m'envoie est un asile ouvert
Pour mettre notre flamme et notre heur à couvert.
Là, saisis d'un rayon des puissances suprêmes,   115
Nous ne recevrons plus de lois que de nous-mêmes.
Quelques noires vapeurs que puissent concevoir
Et la mère et la fille ensemble au désespoir,
Tout ce qu'elles pourront enfanter de tempêtes,
Sans venir jusqu'à nous, crèvera sur leurs têtes,   120
Et nous érigerons en cet heureux séjour
De leur rage impuissante un trophée à l'amour.
  Parle, parle pour moi, presse, agis, persuade :

1. *Var.* Et que dans la rigueur dont votre amour l'accuse,
  Personne n'obtiendra ce qu'elle vous refuse.
  Ce rival malheureux dont vous êtes jaloux
  En est encor, Seigneur, plus maltraité que vous. (1646-56)
2. *Var.* Que dira votre père, et que fera Marcelle?
  De grâce, permettez que je parle pour elle.... (1646-56)
3. *Var.* Souffrez que son parent vous dise enfin pour elle.... (1660)

Fais quelque chose enfin pour mon esprit malade ;
Fais-lui voir mon pouvoir, fais-lui voir mon ardeur : 125
Son dédain est peut-être un effet de sa peur[1] ;
Et si tu lui pouvois arracher cette crainte,
Tu pourrois dissiper cette froideur contrainte,
Tu pourrois.... Mais je vois Marcelle qui survient.

SCÈNE II.

MARCELLE, PLACIDE, CLÉOBULE, STÉPHANIE.

MARCELLE.

Ce mauvais conseiller toujours vous entretient ? 130
PLACIDE.
Vous dites vrai, Madame, il tâche à me surprendre ;
Son conseil est mauvais, mais je sais m'en défendre.
MARCELLE.
Il vous parle d'aimer ?
PLACIDE.
Contre mon sentiment.
MARCELLE.
Levez, levez le masque et parlez franchement :
De votre Théodore il est l'agent fidèle ; 135
Pour vous mieux engager elle fait la cruelle,
Vous chasse en apparence, et pour vous retenir,
Par ce parent adroit vous fait entretenir.
PLACIDE.
Par ce fidèle agent elle est donc mal servie[2] :

---

1. Dissipe ses frayeurs, tu vaincras sa froideur.
 CLÉOB. Je parlerai, Seigneur, quoique sans espérance
 De pouvoir l'arracher de son indifférence.
 Son cœur trop résolu.... Mais Marcelle survient. (1646-56)
2. *Var.* Il m'entretient donc mal, au gré de son envie :

Loin de parler pour elle, il parle pour Flavie ; 140
Et ce parent adroit en matière d'amour
Agit contre son sang pour mieux faire sa cour.
C'est, Madame, en effet, le mal qu'il me conseille ;
Mais j'ai le cœur trop bon pour lui prêter l'oreille.

MARCELLE.

Dites le cœur trop bas pour aimer en bon lieu. 145

PLACIDE.

L'objet où vont mes vœux seroit digne d'un dieu.

MARCELLE.

Il est digne de vous, d'une âme vile et basse.

PLACIDE.

Je fais donc seulement ce qu'il faut que je fasse.
Ne blâmez que Flavie : un cœur si bien placé
D'une âme vile et basse est trop embarrassé ; 150
D'un choix qui lui fait honte il faut qu'elle s'irrite,
Et me prive d'un bien qui passe mon mérite.

MARCELLE.

Avec quelle arrogance osez-vous me parler ?

PLACIDE.

Au-dessous de Flavie ainsi me ravaler,
C'est de cette arrogance un mauvais témoignage. 155
Je ne me puis, Madame, abaisser davantage.

MARCELLE.

Votre respect est rare, et fait voir clairement
Que votre humeur modeste aime l'abaissement.
Eh bien ! puisqu'à présent j'en suis mieux avertie,
Il faudra satisfaire à cette modestie : 160
Avec un peu de temps nous en viendrons à bout.

PLACIDE.

Vous ne m'ôterez rien, puisque je vous dois tout.

Au lieu de Théodore, il parle pour Flavie ;
Et mauvais conseiller en matière d'amour,
Il fait contre son sang pour mieux faire sa cour. (1646-56)

Qui n'a que ce qu'il doit a peu de perte à faire.

MARCELLE.

Vous pourrez bientôt prendre un sentiment contraire[1].

PLACIDE.

Je n'en changerai point pour la perte d'un bien 165
Qui me rendra celui de ne vous devoir rien.

MARCELLE.

Ainsi l'ingratitude en soi-même se flatte.
Mais je saurai punir cette âme trop ingrate ;
Et pour mieux abaisser vos esprits soulevés,
Je vous ôterai plus que vous ne me devez. 170

PLACIDE.

La menace est obscure ; expliquez-la, de grâce.

MARCELLE.

L'effet expliquera le sens de la menace.
Tandis, souvenez-vous, malgré tous vos mépris,
Que j'ai fait ce que sont et le père et le fils :
Vous me devez l'Égypte, et Valens Antioche. 175

PLACIDE.

Nous ne vous devons rien après un tel reproche.
Un bienfait perd sa grâce à le trop publier[2] :
Qui veut qu'on s'en souvienne, il le doit oublier.

MARCELLE.

Je l'oublierois, ingrat, si pour tant de puissance
Je recevois de vous quelque reconnoissance. 180

PLACIDE.

Et je me souviendrois jusqu'aux derniers abois,
Si vous vous contentiez de ce que je vous dois.

---

1. *Var.* Nous vous verrons bientôt d'un sentiment contraire.
PLAC. Je n'en saurois changer pour la perte d'un bien. (1646-56)
2. « Racine a imité heureusement ce vers dans *Iphigénie* (acte IV, scène VI) :
   Un bienfait reproché tient toujours lieu d'offense. »
   (*Voltaire*, qui dans sa première édition donne *tient*, au lieu de *tint*.)

MARCELLE.
Après tant de bienfaits, osé-je trop prétendre?
PLACIDE.
Ce ne sont plus bienfaits alors qu'on veut les vendre.
MARCELLE.
Que doit donc un grand cœur aux faveurs qu'il reçoit?
PLACIDE.
S'avouant redevable il rend tout ce qu'il doit.
MARCELLE.
Tous les ingrats en foule iront à votre école[1],
Puisqu'on y devient quitte en payant de parole.
PLACIDE.
Je vous dirai donc plus, puisque vous me pressez :
Nous ne vous devons pas tout ce que vous pensez.   190
MARCELLE.
Que seriez-vous sans moi?
PLACIDE.
　　　　　　　　Sans vous? ce que nous sommes.
Notre empereur est juste, et sait choisir les hommes;
Et mon père, après tout, ne se trouve qu'au rang
Où l'auroient mis sans vous ses vertus et son sang.
MARCELLE.
Ne vous souvient-il plus qu'on proscrivit sa tête?   195
PLACIDE.
Par là votre artifice en fit votre conquête.
MARCELLE.
Ainsi de ma faveur vous nommez les effets?
PLACIDE.
Un autre ami peut-être auroit bien fait sa paix;
Et si votre faveur pour lui s'est employée,
Par son hymen, Madame, il vous a trop payée.   200

1. *Var.* Les ingrats à la foule iront à votre école. (1646-56)

On voit peu d'unions de deux telles moitiés ;
Et la faveur à part, on sait qui vous étiez.
MARCELLE.
L'ouvrage de mes mains avoir tant d'insolence !
PLACIDE.
Elles m'ont mis trop haut pour souffrir une offense.
MARCELLE.
Quoi ? vous tranchez ici du nouveau gouverneur ? 205
PLACIDE.
De mon rang en tous lieux je soutiendrai l'honneur.
MARCELLE.
Considérez donc mieux quelle main vous y porte :
L'hymen seul de Flavie en est pour vous la porte.
PLACIDE.
Si je n'y puis entrer qu'acceptant cette loi,
Reprenez votre Égypte, et me laissez à moi. 210
MARCELLE.
Plus il me doit d'honneurs, plus son orgueil me brave !
PLACIDE.
Plus je reçois d'honneurs, moins je dois être esclave.
MARCELLE.
Conservez ce grand cœur, vous en aurez besoin.
PLACIDE.
Je le conserverai, Madame, avec grand soin ;
Et votre grand pouvoir en chassera la vie 215
Avant que d'y surprendre aucun lieu pour Flavie.
MARCELLE.
J'en chasserai du moins l'ennemi qui me nuit.
PLACIDE.
Vous ferez peu d'effet avec beaucoup de bruit.
MARCELLE.
Je joindrai de si près l'effet à la menace,
Que sa perte aujourd'hui me quittera la place. 220

PLACIDE.
Vous perdrez aujourd'hui....
MARCELLE.
Théodore à vos yeux.
M'entendez-vous, Placide? Oui, j'en jure les Dieux
Qu'aujourd'hui mon courroux, armé contre son crime,
Au pied de leurs autels en fera ma victime.
PLACIDE.
Et je jure à vos yeux ces mêmes immortels
Que je la vengerai jusque sur leurs autels[1].
Je jure plus encor, que si je pouvois croire
Que vous eussiez dessein d'une action si noire,
Il n'est point de respect qui pût me retenir[2]
D'en punir la pensée et de vous prévenir;
Et que pour garantir une tête si chère,
Je vous irois chercher jusqu'au lit de mon père.
M'entendez-vous, Madame? Adieu : pensez-y bien;
N'épargnez pas mon sang si vous versez le sien;
Autrement ce beau sang en fera verser d'autre,
Et ma fureur n'est pas pour se borner au vôtre[3].

SCÈNE III.
MARCELLE, STÉPHANIE.
MARCELLE.
As-tu vu, Stéphanie, un plus farouche orgueil?
As-tu vu des mépris plus dignes du cercueil?
Et pourrois-je épargner cette insolente vie,
Si sa perte n'étoit la perte de Flavie,

---

1. *Var.* Que je la vengerai jusque sur les autels. (1652-56)
2. *Var.* Il n'est point de respect qui me pût retenir. (1646-56)
3. *Var.* Et ma fureur n'est pas pour s'arrêter au vôtre. (1646-56)

Dont le cruel destin prend un si triste cours
Qu'aux jours de ce barbare il attache ses jours ?
STÉPHANIE.
Je tremble encor de voir où sa rage l'emporte.
MARCELLE.
Ma colère en devient et plus juste et plus forte,
Et l'aveugle fureur dont ses discours sont pleins   245
Ne m'arrachera pas ma vengeance des mains.
STÉPHANIE.
Après votre vengeance appréhendez la sienne.
MARCELLE.
Qu'une indigne épouvante à présent me retienne !
De ce feu turbulent l'éclat impétueux
N'est qu'un foible avorton d'un cœur présomptueux.   250
La menace à grand bruit ne porte aucune atteinte,
Elle n'est qu'un effet d'impuissance et de crainte ;
Et qui si près du mal s'amuse à menacer
Veut amollir le coup qu'il ne peut repousser.
STÉPHANIE.
Théodore vivante, il craint votre colère ;   255
Mais voyez qu'il ne craint que parce qu'il espère ;
Et c'est à vous, Madame, à bien considérer
Qu'il cessera de craindre en cessant d'espérer.
MARCELLE.
Si l'espoir fait sa peur, nous n'avons qu'à l'éteindre[1] :
Il cessera d'aimer aussi bien que de craindre.   260
L'amour va rarement jusque dans un tombeau
S'unir au reste affreux de l'objet le plus beau.
Hasardons ; je ne vois que ce conseil à prendre.

1. *Var.* L'espoir nourrit sa flamme, et venant à s'éteindre,
   Il peut cesser d'aimer aussi bien que de craindre ;
   Et l'amour rarement passe dans un tombeau,
   Qui ne laisse aucun charme à l'objet le plus beau. (1646-56).

Théodore vivante, il n'en faut rien prétendre ;
Et Théodore morte, on peut encor douter 265
Quel sera le succès que tu veux redouter.
Quoi qu'il arrive enfin, de la sorte outragée,
C'est un plaisir bien doux que de se voir vengée.
Mais dis-moi, ton indice est-il bien assuré ?

STÉPHANIE.

J'en réponds sur ma tête, et l'ai trop avéré. 270

MARCELLE.

Ne t'oppose donc plus à ce moment de joie
Qu'aujourd'hui par ta main le juste ciel m'envoie.
Valens vient à propos, et sur tes bons avis
Je vais forcer le père à me venger du fils.

SCÈNE IV.

VALENS, MARCELLE, PAULIN, STÉPHANIE.

MARCELLE.

Jusques à quand, Seigneur, voulez-vous qu'abusée 275
Au mépris d'un ingrat je demeure exposée,
Et qu'un fils arrogant sous votre autorité
Outrage votre femme avec impunité ?
Sont-ce là les douceurs, sont-ce là les caresses
Qu'en faisoient à ma fille espérer vos promesses, 280
Et faut-il qu'un amour conçu par votre aveu
Lui coûte enfin la vie et vous touche si peu ?

VALENS.

Plût aux Dieux que mon sang eût de quoi satisfaire
Et l'amour de la fille et l'espoir de la mère,
Et qu'en le répandant je lui pusse gagner 285
Ce cœur dont l'insolence ose la dédaigner !
Mais de ses volontés le ciel est le seul maître :
J'ai promis de l'amour, il le doit faire naître.

Si son ordre n'agit, l'effet ne s'en peut voir,
Et je pense être quitte y faisant mon pouvoir. 290

MARCELLE.

Faire votre pouvoir avec tant d'indulgence¹,
C'est avec son orgueil être d'intelligence;
Aussi bien que le fils, le père m'est suspect,
Et vous manquez de foi, comme lui de respect.
Ah! si vous déployiez² cette haute puissance 295
Que donnent aux parents les droits de la naissance...

VALENS.

Si la haine et l'amour lui doivent obéir,
Déployez-la, Madame, à le faire haïr.
Quel que soit le pouvoir d'un père en sa famille,
Puis-je plus sur mon fils que vous sur votre fille? 300
Et si vous n'en pouvez vaincre la passion³,
Dois-je plus obtenir sur tant d'aversion⁴?

MARCELLE.

Elle tâche à se vaincre, et son cœur y succombe;
Et l'effort qu'elle y fait la jette sous la tombe.

VALENS.

Elle n'a toutefois que l'amour à dompter; 305
Et Placide bien moins se pourroit surmonter,
Puisque deux passions le font être rebelle :
L'amour pour Théodore, et la haine pour elle.

MARCELLE.

Otez-lui Théodore; et son amour dompté,
Vous dompterez sa haine avec facilité. 310

VALENS.

Pour l'ôter à Placide il faut qu'elle se donne.
Aime-t-elle quelque autre?

---

1. *Var.* Faire votre devoir avec tant d'indulgence. (1655)
2. L'édition de 1654 porte seule *déployez*, sans *i*.
3. *Var.* Et si vous ne pouvez vaincre sa passion. (1646-64)
4. *Var.* Dois-je plus obtenir sur son aversion? (1646-56)

MARCELLE.

               Elle n'aime personne.
Mais qu'importe, Seigneur, qu'elle écoute aucuns vœux?
Ce n'est pas son hymen, c'est sa mort que je veux.

VALENS.

Quoi, Madame? abuser ainsi de ma puissance!   315
A votre passion immoler l'innocence!
Les Dieux m'en puniroient.

MARCELLE.

               Trouvent-ils innocents
Ceux dont l'impiété leur refuse l'encens?
Prenez leur intérêt : Théodore est chrétienne :
C'est la cause des Dieux, et ce n'est plus la mienne.   320

VALENS.

Souvent la calomnie....

MARCELLE.

               Il n'en faut plus parler,
Si vous vous préparez à le dissimuler.
Devenez protecteur de cette secte impie
Que l'Empereur jamais ne crut digne de vie ;
Vous pouvez en ces lieux vous en faire l'appui[1] ;   325
Mais songez qu'il me reste un frère auprès de lui[2].

VALENS.

Sans en importuner l'autorité suprême,
Si je vous suis suspect, n'en croyez que vous-même :
Agissez en ma place, et faites-la venir[3] ;
Quand vous la convaincrez, je saurai la punir ;   330
Et vous reconnoîtrez que dans le fond de l'âme
Je prends comme je dois l'intérêt d'une femme.

---

1. *Var.* Mais gardez d'oublier, vous faisant leur appui,
   Qu'il me demeure encore un frère auprès de lui. (1646-56)
2. *Var.* Mais sachez qu'il me reste un frère auprès de lui. (1660-64)
3. *Var.* Agissez en ma place, et la faites venir. (1646-56)

MARCELLE.

Puisque vous le voulez, j'oserai la mander :
Allez-y, Stéphanie, allez sans plus tarder.
(Stéphanie s'en va, et Marcelle continue à parler à Valens.)
Et si l'on m'a flattée avec un faux indice, 335
Je vous irai moi-même en demander justice.

VALENS.

N'oubliez pas alors que je la dois à tous,
Et même à Théodore, aussi bien comme à vous.

MARCELLE.

N'oubliez pas non plus quelle est votre promesse.
(Valens s'en va, et Marcelle continue.)
Il est temps que Flavie ait part à l'allégresse : 340
Avec cette espérance allons la soulager.
Et vous, Dieux, qu'avec moi j'entreprends de venger,
Agréez ma victime, et pour finir ma peine,
Jetez un peu d'amour où règne tant de haine ;
Ou si c'est trop pour nous qu'il soupire à son tour[1], 345
Jetez un peu de haine où règne tant d'amour.

---

1. *Var.* Ou si c'est trop pour moi qu'il soupire à son tour. (1646-56)

FIN DU PREMIER ACTE

ACTE II.

SCÈNE PREMIÈRE[2].
THÉODORE, CLÉOBULE, STÉPHANIE.

STÉPHANIE.

Marcelle n'est pas loin, et je me persuade
Que son amour l'attache auprès de sa malade;
Mais je vais l'avertir que vous êtes ici.

THÉODORE.

Vous m'obligerez fort d'en prendre le souci, 350
Et de lui témoigner avec quelle franchise
A ses commandements vous me voyez soumise.

STÉPHANIE.

Dans un moment ou deux vous la verrez venir.

SCÈNE II.
CLÉOBULE, THÉODORE.

CLÉOBULE.

Tandis, permettez-moi de vous entretenir,
Et de blâmer un peu cette vertu farouche, 355
Cette insensible humeur qu'aucun objet ne touche,
D'où naissent tant de feux sans pouvoir l'enflammer,
Et qui semble haïr quiconque l'ose aimer.
Je veux bien avec vous que dessous votre empire
Toute notre jeunesse en vain brûle et soupire; 360
J'approuve les mépris que vous rendez à tous :

SCÈNE III.

MARCELLE, THÉODORE, CLÉOBULE, STÉPHANIE.

MARCELLE, à Cléobule.

Quoi? toujours l'un ou l'autre est par vous obsédé? 445
Qui vous amène ici? vous avois-je mandé?
Et ne pourrai-je voir Théodore ou Placide,
Sans que vous leur serviez d'interprète ou de guide?
Cette assiduité marque un zèle imprudent,
Et ce n'est pas agir en adroit confident. 450

CLÉOBULE.

Je crois qu'on me doit voir d'une âme indifférente
Accompagner ici Placide et ma parente.
Je fais ma cour à l'un à cause de son rang,
Et rends à l'autre un soin où m'oblige le sang[1].

MARCELLE.

Vous êtes bon parent.

CLÉOBULE.

Elle m'oblige à l'être. 455

MARCELLE.

Votre humeur généreuse aime à le reconnoître;
Et sensible aux faveurs que vous en recevez,
Vous rendez à tous deux ce que vous leur devez.
Un si rare service aura sa récompense
Plus grande qu'on n'estime et plus tôt qu'on ne pense.
Cependant quittez-nous, que je puisse à mon tour
Servir de confidente à cet illustre amour.

CLÉOBULE.

Ne croyez pas, Madame....

---

1. *Var.* Et rends un soin à l'autre où m'oblige le sang. (1646-56)

MARCELLE.
        Obéissez, de grâce :
Je sais ce qu'il faut croire, et vois ce qui se passe.

SCÈNE IV.

MARCELLE, THÉODORE, STÉPHANIE.

MARCELLE[1].

Ne vous offensez pas, objet rare et charmant, 465
Si ma haine avec lui traite un peu rudement.
Ce n'est point avec vous que je la dissimule :
Je chéris Théodore, et je hais Cléobule;
Et par un pur effet du bien que je vous veux,
Je ne puis voir ici ce parent dangereux. 470
Je sais que pour Placide il vous fait tout facile,
Qu'en sa grandeur nouvelle il vous peint un asile,
Et tâche à vous porter jusqu'à la vanité
D'espérer me braver avec impunité.
Je n'ignore non plus que votre âme plus saine, 475
Connoissant son devoir ou redoutant ma haine,
Rejette ses conseils, en dédaigne le prix,
Et fait de ces grandeurs un généreux mépris.
Mais comme avec le temps il pourroit vous séduire,
Et vous, changeant d'humeur, me forcer à vous nuire,
J'ai voulu vous parler, pour vous mieux avertir
Qu'il seroit malaisé de vous en garantir;
Que si ce qu'est Placide enfloit votre courage,
Je puis en un moment renverser mon ouvrage,
Abattre sa fortune, et détruire avec lui 485
Quiconque m'oseroit opposer son appui.
Gardez donc d'aspirer au rang où je l'élève :

---

1. *Var.* MARCELLE, *à Théodore.* (1646-60)

Qui commence le mieux ne fait rien s'il n'achève ;
Ne servez point d'obstacle à ce que j'en prétends ;
N'acquérez point ma haine en perdant votre temps. 490
Croyez que me tromper, c'est vous tromper vous-même ;
Et si vous vous aimez, souffrez que je vous aime.

THÉODORE.

Je n'ai point vu, Madame, encor jusqu'à ce jour
Avec tant de menace expliquer tant d'amour,
Et peu faite à l'honneur de pareilles visites, 495
J'aurois lieu de douter de ce que vous me dites ;
Mais soit que ce puisse être ou feinte ou vérité,
Je veux bien vous répondre avec sincérité.
   Quoique vous me jugiez l'âme basse et timide,
Je croirois sans faillir pouvoir aimer Placide, 500
Et si sa passion avoit pu me toucher,
J'aurois assez de cœur pour ne le point cacher.
Cette haute puissance à ses vertus rendue
L'égale presque aux rois dont je suis descendue ;
Et si Rome et le temps m'en ont ôté le rang, 505
Il m'en demeure encor le courage et le sang.
Dans mon sort ravalé je sais vivre en princesse :
Je fuis l'ambition, mais je hais la foiblesse ;
Et comme ses grandeurs ne peuvent m'ébranler,
L'épouvante jamais ne me fera parler[1]. 510
Je l'estime beaucoup, mais en vain il soupire :
Quand même sur ma tête il feroit choir l'empire,
Vous me verriez répondre à cette illustre ardeur
Avec la même estime et la même froideur.
Sortez d'inquiétude, et m'obligez de croire 515
Que la gloire où j'aspire est toute[2] une autre gloire,

---

1. *Var.* L'épouvante non plus ne me fait point parler. (1646-56)
2. *Toute* est la leçon de toutes les éditions, et elle a été adoptée par Th. Corneille et par Voltaire (1764).

THÉODORE.

Et que sans m'éblouir de cet éclat nouveau,
Plutôt que dans son lit j'entrerois au tombeau.

MARCELLE.

Je vous crois; mais souvent l'amour brûle sans luire :
Dans un profond secret il aime à se conduire; 520
Et voyant Cléobule aller tant et venir,
Entretenir Placide, et vous entretenir,
Je sens toujours dans l'âme un reste de scrupule[1],
Que je blâme moi-même et tiens pour ridicule;
Mais mon cœur soupçonneux ne s'en peut départir. 525
Vous avez deux moyens de l'en faire sortir[2] :
Épousez ou Didyme, ou Cléante, ou quelque autre;
Ne m'importe pas qui, mon choix suivra le vôtre,
Et je le comblerai de tant de dignités,
Que peut-être il vaudra ce que vous me quittez; 530
Ou si vous ne pouvez sitôt vous y résoudre,
Jurez-moi par ce Dieu qui porte en main la foudre[3],
Et dont tout l'univers doit craindre le courroux,
Que Placide jamais ne sera votre époux.
Je lui fais pour Flavie offrir un sacrifice : 535
Peut-être que vos vœux le rendront plus propice;
Venez les joindre aux miens, et le prendre à témoin.

THÉODORE.

Je veux vous satisfaire, et sans aller si loin,
J'atteste ici le Dieu qui lance le tonnerre,
Ce monarque absolu du ciel et de la terre, 540
Et dont tout l'univers doit craindre le courroux,
Que Placide jamais ne sera mon époux.
En est-ce assez, Madame ? êtes-vous satisfaite ?

MARCELLE.

Ce serment à peu près est ce que je souhaite;

1. *Var.* J'ai toujours dedans l'âme un reste de scrupule (1646-56)
2. *Var.* Vous avez deux moyens de m'en faire sortir. (1646-56)
3. *Var.* Jurez-moi par ce Dieu qui porte en main la foudre. (1646-54 et 56-64)

Mais pour vous dire tout, la sainteté des lieux, 545
Le respect des autels, la présence des Dieux,
Le rendant et plus saint et plus inviolable,
Me le pourroient aussi rendre bien plus croyable.

             THÉODORE.

Le Dieu que j'ai juré connoît tout, entend tout :
Il remplit l'univers de l'un à l'autre bout; 550
Sa grandeur est sans borne ainsi que sans exemple;
Il n'est pas moins ici qu'au milieu de son temple,
Et ne m'entend pas mieux dans son temple qu'ici.

             MARCELLE.

S'il vous entend partout, je vous entends aussi
On ne m'éblouit point d'une mauvaise ruse¹; 555
Suivez-moi dans le temple, et tôt, et sans excuse.

             THÉODORE.

Votre cœur soupçonneux ne m'y croiroit non plus,
Et je vous y ferois des serments superflus.

             MARCELLE.

Vous désobéissez!

             THÉODORE.

        Je crois vous satisfaire.

             MARCELLE.

Suivez, suivez mes pas.

             THÉODORE.

            Ce seroit vous déplaire; 560
Vos desseins d'autant plus en seroient reculés :
Ma désobéissance est ce que vous voulez.

             MARCELLE.

Il faut de deux raisons que l'une vous retienne :
Ou vous aimez Placide, ou vous êtes chrétienne.

             THÉODORE.

Oui, je la² suis, Madame, et le tiens à plus d'heur 565

---

1. *Var.* On ne m'éblouit pas d'une mauvaise ruse. (1646-63)
2. Voltaire a remplacé *la* par *le.*

Qu'une autre ne tiendroit toute votre grandeur[1].
Je vois qu'on vous l'a dit, ne cherchez plus de ruse :
J'avoue et hautement, et tôt, et sans excuse.
Armez-vous à ma perte, éclatez, vengez-vous,
Par ma mort à Flavie assurez un époux, 570
Et noyez dans ce sang, dont vous êtes avide,
Et le mal qui la tue, et l'amour de Placide.

MARCELLE.

Oui, pour vous en punir, je n'épargnerai rien,
Et l'intérêt des Dieux assurera le mien.

THÉODORE.

Le vôtre en même temps assurera ma gloire : 575
Triomphant de ma vie, il fera ma victoire[2],
Mais si grande, si haute, et si pleine d'appas,
Qu'à ce prix j'aimerai les plus cruels trépas.

MARCELLE.

De cette illusion soyez persuadée :
Périssant à mes yeux, triomphez en idée ; 580
Goûtez d'un autre monde à loisir les appas,
Et devenez heureuse où je ne serai pas :
Je n'en suis point jalouse, et toute ma puissance
Vous veut bien d'un tel heur hâter la jouissance ;
Mais gardez de pâlir et de vous étonner 585
A l'aspect du chemin qui vous y doit mener[3].

THÉODORE.

La mort n'a que douceur pour une âme chrétienne.

MARCELLE.

Votre félicité va donc faire la mienne.

THÉODORE.

Votre haine est trop lente à me la procurer.

---

1. *Var.* Qu'un autre ne tiendroit toute votre grandeur. (1652-60)
2. *Var.* Et triomphant de moi m'apporte une victoire
Si haute, si durable, et si pleine d'appas,
Qu'on l'achète trop peu des plus cruels trépas. (1646-56)
3. *Var.* Entrant dans le chemin qui vous y doit mener. (1646-56)

ACTE II, SCÈNE IV. 43

MARCELLE.

Vous n'aurez pas longtemps sujet d'en murmurer[1]. 590
Allez trouver Valens, allez, ma Stéphanie.
Mais demeurez; il vient.

SCÈNE V.

VALENS, MARCELLE, THÉODORE, PAULIN, STÉPHANIE.

MARCELLE.
                Ce n'est point calomnie,
Seigneur, elle est chrétienne, et s'en ose vanter.
VALENS.
Théodore, parlez sans vous épouvanter.
THÉODORE.
Puisque je suis coupable aux yeux de l'injustice, 595
Je fais gloire du crime, et j'aspire au supplice;
Et d'un crime si beau le supplice est si doux,
Que qui peut le connoître en doit être jaloux.
VALENS.
Je ne recherche plus la damnable origine
De cette aveugle amour où Placide s'obstine; 600
Cette noire magie, ordinaire aux chrétiens,
L'arrête indignement dans vos honteux liens;
Votre charme après lui se répand sur Flavie :
De l'un il prend le cœur, et de l'autre la vie.
Vous osez donc ainsi jusque dans ma maison, 605
Jusque sur mes enfants verser votre poison?
Vous osez donc tous deux les prendre pour victimes[2]?

---

1. *Var.* Vous n'aurez pas sujet longtemps d'en murmurer. (1646-56)
2. *Var.* Vous osez de tous deux en faire vos victimes?
THÉOD. Seigneur, il ne faut point me supposer des crimes. (1646-60)

THÉODORE.

Seigneur, il ne faut point me supposer de crimes ;
C'est à des faussetés sans besoin recourir :
Puisque je suis chrétienne, il suffit pour mourir.   610
Je suis prête ; où faut-il que je porte ma vie ?
Où me veut votre haine immoler à Flavie ?
Hâtez, hâtez, Seigneur, ces heureux châtiments
Qui feront mes plaisirs et vos contentements.

VALENS.

Ah ! je rabattrai bien cette fière constance.   615

THÉODORE.

Craindrois-je des tourments qui font ma récompense ?

VALENS.

Oui, j'en sais que peut-être aisément vous craindrez ;
Vous en recevrez l'ordre, et vous en résoudrez.
Ce courage toujours ne sera pas si ferme.
Paulin, que là-dedans pour prison on l'enferme ;   620
Mettez-y bonne garde.

(Paulin la conduit avec quelques soldats, et l'ayant enfermée,
il revient incontinent.)

SCÈNE VI.

VALENS, MARCELLE, PAULIN, STÉPHANIE.

MARCELLE.

Eh quoi ! pour la punir,
Quand le crime est constant, qui vous peut retenir ?

VALENS.

Agréerez-vous le choix que je fais d'un supplice ?

MARCELLE.

J'agréerai tout, Seigneur, pourvu qu'elle périsse :
Choisissez le plus doux, ce sera m'obliger.   625

ACTE II, SCÈNE VI.

VALENS.

Ah! que vous savez mal comme il se faut venger[1]!

MARCELLE.

Je ne suis point cruelle, et n'en veux à sa vie
Que pour rendre Placide à l'amour de Flavie.
Otez-nous cet obstacle à nos contentements ;
Mais en faveur du sexe épargnez les tourments : 630
Qu'elle meure, il suffit.

VALENS.

Oui, sans plus de demeure,
Pour l'intérêt des Dieux je consens qu'elle meure :
Indigne de la vie, elle doit en sortir ;
Mais pour votre intérêt je n'y puis consentir.
Quoi? Madame, la perdre est-ce gagner Placide ? 635
Croyez-vous que sa mort le change ou l'intimide ?
Que ce soit un moyen d'être aimable à ses yeux,
Que de mettre au tombeau ce qu'il aime le mieux ?
Ah! ne vous flattez point d'une espérance vaine :
En cherchant son amour vous redoublez sa haine ; 640
Et dans le désespoir où vous l'allez plonger,
Loin d'en aimer la cause, il voudra s'en venger.
Chaque jour à ses yeux cette ombre ensanglantée,
Sortant des tristes nuits où vous l'aurez jetée,
Vous peindra toutes deux avec des traits d'horreur 645
Qui feront de sa haine une aveugle fureur ;
Et lors je ne dis pas tout ce que j'appréhende.
Son âme est violente, et son amour est grande :
Verser le sang aimé, ce n'est pas l'en guérir,
Et le désespérer, ce n'est pas l'acquérir. 650

MARCELLE.

Ainsi donc vous laissez Théodore impunie?

VALENS.

Non, je la veux punir, mais par l'ignominie ;

---

1. Voltaire change la construction, et donne : « comme il faut se venger. »

ACTE III.

SCÈNE PREMIÈRE.
THÉODORE, PAULIN.

THÉODORE.

Où m'allez-vous conduire?
PAULIN.
Il est en votre choix :
Suivez-moi dans le temple, ou subissez nos lois.
THÉODORE.
De ces indignités vos juges sont capables[1] !
PAULIN.
Ils égalent la peine aux crimes des coupables.
THÉODORE.
Si le mien est trop grand pour le dissimuler, 725
N'est-il point de tourments qui puissent l'égaler ?
PAULIN.
Comme dans les tourments vous trouvez des délices,
Ils ont trouvé pour vous ailleurs de vrais supplices[2],
Et par un châtiment aussi grand que nouveau,
De votre vertu même ils font votre bourreau[3]. 730

---

1. *Var.* De cette indignité Valens est donc capable!
   PAUL. Il égale la peine au crime du coupable. (1646-56)
2. *Var.* Il veut dans les plaisirs vous trouver des supplices. (1646-56)
3. *Var.* De votre vertu même il fait votre bourreau.
   THÉOD. Ah! que c'est en effet un étrange supplice
   Quand la vertu se voit sacrifiée au vice! (1646-56)

THÉODORE.
Ah! qu'un si détestable et honteux sacrifice
Est pour elle en effet un rigoureux supplice!
PAULIN.
Ce mépris de la mort qui partout à nos yeux
Brave si hautement et nos lois et nos Dieux,
Cette indigne fierté ne seroit pas punie 735
A ne vous ôter rien de plus cher que la vie :
Il faut qu'on leur immole, après de tels mépris[1],
Ce que chez votre sexe on met à plus haut prix,
Ou que cette fierté, de nos lois ennemie[2],
Cède aux justes horreurs d'une pleine infamie, 740
Et que votre pudeur rende à nos immortels
L'encens que votre orgueil refuse à leurs autels.
THÉODORE.
Valens me fait par vous porter cette menace;
Mais s'il hait les chrétiens, il respecte ma race :
Le sang d'Antiochus n'est pas encor si bas 745
Qu'on l'abandonne en proie aux fureurs des soldats[3].
PAULIN.
Ne vous figurez point qu'en un tel sacrilège
Le sang d'Antiochus ait quelque privilège.
Les Dieux sont au-dessus des rois dont vous sortez,
Et l'on vous traite ici comme vous les traitez : 750
Vous les déshonorez, et l'on vous déshonore.
THÉODORE.
Vous leur immolez donc l'honneur de Théodore,
A ces Dieux dont enfin la plus sainte action
N'est qu'inceste, adultère et prostitution?
Pour venger les mépris que je fais de leurs temples, 755

---

1. *Var.* Il faut vous arracher, pour punir ces mépris. (1646-56)
2. *Var.* Ou qu'enfin ce grand cœur, que feu ni fer ne dompte,
   Soit dompté par l'effort d'une louable honte. (1646-56)
3. *Var.* Qu'on l'abandonne en proie aux plaisirs des soldats. (1646-56)

ACTE III, SCÈNE I.

Je me vois condamnée à suivre leurs exemples,
Et dans vos dures lois je ne puis éviter
Ou de leur rendre hommage, ou de les imiter?
Dieu de la pureté, que vos lois sont bien autres !

PAULIN.

Au lieu de blasphémer, obéissez aux nôtres, 760
Et ne redoublez point par vos impiétés
La haine et le courroux de nos Dieux irrités :
Après nos châtiments ils ont encor leur foudre.
On vous donne de grâce une heure à vous résoudre;
Vous savez votre arrêt, vous avez à choisir : 765
Usez utilement de ce peu de loisir.

THÉODORE.

Quelles sont vos rigueurs, si vous le nommez grâce,
Et quel choix voulez-vous qu'une chrétienne fasse,
Réduite à balancer son esprit agité
Entre l'idolâtrie et l'impudicité ? 770
Le choix est inutile où les maux sont extrêmes.
Reprenez votre grâce, et choisissez vous-mêmes :
Quiconque peut choisir consent à l'un des deux,
Et le consentement est seul lâche et honteux.
Dieu, tout juste et tout bon, qui lit[1] dans nos pensées,
N'impute point de crime aux actions forcées.
Soit que vous contraigniez pour vos Dieux impuissants
Mon corps à l'infamie ou ma main à l'encens,
Je saurai conserver d'une âme résolue
A l'époux sans macule une épouse impollue. 780

1. Tel est le texte de toutes les éditions, y compris celles de Th. Corneille et de Voltaire. Des impressions récentes ont changé *lit* en *lis*, et fait de cette phrase une apostrophe.

SCÈNE II.

PLACIDE, THÉODORE, PAULIN.

THÉODORE.

Mais que vois-je? Ah, Seigneur! est-ce Marcelle ou vous
Dont sur mon innocence éclate le courroux?
L'arrêt qu'a contre moi prononcé votre père,
Est-ce pour la venger, ou pour vous satisfaire?
Est-ce mon ennemie ou mon illustre amant   785
Qui du nom de vos Dieux abuse insolemment[1]?
Vos feux de sa fureur se sont-ils faits complices?
Sont-ils d'intelligence à choisir mes supplices?
Étouffent-ils si bien vos respects généreux,
Qu'ils fassent mon bourreau d'un héros amoureux?   790

PLACIDE.

Retirez-vous, Paulin.

PAULIN.

On me l'a mise en garde.

PLACIDE.

Je sais jusqu'à quel point ce devoir vous regarde;
Prenez soin de la porte, et sans me répliquer:
Ce n'est pas devant vous que je veux m'expliquer.

PAULIN.

Seigneur....

PLACIDE.

Laissez-nous, dis-je, et craignez ma colère;
Je vous garantirai de celle de mon père.

---

1. *Var.* Qui du nom de ses Dieux abuse insolemment (*a*)?
Ou si vos feux enfin, de sa haine complices,
Me voyant accusée ont choisi mes supplices,
Et changeant en fureur vos respects généreux,
Font mon premier bourreau d'un héros amoureux?
PLAC. Laissez-nous seuls, Paulin. (1046-56)

(*a*) Qui du nom de ces Dieux abuse insolemment? (1655)

SCÈNE III.

PLACIDE, THÉODORE.

THÉODORE.

Quoi? vous chassez Paulin, et vous craignez ses yeux,
Vous qui ne craignez pas la colère des cieux?

PLACIDE.

Redoublez vos mépris, mais bannissez des craintes
Qui portent à mon cœur les plus rudes atteintes ; 800
Ils sont encor plus doux que les indignités
Qu'imputent vos frayeurs à mes témérités ;
Et ce n'est pas contre eux que mon âme s'irrite.
Je sais qu'ils font justice à mon peu de mérite ;
Et lorsque vous pouviez jouir de vos dédains, 805
Si j'osois les nommer quelquefois inhumains,
Je les justifiois dedans ma conscience,
Et je n'attendois rien que de ma patience,
Sans que pour ces grandeurs qui font tant de jaloux,
Je me sois jamais cru moins indigne de vous. 810
Aussi ne pensez pas que je vous importune
De payer mon amour, ou de voir ma fortune :
Je ne demande pas un bien qui leur soit dû ;
Mais je viens pour vous rendre un bien presque perdu,
Encor le même amant qu'une rigueur si dure 815
A toujours vu brûler et souffrir sans murmure,
Qui plaint du sexe en vous les respects violés,
Votre libérateur enfin, si vous voulez.

THÉODORE.

Pardonnez donc, Seigneur, à la première idée
Qu'a jeté[1] dans mon âme une peur mal fondée, 820

---

1. Il y a *jeté*, sans accord, dans toutes les éditions publiées du vivant de Corneille. L'impression de 1692 commence ainsi le vers : « Qu'a mise dans mon âme. » Voltaire a conservé *jeté*.

De mille objets d'horreur mon esprit combattu
Auroit tout soupçonné de la même vertu.
Dans un péril si proche et si grand pour ma gloire,
Comme je dois tout craindre, aussi je puis tout croire ;
Et mon honneur timide, entre tant d'ennemis, 825
Sur les ordres du père a mal jugé du fils.
Je vois, grâces au ciel, par un effet contraire,
Que la vertu du fils soutient celle du père,
Qu'elle ranime en lui la raison qui mouroit,
Qu'elle rappelle en lui l'honneur qui s'égaroit, 830
Et le rétablissant dans une âme si belle,
Détruit heureusement l'ouvrage de Marcelle.
Donc à votre prière il s'est laissé toucher?

PLACIDE.

J'aurois touché plutôt un cœur tout de rocher :
Soit crainte, soit amour qui possède son âme, 835
Elle est toute asservie aux fureurs d'une femme.
Je le dis à ma honte, et j'en rougis pour lui,
Il est inexorable, et j'en mourrois d'ennui,
Si nous n'avions l'Égypte où fuir l'ignominie
Dont vous veut lâchement combler sa tyrannie. 840
Consentez-y, Madame, et je suis assez fort
Pour rompre vos prisons et changer votre sort ;
Ou si votre pudeur au peuple abandonnée[1],
S'en peut mieux affranchir que par mon hyménée,
S'il est quelque autre voie à vous sauver l'honneur, 845
J'y consens, et renonce à mon plus doux bonheur[2] ;
Mais si contre un arrêt à cet honneur funeste,
Pour en rompre le coup ce moyen seul vous reste,
Si refusant Placide, il vous faut être à tous,
Fuyez cette infamie en suivant un époux : 850

1. *Var.* Que si votre pudeur au peuple abandonnée. (1646-56)
2. *Var.* J'y consens, et renonce encore à mon bonheur. (1646-56)

Suivez-moi dans des lieux où je serai le maître[1],
Où vous serez sans peur ce que vous voudrez être ;
Et peut-être, suivant ce que vous résoudrez,
Je n'y serai bientôt que ce que vous voudrez[2].
C'est assez m'expliquer ; que rien ne vous retienne :   855
Je vous aime, Madame, et vous aime chrétienne.
Venez me donner lieu d'aimer ma dignité,
Qui fera mon bonheur et votre sûreté.

THÉODORE.

N'espérez pas, Seigneur, que mon sort déplorable
Me puisse à votre amour rendre plus favorable,   860
Et que d'un si grand coup mon esprit abattu
Défère à ses malheurs plus qu'à votre vertu.
Je l'ai toujours connue et toujours estimée ;
Je l'ai plainte souvent d'aimer sans être aimée ;
Et par tous ces dédains où j'ai su recourir,   865
J'ai voulu vous déplaire afin de vous guérir.
Louez-en le dessein, en apprenant la cause :
Un obstacle éternel à vos desirs s'oppose[3].
Chrétienne, et sous les lois d'un plus puissant époux....
Mais, Seigneur, à ce mot ne soyez pas[4] jaloux.   870
Quelque haute splendeur que vous teniez de Rome,
Il est plus grand que vous ; mais ce n'est point un homme :
C'est le Dieu des chrétiens, c'est le maître des rois,
C'est lui qui tient ma foi, c'est lui dont j'ai fait choix ;
Et c'est enfin à lui que mes vœux ont donnée   875
Cette virginité que l'on a condamnée.
         Que puis-je donc pour vous, n'ayant rien à donner ?

---

1. *Var.* Suivez-moi dans les lieux où je serai le maître. (1652-63)
2. *Var.* Je ne serai bientôt que ce que vous voudrez (*a*). (1646-60)
3. Voyez la *Notice*, p. 4 et 5.
4. Voltaire (1764) a changé *pas* en *point*.

(*a*) Cette variante se trouve aussi dans l'édition de 1663, mais a été corrigée dans l'*errata*.

Et par où votre amour se peut-il couronner,
Si pour moi votre hymen n'est qu'un lâche adultère,
D'autant plus criminel qu'il seroit volontaire, 880
Dont le ciel puniroit les sacriléges nœuds,
Et que ce Dieu jaloux vengeroit sur tous deux ?
Non, non, en quelque état que le sort m'ait réduite,
Ne me parlez, Seigneur, ni d'hymen ni de fuite :
C'est changer d'infamie, et non pas l'éviter; 885
Loin de m'en garantir, c'est m'y précipiter.
Mais pour braver Marcelle et m'affranchir de honte,
Il est une autre voie et plus sûre et plus prompte,
Que dans l'éternité j'aurois lieu de bénir :
La mort; et c'est de vous que je dois l'obtenir. 890
Si vous m'aimez encor, comme j'ose le croire,
Vous devez cette grâce à votre propre gloire;
En m'arrachant la mienne on la va déchirer;
C'est votre choix, c'est vous qu'on va déshonorer[1].
L'amant si fortement s'unit à ce qu'il aime, 895
Qu'il en fait dans son cœur une part de lui-même :
C'est par là qu'on vous blesse, et c'est par là, Seigneur,
Que peut jusques à vous aller mon déshonneur[2].
  Tranchez donc cette part par où l'ignominie
Pourroit souiller l'éclat d'une si belle vie : 900
Rendez à votre honneur toute sa pureté,
Et mettez par ma mort son lustre en sûreté.
Mille dont votre Rome adore la mémoire
Se sont bien tous entiers[3] immolés à leur gloire :
Comme eux, en vrai Romain de la vôtre jaloux, 905
Immolez cette part trop indigne de vous;
Sauvez-la par sa perte; ou si quelque tendresse
A ce bras généreux imprime sa foiblesse,

1. *Var.* Et c'est vous que par moi l'on va déshonorer. (1646-56)
2. *Var.* Que peut jusques à vous aller le déshonneur. (1646-63)
3. Voltaire (1764) a gardé la leçon *tous entiers.*

Si du sang d'une fille il craint de se rougir[1],
Armez, armez le mien, et le laissez agir.   910
Ma loi me le défend, mais mon Dieu me l'inspire :
Il parle, et j'obéis à son secret empire;
Et contre l'ordre exprès de son commandement,
Je sens que c'est de lui que vient ce mouvement.
Pour le suivre, Seigneur, souffrez que votre épée[2] 915
Me puisse....

PLACIDE.

Oui, vous l'aurez, mais dans mon sang trempée;
Et votre bras du moins en recevra du mien
Le glorieux exemple avant que le moyen.

THÉODORE.

Ah! ce n'est pas pour vous un mouvement à suivre;
C'est à moi de mourir, mais c'est à vous de vivre.   920

PLACIDE.

Ah! faites-moi donc vivre, ou me laissez mourir;
Cessez de me tuer ou de me secourir.
Puisque vous n'écoutez ni mes vœux ni mes larmes,
Puisque la mort pour vous a plus que moi de charmes,
Souffrez que ce trépas, que vous trouvez si doux,   925
Ait à son tour pour moi plus de douceur que vous.
  Puis-je vivre et vous voir morte ou déshonorée,
Vous que de tout mon cœur j'ai toujours adorée,
Vous qui de mon destin réglez le triste cours,
Vous, dis-je, à qui j'attache et ma gloire et mes jours[3]?
Non, non, s'il vous faut voir déshonorée ou morte,
Souffrez un désespoir où la raison me porte :
Renoncer à la vie avant de tels malheurs,
Ce n'est que prévenir l'effet de mes douleurs.

---

1. *Var.* Si du sang d'une fille il craint à se rougir. (1646-56)
2. *Var.* Pour le suivre, Seigneur, prêtez donc cette épée.
   PLAC. Vous l'aurez, vous l'aurez, mais dans mon sang trempée. (1646-56)
3. *Var.* Vous où je mets ma gloire, où j'attache mes jours? (1646-56)

Et songez que l'affront où vous m'abandonnez
Déshonore l'époux que vous lui destinez.   1010
Je vous le dis encor, sauvez-moi cette honte :
Ne désespérez pas une âme qui se dompte,
Et par le noble effort d'un généreux emploi,
Triomphez de vous-même aussi bien que de moi.
Théodore est pour vous une utile ennemie;   1015
Et si, proche qu'elle est de choir dans l'infamie,
Ma plus sincère ardeur n'en peut rien obtenir,
Vous n'avez pas beaucoup à craindre l'avenir[1].
Le temps ne la rendra que plus inexorable;
Le temps détrompera peut-être un misérable.   1020
Daignez lui donner lieu de me pouvoir guérir,
Et ne me perdez pas en voulant m'acquérir.

MARCELLE.

Quoi? vous voulez enfin me devoir votre gloire!
Certes un tel miracle est difficile à croire,
Que vous, qui n'aspiriez qu'à ne me devoir rien[2],   1025
Vous me vouliez devoir un si précieux bien[3].
Mais comme en ses desirs aisément on se flatte,
Dussé-je contre moi servir une âme ingrate,
Perdre encor mes faveurs, et m'en voir abuser,
Je vous aime encor trop pour vous rien refuser.   1030
   Oui, puisque Théodore enfin me rend capable
De vous rendre une fois un office agréable[4],
Puisque son intérêt vous force à me traiter
Mieux que tous mes bienfaits n'avoient su mériter,
Et par soin de vous plaire et par reconnoissance   1035
Je vais pour l'un et l'autre employer ma puissance,
Et pour un peu d'espoir qui m'est en vain rendu,

---

1. Ici, et au vers 1049, on lit *advenir* dans les éditions de 1646-60.
2. *Var.* Que vous, qui n'aspirez qu'à ne me devoir rien. (1655)
3. *Var.* Vous vouliez me devoir un si précieux bien. (1646-56)
Var. De vous rendre une fois un service agréable. (1646-64)

Rendre à mes ennemis l'honneur presque perdu.
Je vais d'un juste juge adoucir la colère,
Rompre le triste effet d'un arrêt trop sévère, 1040
Répondre à votre attente, et vous faire éprouver
Cette bonté qu'en moi vous espérez trouver.
Jugez par cette épreuve, à mes vœux si cruelle,
Quel pouvoir vous avez sur l'esprit de Marcelle,
Et ce que vous pourriez un peu plus complaisant, 1045
Quand vous y pouvez tout même en la méprisant.
Mais pourrai-je à mon tour vous faire une prière?

PLACIDE.

Madame, au nom des Dieux, faites-moi grâce entière :
En l'état où je suis, quoi qu'il puisse avenir,
Je vous dois tout promettre, et ne puis rien tenir; 1050
Je ne vous puis donner qu'une attente frivole;
Ne me réduisez point à manquer de parole;
Je crains, mais j'aime encore, et mon cœur amoureux....

MARCELLE.

Le mien est raisonnable autant que généreux.
Je ne demande pas que vous cessiez encore 1055
Ou de haïr Flavie, ou d'aimer Théodore :
Ce grand coup doit tomber plus insensiblement,
Et je me défierois d'un si prompt changement.
Il faut languir encor dedans l'incertitude,
Laisser faire le temps et cette ingratitude[1] : 1060
Je ne veux à présent qu'une fausse pitié,
Qu'une feinte douceur, qu'une ombre d'amitié[2].
Un moment de visite à la triste Flavie
Des portes du trépas rappelleroit sa vie.
Cependant que pour vous je vais tout obtenir, 1065
Pour soulager ses maux allez l'entretenir;

1. *Var.* Laissez faire le temps et son ingratitude. (1646-64)
2. *Var.* Une feinte douceur, une ombre d'amitié.
Un moment de visite à la pauvre Flavie. (1646-56)

Ne lui promettez rien, mais souffrez qu'elle espère,
Et trompez-la du moins pour la rendre à sa mère :
Un coup d'œil y suffit, un mot ou deux plus doux.
Faites un peu pour moi quand je fais tout pour vous;
Daignez pour Théodore un moment vous contraindre.

PLACIDE.

Un moment est bien long à qui ne sait pas feindre ;
Mais vous m'en conjurez par un nom trop puissant
Pour ne rencontrer pas un cœur obéissant.
J'y vais; mais par pitié souvenez-vous vous-même 1075
Des troubles d'un amant qui craint pour ce qu'il aime,
Et qui n'a pas pour feindre assez de liberté,
Tant que pour son objet il est inquiété.

MARCELLE.

Allez sans plus rien craindre, ayant pour vous Marcelle.

SCÈNE VI.

MARCELLE, STÉPHANIE.

STÉPHANIE.

Enfin vous triomphez de cet esprit rebelle ? 1080

MARCELLE.

Quel triomphe!

STÉPHANIE.

    Est-ce peu que de voir à vos pieds
Sa haine et son orgueil enfin humiliés?

MARCELLE.

Quel triomphe, te dis-je, et qu'il a d'amertumes!
Et que nous sommes loin de ce que tu présumes!
Tu le vois à mes pieds pleurer, gémir, prier; 1085
Mais ne crois pas pourtant le voir s'humilier :
Ne crois pas qu'il se rende aux bontés qu'il implore;
Mais vois de quelle ardeur il aime Théodore,

Et juge quel pouvoir cet amour a sur lui,
Puisqu'il peut le réduire à chercher mon appui.   1090
Que n'oseront ses feux entreprendre pour elle,
S'ils ont pu l'abaisser jusqu'aux pieds de Marcelle ;
Et que dois-je espérer d'un cœur si fort épris,
Qui même en m'adorant me fait voir ses mépris ?
Dans ses submissions vois ce qui l'y convie :   1095
Mesure à son amour sa haine pour Flavie,
En voyant l'un et l'autre en son abaissement,
Juge de mon triomphe un peu plus sainement ;
Vois dans son triste effet sa ridicule pompe.
J'ai peine en triomphant d'obtenir qu'il me trompe,   1100
Qu'il feigne par pitié, qu'il donne un faux espoir.

STÉPHANIE.
Et vous l'allez servir de tout votre pouvoir ?

MARCELLE.
Oui, je vais le servir, mais comme il le mérite[1].
Toi, va par quelque adresse amuser sa visite,
Et sous un faux appas prolonger l'entretien.   1105

STÉPHANIE.
Donc....

MARCELLE.
Le temps presse : va, sans t'informer de rien.

1. *Var.* Oui je le vais servir, mais comme il le mérite.
Toi, va me l'amuser dedans cette visite,
Et de tout ton pouvoir donne loisir au mien. (1646-56)

FIN DU TROISIÈME ACTE.

ACTE IV.

SCÈNE PREMIÈRE.

PLACIDE, STÉPHANIE, sortant de chez Marcelle[1].

STÉPHANIE[2].

Seigneur....

PLACIDE.

Va, Stéphanie, en vain tu me rappelles,
Ces feintes ont pour moi des gênes trop cruelles :
Marcelle en ma faveur agit trop lentement,
Et laisse trop durer cet ennuyeux moment.   1110
Pour souffrir plus longtemps un supplice si rude,
J'ai trop d'impatience et trop d'inquiétude :
Il faut voir Théodore, il faut savoir mon sort,
Il faut....

STÉPHANIE.

Ah! faites-vous, Seigneur, un peu d'effort.
Marcelle, qui vous sert de toute sa puissance,   1115
Mérite bien du moins cette reconnoissance.
Retournez chez Flavie attendre un bien si doux[3],
Et ne craignez plus rien puisqu'elle agit pour vous.

PLACIDE.

L'effet tarde beaucoup pour n'avoir rien à craindre :

---

1. Dans l'édition de 1663, en marge : *Ils sortent ensemble de chez Marcelle.*
— Les impressions de 1646, 1652 et 1655 ont *sortants* avec une *s.*
2. *Var.* STÉPHANIE, *rappelant Placide.* (1646-60)
3. *Var.* Attendez-en l'effet dedans cet entretien :
  Puisqu'elle agit pour vous, devez-vous craindre rien? (1646-56)

66 THÉODORE.

Elle feignoit peut-être en me priant de feindre. 1120
On retire souvent le bras pour mieux frapper.
Qui veut que je la trompe a droit de me tromper¹.
STÉPHANIE.
Considérez l'humeur implacable d'un père,
Quelle est pour les chrétiens sa haine et sa colère,
Combien il faut de temps afin de l'émouvoir. 1125
PLACIDE.
Hélas! il n'en faut guère à trahir mon espoir.
Peut-être en ce moment qu'ici tu me cajoles,
Que tu remplis mon cœur d'espérances frivoles,
Ce rare et cher objet qui fait seul mon destin,
Du soldat insolent est l'indigne butin. 1130
Va flatter, si tu veux, la douleur de Flavie,
Et me laisse éclaircir de l'état de ma vie :
C'est trop l'abandonner à l'injuste pouvoir.
    Ouvrez, Paulin, ouvrez, et me la faites voir.
On ne me répond point, et la porte est ouverte! 1135
Paulin! Madame!
STÉPHANIE.
        O Dieux! la fourbe est découverte.
Où fuirai-je?
PLACIDE.
        Demeure, infâme, et ne crains rien :
Je ne veux pas d'un sang abject² comme le tien.
Il faut à mon courroux de plus nobles victimes :
Instruis-moi seulement de l'ordre de tes crimes. 1140
Qu'a-t-on fait de mon âme? où la dois-je chercher?
STÉPHANIE.
Vous n'avez pas sujet encor de vous fâcher :
Elle est....

---

1. *Var.* Qui veut que je le trompe a droit de me tromper. (1655)
2. Voyez tome I, p. 169, note 1.

ACTE IV, SCÈNE I.

PLACIDE.

Dépêche, dis ce qu'en a fait Marcelle.

STÉPHANIE.

Tout ce que votre amour pouvoit attendre d'elle :
Peut-on croire autre chose avec quelque raison, 1145
Quand vous voyez déjà qu'elle est hors de prison ?

PLACIDE.

Ah! j'en aurois déjà reçu les assurances ;
Et tu veux m'amuser de vaines apparences,
Cependant que Marcelle agit comme il lui plaît,
Et fait sans résistance exécuter l'arrêt. 1150
De ma crédulité Théodore est punie :
Elle est hors de prison, mais dans l'ignominie ;
Et je devois juger, dans mon sort rigoureux[1],
Que l'ennemi qui flatte est le plus dangereux.
Mais souvent on s'aveugle, et dans des maux extrêmes,
Les esprits généreux jugent tout par eux-mêmes[2];
Et lorsqu'on les trahit[3]....

SCÈNE II.

PLACIDE, LYCANTE, STÉPHANIE.

LYCANTE.

Jugez-en mieux, Seigneur[4] :
Marcelle vous renvoie et la joie et l'honneur ;
Elle a de l'infamie arraché Théodore.

PLACIDE.

Elle a fait ce miracle!

---

1. *Var.* Et je devrois juger, dans mon sort rigoureux. (1660)
2. *Var.* Les hommes généreux jugent tout par eux-mêmes. (1646-63)
3. *Var.* Et de leurs ennemis.... (1646-56)
4. *Var.* Ne craignez plus, Seigneur. (1646-56)

LYCANTE.
Elle a plus fait encore[1]. 1160
PLACIDE.
Ne me fais plus languir, dis promptement.
LYCANTE.
D'abord
Valens changeoit l'arrêt en un arrêt de mort....
PLACIDE.
Ah! si de cet arrêt jusqu'à l'effet on passe....
LYCANTE.
Marcelle a refusé cette sanglante grâce :
Elle l'a veut entière, et tâche à l'obtenir; 1165
Mais Valens irrité s'obstine à la bannir,
Et voulant que cet ordre à l'instant s'exécute,
Quoi qu'en votre faveur Marcelle lui dispute[2],
Il mande Théodore, et la veut promptement
Faire conduire au lieu de son bannissement. 1170
STÉPHANIE.
Et vous vous alarmiez de voir sa prison vide?
PLACIDE.
Tout fait peur à l'amour, c'est un enfant timide;
Et si tu le connois, tu me dois pardonner.
LYCANTE.
Elle fait ses efforts pour vous la ramener,
Et vous conjure encore un moment de l'attendre. 1175
PLACIDE.
Quelles grâces, bons Dieux, ne lui dois-je point rendre!
Va, dis-lui que j'attends ici ce grand succès,
Où sa bonté pour moi paroît avec excès[3].

(Lycante rentre[4].)

---

1. Voltaire a changé la construction et donne : *Elle a fait plus encore.*
2. *Var.* Quoi qu'à votre faveur Marcelle lui dispute. (1655)
3. *Var.* Où sa bonté paroît avecque trop d'excès. (1646-56)
4. Voltaire a supprimé ces mots, et il fait de la fin de cette scène la scène III.

STÉPHANIE.

Et moi je vais pour vous consoler sa Flavie.

PLACIDE.

Fais-lui donc quelque excuse à flatter son envie[1], 1180
Et dis-lui de ma part tout ce que tu voudras :
Mon âme n'eut jamais les sentiments ingrats,
Et j'ai honte en secret d'être dans l'impuissance
De montrer plus d'effets de ma reconnoissance.

(Il est seul[2].)

Certes une ennemie à qui je dois l'honneur 1185
Méritoit dans son choix un peu plus de bonheur,
Devoit trouver une âme un peu moins défendue,
Et j'ai pitié de voir tant de bonté perdue ;
Mais le cœur d'un amant ne peut se partager ;
Elle a beau se contraindre, elle a beau m'obliger, 1190
Je n'ai qu'aversion pour ce qui la regarde.

SCÈNE III.

PLACIDE, PAULIN.

PLACIDE.

Vous ne me direz plus qu'on vous l'a mise en garde,
Paulin ?

PAULIN.

Elle n'est plus, Seigneur, en mon pouvoir.

PLACIDE.

Quoi ? vous en soupirez ?

PAULIN.

Je pense le devoir.

PLACIDE.

Soupirer du bonheur que le ciel me renvoie ! 1195

1. *Var.* Fais-lui donc quelque excuse au gré de son envie. (1646-56)
2. *Var.* STÉPHANIE *rentre*. (1646-60)

ACTE IV, SCÈNE III.

PLACIDE.

Il y mourra, l'infâme !
Viens me voir dans ses bras lui faire vomir l'âme,
Viens voir de ma colère un juste et prompt effet
Joindre en ces mêmes lieux la peine à son forfait[1], 1270
Confondre son triomphe avecque son supplice.

PAULIN.

Ce n'est pas en ces lieux qu'il vous fera justice :
Didyme en est sorti.

PLACIDE.

Quoi, Paulin ? ce voleur
A déjà par sa fuite évité ma douleur !

PAULIN.

Oui ; mais il n'étoit plus, en sortant, ce Didyme 1275
Dont l'orgueil insolent demandoit sa victime ;
Ses cheveux sur son front s'efforçoient de cacher
La rougeur que son crime y sembloit attacher,
Et le remords de sorte abattoit son courage,
Que même il n'osoit plus nous montrer son visage : 1280
L'œil bas, le pied timide et le corps chancelant,
Tel qu'un coupable enfin qui s'échappe en tremblant.
A peine il est sorti que la fière insolence[2]
Du soldat mutiné reprend sa violence ;
Chacun, en sa valeur mettant tout son appui, 1285
S'efforce de montrer qu'il n'a cédé qu'à lui ;
On se pousse, on se presse, on se bat, on se tue :
J'en vois une partie à mes pieds abattue.
Au spectacle sanglant que je m'étois promis,
Cléobule survient avec quelques amis, 1290
Met l'épée à la main, tourne en fuite le reste,
Entre....

1. *Var.* Joindre en ces mêmes lieux sa peine à son forfait. (1646)
2. *Var.* A peine est-il sorti qu'avecque violence
   Je vois de ces mutins renaître l'insolence. (1646-56)

PLACIDE.
Lui seul?
PAULIN.
Lui seul.
PLACIDE.
Ah, Dieux! quel coup funeste!
PAULIN.
Sans doute il n'est entré que pour l'en retirer[1].
PLACIDE.
Dis, dis qu'il est entré pour la déshonorer,
Et que le sort cruel, pour hâter ma ruine,   1295
Veut qu'après un rival un ami m'assassine.
Le traître! Mais, dis-moi, l'en as-tu vu sortir?
Montroit-il de l'audace ou quelque repentir[2]?
Qui des siens l'a suivi?
PAULIN.
Cette troupe fidèle
M'a chassé comme chef des soldats de Marcelle :   1300
Je n'ai rien vu de plus; mais loin de le blâmer,
Je présume....
PLACIDE.
Ah! je sais ce qu'il faut présumer.
Il est entré lui seul.
PAULIN.
Ayant si peu d'escorte,
C'est ainsi qu'il a dû s'assurer de la porte;
Et si là tous ensemble il ne les eût laissés,   1305
Assez facilement on les auroit forcés.
Mais le voici qui vient pour vous en rendre compte[3] :
A son zèle, de grâce, épargnez cette honte.

1. *Var.* Sans doute il n'est entré qu'afin de l'en tirer. (1646-56)
2. *Var.* Montroit-il de l'audace ou bien du repentir? (1646-56)
3. Voyez tome I, p. 150, note 1.

SCÈNE IV.
PLACIDE, PAULIN, CLÉOBULE.

PLACIDE.

Eh bien! votre parente? elle est hors de ces lieux
Où l'on sacrifioit sa pudeur à nos Dieux? 1310

CLÉOBULE.

Oui, Seigneur.

PLACIDE.

J'ai regret qu'un cœur si magnanime
Se soit ainsi laissé prévenir par Didyme.

CLÉOBULE.

J'en dois être honteux; mais je m'étonne fort
Qui vous a pu sitôt en faire le rapport :
J'en croyois apporter les premières nouvelles. 1315

PLACIDE.

Grâces aux Dieux, sans vous j'ai des amis fidèles[1].
Mais ne différez plus à me la faire voir.

CLÉOBULE.

Qui, Seigneur?

PLACIDE.

Théodore.

CLÉOBULE.

Est-elle en mon pouvoir?

PLACIDE.

Ne me dites-vous pas que vous l'avez sauvée?

CLÉOBULE.

Je vous le dirois! moi qui ne l'ai plus trouvée! 1320

PLACIDE.

Quoi? soudain par un charme elle avoit disparu?

---

1. *Var.* J'ai sans vous, grâce aux Dieux, assez d'amis fidèles. (1646-56)

CLÉOBULE.
Puisque déjà ce bruit jusqu'à vous a couru,
Vous savez que sans charme elle a fui sa disgrâce,
Que je n'ai plus trouvé que Didyme en sa place :
Quel plaisir prenez-vous à me le déguiser?

PLACIDE.
Quel plaisir prenez-vous vous-même à m'abuser,
Quand Paulin de ses yeux a vu sortir Didyme?

CLÉOBULE.
Si ses yeux l'ont trompé, l'erreur est légitime ;
Et si vous n'en savez que ce qu'il vous a dit,
Écoutez-en, Seigneur, un fidèle récit.
Vous ignorez encor la meilleure partie :
Sous l'habit de Didyme elle-même est sortie.

PLACIDE.
Qui?

CLÉOBULE.
Votre Théodore; et cet audacieux
Sous le sien, au lieu d'elle, est resté dans ces lieux.

PLACIDE.
Que dis-tu, Cléobule? ils ont fait cet échange?

CLÉOBULE.
C'est une nouveauté qui doit sembler étrange[1]....

PLACIDE.
Et qui me porte encor de plus étranges coups.
Vois si c'est sans raison que j'en étois jaloux;
Et malgré les avis de ta fausse prudence,
Juge de leur amour par leur intelligence.

CLÉOBULE.
J'ose en douter encore, et je ne vois pas bien
Si c'est zèle d'amant ou fureur de chrétien.

---

1. *Var.* C'est une nouveauté qui semble assez étrange. (1646-64)

ACTE IV, SCÈNE IV.

PLACIDE.

Non, non, ce téméraire au péril de sa tête[1],
A mis en sûreté son illustre conquête :
Par tant de feints mépris elle qui t'abusoit   1345
Lui conservoit ce cœur qu'elle me refusoit,
Et ses dédains cachoient une faveur secrète,
Dont tu n'étois pour moi qu'un aveugle interprète.
 L'œil d'un amant jaloux a bien d'autres clartés;
Les cœurs pour ses soupçons n'ont point d'obscurités :
Son malheur[2] lui fait jour jusques au fond d'une âme,
Pour y lire sa perte écrite en traits de flamme.
Elle me disoit bien, l'ingrate, que son Dieu
Sauroit, sans mon secours, la tirer de ce lieu[3];
Et sûre qu'elle étoit de celui de Didyme,   1355
A se servir du mien elle eût cru faire un crime.
Mais auroit-on bien pris pour générosité
L'impétueuse ardeur de sa témérité ?
Après un tel affront et de telles offenses,
M'auroit-on envié la douceur des vengeances ?   1360

CLÉOBULE.

Vous le verriez déjà, si j'avois pu souffrir
Qu'en cet habit de fille on vous le vînt offrir.
J'ai cru que sa valeur et l'éclat de sa race
Pouvoient bien mériter cette petite grâce ;
Et vous pardonnerez à ma vieille amitié   365
Si jusque-là, Seigneur, elle étend sa pitié.
Le voici qu'Amyntas vous amène à main-forte.

PLACIDE.

Pourrai-je retenir la fureur qui m'emporte ?

---

1. *Var.* Non, non, le téméraire, au hasard de sa vie,
 A mis en sûreté la fleur qu'il a cueillie. (1646-56)
2. *Son malheur* est le texte de toutes les éditions, y compris celle de 1692. Voltaire y a substitué *son amour.*
3. *Var.* Sauroit bien, sans mon bras, la tirer de ce lieu ;
 Et sûre qu'elle étoit du secours de Didyme. (1646-56)

CLÉOBULE.

Seigneur, réglez si bien ce violent courroux,
Qu'il n'en échappe rien trop indigne de vous.   1370

SCÈNE V.

PLACIDE, DIDYME, CLÉOBULE, PAULIN, AMYNTAS, troupe.

PLACIDE.

Approche, heureux rival, heureux choix d'une ingrate,
Dont je vois qu'à ma honte enfin l'amour éclate.
  C'est donc pour t'enrichir d'un si noble butin
Qu'elle s'est obstinée à suivre son destin?
Et pour mettre ton âme au comble de sa joie,   1375
Cet esprit déguisé n'a point eu d'autre voie?
Dans ces lieux dignes d'elle elle a reçu ta foi,
Et pris l'occasion de se donner à toi?

DIDYME.

Ah! Seigneur, traitez mieux une vertu parfaite.

PLACIDE.

Ah! je sais mieux que toi comme il faut qu'on la traite.
J'en connois l'artifice, et de tous ses mépris.
  Sur quelle confiance as-tu tant entrepris?
Ma perfide marâtre et mon tyran de père
Auroient-ils contre moi choisi ton ministère?
Et pour mieux t'enhardir à me voler mon bien,   1385
T'auroient-ils promis grâce, appui, faveur, soutien?
Aurois-tu bien uni leurs fureurs à ton zèle,
Son amant tout ensemble et l'agent de Marcelle?
Qu'en as-tu fait enfin? où me la caches-tu[1]?

---

1. L'édition de 1682 porte, par erreur sans doute, « où me le caches-tu? »

ACTE IV, SCÈNE V.

DIDYME.

Derechef jugez mieux de la même vertu. 1390
Je n'ai rien entrepris, ni comme amant fidèle,
Ni comme impie agent des fureurs de Marcelle,
Ni sous l'espoir flatteur de quelque impunité,
Mais par un pur effet de générosité :
Je le nommerois mieux, si vous pouviez comprendre
Par quel zèle un chrétien ose tout entreprendre.
La mort, qu'avec ce nom je ne puis éviter[1],
Ne vous laisse aucun lieu de vous inquiéter :
Qui s'apprête à mourir, qui court à ses supplices,
N'abaisse pas son âme à ces molles délices; 1400
Et près de rendre compte à son juge éternel,
Il craint d'y porter même un desir criminel.
　J'ai soustrait Théodore à la rage insensée[2],
Sans blesser sa pudeur de la moindre pensée :
Elle fuit, et sans tache, où l'inspire son Dieu. 1405
Ne m'en demandez point ni l'ordre ni le lieu :
Comme je n'en prétends ni faveur ni salaire,
J'ai voulu l'ignorer, afin de le mieux taire.

PLACIDE.

Ah! tu me fais ici des contes superflus :
J'ai trop été crédule, et je ne le suis plus. 1410
Quoi? sans rien obtenir, sans même rien prétendre[3],
Un zèle de chrétien t'a fait tout entreprendre ?
Quel prodige pareil s'est jamais rencontré ?

DIDYME.

Paulin vous aura dit comme je suis entré;
Prêtez l'oreille au reste, et punissez ensuite 1415

---

1. *Var.* La mort, que comme tel je ne puis éviter. (1646-56)
2. *Var.* J'ai sauvé son honneur d'une rage insensée,
　Mais sans l'avoir souillé de la moindre pensée. (1646-56)
3. *Var.* Quoi? sans en rien tirer; quoi? sans en rien prétendre. (1646-56)

Tout ce que vous verrez de coupable en sa fuite[1].
PLACIDE.
Dis, mais en peu de mots, et sûr que les tourments
M'auront bientôt vengé de tes déguisements.
DIDYME.
La Princesse, à ma vue également atteinte
D'étonnement, d'horreur, de colère et de crainte, 1420
A tant de passions exposée à la fois,
A perdu quelque temps l'usage de la voix :
Aussi j'avois l'audace encor sur le visage
Qui parmi ces mutins m'avoit donné passage,
Et je portois encor sur le front imprimé 1425
Cet insolent orgueil dont je l'avois armé.
Enfin reprenant cœur : « Arrête, me dit-elle,
Arrête; » et m'alloit faire une longue querelle;
Mais pour laisser agir l'erreur qui la surprend,
Le temps étoit trop cher, et le péril trop grand; 1430
Donc, pour la détromper : « Non, lui dis-je, Madame,
Quelque outrageux mépris dont vous traitiez ma flamme,
Je ne viens point ici comme amant indigné
Me venger de l'objet dont je fus dédaigné;
Une plus sainte ardeur règne au cœur de Didyme : 1435
Il vient de votre honneur se faire la victime,
Le payer de son sang et s'exposer pour vous
A tout ce qu'oseront la haine et le courroux.
Fuyez sous mon habit, et me laissez, de grâce,
Sous le vôtre en ces lieux occuper votre place; 1440
C'est par ce moyen seul qu'on peut vous garantir[2] :
Conservez une vierge en faisant un martyr[3]. »
Elle, à cette prière encor demi-tremblante,

1. *Var.* Tout ce que vous croirez de coupable en sa fuite (1646-64)
2. *Var.* C'est par ce moyen seul qu'on vous peut garantir. (1646-56)
3. *Tua vestis me verum militem faciet, mea te virginem.* (*Saint Ambroise.*)
Voyez ci-après, p. 110.

ACTE IV, SCÈNE V.

Et mêlant à sa joie un reste d'épouvante,
Me demande pardon, d'un visage étonné, 1445
De tout ce que son âme a craint ou soupçonné.
Je m'apprête à l'échange, elle à la mort s'apprête ;
Je lui tends mes habits, elle m'offre sa tête.
Et demande à sauver un si précieux bien
Aux dépens de son sang, plutôt qu'au prix du mien ;
Mais Dieu la persuade, et notre combat cesse.
Je vois, suivant mes vœux, échapper la Princesse.

PAULIN.

C'étoit donc à dessein qu'elle cachoit ses yeux,
Comme rouge de honte, en sortant de ces lieux[1]?

DIDYME.

En lui disant adieu, je l'en avois instruite, 1455
Et le ciel a daigné favoriser sa fuite.
Seigneur, ce peu de mots suffit pour vous guérir :
Vivez sans jalousie, et m'envoyez mourir.

PLACIDE.

Hélas ! et le moyen d'être sans jalousie,
Lorsque ce cher objet te doit plus que la vie ? 1460
Ta courageuse adresse à ses divins appas
Vient de rendre un secours que leur devoit mon bras ;
Et lorsque je me laisse amuser de paroles,
Tu t'exposes pour elle, ou plutôt tu t'immoles :
Tu donnes tout ton sang pour lui sauver l'honneur,
Et je ne serois pas jaloux de ton bonheur ?
Mais ferois-je périr celui qui l'a sauvée ?
Celui par qui Marcelle est pleinement bravée,
Qui m'a rendu ma gloire, et préservé mon front
Des infâmes couleurs d'un si mortel affront ? 1470
Tu vivras. Toutefois défendrai-je ta tête[2],

---

1. *Sume pileum quod tegat crines, abscondat ora. Solent erubescere qui lupanar intraverint.* (Saint Ambroise.) Voyez ci-après, p. 110.
2. *Var.* Tu vivras ; mais, ô Dieux ! défendrai-je ta tête. (1646-56)

Il leur devient trop cher pour souffrir qu'il périsse. 1535
Mais je le vois déjà qu'on amène au supplice.

SCÈNE II.
PAULIN, CLÉOBULE, LYCANTE, DIDYME.

CLÉOBULE.

Lycante, souffre ici l'adieu de deux amis,
Et me donne un moment que Valens m'a promis.

LYCANTE.

J'en ai l'ordre, et je vais disposer ma cohorte
A garder cependant les dehors de la porte[1]. 1540
Je ne mets point d'obstacle à vos derniers secrets ;
Mais tranchez promptement d'inutiles regrets.

SCÈNE III.
CLÉOBULE, DIDYME, PAULIN.

CLÉOBULE.

Ce n'est point, cher ami, le cœur troublé d'alarmes
Que je t'attends ici pour te donner des larmes ;
Un astre plus bénin vient d'éclairer tes jours : 1545
Il faut vivre, Didyme, il faut vivre.

DIDYME.

Et j'y cours.
Pour la cause de Dieu s'offrir en sacrifice,
C'est courir à la vie, et non pas au supplice.

CLÉOBULE.

Peut-être dans ta secte est-ce une vision ;
Mais l'heur que je t'apporte est sans illusion. 1550

---

1. *Var.* A garder cependant le dehors de la porte. (1655)

Théodore est à toi : ce dernier témoignage
Et de ta passion et de ton grand courage
A si bien en amour changé tous ses mépris,
Qu'elle t'attend chez moi pour t'en donner le prix.
DIDYME.
Que me sert son amour et sa reconnoissance, 1555
Alors que leur effet n'est plus en sa puissance ?
Et qui t'amène ici par ce frivole attrait
Aux douceurs de ma mort mêler un vain regret,
Empêcher que ma joie à mon heur ne réponde,
Et m'arracher encore un regard vers le monde ? 1560
Ainsi donc Théodore est cruelle à mon sort
Jusqu'à persécuter et ma vie et ma mort :
Dans sa haine et sa flamme également à craindre,
Et moi dans l'une et l'autre également à plaindre !
CLÉOBULE.
Ne te figure point d'impossibilité 1565
Où tu fais, si tu veux, trop de facilité,
Où tu n'as qu'à te faire un moment de contrainte.
Donne à ton Dieu ton cœur, aux nôtres quelque feinte.
Un peu d'encens offert aux pieds de leurs autels
Peut égaler ton sort au sort des immortels. 1570
DIDYME.
Et pour cela vers moi Théodore t'envoie ?
Son esprit adouci me veut par cette voie ?
CLÉOBULE.
Non, elle ignore encor que tu sois arrêté ;
Mais ose en sa faveur te mettre en liberté ;
Ose te dérober aux fureurs de Marcelle, 1575
Et Placide t'enlève en Égypte avec elle,
Où son cœur généreux te laisse entre ses bras
Être avec sûreté tout ce que tu voudras.
DIDYME.
Va, dangereux ami que l'enfer me suscite,

ACTE V, SCÈNE III.

Ton damnable artifice en vain me sollicite : 1580
Mon cœur, inébranlable aux plus cruels tourments¹,
A presque été surpris de tes chatouillements;
Leur mollesse a plus fait que le fer ni la flamme :
Elle a frappé mes sens, elle a brouillé mon âme;
Ma raison s'est troublée, et mon foible a paru; 1585
Mais j'ai dépouillé l'homme, et Dieu m'a secouru.
  Va revoir ta parente, et dis-lui qu'elle quitte
Ce soin de me payer par delà mon mérite.
Je n'ai rien fait pour elle, elle ne me doit rien ;
Ce qu'elle juge amour n'est qu'ardeur de chrétien : 1590
C'est la connoître mal que de la reconnoître ;
Je n'en veux point de prix que du souverain maître ;
Et comme c'est lui seul que j'ai considéré,
C'est lui seul dont j'attends ce qu'il m'a préparé.
  Si pourtant elle croit me devoir quelque chose, 1595
Et peut avant ma mort souffrir que j'en dispose ²,
Qu'elle paye à Placide, et tâche à conserver
Des jours que par les miens je viens de lui sauver;
Qu'elle fuie avec lui, c'est tout ce que veut d'elle
Le souvenir mourant d'une flamme si belle. 1600
Mais elle-même vient, hélas! à quel dessein?

   1. *Var.* Ce cœur, inébranlable aux plus cruels tourments. (1646-56)
   2. *Var.* Et peut à mon trépas souffrir que j'en dispose,
     Qu'elle en paye Placide, et tâche à conserver. (1646-56)

SCÈNE IV.

DIDYME, THÉODORE, CLÉOBULE, PAULIN, LYCANTE.

(Lycante suit Théodore, et entre incontinent chez Marcelle, sans rien dire.)

DIDYME.

Pensez-vous m'arracher la palme de la main,
Madame, et mieux que lui m'expliquant votre envie,
Par un charme plus fort m'attacher à la vie?

THÉODORE.

Oui, Didyme, il faut vivre et me laisser mourir : 1605
C'est à moi qu'on en veut, c'est à moi de périr.

CLÉOBULE, à Théodore.

O Dieux! quelle fureur aujourd'hui vous possède?

(A Paulin.)

Mais prévenons le mal par le dernier remède :
Je cours trouver Placide; et toi, tire en longueur
De Valens, si tu peux, la dernière rigueur. 1610

SCÈNE V.

DIDYME, THÉODORE, PAULIN.

DIDYME.

Quoi? ne craignez-vous point qu'une rage ennemie
Vous fasse de nouveau traîner à l'infamie?

THÉODORE.

Non, non, Flavie est morte, et Marcelle en fureur
Dédaigne un châtiment qui m'a fait tant d'horreur;
Je n'en ai rien à craindre, et Dieu me le révèle : 1615
Ce n'est plus que du sang que veut cette cruelle;
Et quelque cruauté qu'elle veuille essayer,

ACTE V, SCÈNE V.

S'il ne faut que du sang j'ai trop de quoi payer.
Rends-moi, rends-moi ma place assez et trop gardée.
Pour me sauver l'honneur je te l'avois cédée : 1620
Jusque-là seulement j'ai souffert ton secours ;
Mais je la viens reprendre alors qu'on veut mes jours.
Rends, Didyme, rends-moi le seul bien où j'aspire :
C'est le droit de mourir, c'est l'honneur du martyre.
A quel titre peux-tu me retenir mon bien ? 1625

DIDYME.

A quel droit voulez-vous vous emparer du mien ?
C'est à moi qu'appartient, quoi que vous puissiez dire,
Et le droit de mourir, et l'honneur du martyre ;
De sort comme d'habits nous avons su changer,
Et l'arrêt de Valens me le vient d'adjuger. 1630

THÉODORE.

Il ne t'a condamné qu'au lieu de Théodore [1] ;
Mais si l'arrêt t'en plaît, l'effet m'en déshonore.
Te voir au lieu de moi payer Dieu de ton sang [2],
C'est te laisser au ciel aller prendre mon rang.
Je ne souffrirai point, quoi que Valens ordonne, 1635
Qu'en me rendant ma gloire on m'ôte ma couronne :
J'en appelle à Marcelle, et sans plus t'abuser,
Vois comme ce grand Dieu lui-même en vient d'user.
De cette même honte il sauve Agnès dans Rome [3],
Il daigne s'y servir d'un ange au lieu d'un homme ; 1640

---

1. Ce complot de Théodore et le suivant de Didyme, c'est-à-dire les vers 1631-1650, ne se trouvent que dans les exemplaires du tome II de 1682 qui ont 597 pages et portent au verso de la dernière le privilége, avec un achevé d'imprimer du 26 février : tel est le volume de la bibliothèque de l'Institut marqué Q 563**. Dans les exemplaires du tome II de 1682 qui, ne contenant que 596 pages, ont le privilége au recto d'un dernier feuillet, et un achevé d'imprimer du 16 au lieu du 26, ces vers ne se trouvent pas : tel est le volume catalogué à la Bibliothèque impériale sous le n° Y 5511. Thomas Corneille, dans l'édition de 1692, et après lui Voltaire, ont maintenu cette suppression.
2. *Var.* Te voir, au lieu du mien, payer Dieu de ton sang. (1646-56)
3. Voyez plus haut, p. 3 et suivantes, et ci-après, p. 101 et 102.

Mais si dans l'infamie il vient la secourir,
Sitôt qu'on veut son sang il la laisse mourir.

DIDYME.

Sur cet exemple donc ne trouvez pas étrange,
Puisqu'il se sert ici d'un homme au lieu d'un ange,
S'il daigne mettre au rang de ces esprits heureux 1645
Celui dont pour sa gloire il se sert au lieu d'eux.
Je n'ai regardé qu'elle en conservant la vôtre,
Et ne lui donne pas mon sang au lieu d'un autre,
Quand ce qu'il m'a fait faire a pu m'en acquérir
Et l'honneur du martyre et le droit de mourir. 1650

THÉODORE.

Tu t'obstines en vain, la haine de Marcelle....

SCÈNE VI.

MARCELLE, THÉODORE, DIDYME, PAULIN, LYCANTE, STÉPHANIE.

MARCELLE, à Lycante.

Avec quelque douceur j'en reçois la nouvelle :
Non que mes déplaisirs s'en puissent soulager,
Mais c'est toujours beaucoup que se pouvoir venger.

THÉODORE.

Madame, je vous viens rendre votre victime ; 1655
Ne le retenez plus, ma fuite est tout son crime :
Ce n'est qu'au lieu de moi qu'on le mène à l'autel,
Et puisque je me montre, il n'est plus criminel,
C'est pour moi que Placide a dédaigné Flavie [1] ;
C'est moi par conséquent qui lui coûte la vie. 1660

---

1. *Var.* C'est moi pour qui Placide a dédaigné Flavie ;
[C'est moi par conséquent qui lui coûte la vie,]
Et c'est... DID. Non : c'est moi seul, et vous l'avez pu voir. (1646-56)

ACTE V, SCÈNE VI.

DIDYME.

Non : c'est moi seul, Madame, et vous l'avez pu voir,
Qui sauvant sa rivale, ai fait son désespoir.
C'est moi de qui l'audace a terminé sa vie,
C'est moi par conséquent qui vous ôte Flavie,
Et sur qui doit verser ce courage irrité   1665
Tout ce que la vengeance a de sévérité[1].

MARCELLE.

O couple de ma perte également coupable !
Sacriléges auteurs du malheur qui m'accable,
Qui dans ce vain débat vous vantez à l'envi,
Lorsque j'ai tout perdu de me l'avoir ravi !   1670
Donc jusques à ce point vous bravez ma colère,
Qu'en vous faisant périr je ne vous puis déplaire,
Et que loin de trembler sous la punition,
Vous y courez tous deux avec ambition !
Elle semble à tous deux porter un diadème ;   1675
Vous en êtes jaloux comme d'un bien suprême ;
L'un et l'autre de moi s'efforce à l'obtenir :
Je puis vous immoler et ne puis vous punir ;
Et quelque sang qu'épande une mère affligée,
Ne vous punissant pas elle n'est pas vengée.   1680
   Toutefois Placide aime, et votre châtiment
Portera sur son cœur ses coups plus puissamment ;
Dans ce gouffre de maux c'est lui qui m'a plongée,
Et si je l'en punis, je suis assez vengée.

THÉODORE, à Didyme.

J'ai donc enfin gagné, Didyme, et tu le vois :   1685
L'arrêt est prononcé, c'est moi dont on fait choix,
C'est moi qu'aime Placide, et ma mort te délivre.

---

1. Ces quatre vers (1663-66) manquent dans les exemplaires de l'édition de 1682, qui ne contiennent pas les vers 1631-1650, et aussi dans l'impression de 1692, et dans l'édition de Voltaire

THÉODORE.

DIDYME¹.

Non, non : si vous mourez, Didyme vous doit suivre.
MARCELLE.
Tu la suivras, Didyme, et je suivrai tes vœux :
Un déplaisir si grand n'a pas trop de tous deux. 1690
Que ne puis-je aussi bien immoler à Flavie
Tous les chrétiens ensemble, et toute la Syrie!
Ou que ne peut ma haine avec un plein loisir
Animer les bourreaux qu'elle sauroit choisir,
Repaître mes douleurs d'une mort dure et lente, 1695
Vous la rendre à la fois et cruelle et traînante,
Et parmi les tourments soutenir votre sort,
Pour vous faire sentir chaque jour une mort!
   Mais je sais le secours que Placide prépare ;
Je sais l'effort pour vous que fera ce barbare ; 1700
Et ma triste vengeance a beau se consulter,
Il me faut ou la perdre ou la précipiter.
Hâtons-la donc, Lycante, et courons-y sur l'heure :
La plus prompte des morts est ici la meilleure ;
N'avoir pour y descendre à pousser qu'un soupir, 1705
C'est mourir doucement, mais c'est enfin mourir ;
Et lorsqu'un grand obstacle à nos fureurs s'oppose,
Se venger à demi, c'est du moins quelque chose².
Amenez-les tous deux..
PAULIN.
        Sans l'ordre de Valens?
Madame, écoutez moins des transports si bouillants :
Sur son autorité c'est beaucoup entreprendre.
MARCELLE.
S'il en demande compte, est-ce à vous de le rendre?
Paulin, portez ailleurs vos conseils indiscrets,

---

1. *Var.* DIDYME, à *Théodore.* (1646-56)
2. *Var.* Se venger à demi, c'est toujours quelque chose. (1646-56)

Et ne prenez souci que de vos intérêts.
THÉODORE, à Didyme.
Ainsi de ce combat que la vertu nous donne, 1715
Nous sortirons tous deux avec une couronne¹.
DIDYME.
Oui, Madame, on exauce et vos vœux et les miens :
Dieu....
MARCELLE.
Vous suivrez ailleurs de si doux entretiens.
Amenez-les tous deux.
PAULIN, seul.
Quel orage s'apprête !
Que je vois se former une horrible tempête ! 1720
Si Placide survient, que de sang répandu !
Et qu'il en répandra s'il trouve tout perdu !
Allons chercher Valens : qu'à tant de violence
Il oppose, non plus une molle prudence,
Mais un courage mâle, et qui d'autorité, 1725
Sans rien craindre....

SCÈNE VII.
VALENS, PAULIN.
VALENS.
Ah ! Paulin, est-ce une vérité,
Est-ce une illusion, est-ce une rêverie ?
Viens-je d'ouïr la voix de Marcelle en furie
Ose-t-elle traîner Théodore à la mort ?
PAULIN.
Oui, si Valens n'y fait un généreux effort. 1730

---

1. *Var.* Nous sortirions tous deux avecque la couronne (1646-56)

ACTE V, SCÈNE VIII.

Ayant fait avancer l'une et l'autre victime,
D'un côté Théodore, et de l'autre Didyme,
Elle lève le bras, et de la même main   1805
Leur enfonce à tous deux un poignard dans le sein.

VALENS.

Quoi ? Théodore est morte !

STÉPHANIE.

     Et Didyme avec elle.

VALENS.

Et l'un et l'autre enfin de la main de Marcelle ?
Ah ! tout est pardonnable aux douleurs d'un amant,
Et quoi qu'ait fait Placide en son ressentiment....   1810

STÉPHANIE.

Il n'a rien fait, Seigneur; mais écoutez le reste :
Il demeure immobile à cet objet funeste;
Quelque ardeur qui le pousse à venger ce malheur[1],
Pour en avoir la force il a trop de douleur;
Il pâlit, il frémit, il tremble, il tombe, il pâme,   1815
Sur son cher Cléobule il semble rendre l'âme.
 Cependant, triomphante entre ces deux mourants,
Marcelle les contemple à ses pieds expirants,
Jouit de sa vengeance, et d'un regard avide
En cherche les douceurs jusqu'au cœur de Placide;   1820
Et tantôt se repaît de leurs derniers soupirs,
Tantôt goûte à pleins yeux ses mortels déplaisirs,
Y mesure sa joie, et trouve plus charmante
La douleur de l'amant que la mort de l'amante,
Nous témoigne un dépit qu'après ce coup fatal,   1825
Pour être trop sensible il sent trop peu son mal;
En hait sa pâmoison qui la laisse impunie,
Au péril de ses jours la souhaite finie[2].

1. *Var.* Quelque ardeur qui le pousse à venger son malheur. (1655)
2. Par une singulière erreur, les éditions de 1646-56 portent toutes : « *les* souhaite finie. »

Mais à peine il revit, qu'elle, haussant la voix :
« Je n'ai pas résolu de mourir à ton choix,   1830
Dit-elle, ni d'attendre à rejoindre Flavie
Que ta rage insolente ordonne de ma vie. »
A ces mots, furieuse, et se perçant le flanc
De ce même poignard fumant d'un autre sang,
Elle ajoute : « Va, traître, à qui j'épargne un crime ;
Si tu veux te venger, cherche une autre victime.
Je meurs, mais j'ai de quoi rendre grâces aux Dieux,
Puisque je meurs vengée, et vengée à tes yeux. »
Lors même, dans la mort conservant son audace,
Elle tombe, et tombant elle choisit sa place,   1840
D'où son œil semble encore à longs traits se soûler
Du sang des malheureux qu'elle vient d'immoler.

VALENS.

Et Placide ?

STÉPHANIE.

    J'ai fui voyant Marcelle morte,
De peur qu'une douleur et si juste et si forte
Ne vengeât.... Mais, Seigneur, je l'aperçois qui vient.

VALENS.

Arrête : de foiblesse à peine il se soutient ;
Et d'ailleurs à ma vue il saura se contraindre.   [dre !
Ne crains rien. Mais, ô Dieux ! que j'ai moi-même à crain-

SCÈNE IX.

VALENS, PLACIDE, CLÉOBULE, PAULIN, STÉPHANIE, troupe.

VALENS.

Cléobule, quel sang coule sur ses habits ?

CLÉOBULE.

Le sien propre, Seigneur.

ACTE V, SCÈNE IX.

VALENS.
Ah, Placide! ah, mon fils! 1850
PLACIDE.
Retire-toi, cruel.
VALENS.
Cet ami si fidèle
N'a pu rompre le coup qui t'immole à Marcelle !
Qui sont les assassins ?
CLÉOBULE.
Son propre désespoir.
VALENS.
Et vous ne deviez pas le craindre et le prévoir ?
CLÉOBULE.
Je l'ai craint et prévu jusqu'à saisir ses armes ; 1855
Mais comme après ce soin j'en avois moins d'alarmes,
Embrassant Théodore, un funeste hasard
A fait dessous sa main rencontrer ce poignard,
Par où ses déplaisirs trompant ma prévoyance....
VALENS.
Ah ! falloit-il avoir si peu de défiance ? 1860
PLACIDE.
Rends-en grâces au ciel, heureux père et mari :
Par là t'est conservé ce pouvoir si chéri,
Ta dignité, dans l'âme à ton fils préférée ;
Ta propre vie enfin par là t'est assurée,
Et ce sang qu'un amour pleinement indigné 1865
Peut-être en ses transports n'auroit pas épargné.
Pour ne point violer les droits de la naissance,
Il falloit que mon bras s'en mît dans l'impuissance :
C'est par là seulement qu'il s'est pu retenir,
Et je me suis puni de peur de te punir. 1870
  Je te punis pourtant : c'est ton sang que je verse ;
Si tu m'aimes encor, c'est ton sein que je perce ;
Et c'est pour te punir que je viens en ces lieux,

Pour le moins en mourant te blesser par les yeux,
Daigne ce juste ciel....
VALENS.
Cléobule, il expire.   1875
CLÉOBULE.
Non, Seigneur, je l'entends encore qui soupire ;
Ce n'est que la douleur qui lui coupe la voix.
VALENS.
Non, non : j'ai tout perdu, Placide est aux abois ;
Mais ne rejetons pas une espérance vaine,
Portons-le reposer dans la chambre prochaine ;   1880
Et vous autres, allez prendre souci des morts,
Tandis que j'aurai soin de calmer ses transports.

FIN DU CINQUIÈME ET DERNIER ACTE.

APPENDICE.

I

TRAGÉDIE DE *SAINTE AGNÈS*

PAR LE SIEUR D'AVES.

ARGUMENT DE LA PRÉSENTE TRAGÉDIE[1].

SAINTE Agnès fut native de la ville de Rome, extraite de nobles parents, lesquels étant chrétiens la firent dès le berceau nourrir en leur foi. De ce temps étoit gouverneur de Rome Simphronie, sous l'empereur Diocletian, grand persécuteur des chrétiens. Ce Simphronie avoit un fils, lequel n'eut pas sitôt vu sainte Agnès qu'il en devint passionnément amoureux ; pourquoi il s'informe de l'extraction de la vierge ; l'ayant sue il se résout de lui faire offre de son service, et pour ce sujet il prend l'occasion de la rencontrer un jour qu'elle revenoit de l'école ; mais cette fille ne s'émut non plus de son discours que si elle eût eu un cœur de rocher, d'autant qu'elle étoit préoccupée du saint amour de Jésus-Christ. Ce jeune homme se voyant ainsi dédaigné, en prend un si grand déplaisir qu'il en devint tout mélancolique et rêveur, de quoi son père s'étant aperçu, il en voulut savoir la cause ; son fils la lui ayant déclarée, il mande le père de sainte Agnès, auquel il fit entendre l'amour de son fils, et le desir qu'il avoit d'épouser sa fille, à quoi il le conjure de tout son pouvoir. Le père de la sainte lui fit démonstration d'avoir son alliance fort agréable, mais qu'il falloit qu'il sût la volonté de sa fille avant que de rien résoudre de cet affaire. Il la sait donc, et est telle qu'elle ne se veut point marier, ne desirant d'autre époux que Jésus-Christ. Cette résolution sue, le père de sainte Agnès néglige de la faire savoir à

---

1. Voyez ci-dessus la *Notice*, p. 3-6.

Simphronie : ce qui ennuyant son fils trop passionné, il se délibère lui-même de savoir encore une fois la volonté de la vierge ; pour cet effet il la voit, et avec tout l'artifice que l'amour sauroit inventer il la cajole ; mais il y perd son temps tout de même que la première fois, ce qui lui cause un tel regret qu'il en tombe extrêmement malade, s'étant imaginé par les réponses ambiguës de sainte Agnès qu'elle étoit amoureuse d'un autre que de lui ; ce qui fait que lui et son père s'étant plus particulièrement informés de la vierge, ils treuvent qu'elle est chrétienne : chose qui les réjouit beaucoup, croyant par ce moyen en avoir plus tôt la raison. Pour cette fin Simphronie la fait venir parler à lui, où après l'avoir longtemps prêchée pour la détourner de sa foi, enfin voyant sa constance, il la fait dépouiller nue et l'envoie au b...eau ; mais elle n'y fut pas sitôt que son bon ange ne la vînt garder. Le fils de Simphronie ayant appris qu'elle étoit en ce lieu, y vint pour la forcer, étant accompagné de quelques paillards, lesquels y étoient aussi venus pour même intention. S'étant mis en devoir d'exécuter son dessein, l'ange de la sainte le tue : sa mort ayant été annoncée à son père, il vient tout forcené de deuil trouver la vierge, laquelle il gourmande fort. Mais voyant que c'étoit en vain, il a recours aux prières, et la supplie de ressusciter son fils, ce qu'elle fait ; et lui ressuscité prêche Jésus-Christ, ce qui cause qu'une sédition s'émeut entre le peuple de Rome et les sacrificateurs des Dieux. Enfin ayant été apaisée par Simphronie, la sainte est condamnée au martyre, et pour cet effet est délivrée entre les mains d'Aspase, homme cruel et lieutenant de Simphronie. Ce méchant fait allumer un grand feu, et la fait précipiter dedans ; par sa prière, il s'élève un orage qui déteint ce feu, lequel brûle tous ceux qui s'approchent pour le rallumer. Aspase, voyant ce miracle, en devient plus enragé, et pour avoir plus tôt la fin de la sainte, il lui fait couper la gorge, et de cette sorte elle rendit son âme à Dieu.

II

VITA S. VIRGINIS THEODORÆ ET DIDYMI MARTYRIS

EX SIMEONE METAPHRASTE[1].

Diocletiano et Maximiano imperatoribus, præside Alexandrinæ civitatis Eustrathio, edictum quoddam adversus Christianos missum fuit, ut vel Diis immolarent, vel supplicio afficerentur. Cum vero præses ille pro tribunali sederet in magna Alexandrinorum civitate, jussit cohortem accersire Theodoram virginem, quæ nuper capta fuerat, et in carcere servabatur. Quam cum duxisset : « Præsto, inquit cohors, est Theodora. » Judex igitur : « Cujusnam sortis es, mulier ? — Christiana, inquit Theodora, ego sum. » At ille : « Libera ne, an serva ? — Dixi jam, inquit ipsa, christianam me esse : Christus enim veniens a peccato me liberavit. Quod vero et ad vanam atque inanem mundi hujus gloriam attinet, claris parentibus orta sum. » Tunc judex quæstorem accersiri jussit. Quem cum cohors præsto esse dixisset : « Dic, inquit, Luci, nostine Theodoram virginem ? » Cui Lucius : « Per tuam, præses, valentem vitam ac splendorem, nobilissima est, multæque existimationis et primi generis mulier. — Quare, inquit judex, cum sis ita nobilis, nuptias recusasti ? » Theodora respondit : « Christi causa nubere nolui. Cum enim ille homo factus in mundo versaretur, ab ea quæ semper virgo et Dei mater fuit genitus, a corruptione nos removit, et sempiternam vitam nobis promisit. Itaque fore mihi persuadeo ut in ejus fide permanens, ad finem usque incorrupta et intacta sim. »

Tunc judex dixit : « Imperatores jusserunt vos quæ virginitatem

---

1. Les deux morceaux qui suivent sont tirés du recueil intitulé : *Vitæ sanctorum.... primo.... per R. P. Fr. Laurentium Surium Carthusianum editæ,... Coloniæ Agrippinæ*, in-folio, 1617, 1618. Les deux récits se rapportent à l'année 280. Le premier est placé, dans l'ordre du calendrier ecclésiastique, sous la date du 5 avril, jour où, selon Métaphraste, Didyme a subi le martyre ; le second sous celle du 28 avril, fournie par les martyrologes latins, qui indiquent Alexandrie, et non Antioche, comme lieu de la mort de sainte Théodore. D'après l'opinion la plus générale, Antioche ne figurerait dans la relation de saint Ambroise que par suite d'une erreur de copiste. Au reste, il en est qui pensent que dans la relation du saint docteur il s'agit d'une autre vierge que dans celle de Métaphraste. Quoi qu'il en soit, Corneille, comme on l'a vu, a cru devoir adopter cette leçon et placer à Antioche le lieu de la scène de sa tragédie.— Sur Métaphraste et Surius, voyez tome III, p. 474, note 1.

semper servatis, aut Diis immolare aut injuriosius tractari. — Arbitror, inquit Theodora, te non ignorare, hominis propositum Deo ipsi imprimis gratum esse : is vero animum meum atque propositum castum esse cognovit. Quod si me id pati quod dicis et violari coegeris, non erit hæc impudicitia, sed vis et injuria. » Judex autem : « Cum te ingenuam esse noverim, et tui rationem habere cupiam, admoneo ne contumeliosius te geras ; nihil enim proficies ; nam per Deos omnes sententiam hanc imperatores tulerunt. » Tunc illi Theodora : « Et prius, inquit, tibi dixi, hominis propositum atque animum Deo gratum esse. Cum enim omnia ille pernoscat, cogitata etiam nostra scit, et mentes ipsas perspicit. Quamobrem si coacta fuero facere quod dicis, impudicam me factam nunquam existimabo. Sive enim caput meum, sive manus, sive pedes abscindere, sive totum corpus dilacerare volueris, hoc quidem per vim ac potestatem, quam habes, facere poteris. Similiter lupanari tradar, necne, in arbitrii mei potestate non est, sed in manu tua, cui per imperium vim licet inferre. Quod vero ad animi mei propositum attinet, certum est Deo ipsi castitatis meæ professionem servare ; illi enim virginitas mea dicata est ; ille certus hujus rei dominus est ; ille, si voluerit, virginitatem hanc meam, possessionem suam, incolumem atque intactam servabit. »

Judex vero ait : « Noli, Theodora, ætatem tuam honeste actam totam injuriæ et probris objicere : nam, ut urbis quæstor testatus est, his parentibus orta es qui nobilitate atque existimatione cumprimis excellunt. » Ad hæc Theodora : « Christum, inquit, primum confiteri debeo, qui et Deus est, et omnis nobilitatis honorisque auctor, qui scit et me columbam suam puram et incolumem ad finem usque servare. » Tum judex dixit : « Curnam erras, o Theodora? Eumne Deum credis qui fuit in cruce suffixus? An qui talis est, te in lupanar conjectam, intactam servare poterit, ab his præsertim viris qui mulierum amoribus insanire soliti sunt? — Fidem, inquit Theodora, et spem habeo in Christo, qui crucem perpessus fuit sub Pontio Pilato, fore ut me ab iniquis istis viris eripiat, et a labe omnino liberam servet, in ejus fide permanentem, neque unquam eum negantem. » Judex vero : « Adhuc nugantem patior, necdum jubeo tormentis subjici. At si contendere non destiteris, ut ancillam aliquam te prosternens, faciam quod domini atque imperatores nostri jusserunt, ut et reliquis mulieribus exemplum fias. » Ad hæc Theodora : « Parata sum corpus meum, cujus potestatem habes, tibi tradere ; anima vero ipsa solius Dei manu est ac potestate. » Tum judex : « Exoecate illam statim, eique dicite ne insanire amplius velit, sed cedere et Diis ipsis immolare. — Minime, inquit Theodora, per Deum ipsum dæmonibus sacrificium aut cultum afferre volo, cum Deum adjutorem habeam. » Ad hæx judex : « Quid me cogis, tibi honestissimæ fœminæ injuriam facere? Ausculta mihi, o stulta, ne in tantam turbam incidas eorum qui sententiam exspectant quæ contra te feratur. — Non sum amens, inquit Theodora, quæ Deum confiteor, et ipsum adjutorem habeo. Quam enim injuriam mihi fore putas, ea res honorem et gloriam sempiternam mihi comparabit. » Tunc judex : « Ego non amplius te feram, sed imperatorum jussa exsequar : futurum enim existimans ut persuaderi posses, diutius te ferebam. Quod si, tibi parcens, id minus curabo quod jussus fui, imperatores contemnere videbor. » Illi autem Theodora ita respondit : « Sicut ipse imperatores metuis, quodque ab illis jussus es id facere studes, ita et ego studeo non negare Deum meum; timeo enim et ipsa verum illum imperatorem Deum contemnere. — Contentiose, inquit judex, mecum agis, et æternorum imperatorum jussa negligis, et me, tanquam imbellem aliquem, despicis. Adhuc trium dierum tempus tibi condono, ac per Deos omnes, nisi animum mutes et sacrifices, in lupanar te tradam, ut mulieres omnes te ita tractari videntes, turpidine tua castigentur. » At Theodora : « Et nunc idem Deus est, et semper, qui non permittet ut eum derelinquam. Peto autem ut intactam ac puram me servari jubeas, quod sententiam tuleris. » Tunc judex ait : « Theodoram sub tuta custodia servate usque ad tres dies, si forte resipiscens sibi ipsa persuaserit ut a tali contentione desistat. Quin et præcipio ne permittatis aliquem ad eam ingredi et cum ipsa versari, propterea quod familia nobili et honesta nata est. »

Post tres dies, cum judex in tribunali sederet : « Adducatur, inquit, Theodora. » Cohors ait : « Domine, præsto est Theodora. » Tum ille : « Si resipuisti et tibi jam persuasisti, nunc sacrifica, et esto libera; puto enim te nequaquam sapere, in eodem proposito persistentem. » Respondit Theodora : « Antea dixi tibi, et nunc eadem dicere non recuso, castitatis meæ professionem Christi causa susceptam esse, qui fuit incorruptæ vitæ prædicator, meamque confessionem ipsius Dei gratia fieri. Ejus igitur Domini et Dei confessio per me prædicetur, et ipse videat (scit enim) quomodo suam virginem puram conservet. — Per Deos ipsos, inquit judex, dominorum jussa veritus, ne forte illis non obediens pericliter, adversus te faciam quod sum jussus. Quoniam vero in lupanar tradi maluisti, quam Diis ipsis sacrificare, videamus num te servet Christus ille tuus, propter quem in contentione ista persistere voluisti. » Id cum judex dixisset, ad cohortem versus : « Tradatur, inquit, ista in lupanar. » Tunc ait Theodora : « Tu Deus qui occultas res inspicis, qui novisti omnia priusquam illa fiant, qui ad hodiernum usque diem mihi affuisti, et intactam in ea re me servasti quam tibi promisi, ipse et posthac me custodias, et a profanis et iniquis eorum manibus qui parati sunt ancillæ tuæ injuriam inferre, incolumem et integram ser-

fessa sic restinxit improborum faces, ut non jam amaretur, sed proderetur. Ecce persecutio. Puella fugere nescia, certe pavida ne incideret in insidiatores pudoris, animum ad virtutem paravit, tam religiosa ut mortem non timeret; tam pudica, ut exspectaret. Venit coronæ dies. Maxima omnium exspectatio. Producitur puella, duplex professa certamen, et castitatis et religionis. Sed ubi viderunt constantiam professionis, metum pudoris, paratam ad cruciatus, erubescentem ad aspectus, excogitare cœperunt quemadmodum specie castitatis religionem tollerent, ut cum id abstulissent quod erat amplius, etiam id eriperent quod reliquerant. Aut sacrificare virginem, aut lupanari prostitui jubent. Quomodo Deos suos colunt qui sic vindicant, aut quemadmodum ipsi vivunt qui ita judicant? Hic puella, non quod de religione ambigeret, sed de pudore trepidaret, ipsa secum : « Quid agimus : hodie aut martyr, aut virgo, altera nobis invidetur corona; sed nec virginis nomen agnoscitur, ubi virginitatis auctor negatur. Nam quemadmodum virgo si meretricem colas? Quemadmodum virgo si adulteros diligas? Quemadmodum virgo si amorem petas? Tolerabilius est enim mentem virginem quam carnem habere. Utrumque bonum, si liceat; si non liceat, saltem non homini castæ, sed Deo simus. Et Rahab meretrix fuit, sed postquam Deo credidit, salutem invenit. Et Judith se, ut adultero placeret, ornavit: quæ tamen quia hoc religione, non amore, faciebat, nemo eam adulteram judicavit. Bene successit exemplum. Nam si illa quæ se commisit religioni, et pudorem servavit et patriam, fortassis et nos servando religionem servabimus etiam castitatem. Quod si Judith pudicitiam religioni præferre voluisset, perdita patria etiam pudicitiam perdidisset. » Itaque talibus informata exemplis, simul animo tenens verba Domini, quibus ait : *Quicumque perdiderit animam suam propter me inveniet eam*[1], flevit, tacuit, ne eam vel loquentem adulter audiret; nec pudoris elegit injuriam, sed Christi recusavit. Existimate utrum adulterare potuerit corpus, quæ nec vocem adulteravit. Jamdudum verecundatur oratio mea, et qua audire gestorum seriem criminosam atque explanare formidat.

Claudite aurem virgines Dei : ducitur puella Dei ad lupanar; sed aperite aurem, virgines : Christi virgo prostitui potest, adulterari non potest. Ubicumque virgo est, Dei templum est; nec lupanaria infamant castitatem, sed castitas etiam loci abolet infamiam. Ingens petulantium concursus ad fornicem. Discite martyrum miracula, sanctæ virgines, dediscite locorum vocabula. Clauditur intus columba, strepunt accipitres foris, certant singuli qui prædam primus invadat. At illa manibus ad cœlum levatis, quasi ad domum venisset orationis, non ad libidinis

1. *Évangile de saint Matthieu*, chapitre x, verset 39.

diversorium : « Christe, inquit, qui domuisti Danieli virgini feros leones, potes etiam domare hominum feras mentes. Chaldæis roravit ignis, Judæis se unda suspendit misericordia tua, non natura sua. Susanna ad supplicium genu fixit, et de adulteris triumphavit. Aruit dextera quæ templi tui dona violabat. Nunc templum ipsum attrectatur tuum ; ne patiaris incestum sacrilegii, qui non passus es furtum. Benedicatur et nunc nomen tuum, ut quæ ad adulterium veni, virgo discedam. » Vix compleverat precem, et ecce vir militis specie terribilis irrupit. Quemadmodum eum virgo ut vidit, tremuit, cui populus tremens cessit? Sed non illa immemor lectionis : « Et Daniel, inquit, supplicium Susannæ spectaturus advenerat ; et quam populus damnavit, unus absolvit. Potest et in hoc lupi habitu ovis latere. Habet et Christus milites suos, qui etiam legiones habet. Aut fortasse percussor intravit. Ne vereare anima, talis solet martyres facere. O virgo, fides tua te salvam fecit. » Cui miles : « Ne quæso paveas, soror ; frater huc veni, salvare animam, non perdere. Serva me, ut ipsa serveris. Quasi adulter ingressus, si vis martyr egrediar. Vestimenta mutemus ; conveniunt mihi tua, et mea tibi, sed utraque Christo. Tua vestis me verum militem faciet, mea te virginem. Bene tu vestieris, ego melius exuar, ut me persecutor agnoscat. Sume habitum qui abscondat fœminam : trade qui consecret martyrem. Induere chlamydem quæ occultet membra virginis, servet pudorem. Sume pileum quod tegat crines, abscondat ora. Solent erubescere qui lupanar intraverint. Sane cum egressa fueris, ne respicias retro, memor uxoris Loth, quæ naturam suam, quia impudicos licet castis oculis respexit, amisit. Nec vereare ne quid pereat sacrificio. Ego pro te hostiam Deo reddo, tu pro me militem Christo. Habes bonam militiam castitatis, quæ stipendiis militat sempiternis ; loricam justitiæ, quæ spiritali munimine corpus includat ; scutum fidei, quo vulnus repellas ; galeam salutis. Ibi enim est præsidium nostræ salutis, ubi Christus : quoniam *mulieris caput vir*[1], virginis Christus. » Et inter hæc verba chlamydem exuit, suspectus tamen adhuc habitus et persecutoris et adulteri. Virgo cervicem, chlamydem miles offerre. Quæ pompa illa, quæ gratia cum in lupanari de martyrio certarent? Addantur personæ, miles et virgo, hoc est, dissimiles inter se natura, sed Dei miseratione consimiles, ut compleatur oraculum : tunc lupi et agni simul pascentur[2]. Ecce agna et lupus non solum pascuntur simul, sed etiam immolantur. Quid plura? mutato habitu evolat puella de laqueo, jam non suis alis, utpote quæ spiritalibus ferebatur, et (quod nulla unquam viderunt sæcula) egreditur de lupanari virgo, sed

1. *Épître* de saint Paul *aux Éphésiens*, chapitre v, verset 23.
2. Voyez *Isaïe*, chapitre LXV, verset 25.

Christi. At illi qui videbant oculis, et non videbant corde, ceu raptores ad agnam lupi, fremere ad prædam. Unus qui erat immodestior, introivit. Sed ubi hausit oculis rei textum : « Quid hoc, inquit, est? Puella egressa est, vir videtur. Ecce non fabulosum illud, cerva pro virgine; sed quod verum est, miles ex virgine. At etiam audieram et non credideram quod aquam Christus in vina convertit : jam mutare cœpit et sexus. Recedamus hinc dum adhuc qui fuimus sumus. Numquid et ipse mutatus sum, qui aliud cerno quam credo? Ad lupanar veni, cerno vadimonium : et tamen mutatus egrediar : pudicus exibo, qui adulter intravi. » Indicio rei, quia debebatur tanto corona victori, damnatus est pro virgine qui pro virgine comprehensus est. Ita de lupanari non solum virgo, sed etiam martyres exierunt. Fertur puella ad locum supplicii cucurrisse, certasse ambos de nece, cum ille diceret : « Ego sum jussus occidi; te absolvit sententia, quando me tenuit. » At illa clamare cœpit : « Non ego te mortis vadem elegi, sed prædem pudoris optavi. Si pudor quæritur, manet nexus; si sanguis exposcitur, fidejussorem non desidero, habeo unde dissolvam. In me lata est ista sententia quæ pro me lata est. Certe si pecuniæ te fidejussorem dedissem, et absente me judex tuum censum fœneratori adjudicasset, eadem me sententia convenires, meo patrimonio solverem tuos nexus. Si recusarem, quis me indignam morte censeret? Quanto major est capitis hujus usura! Moriar innocens, ne moriar nocens. Nihil hic medium est : hodie aut rea ero tui sanguinis, aut martyr mei. Si cito redii, quis me audet excludere? Si moram feci, qui audet absolvere? Plus legibus debeo : rea non solum fugæ meæ, sed etiam cædis alienæ. Sufficiunt membra morti, quæ non sufficiebant injuriæ. Est in virgine vulneri locus, qui non erat contumeliæ. Ego opprobrium declinavi, non martyrium tibi cessi. Vestem, non professionem mutavi. Quod si mihi præripis mortem, non redemisti me, sed circumvenisti. Cave quæso ne contendas, cave ne contradicere audeas. Noli eripere beneficium quod dedisti. Dum mihi hanc sententiam negas, illam restituis superiorem. Sententia enim sententia posteriore mutatur. Si posterior me non tenet, tenet superior. Possumus uterque satisfacere sententiæ, si me prius patiaris occidi. In te non habent aliam quam exerceant pœnam ; in virgine obnoxius pudor est. Itaque gloriosior eris si videaris de adultera martyrem fecisse, quam de martyre adulteram reddidisse. » Quid exspectatis? Duo contenderunt, et ambo vicerunt; nec divisa est corona, sed addita. Ita sancti martyres invicem sibi beneficia conferentes, altera principium martyrio dedit, alter effectum....

HÉRACLIUS

EMPEREUR D'ORIENT

TRAGÉDIE

1647

NOTICE.

Les frères Parfait, cherchant à déterminer la date de la première représentation d'*Héraclius*[1], rapportent l'extrait suivant d'une lettre adressée par Conrart à Félibien[2] le 16 août 1647 : « Nous n'avons à présent aucune nouveauté que deux volumes de *Lettres* de M. de Balzac et l'*Héraclius* de M. Corneille. » Les frères Parfait s'arrêtent ici ; mais en continuant la lecture de la lettre de Conrart, on s'aperçoit que la conséquence qu'on en a tirée est complétement fausse ; en effet, il ajoute : « Si vous voulez que je vous les envoie, ou quelque autre chose, vous n'aurez qu'à me donner une adresse et je vous les ferai tenir aussitôt. » C'est donc de la publication de la pièce qu'il s'agit, et non de sa première représentation. Elle remonte beaucoup plus haut, car une phrase de Corneille, trop peu remarquée jusqu'ici, prouve qu'elle est antérieure au 31 janvier 1647. Dans l'*Avertissement* de *Rodogune*, dont l'achevé d'imprimer porte cette date, notre poëte, après avoir parlé de la liberté qu'il a prise de modifier l'histoire dans cet ouvrage, ajoute : « Je l'ai poussée encore plus loin dans *Héraclius*, que je viens de mettre sur le théâtre[3]. »

Si l'on songe qu'il a fallu quelque temps pour imprimer *Rodogune*, et que ce n'est pas sans doute la veille du jour où Corneille en écrivait l'*Avertissement* qu'*Héraclius* a été représenté, on se convaincra qu'on serait très-fondé à considérer cette dernière tragédie comme ayant été donnée à la fin de 1646 ;

1. *Histoire du Théâtre françois*, tome VII, p. 94, note *a*.
2. *Lettres familières de M. Conrard à M. Félibien*, 1681, p. 38.
3. Voyez tome IV, p. 417.

cependant nous n'avons pas cru devoir changer la date, généralement adoptée, de 1647, puisque la première représentation pourrait, à la rigueur, être des premiers jours de l'année.

La pièce fut jouée à l'hôtel de Bourgogne[1], mais on ignore par quels acteurs. Corneille nous expose en ces termes, avec sa sincérité habituelle, et le succès qu'a obtenu cet ouvrage, et le genre de défauts qu'on lui a reprochés : « Le poëme est si embarrassé qu'il demande une merveilleuse attention. J'ai vu de fort bons esprits, et des personnes des plus qualifiées de la cour, se plaindre de ce que sa représentation fatiguoit autant l'esprit qu'une étude sérieuse. Elle n'a pas laissé de plaire; mais je crois qu'il l'a fallu voir plus d'une fois pour en remporter une entière intelligence[2]; » et ailleurs : « Il y a des intrigues qui commencent dès la naissance du héros, comme celui d'*Héraclius*; mais ces grands efforts d'imagination en demandent un extraordinaire à l'attention du spectateur et l'empêchent souvent de prendre un plaisir entier aux premières représentations, tant ils le fatiguent[3]. »

Boileau ne faisait guère que mettre en vers ces critiques de Corneille lorsqu'il disait dans l'*Art poétique*[4] :

> Je me ris d'un auteur qui, lent à s'exprimer,
> De ce qu'il veut d'abord ne sait pas m'informer,
> Et qui débrouillant mal une pénible intrigue,
> D'un divertissement me fait une fatigue.

Le succès d'*Héraclius*, quoique fort grand, n'approcha pas de celui du *Thémistocle* de du Ryer, représenté vers la même époque au théâtre du Marais[5]. Dans une scène du *Déniaisé*, comédie de Gillet de la Tessonnerie, dont le privilége est daté du 9 mars 1647, deux amants qui se disputent à qui a le mieux

---

1. *Histoire du Théâtre françois*, tome VII, p. 97. — *Journal du Théâtre françois*, tome II, fol. 929 r°.
2. Voyez ci-après la fin de l'*Examen*, p. 154.
3. Voyez le *Discours des trois unités*, tome I, p. 105.
4. Chant III, vers 29-32.
5. *Histoire du Théâtre françois*, tome VII, p. 97 et suivantes.

régalé sa belle et lui a fait le plus de présents, s'expriment de la sorte [1] :

> J'ai fait voir à Daphnis dix fois *Héraclius*.
> — Moi, vingt fois *Thémistocle*, et peut-être encor plus.

Héraclius fut publié peu de temps après la première représentation : le privilége, accordé à Toussaint Quinet, est « donné à Paris le dix-septième jour d'avril 1647 ; » l'achevé d'imprimer porte la date du 28 de juin. Voici le titre exact de l'ouvrage :
HERACLIUS, EMPEREUR D'ORIENT, tragedie. — *Imprimé à Roüen, et se vend à Paris, chez Augustin Courbé, au Palais*, M.DC.XLVII. *Auec priuilege du Roy*. Le volume, de format in-4°, se compose de 6 feuillets, de 126 pages, et d'un feuillet de privilége.

Il y eut pour cette pièce, comme pour beaucoup de celles dont nous avons déjà parlé, une édition in-12 qui parut en même temps que l'édition in-4°. C'est un exemplaire de cette édition plus portative que Conrart devait faire parvenir à Félibien : « Je tiendrai le petit *Héraclius* tout prêt pour vous l'envoyer par la première commodité d'ami qui se présentera, » lui dit-il dans une lettre du 10 octobre 1647[2]. Les libraires associés pour la publication de l'ouvrage eurent un procès dont nous ignorons les détails, mais dont Scarron nous a conservé le souvenir dans les vers suivants[3] :

> Si l'on ne payoit point les Muses,
> Elles deviendroient bien camuses ;
> On ne feroit plus rogatums,
> On n'imprimeroit que factums ;
> Courbé, Quinet et Sommaville
> Finiroient leur guerre civile,
> Et ne s'entre-plaideroient plus
> Pour *Cassandre* et l'*Héraclius*.

Héraclius est une des pièces qui furent reprises par la troupe de Molière ; le témoignage suivant, qu'on trouve dans une ancienne clef des caractères de la Bruyère, imprimée

---

1. Acte IV, scène VI. — 2. Pages 55 et 56.
3. *Rogatum à MM. Tubeuf, de Lionne et de Bertillac pour être payé de sa pension. Œuvres*, édition de 1786, tome VII, p. 56.

dans l'*Avertissement* des *Œuvres de Corneille*, publiées par lui en 1738[1].

« Il y a plusieurs années, dit le P. Tournemine, que j'ai cherché à détruire la fausse accusation qui rendoit M. Corneille copiste de Calderon dans les plus beaux endroits de son *Héraclius*. J'ai écrit en Espagne à un de mes amis, et je lui ai demandé deux choses : l'une, en quelle année la pièce de Calderon avoit été représentée ; et l'autre si cet auteur n'étoit pas venu en France. On ne me fit point une réponse positive sur la première : on m'assura seulement que son édition avoit été faite après 1647; mais on me marqua bien positivement que Calderon étoit venu en France, même à Paris, et qu'il y avoit fait des vers espagnols à la louange de la reine régente Anne d'Autriche. »

Les frères Parfait trouvent à bon droit ces allégations en faveur de Corneille presque aussi vagues que l'accusation dirigée contre lui. Mieux inspirés, ils invoquent le témoignage du poëte même, qui a dit dans l'*Examen* d'*Héraclius*[2] : « Cette tragédie a encore plus d'effort *d'invention* que celle de *Rodogune*, et je puis dire que c'est un heureux original, dont il s'est fait beaucoup de belles *copies* sitôt qu'il a paru. »

« Tout le monde sait, disent les frères Parfait, quel étoit le caractère de M. Corneille. Pourra-t-on s'imaginer qu'il eût osé parler en ces termes, sans être l'inventeur de ce sujet, qu'il élève même au-dessus de celui de *Rodogune* ? On a trop de preuves de sa bonne foi et de sa délicatesse à cet égard. Il suffit de remarquer ce qu'il dit au sujet du *Cid*, du *Menteur*, de la *Suite du Menteur* et de *Don Sanche d'Aragon*. Et si par une dissimulation, dont il n'est pas possible de le soupçonner, il avoit voulu s'attribuer injustement cette gloire, croira-t-on que ses ennemis et ses rivaux, qui ne cherchoient que les occasions pour diminuer sa réputation, n'eussent pas aussitôt saisi celle-ci[3] ? »

C'est aussi à Corneille lui-même que M. Viguier a emprunté des arguments sans réplique pour juger en dernier ressort cet important débat, et il nous a raconté ainsi, dans ses intéres-

---

1. Pages XLV et XLVI. — 2. Voyez ci-après, p. 148.
3. *Histoire du Théâtre françois*, tome VII, p. 92 et 93.

santes *Anecdotes littéraires*[1], comment notre grand tragique trouvait une tragédie :

« C'est à l'histoire, comme on sait, qu'il voulait, autant que possible, être redevable de ses sujets, sauf à se l'accommoder selon ses vues, avec infiniment de scrupule et infiniment de hardiesse respectueuse.

« Or il lisait en ce temps-là[2] les nombreux in-folios latins du cardinal Baronius, *Annales ecclesiastici*, qui ne fatiguaient pas beaucoup, je pense, l'attention du capellan mayor Calderon de la Barca. Arrivé à l'an 602, treizième du pontificat de Grégoire le Grand, dix-septième du règne de l'empereur Maurice, il voit ce malheureux prince égorgé par Phocas après avoir assisté au massacre de quatre de ses fils ; plus loin, sa veuve et ses filles immolées également, ainsi que son fils aîné, qui s'est trouvé absent lors du premier massacre ; mais cette dernière mort fut révoquée en doute par l'affection des peuples, et le bruit de l'existence du prince inquiéta plus d'une fois le tyran....

« Parmi les circonstances du meurtre des jeunes princes, Corneille est frappé de celle-ci : la nourrice du dernier de ces princes, encore à la mamelle, s'avise, par un rare dévouement (la chose n'est pas si improbable qu'on l'a dit), de soustraire aux bourreaux le nourrisson impérial, en leur présentant son propre enfant. Mais, dit Baronius, Maurice, qui était présent[3], reconnut à temps cette fraude, et se résignant devant Dieu à toute l'étendue de son malheur, il ne voulut point la laisser consommer ; il réclama son véritable enfant pour le livrer à la

---

1. Pages 13 et suivantes. — 2. Voyez ci-après, p. 144.
3. « Missis militibus ad Mauritium, eum ad portum Eutropii adduci jussit ; ubi ante oculos ejus jussi sunt necari quinque filii masculi. Ad quæ ille alta philosophia dixisse fertur illud Davidicum : « Justus es, Domine, et rectum judicium tuum. » Interea vero cum nutrix subtraxisset unum e nece, et pro illo filium suum offerret, id Mauritius fieri vetuit, infantemque suum prodidit, qui visus est e vulneribus lac dare cum sanguine. Tandem vero ultimo loco Mauritius ipse occisus est, cum se casu superiorem in omnibus demonstrasset. Horum omnium abscissa capita, delata in campum juxta tribunal, ad fœtorem usque ibidem permanserunt. » (Année 602.)

mort. Tout finit là dans l'histoire. Mais le poëte qui rêve en lisant, que pense-t-il?... Si la substitution de cette nourrice avait eu son effet! Si le prince avait été réservé par cette femme pour l'heure de la justice! Il y aurait là de la tragédie! Mais il faut lui donner le temps de grandir : c'est dommage que l'usurpateur Phocas n'ait régné que huit ans encore. S'il ne tient qu'à cela, nous le ferons régner une douzaine d'années de plus.... Mais ce n'est pas tout. Cette nourrice, c'est une femme forte qu'il faut garder pour notre conspiration. Il faut que nous la relevions en dignité : c'est convenable. Son action, dit Corneille, est « assez généreuse pour mériter une personne plus illustre à la produire[1]. » Je ferai « de cette nourrice une gouvernante[2]. » Elle s'appellera Léontine, c'est un nom que nous retrouvons dans Baronius, aux alentours de cette histoire; quant au vrai nom impérial de ce fils de Maurice réservé au trône, nous ne pouvons pas l'inventer, ce sera Héraclius, car il vaut mieux supposer à l'Héraclius de l'histoire, qui venait d'Afrique, une telle naissance, que de changer la succession authentique des empereurs de Constantinople.

« L'action n'est pas encore suffisamment implexe, mais les vues lointaines et mystérieuses dont cette gouvernante est capable peuvent la compliquer beaucoup; puisqu'elle a paru à Phocas empressée de livrer le petit Héraclius, elle aura obtenu sa confiance, et le tyran lui aura donné à élever Martian, son propre fils. Je sais bien qu'il n'avait qu'une fille, mariée à Crispus, dont je puis faire un confident[3]; mais attribuons-lui ce fils, et voilà les héritiers des deux empereurs confiés aux mêmes mains! Et qui empêche Léontine, lorsque Phocas revient de ses longues campagnes, de lui rendre pour prince impérial, non pas son nouveau pupille, mais l'ancien, mais le fils de Maurice, tout en gardant chez elle, comme le sien, le fils de Phocas, Martian, qu'elle appelle Léonce, du nom de cet enfant secrètement sacrifié par elle à la place d'Héraclius?...

« Cependant il nous faut des rôles de femmes; il faut bien que

1. Voyez ci-après, p. 144 et 153. — 2. Voyez ci-après, p. 144.
3. Voyez ci-après, p. 143 et 152.

ces princes soient amoureux. Baronius nous dit que Phocas a massacré les trois filles avec leur mère Constantine, aussi bien que les cinq fils et le père; mais il est bien simple de ne supposer qu'une princesse au lieu de trois, et d'admettre qu'au lieu de l'immoler, Phocas, en profond politique, a recueilli soigneusement à sa cour cette jeune Pulchérie, pour la faire épouser un jour à celui qu'il prend pour son fils, afin de légitimer le plus possible sa dynastie. Corneille ne pouvait oublier ces conseils de la raison d'État. La veuve de Maurice, Constantine, n'aura pas été égorgée non plus; elle aura vécu quelques années encore dans la retraite, afin de voir grandir sa fille, de lui transmettre la fierté de sa race, et de laisser un écrit fort utile pour le dénoûment. La jeune Pulchérie, digne fille de Corneille, brave le tyran; elle estime le prince qu'on veut lui faire épouser, sans savoir qu'il est son frère; mais elle aime l'ami de ce dernier, le vrai fils de Phocas, celui qui passe pour le fils de Léontine. De son côté, le prince héritier de Maurice devra, au dénoûment, faire impératrice une fille de Léontine, confidente du grand secret de sa mère, et moins forte dans son silence. Il faut l'appeler Eudoxie, puisque, d'après Baronius, ce fut le nom de l'impératrice, femme d'Héraclius[1]. Quelque indiscrétion d'Eudoxie éveillera la rage du tyran; mais Léontine, qui le voit impatient de verser le sang d'un fils de Maurice, est en mesure de lui dire que c'est l'un des deux princes, et que l'autre est son fils à lui-même :

Devine, si tu peux, et choisis, si tu l'oses[2]!

« Le reste est le résultat de ces mêmes données puissamment méditées et retournées sur elles-mêmes. Mais il n'y a pas jusqu'au sénateur Exupère que certains traits du texte historique n'aient pu suggérer comme le type de ces conspirateurs de palais, qui attendent le moment d'étouffer le despote, tout en paraissant le servir aveuglément....

« Donc, quant à l'*Héraclius*, depuis l'invention semi-historique du personnage de Léontine, ce premier germe de la tragédie, jusqu'au moindre détail, jusqu'à cet enfant dont la plaie

1. Dans Baronius, le nom est *Eudoxie;* dans Corneille, *Eudoxe.*
2. Acte IV, scène IV, vers 1408.

dégoutta de lait au lieu de sang, Corneille a tout trouvé par les seules voies qui pussent amener une pensée à de telles combinaisons....

« Après avoir démontré qu'il est nécessaire que l'auteur de la combinaison principale de cette pièce soit Corneille, on pourrait démontrer *par l'absurde*, comme en géométrie, qu'il est impossible que ce soit Calderon....

« Nous ferons, le moins que nous pourrons, un *récit* de la pièce (*espagnole*); mais nous ne promettons pas de ne pas éprouver un peu le courage du lecteur qui veut s'instruire.

« La vie sauvage d'enfants allaités par les bêtes, nourris de leur chair et couverts de leurs peaux, est une fantaisie dont on s'est avisé dans une multitude de ballets et d'arlequinades. Telle a été la vie de Phocas, délaissé parmi les serpents et les loups jusqu'à sa jeunesse; puis il est devenu condottiere, puis empereur. Telle est aussi la vie d'Héraclius et de son frère de lait, que Phocas vient chercher, en Sicile, dans les cavernes de l'Etna, à vingt ans de distance de leur naissance et de leur enlèvement. Dans ces contrées, l'Empereur reconnaît un sauvage tout hérissé (description gongoresque) pour être le vieux seigneur qui a dérobé jadis à sa vengeance le petit Héraclius; il veut frapper les deux pupilles de ce vieillard, mais celui-ci l'embarrasse, en déclarant que l'un des deux est son fils, fils naturel de la jeunesse de Phocas.

« C'est encore une fantaisie amusante, et à laquelle Shakspeare avait donné bien du charme dans *la Tempête*, de représenter le jeune sauvage, homme ou femme, rencontrant, pour la première fois, une jeune figure de l'autre sexe, et de faire naître ainsi des instincts naïfs et délicats. Sans faire beaucoup de psychologie, Calderon s'y était pris plus heureusement dans *La vie est un songe*. Mais ici les deux sauvages, en partie carrée avec la princesse de Sicile et une autre jeune fille, font l'amour avec des madrigaux tout musqués du plus fin marinisme, dès les premiers mots jusqu'aux mariages du dénoûment....

« Voici maintenant la magie. Un enchanteur fort insignifiant, sans intérêt à l'action, et surtout très-maladroit, est chargé de prolonger la situation indécise fournie par Corneille; il improvise un tremblement de terre mêlé de tonnerres et de ténèbres, pour disperser tous les personnages au moment où il voit

Phocas furieux, sans aucun scrupule paternel, prêt à massacrer les trois sauvages à la fois. (*Première journée*.)

« Mais le bon tyran se réconcilie bientôt avec tout le monde ; sa férocité est adoucie par un plaidoyer de Cintia, la princesse, qui allègue l'indulgence du droit romain dans les cas douteux de personnes, et il ne conserve sa curiosité, dans le cas présent, que pour l'amusement des spectateurs. Le magicien voudrait bien la satisfaire, car, malgré sa puissance, il tient à faire fortune à la cour ; mais Cintia, par deux mots de menaces très vagues, l'oblige à se taire ; le puissant Lisipo s'ingénie alors pour créer un prestige au moyen duquel le mystère puisse se révéler de lui-même à Phocas ; peu importe que ce prestige n'aboutisse à rien, après qu'on y aura trouvé de l'amusement. Il élève donc un palais féerique, où il habille les deux jeunes sauvages en princes très-élégants ; là se prononce quelque différence native entre les deux caractères : l'un, doux et modéré, c'est le fils de Maurice ; l'autre, arrogant et dur, c'est le vrai sang de Phocas : mais le bon tyran est aussi charmé de l'un que de l'autre, et sa curiosité n'est pas satisfaite après qu'il a longtemps feint de dormir pour les mieux observer.

« A la fin de la *seconde journée*, on sépare les princes en train de se battre, parce que l'ingrat Léonide veut maltraiter le vieux tuteur défendu par Héraclius. Mais l'analyse risque de trop accuser ces nuances morales, auxquelles l'auteur n'attache pas une grande importance. Héraclius se montre, à son tour, très-dur dans l'acte suivant.

« Bientôt, au terme fatal d'une année écoulée en quelques quarts d'heure, le palais de *vérité-mensonge* s'évanouit. Cette chimère est la partie amusante et ingénieuse de l'ouvrage, mais rien n'explique si c'est tout le monde qui est enfermé dans ce rêve, ou seulement les deux jeunes gens, tandis que les autres personnages, dûment avertis, resteraient éveillés et complices du magicien. Calderon laisse tout indécis dans cet essai pénible et négligé en même temps.

« Quand le palais a disparu, Héraclius et son compagnon se retrouvent dans la forêt avec leurs accoutrements de peaux, ne comprenant rien à leurs brillants souvenirs. Le magicien, à bout d'expédients, en revient à la parole pour révéler le véritable fils de Maurice, mais il tâche de faire courir cette parole à l'oreille des uns et des autres, de manière qu'on ne sache point qui a parlé. Voltaire, dans son analyse-traduction, n'a rien compris à ces obscures manœuvres....

« Passons au dénoûment ; j'y reconnais des moyens déjà employés dans la fameuse *Fuerza lastimosa*[1] de Lope, et qui depuis avaient pu être reproduits je ne sais combien de fois.

« Un duc de Calabre, cousin germain d'Héraclius, est venu, sous l'apparence de son propre ambassadeur (autre lieu commun espagnol), réclamer de Phocas la couronne impériale, comme héritier légitime, à défaut du fils de Maurice. Repoussé, ainsi qu'on peut le croire, il prépare une grande expédition pour débarquer en Sicile. Pendant ce temps, l'identité d'Héraclius est reconnue ; Phocas l'invite à rester près de lui comme l'un des siens ; mais le jeune homme, par un accès inattendu de philosophie, s'y refuse obstinément ; il veut vivre dans la retraite pour n'être plus exposé aux déceptions de la *vérité-mensonge*. Il faut bien alors, pour amener la catastrophe, que le débonnaire Phocas reprenne toute sa férocité. Il veut tuer le prince, mais Cintia lui rappelle sa promesse de renoncer à ce meurtre ; alors, par un détour très-connu sur la scène espagnole, le tyran se contente de faire embarquer Héraclius et son vieux tuteur dans une nacelle, dont on perce le fond par son ordre et sans réclamation de la part de la belle Cintia. Les malheureux, bientôt submergés en pleine mer, nagent de leur mieux, et sont repêchés, près du rivage, par le duc de Calabre, qui vient de débarquer avec son armée. Dès qu'il se nomme, Héraclius reçoit l'hommage de ce généreux cousin, qui combat dès lors pour sa cause. Phocas périt ; on proclame le nouvel empereur, et l'on se marie. Respirons ; toutefois, rappelons encore que deux paysans *graciosos* viennent de temps en temps nuancer les scènes par d'insipides quolibets....

« Je m'aperçois que j'aurais tort de quitter cette analyse sans recommander aux curieux de chercher dans Voltaire, à défaut de mieux, le passage où Calderon a enchâssé le mot de Corneille, et sans les prémunir contre de notables faux sens de Voltaire à cet endroit. Ils remarqueront d'abord la valeur des

---

[1]. Traduite sous le titre : *Amour et Honneur*, dans les chefs-d'œuvre des théâtres étrangers, 1822.

motifs prêtés aux jeunes princes, pour amener cette mémorable exclamation. Héraclius ne veut pas être bâtard de Phocas et d'une paysanne (nulle considération de la justice, de la tyrannie, d'amitié héroïque, etc. : cet ordre d'idées serait trop sérieux); quant à Léonide, il pourrait s'accommoder de cette origine, mais il ne veut pas être *moins* qu'Héraclius. « Maurice « est donc le *plus noble (lo mas)*? dit le tyran. — *Tous deux en-* « *semble :* Oui ! — Et Phocas ! — *Ensemble :* Non ! (*Rien!* dans « Voltaire est un contre-sens.) — Ah, fortuné Maurice ! ah, « malheureux Phocas !... etc. » C'est ainsi qu'est amené le mot sublime de Corneille. Phocas alors veut faire torturer le vieux Astolfe, pour lui arracher son secret. « Qu'on l'arrête. — *Les* « *jeunes gens ensemble :* Tu nous verras d'abord acharnés à le « défendre. '(*Restados en su favor*. Voltaire : « Tu nous verras « auparavant *morts sur la place.* ») — *Phocas* : C'est vouloir « que, renonçant à l'amour paternel, qui m'a fait chercher « l'un de vous deux, ma colère se venge sur l'un et l'autre. « Qu'on les arrête tous les trois. »

« Ici le contre-sens de Voltaire est énorme (sans compter qu'il est triple), parce qu'il introduit un mouvement tragique dans une pièce où il n'y en a pas trace, si ce n'est le seul trait, si rapetissé, qui vient d'être emprunté tout à l'heure à Corneille. Voltaire fait donc dire à Phocas, au lieu de ce que nous venons de traduire : « *Ah! c'est là aimer*, *Hélas! je cherchais* « *aussi à aimer* l'un des deux. Que mon indignation se venge « sur l'un et sur l'autre, et *qu'elle s'en prenne* à tous trois. »

« Ceux qui lisent un peu l'espagnol nous en voudraient de ne pas rapporter le texte de cette curieuse bévue, qui en contient trois ou quatre.

FOCAS.
Eso es querer
que, abandonado el amor,
con que al uno busqué, *en ambos*
se vengue mi indignacion.
A todos tres los prended. »

Du reste le peu de connaissance qu'il avait de la langue espagnole n'est pas le seul motif des faux jugements de Voltaire ; malgré quelques contre-sens, il avait entre les mains plus de preuves qu'il n'en fallait pour décider en faveur de Corneille, s'il eût apporté dans son examen plus de bonne foi et de sincérité; mais il est bien évident au contraire que son parti est pris d'avance contre son illustre prédécesseur tragique, et, comme nous allons le voir dans la suite de la curieuse étude de M. Viguier, qui reste pour nous le dernier mot de la discussion, il ne néglige aucun moyen de combattre l'effet du témoignage de son ancien maître, le P. Tournemine.

« Il fait passer à Madrid, par l'entremise de ses amis, mais avec mystère, une note portant une série de questions qui ne se sont point conservées. Le consul général de France à Madrid remit ces questions aux bibliothécaires de la cour, notamment à la Huerta, poëte estimé, critique ignorant et très-violent, qui, par aversion pour l'école française, déclina le soin d'y répondre[1]. On les transmit alors à l'ex-bibliothécaire Gregorio Mayans y Siscar, grand jurisconsulte et polygraphe infatigable, dont la vanité aspirait à une réputation européenne en fait d'érudition. Ce fut lui qui répondit, charmé sans doute d'avoir à satisfaire M. de Voltaire, et il devait se montrer fort enclin à y metre de la complaisance, en suivant la direction et la pente des questions, quand même il eût été possible à un Espagnol de ne pas revendiquer pour sa nation toutes les priorités imaginables d'invention littéraire. Du reste, je ne pense pas qu'il fût bien fanatique de poésie espagnole, ni qu'il eût eu beaucoup de temps à donner dans sa vie aux ouvrages dramatiques. Toutefois il faudrait que cet ex-bibliothécaire royal eût été de la dernière ignorance, pour répondre les choses que Voltaire lui attribua. Un fidèle extrait de cette réponse de Mayans aurait dû trouver place dans la dissertation finale ou dans la préface que Voltaire ajouta à sa traduction d'*Heraclius* : de tels renseignements se reproduisent à la lettre ou à peu près. Point du tout : l'érudition espagnole de Voltaire se para du nom de ce savant, sans oser lui faire dire expressément tout ce qu'elle voulait faire croire au public, et la Huerta s'abstient très-justement de rendre son docte devancier responsable de tous ces *absurdos*, comme il les appelle dans l'écrit déjà indiqué.

« Personne mieux que Voltaire ne sut jamais faire diverse

---

1. Lui-même le raconte ainsi dans le prologue diffus de son *Theatro hespañol*.

du volume original donné sous les yeux de Calderon en 1664, car cette circonstance de la représentation devant Leurs Majestés (il s'agit de Philippe IV et de Marie-Anne d'Autriche, sa seconde femme) n'y est pas jointe au titre ; et, d'une autre part, la preuve presque complète m'est également acquise que les comédies de ce volume, et notamment celle dont il s'agit, ne figuraient point dans les recueils antérieurs, quelle que fût alors la facilité laissée aux libraires d'anticiper sur les éditions originales de comédies, ou de les contrefaire après coup. Cette preuve, que je veux bien appeler *presque* complète, résulte des explications données par Calderon lui-même en tête du volume en question : voir sa dédicace et la lettre qui la suit, à lui adressée par son éditeur, portant que cette publication est destinée à préserver ces comédies du destin qu'ont éprouvé tant d'autres pièces de l'auteur, défigurées par des impressions frauduleuses, *hurtadas, agenas y defectuosas*. Une preuve semblable pourrait résulter d'une recherche dans les nombreux recueil de *comedias sueltas* (*isolées*), antérieurs non-seulement à 1664, mais (si l'on songe encore à constater matériellement la priorité de Corneille) antérieurs à 1647. Quelque superflue que me paraisse cette recherche, j'en ai constaté le résultat négatif sur un bon nombre de ces recueils ; mais qui pourrait les atteindre tous ?

« Que si don Gregorio Mayans, qui était fort occupé, s'est borné à faire acheter cette *rare* édition, ce cahier d'impression commune et malpropre, dans ces échoppes à prix fixe où l'on en trouve par milliers en Espagne, le même Gregorio n'avait pas non plus fait autant de frais en critique que Voltaire veut bien nous le faire croire. Où donc aurait-il pu voir, et jamais Espagnol a-t-il pu dire que ce roi si passionné pour le théâtre, que Philippe IV cessa *par dévotion* d'aller à la comédie ? Mais c'est là une hypothèse toute française, empruntée des souvenirs, familiers à Voltaire, de la vieillesse de Louis XIV. Toute sa vie le beau-père de Louis XIV demeura fidèle au théâtre. Quand il fut moins occupé de galanteries, ce monarque, qui ne régnait guère par lui-même, mais qui gouverna constamment ses poëtes dramatiques, comme faisait en France le cardinal de Richelieu, semble en effet avoir commandé un peu plus fréquemment des *comedias santas* à Calderon, à Moreto, à Solis, à d'autres *ingenios* plus jeunes et fort médiocres, tels que Diamante, Matos Fragoso, Zavaleta, Zarate, etc.; mais, saintes ou profanes, héroïques, galantes ou bouffonnes....il lui fallut toujours des comédies.... Or, pour s'expliquer cette rare, mais indubitable imitation du français dans l'*Héraclius* espagnol, il me semble permis de conjecturer que Philippe IV y fut pour quelque chose; que, disposé depuis la paix et les conférences des Pyrénées à traiter gracieusement les arts et les idées françaises, il voulut avoir sur son théâtre quelque échantillon du nôtre; qu'enfin il chargea son plus habile poëte, probablement aussi étranger que lui-même à notre langue, d'affubler à l'espagnole une pensée du célèbre Corneille, au risque d'humilier la France, dans cette lutte nouvelle, de toute la supériorité du style *culto* et de l'entortillage castillan. On avait été assez rudement éprouvé sur d'autres champs de bataille pour se permettre sans inconvénient cette pacifique revanche. »

Nous avons cru devoir puiser largement dans l'excellent travail de M. Viguier, et nous avons conservé ses propres termes, en nous permettant seulement de temps à autre la suppression de quelques passages, fort curieux pour l'histoire de la littérature espagnole, mais qui peuvent, suivant nous, être retranchés sans inconvénient dans une édition de Corneille. Cette belle étude, acceptée comme définitive par le public français, a soulevé à l'étranger des réclamations aussi vives que peu fondées. Sur notre demande, M. Viguier a bien voulu se charger de résumer et de clore ici cette nouvelle discussion.

LETTRE DE M. VIGUIER
A M. MARTY-LAVEAUX.

Monsieur, vous avez bien voulu dire, au sujet de ce vieux procès sur l'originalité de l'*Héraclius* de Corneille, que la discussion vous paraissait épuisée dans un petit écrit que je donnais à mes amis, il y a plus de seize ans, et qui n'appartient pas autrement à la publicité. Quelqu'une de ces feuilles est passée en Espagne, à ce qu'il paraît, et a par malheur réveillé chez des compatriotes de Calderon la susceptibilité d'un certain point d'honneur littéraire propre à cette nation. Avant cela, en Allemagne, le savant et intéressant historien du théâtre espagnol, M. Ad-Fried. von Schack, touchait à ce débat en même temps que moi, dans son troisième volume publié en 1846 ; et par malheur encore, ses préventions antifrançaises lui ont fait rencontrer sur ce sujet de nouvelles pierres d'achoppement, après celles que nous avons déjà brièvement signalées au tome IV° (p. 272, note 1) de la présente édition. Une sorte de fatalité le condamne, comme dans l'incident relatif au Diamante, à rétracter des faits avancés par lui-même, pour corriger une erreur par une autre plus grave encore. Ainsi, à la page 177 de ce troisième volume, M. de Schack affirme que la pièce de Calderon : *En esta vida....* etc., fait partie d'un tome second publié par le poëte en 1637. Tout serait dit si le fait était vrai ; mais bientôt, à la page 289, il reconnaît s'être trompé, et confesse que la pièce apparaît pour la première fois dans un tome *troisième*, daté de vingt-sept ans plus tard, en 1664. Néanmoins il n'a garde de lâcher prise pour si peu : « *Dessenungeachtet....* nonobstant cela, dit-il, attendu la grande probabilité, accordée *même* par Voltaire, de la supposition que l'*Héraclius* de Corneille est imité de l'*Héraclius* espagnol, nous croyons devoir admettre (*annehmen*) l'existence d'une impression isolée de la pièce (espagnole) antérieurement à 1647. » Or M. de Schack n'a jamais vu cette impression isolée, supposition aussi gratuite que son erreur précédente sur le tome de 1637. Il ajoute : « Voltaire, dont, il est vrai, les allégations ne sont pas très-dignes de confiance, dit aussi que la pièce de Calderon aurait déjà été mentionnée dans un recueil de romances de 1641. » C'est là tout. On peut bien se dispenser de chercher un recueil si rare de romances ; mais M. de Schack se trouve raffermi définitivement dans son préjugé depuis que le critique espagnol, don Eugenio Harzenbusch, s'est chargé de la cause et lui a révélé de nouveaux arguments, qu'il nous sera permis de ne pas trouver meilleurs.... C'est ainsi qu'il dit dans un *Supplément* à son *Histoire*[1],

---

[1]. *Nachtræge zur Geschichte der dramatischen Literatur und Kunst in Spanien*, p. 104.

publié en 1854 : « Harzenbusch, dans son édition de Calderon, a prouvé *jusqu'à l'évidence* que le drame *En esta vida*.... etc., a été écrit dès l'année 1622 ; de sorte que tous les doutes qu'on a pu élever sur la priorité de cette pièce par rapport à l'*Héraclius* de Corneille sont écartés désormais. »

Après un si éclatant témoignage, il faut entendre M. Harzenbusch. Mais si l'on est encore disposé à douter, il faut d'abord reconnaître que ce nouvel arbitre est un poëte et un critique estimable, directeur de la Bibliothèque royale de Madrid ; qu'il a très bien mérité de Calderon par des *Appendices* historiques et anecdotiques joints à son édition[1], et qu'il aura rendu un service réel à la littérature espagnole, s'il lui donne traduit l'ouvrage de M. de Schack, ainsi qu'il l'a promis. Une pareille traduction en français me semble également désirable, malgré tous nos griefs nationaux, si légitimes quelquefois.

Que dit donc M. Harzenbusch, puisqu'il veut bien m'adresser personnellement une ample réfutation à l'endroit de l'*Héraclius*? Franchement, c'est assez curieux.

On réduit mes preuves à trois, mais en oubliant la plus importante et la plus développée, savoir cette analyse de l'invention et de ses sources minutieusement donnée par Corneille, d'où il résulte avec tant d'évidence qu'il a réellement élaboré lui-même les combinaisons de son drame. On pourrait, je l'avoue, échapper à cette preuve *décisive* (tout autant que les dates, qui sont pour nous), en attribuant à Corneille la profonde perversité d'un plagiaire effronté qui, pour rendre authentique son œuvre de seconde main, la renforcerait après coup d'un exposé, naïf en apparence, de ses lectures originales et de ses procédés d'inventeur. Le plus simple bon sens suffit à repousser l'hypothèse d'une telle malice. Il ne faudrait pas moins que l'autorité des dates pour la faire admettre. Or pas une date sérieuse n'est opposée à celle de 1647 de Corneille, pas une, depuis la consultation de Voltaire auprès du bibliothécaire don Gregorio Mayans. Il fallait bien tenir compte de cet autre argument. Pour en venir à bout, on affirme que la pièce de Calderon *a dû être écrite* bien auparavant, et, pour

---

[1] Cette édition fait partie de la grande collection compacte, déjà très-étendue, publiée à Madrid par Ribadeneira.

donner un chiffre, en 1622, vingt-deuxième année du poëte espagnol, dix-septième de Philippe IV, et deuxième de son règne (ces rapprochements synchroniques auraient dû déjà embarrasser un vrai connaisseur dans ses suppositions hardies). Tel est le millésime assigné, non pas à la publication, mais à la *composition* de cette comédie, par M. Harzenbusch, dans un Essai, d'ailleurs utilement compilé, sur la chronologie des ouvrages de Calderon ; mais ce millésime, posé à son rang avec tant d'assurance, ne s'appuie sur aucun texte qu'on puisse produire. On veut absolument que l'impression *ait dû être* faite isolément peu après la composition..., mais toute trace en est perdue. Cet emploi du verbe *devoir* comme potentiel, ne rappelle-t-il pas certaine repartie bouffonne devenue proverbiale? On ne recule pas même devant la supposition que le manuscrit de Calderon, soit en minute, soit en copie, aura pu s'échapper d'Espagne, et venir en temps utile se loger dans le portefeuille de Corneille. Quant à ces impressions perdues de pièces isolées, l'argument serait assez plausible en Espagne pour le premier tiers du dix-septième siècle, si ce n'était aussi une ressource trop commode et toujours disponible dans une cause désespérée. Vous êtes bibliothécaire d'Espagne, et vous en êtes encore à trouver cette rareté ! Il est vrai que vous ignoriez, chose plus surprenante, ainsi que M. de Schack, l'édition originale, officielle de Calderon, au tome III, 1664[1], que notre Bibliothèque impériale de Paris[2], et tant d'autres sans doute, vous auraient facilement présentée, puisqu'elle manque à celle de Madrid !

Je voudrais pouvoir, Monsieur, si ces arguties étaient moins frivoles, vous exposer tous les arguments de même force donnés par M. Harzenbusch, et qui ont si puissamment entraîné la conviction de M. de Schack ; mais il serait plus piquant de relever, dans l'analyse intelligente que ce dernier a donnée de la pièce espagnole, son admiration juste et passionnée en citant

---

1. « Por mas diligencia que he practicado, no he podido hallar esta tercera parte publicada en 1664 : pero yo doy entera fé á la cita de M. Viguier. » Je ne me croyais pas une si grande autorité bibliographique. L'aveu est d'ailleurs modeste de la part du bibliothécaire éditeur de Calderon.

2. Ce volume est numéroté $Y^6 \frac{3}{3} {}^{2\,3}$.

la scène et le passage où précisément il se trouve sans le savoir sur la trace de Corneille (car c'est le seul endroit imité d'un peu près par Calderon), et où il exprime en homme de goût le candide regret que Calderon n'ait pas continué dans le même esprit[1]. « S'il eût ainsi continué, s'écrie-t-il, ce drame serait l'un des plus remarquables de Calderon; mais le poëte, au milieu de son ouvrage, a transporté l'action dans un monde de rêveries fantastiques, destinées à rendre sensible l'idée que dans cette vie tout est mensonge ainsi que vérité. Quelque hardiesse, quelque hauteur de poésie qu'on ait encore à admirer dans cette partie (ceci me paraît une réserve exagérée par l'enthousiasme trop habituel de M. de Schack), on ne peut cependant que regretter le caprice qui a fait prendre la tournure d'un opéra à une situation si grande et vraiment tragique. » On ne pouvait mieux dire : c'est l'hommage involontaire rendu à Corneille par un ennemi déclaré. La déception est piquante, moins pourtant que celle du même critique refusant de reconnaître une traduction dans *el Honrador de su padre* de Diamante, à force d'y trouver partout le goût original du terroir espagnol. L'évidence chronologique, incontestée aujourd'hui, a bien dû à la longue désabuser le trop fin connaisseur de ce prétendu goût de terroir. C'est ainsi que les erreurs de la critique la plus spirituelle offrent assez souvent quelque chose de très-comique.

Pressé de finir, j'abanbonne toutes celles de M. Harzenbusch, pour vous recommander, Monsieur, quelques observations qui me semblent essentielles sur l'invention tragique propre à Corneille, en n'y cherchant que ce qui intéresse l'art. Si compliquée, si historique et si arbitraire en même temps, qu'elle soit, cette invention n'est pourtant pas tout à fait aussi entière, comme travail individuel, que nous avons pu le croire. Corneille l'aurait certainement déclaré lui-même, si de son temps il avait pu pressentir nos scrupuleuses curiosités d'origines historiques et dramatiques. Pour nous, ce qu'il nous convient de reconnaître après ce conflit, c'est que le premier embryon du sujet en

---

1. Tome III, p. 176 : « Wäre alles übrige in gleichem Sinne ausgeführt, so würde dieses Drama zu den vorzüglichsten des Calderon gehören. »

question, savoir l'idée de faire de l'empereur Héraclius le fils
longtemps ignoré et le vengeur de l'infortuné Maurice, cette
idée romanesque était un fruit naturel de la tradition et de la
légende; que Corneille l'a trouvée toute faite et en circulation,
nous ne savons dans quels récits, depuis l'Orient jusque chez
nous et en Espagne. L'origine de cette légende est indiquée
dans Baronius d'après les historiens byzantins, lorsque après
les détails du meurtre accompli en Asie par l'ordre de Phocas
sur le prince Théodose, le véritable fils aîné de Maurice, il
ajoute : « Verum ista de Theodosio neque tunc temporis ita
« credita, sed alium in ejus locum ad necem suppositum, jac-
« tatum fuit : unde et factum est ut novæ fabricarentur contra
« imperatorem (Phocam) insidiæ[1]. » Ces suppositions d'enfants
ou de personnages crus assassinés, et destinés à reparaître,
sont le thème obligé, depuis la comédie et le roman grecs, de
mille récits populaires. Celui-ci peut remonter jusqu'en Perse,
car le redoutable ennemi de l'Empire, Chosroès, s'appliqua
longtemps à le propager. Pour agiter l'opinion et tirer parti
des crimes de Phocas, il prétendait avoir auprès de lui le jeune
prince, et vouloir le rétablir sur le trône de Byzance[2]. C'est plus
de la moitié de la fiction nécessaire pour faire d'Héraclius le fils
de Maurice. Corneille aurait pu dire encore, s'il l'avait su, ce
que je ne pense pas, que cette fausse filiation d'Héraclius se
trouvait déjà dans un drame espagnol, de Mica de Mescua,
amas fort bizarre d'aventures extravagantes, bien jugé par
M. de Schack, intitulé *la Rueda de la Fortuna* (la Roue de la
Fortune)[3]. Les dernières époques du règne de Maurice rem-
plissent plus des trois quarts de cet ouvrage, que terminent,
accumulés en quelques coups de théâtre, l'élévation de Phocas, sa chute, et l'avènement d'Héraclius. Cette communauté
de noms historiques suffit à nos critiques espagnols pour leur
faire dire bien faussement que Calderon, avant de transmettre

---

1. *Annales ecclesiastici*, année 603, tome XI, p. 41 de l'édition de
Lucques.
2. *Ibidem*, notes de Pagius, d'après Théophylacte et Théophane.
3. On peut lire cette pièce au tome II d'une série comprise dans
la collection Ribadeneira : *Dramáticas contemporáneos á Lope de Vega*,
1858.

un sujet de tragédie à Corneille, l'avait pris lui-même dans Mira de Mescua. Rien de plus captieux et de plus facile, quand on ne fait pas attention à la réalité intérieure, que de renvoyer des ouvrages dramatiques d'un auteur à un autre à raison de quelques noms propres employés en commun. Cet abus sophistique vaut celui des éditions *disparues* et des manuscrits égarés.

Remarquons en terminant que le nom de l'empereur Héraclius est devenu tout à fait légendaire dès le commencement du moyen âge, auquel il appartient déjà par son époque. Un roman poétique d'*Eracle* a existé dans notre plus vieil idiome, et a passé bientôt dans une traduction germanique, exhumée et publiée de nos jours. Celle de ces légendes qui se rattache de plus près à l'histoire, c'est la seconde invention par Héraclius de la vraie Croix reperdue, depuis sainte Hélène, lors de la prise de Jérusalem par les Perses. Calderon en a fait le sujet d'un drame fort inégal, *la Exaltacion de la Cruz*, où il entre beaucoup de prestiges magiques, avec la conversion finale d'un magicien persan moins puissant que les anges du Seigneur. Ceci est bon à observer comme indiquant l'association grecque et orientale des contes de magie à la plupart des histoires de cette époque, et ultérieurement, la liaison d'idées, le *caprice* regretté par M. de Schack, amenant Calderon à introduire la magie dans le sujet de Corneille, qui n'en avait que faire. — Vous ne voulez pas, Monsieur, que je m'arrête à cet autre argument de M. Harzenbusch, prétendant que comme la *Exaltacion de la Cruz* est un drame de Calderon antérieur à l'*Héraclius* de Corneille, et comme la comédie *En esta vida....* traite d'un événement antérieur dans l'histoire au pieux exploit d'Héraclius devenu empereur, la raison chronologique veut que cette comédie ait été composée avant *la Exaltacion.*

Veuillez agréer, Monsieur, etc.

Viguier.

ÉPÎTRE.

A MONSEIGNEUR SEGUIER[1],

CHANCELIER DE FRANCE.

Monseigneur,

Je sais que cette tragédie n'est pas d'un genre assez relevé pour espérer légitimement que vous y daigniez jeter les yeux, et que pour offrir quelque chose à V. Grandeur qui n'en fût pas entièrement indigne, j'aurois eu besoin d'une parfaite peinture de toute la vertu d'un Caton ou d'un Sénèque; mais comme je tâchois d'amasser des forces pour ce grand dessein, les nouvelles faveurs que j'ai reçues de vous m'ont donné une juste impatience de les publier; et les applaudissements qui ont suivi les représentations de ce poëme m'ont fait présumer que sa bonne fortune pourroit suppléer à son peu de mérite. La curiosité que son récit a laissée dans les esprits pour sa lecture m'a flatté aisément, jusques à me persuader que je ne pouvois prendre une plus heureuse occasion de leur faire savoir combien je vous suis redevable; et j'ai pré-

---

1 Pierre Seguier, né à Paris en 1588, mort en 1672, fut chancelier de France en 1635 et protecteur de l'Académie après la mort de Richelieu. Corneille, au moment où il écrivait cette dédicace, venait d'être nommé académicien, et Seguier avait laissé aux membres de la Compagnie toute liberté de le choisir préférablement à un de ses protégés : « M. de Ballesdens avoit été proposé aussi ; et comme il avoit l'honneur d'être à Monsieur le chancelier, l'Académie eut ce respect pour son protecteur, de députer vers lui cinq des académiciens, pour savoir si ces deux propositions lui seroient également agréables. Monsieur le chancelier témoigna qu'il vouloit laisser une entière liberté à la Compagnie. » (*Registres*, 22 janvier 1647, dans la *Relation contenant l'histoire de l'Académie*, p. 363.) — L'*Épître* et l'avis *Au lecteur* ne sont que dans les éditions antérieures à 1660.

successeur de Phocas. Bien plus, j'ai feint que cette Léontine, ne croyant pas pouvoir cacher longtemps cet enfant que Maurice avoit commis à sa fidélité, vu la recherche exacte que Phocas en faisoit faire, et se voyant même déjà soupçonnée et prête à être découverte, se voulut mettre dans les bonnes grâces de ce tyran, en lui allant offrir ce petit prince dont il étoit en peine, au lieu duquel elle lui livra son propre fils Léonce. J'ai ajouté que par cette action Phocas fut tellement gagné, qu'il crut ne pouvoir remettre son fils Martian aux mains d'une personne qui lui fût plus acquise, d'autant que ce qu'elle venoit de faire l'avoit jetée, à ce qu'il croyoit, dans une haine irréconciliable avec les amis de Maurice, qu'il avoit seuls à craindre. Cette faveur où je la mets auprès de lui donne lieu à un second échange d'Héraclius, pour fils, qui est dorénavant élevé auprès de lui sous le nom de Martian, cependant qu'elle retient le vrai Martian auprès d'elle et le nourrit sous le nom de Léonce, avec Martian, que Phocas lui avoit confié. Je lui fais prendre l'occasion de l'éloignement de ce tyran, que j'arrête trois ans, sans revenir, à la guerre contre les Perses; et à son retour, je fais qu'elle lui donne Héraclius, qu'elle nourrissoit comme son fils sous le nom de son Léonce, qu'elle avoit exposé pour l'autre. Comme ces deux princes sont grands, et que Phocas, abusé par ce dernier échange, presse Héraclius d'épouser Pulchérie, fille de Maurice, qu'il avoit réservée exprès seule de toute sa famille, afin qu'elle portât par ce mariage le droit et les titres de l'empire dans sa maison, Léontine, pour empêcher cette alliance incestueuse du frère et de la sœur, avertit Héraclius de sa naissance. Je serois trop long si je voulois ici toucher le reste des incidents d'un poëme si embarrassé, et me contenterai de vous avoir donné ces lumières, afin que vous en puissiez commencer la lecture avec moins d'obscurité. Vous vous souviendrez seulement qu'Héraclius passe pour Martian, fils de Phocas, et Martian pour Léonce, fils de Léontine, et qu'Héraclius sait qui il est, et qui est ce faux Léonce; mais que le vrai Martian, Phocas, ni Pulchérie, n'en savent rien, non plus que le reste des acteurs, hormis Léontine et sa fille Eudoxe.

On m'a fait quelque scrupule de ce qu'il n'est pas vraisemblable qu'une mère expose son fils à la mort pour en préserver un autre; à quoi j'ai deux réponses à faire : la première, que notre unique docteur Aristote nous permet de mettre quelquefois des choses qui même soient contre la raison et l'apparence, pourvu que ce soit hors de l'action, ou pour me servir des termes latins de ses interprètes, *extra fabulam*, comme est ici cette supposition d'enfants, et nous donne pour exemple Œdipe, qui ayant tué un roi de Thèbes, l'ignore encore vingt ans après[1]; l'autre, que l'action étant vraie du côté de la mère, comme j'ai remarqué tantôt[2], il ne faut plus s'informer si elle est vraisemblable, étant certain que toutes les vérités sont recevables dans la poésie, quoiqu'elle ne soit pas obligée à les suivre. La liberté qu'elle a de s'en écarter n'est pas une nécessité, et la vraisemblance n'est qu'une condition nécessaire à la disposition, et non pas au choix du sujet, ni des incidents qui sont appuyés de l'histoire. Tout ce qui entre dans le poëme doit être croyable; et il l'est, selon Aristote, par l'un de ces trois moyens, la vérité, la vraisemblance, ou l'opinion commune[3]. J'irai plus outre; et quoique

---

1. Ἔστι δὲ πρᾶξαι μὲν, ἀγνοοῦντας δὲ πρᾶξαι τὸ δεινὸν, εἶθ' ὕστερον ἀναγνωρίσαι τὴν φιλίαν, ὥσπερ ὁ Σοφοκλέους Οἰδίπους. Τοῦτο μὲν οὖν ἔξω τοῦ δράματος. (Aristote, *Poétique*, chapitre xv.)
2. Voyez plus haut, p. 144.
3. Voyez tome I, p. 82.

peut-être on voudra prendre cette proposition pour un paradoxe, je ne craindrai point d'avancer que le sujet d'une belle tragédie doit n'être pas vraisemblable. La preuve en est aisée par le même Aristote, qui ne veut pas qu'on en compose une d'un ennemi qui tue son ennemi, parce que bien que cela soit fort vraisemblable, il n'excite dans l'âme des spectateurs ni pitié ni crainte, qui sont les deux passions de la tragédie ; mais il nous renvoie la choisir dans les événements extraordinaires qui se passent entre personnes proches, comme d'un père qui tue son fils, une femme son mari, un frère sa sœur[1] ; ce qui n'étant jamais vraisemblable, doit avoir l'autorité de l'histoire ou de l'opinion commune pour être cru : si bien qu'il n'est pas permis d'inventer un sujet de cette nature. C'est la raison qu'il donne de ce que les anciens traitoient presque mêmes sujets[2], d'autant qu'ils rencontroient peu de familles où fussent arrivés de pareils désordres[3], qui font les belles et puissantes oppositions du devoir et de la passion.

Ce n'est pas ici le lieu de m'étendre plus au long sur cette matière : j'en ai dit ces deux mots en passant, par une nécessité de me défendre d'une objection qui détruiroit tout mon ouvrage, puisqu'elle va à en saper le fondement, et non par ambition d'étaler mes maximes, qui peut-être ne sont pas généralement avouées des savants. Aussi ne donné-je ici mes opinions qu'à la mode de M. de Montagne, non pour bonnes, mais pour miennes[4].

---

1. Voyez tome I, p. 65.
2. Tel est le texte de toutes les éditions. Voltaire a mis un article devant *mêmes*.
3. Voyez tome I, p. 15 et 16. — Par une étrange coïncidence, toutes les éditions portent *arrivées*, au lieu de *arrivés*.
4. « Ce sont icy mes humeurs et opinions : je les donne pour ce

Je m'en suis bien trouvé jusqu'à présent; mais je ne tiens pas impossible qu'on réussisse mieux en suivant les contraires.

EXAMEN.

Cette tragédie a encore plus d'effort d'invention que celle de *Rodogune*[1], et je puis dire que c'est un heureux original dont il s'est fait beaucoup de belles copies sitôt qu'il a paru. Sa conduite diffère de celle-là[2], en ce que les narrations qui lui donnent jour sont pratiquées par occasion en divers lieux avec adresse, et toujours dites et écoutées avec intérêt, sans qu'il y en aye pas une de sang-froid, comme celle de Laonice[3]. Elles sont éparses ici dans tout le poëme, et ne font connoître à la fois que ce qu'il est besoin qu'on sache pour l'intelligence de la scène qui suit. Ainsi, dès la première, Phocas, alarmé du bruit qui court qu'Héraclius est vivant, récite les particularités de sa mort pour montrer la fausseté de ce bruit; et Crispe, son gendre, en lui proposant un remède aux troubles qu'il appréhende, fait connoître comme en perdant toute la famille de Maurice, il a réservé Pulchérie pour la faire épouser à son fils Martian, et le pousse d'autant plus à presser ce mariage, que ce prince court chaque jour de grands périls à la guerre, et que sans Léonce il fût demeuré au dernier combat[4]. C'est par

qui est en ma creance, non pour ce qui est à croire. » (*Essais*, livre I, chapitre xxv.)
1. Var. (édit. de 1660) : Ce poëme a encore plus d'effort d'invention que celui de *Rodogune*.
2. Var (édit. de 1660) : Sa conduite diffère de celle de *Rodogune*.
3. Voyez les scènes i et iv du Ier acte de *Rodogune*.
4. Var. (édit. de 1660-1664) : il fût demeuré sans vie au dernier combat.

là qu'il instruit les auditeurs de l'obligation qu'a le vrai Héraclius, qui passe pour Martian, au vrai Martian, qui passe pour Léonce; et cela sert de fondement à l'offre volontaire qu'il fait de sa vie au quatrième acte, pour le sauver du péril où l'expose cette erreur des noms. Sur cette proposition, Phocas, se plaignant de l'aversion que les deux parties témoignent à ce mariage, impute celle de Pulchérie à l'instruction qu'elle a reçue de sa mère, et apprend ainsi aux spectateurs, comme en passant, qu'il l'a laissée trop vivre après la mort de l'empereur Maurice, son mari. Il falloit tout cela pour faire entendre la scène qui suit entre Pulchérie et lui; mais je n'ai pu avoir assez d'adresse pour faire entendre les équivoques ingénieux dont est rempli tout ce que dit Héraclius à la fin de ce premier acte; et on ne les peut comprendre que par une réflexion après que la pièce est finie et qu'il est entièrement reconnu, ou dans une seconde représentation.

Surtout la manière dont Eudoxe fait connoître, au second acte[1], le double échange que sa mère a fait des deux princes[2], est une des choses les plus spirituelles qui soient sorties de ma plume. Léontine l'accuse d'avoir révélé le secret d'Héraclius et d'être cause du bruit qui court, qui le met en péril de sa vie; pour s'en justifier, elle explique tout ce qu'elle en sait, et conclut que puisqu'on n'en publie pas tant, il faut que ce bruit ait[3] pour auteur quelqu'un qui n'en sache pas tant qu'elle. Il

1. Dans la 1re scène de l'acte II.
2. Var. (édit. de 1660 et de 1663) : Surtout la manière dont Eudoxe fait connoître, au second acte, les deux échanges des princes que sa mère a faites. — Ces deux éditions cependant ont *échange*, au masculin, vers la fin de l'*Examen* (p. 153).
3. Toutes les éditions ont *ait* en cet endroit, et toutes aussi un peu plus haut, à la seconde phrase de l'*Examen*, ont *aye*.

est vrai que cette narration est si courte, qu'elle laisseroit beaucoup d'obscurité si Héraclius ne l'expliquoit plus au long, au quatrième acte, quand il est besoin que cette vérité fasse son plein effet; mais elle n'en pouvoit pas dire davantage à une personne qui savoit cette histoire mieux qu'elle, et ce peu qu'elle en dit suffit à jeter une lumière imparfaite de ces échanges, qu'il n'est pas besoin alors d'éclaircir plus entièrement.

L'artifice de la dernière scène de ce quatrième acte passe encore celui-ci : Exupère y fait connoître tout son dessein à Léontine, mais d'une façon qui n'empêche point cette femme avisée de le soupçonner de fourberie, et de n'avoir autre[1] dessein que de tirer d'elle le secret d'Héraclius pour le perdre. L'auditeur lui-même en demeure dans la défiance, et ne sait qu'en juger; mais après que la conspiration a eu son effet par la mort de Phocas, cette confidence anticipée exempte Exupère de se purger de tous les justes soupçons qu'on avoit eus de lui, et délivre l'auditeur d'un récit qui lui auroit été fort ennuyeux après le dénouement de la pièce, où toute la patience que peut avoir sa curiosité se borne à savoir qui est le vrai Héraclius des deux qui prétendent l'être.

Le stratagème d'Exupère, avec toute son industrie, a quelque chose un peu délicat[2], et d'une nature à ne se faire qu'au théâtre, où l'auteur est maître des événements qu'il tient dans sa main, et non pas dans la vie civile, où les hommes en disposent selon leurs intérêts et leur pouvoir. Quand il découvre Héraclius à Phocas, et le fait arrêter

---

1. Tel est le texte de toutes les éditions publiées du vivant de Corneille, comme aussi des éditions de 1692 et de Voltaire (1764). Des éditeurs modernes ont substitué *d'autre* à *autre*.
2. Voltaire a ajouté *de* : « quelque chose d'un peu délicat. ».

prisonnier, son intention est fort bonne, et lui réussit; mais il n'y avoit que moi qui lui pût répondre du succès. Il acquiert la confiance du tyran par là, et se fait remettre entre les mains la garde d'Héraclius et sa conduite au supplice; mais le contraire pouvoit arriver; et Phocas, au lieu de déférer à ses avis qui le résolvent à faire couper la tête à ce prince en place publique, pouvoit s'en défaire sur l'heure, et se défier de lui et de ses amis, comme de gens qu'il avoit offensés et dont il ne devoit jamais espérer un zèle bien sincère à le servir. La mutinerie qu'il excite, dont il lui amène les chefs comme prisonniers pour le poignarder, est imaginée avec justesse; mais jusque-là toute sa conduite est de ces choses qu'il faut souffrir au théâtre, parce qu'elles ont un éclat dont la surprise éblouit, et qu'il ne feroit pas bon tirer en exemple pour conduire une action véritable sur leur plan.

Je ne sais si on voudra me pardonner d'avoir fait une pièce d'invention sous des noms véritables; mais je ne crois pas qu'Aristote le défende, et j'en trouve assez d'exemples chez les anciens. Les deux *Électres* de Sophocle et d'Euripide aboutissent à la même action par des moyens si divers, qu'il faut de nécessité que l'une des deux soit entièrement inventée; l'*Iphigénie in Tauris* a la mine d'être de même nature; et l'*Hélène*, où Euripide suppose qu'elle n'a jamais été à Troie, et que Pâris n'y a enlevé qu'un fantôme qui lui ressembloit, ne peut avoir aucune action épisodique ni principale qui ne parte de la seule imagination de son auteur[1].

Je n'ai conservé ici, pour toute vérité historique, que l'ordre de la succession des empereurs Tibère, Maurice,

---

1. Corneille se sert ici des mêmes exemples qu'il a déjà donnés plus haut dans l'avertissement de *Rodogune* : voyez tome VI, p. 417.

Phocas et Héraclius[1]. J'ai falsifié la naissance de ce dernier pour lui en donner une plus illustre, en le faisant fils de Maurice[2], bien qu'il ne le fût[3] que d'un préteur d'Afrique[4] qui portoit même nom que lui. J'ai prolongé de douze ans la durée de l'empire de Phocas[5], et lui ai donné Martian pour fils, quoique l'histoire ne parle que d'une fille nommée Domitia[6], qu'il maria à Crispe, dont je fais un de mes personnages. Ce fils et Héraclius, qui sont confondus l'un avec l'autre par les échanges de Léontine, n'auroient pas été en état d'agir, si je ne l'eusse fait régner que les huit ans qu'il régna, puisque, pour faire ces échanges, il falloit qu'ils fussent tous deux au berceau quand il commença de régner. C'est par cette même raison que j'ai prolongé la vie de l'impératrice Constantine, que je n'ai fait mourir qu'en la quinzième année de sa tyrannie, bien qu'il l'eût immolée à sa sûreté dès la cinquième; et je l'ai fait afin qu'elle pût avoir une fille capable de recevoir ses instructions en mourant, et d'un âge proportionné à celui du prince qu'on lui vouloit faire épouser.

La supposition que fait Léontine d'un de ses fils, pour mourir au lieu d'Héraclius, n'est point vraisemblable; mais elle est historique, et n'a point besoin de vraisemblance, puisqu'elle a l'appui de la vérité, qui la rend croyable, quelque répugnance qu'y veuillent apporter

1. Ces quatre empereurs ont régné depuis l'an 578 après Jésus-Christ, jusqu'à l'an 641.
2. Var. (édit. de 1660 et de 1663) : en le faisant fils de l'empereur Maurice.
3. L'impression de 1682 donne seule : « bien qu'il ne fût. »
4. Le père d'Héraclius était exarque ou gouverneur d'Afrique.
5. Phocas n'a régné que sept ans, dix mois et neuf jours, de 602 à 610.
6. Cette fille est ainsi nommée dans les *Annales* de Baronius; ailleurs son nom est *Domentia, Domnentia*.

les difficiles. Baronius attribue cette action à une nourrice[1]; et je l'ai trouvée assez généreuse pour la faire produire à une personne plus illustre, et qui soutient mieux la dignité du théâtre[2]. L'empereur Maurice reconnut cette supposition, et l'empêcha d'avoir son effet, pour ne s'opposer pas au juste jugement de Dieu, qui vouloit exterminer toute sa famille; mais quant à ce qui est de la mère, elle avoit surmonté l'affection maternelle en faveur de son prince; et comme on pouvoit dire que son fils étoit mort pour son regard, je me suis cru assez autorisé par ce qu'elle avoit voulu faire à rendre cet échange effectif, et à le faire servir de fondement aux nouveautés surprenantes de ce sujet.

Il lui faut la même indulgence pour l'unité de lieu qu'à *Rodogune*[3]. La plupart des poëmes qui suivent en ont besoin[4], et je me dispenserai de le répéter en les examinant. L'unité de jour n'a rien de violenté, et l'action se

1. Voyez ci-dessus, p. 122, note 3.
2. *Soutient* est la leçon de 1682 et de 1692. Les impressions antérieures, et Voltaire d'après elles, donnent *soutînt*.
3. « Le premier acte seroit fort bien dans le cabinet de Phocas, et le second chez Léontine; mais si le troisième commence chez Pulchérie, il n'y peut achever, et il est hors d'apparence que Phocas délibère dans l'appartement de cette princesse de la perte de son frère. » (*Discours des trois unités*, tome I, p. 119.) — Voyez un peu plus loin dans le même discours (p. 121) la façon dont Corneille propose de résoudre cette difficulté.
4. VAR. (édit. de 1660) : Tous les poëmes de ce volume en ont besoin; — (édit. de 1663) : Tous les poëmes qui suivent en ce volume en ont besoin; — (édit. de 1664 et de 1668) : La plupart des poëmes qui suivent en a besoin. — Pour comprendre ces variantes, il faut d'abord se rappeler que dans les éditions dont elles sont tirées les *Examens* sont placés en tête du volume; puis savoir que le tome III de 1660 commence par *Rodogune*, suivie d'*Héraclius*, et finit par *OEdipe*; que le tome II de 1663 a pour première pièce *Pompée*, pour dernière *la Toison d'or*; que les tomes III de 1664-1682 commencent comme le tome III de 1660 et finissent par *la Toison d'or*.

HÉRACLIUS,
EMPEREUR D'ORIENT.
TRAGÉDIE

ACTE I.

SCÈNE PREMIÈRE.
PHOCAS, CRISPE.

PHOCAS.

Crispe, il n'est que trop vrai, la plus belle couronne
N'a que de faux brillants dont l'éclat l'environne[1],
Et celui dont le ciel pour un sceptre fait choix,
Jusqu'à ce qu'il le porte, en ignore le poids.
Mille et mille douceurs y semblent attachées,   5
Qui ne sont qu'un amas d'amertumes cachées :
Qui croit les posséder les sent s'évanouir,
Et la peur de les perdre empêche d'en jouir[2] :
Surtout qui, comme moi, d'une obscure naissance
Monte par la révolte à la toute-puissance,   10

---

1. *Var.* N'a que des faux brillants dont l'éclat l'environne (*a*). (1654 et 56)
2. *Var.* Et la peur de les perdre ôte l'heur d'en jouir. (1647-64)

(*a*) Voltaire compare ce début de Phocas à celui d'Agamemnon dans l'*Iphigénie* de Racine :

   Heureux qui satisfait de son humble fortune, etc.

Qui de simple soldat à l'empire élevé
Ne l'a que par le crime acquis et conservé.
Autant que sa fureur s'est immolé de têtes,
Autant dessus la sienne il croit voir de tempêtes;
Et comme il n'a semé qu'épouvante et qu'horreur, 15
Il n'en recueille enfin que trouble et que terreur.
J'en ai semé beaucoup; et depuis quatre lustres[1]
Mon trône n'est fondé que sur des morts illustres;
Et j'ai mis au tombeau, pour régner sans effroi,
Tout ce que j'en ai vu de plus digne que moi. 20
Mais le sang répandu de l'empereur Maurice,
Ses cinq fils à ses yeux envoyés au supplice,
En vain en ont été les premiers fondements,
Si pour m'ôter ce trône ils servent d'instruments[2].
On en fait revivre un au bout de vingt années: 25
Byzance ouvre, dis-tu, l'oreille à ces menées;
Et le peuple, amoureux de tout ce qui me nuit,
D'une croyance avide embrasse ce faux bruit,
Impatient déjà de se laisser séduire
Au premier imposteur armé pour me détruire, 30
Qui s'osant revêtir de ce fantôme aimé,
Voudra servir d'idole à son zèle charmé.
Mais sais-tu sous quel nom ce fâcheux bruit s'excite?

CRISPE.

Il nomme Héraclius celui qu'il ressuscite.

PHOCAS.

Quiconque en est l'auteur devoit mieux l'inventer: 35
Le nom d'Héraclius doit peu m'épouvanter;
Sa mort est trop certaine, et fut trop remarquable,
Pour craindre un grand effet d'une si vaine fable.
   Il n'avoit que six mois; et lui perçant le flanc,

---

1. Voyez ci-dessus, p. 152, et la note 5.
2. *Var.* Si pour les ébranler ils servent d'instruments. (1647-64)

On en fit dégoutter plus de lait que de sang¹ ; 40
Et ce prodige affreux, dont je tremblai dans l'âme,
Fut aussitôt suivi de la mort de ma femme.
Il me souvient encor qu'il fut deux jours caché,
Et que sans Léontine on l'eût longtemps cherché :
Il fut livré par elle, à qui, pour récompense, 45
Je donnai de mon fils à gouverner l'enfance,
Du jeune Martian, qui d'âge presque égal,
Étoit resté sans mère en ce moment fatal².
Juge par là combien ce conte est ridicule.

CRISPE.

Tout ridicule, il plaît, et le peuple est crédule ; 50
Mais avant qu'à ce conte il se laisse emporter,
Il vous est trop aisé de le faire avorter.
  Quand vous fîtes périr Maurice et sa famille,
Il vous en plut, Seigneur, réserver une fille,
Et résoudre dès lors qu'elle auroit pour époux 55
Ce prince destiné pour régner après vous.
Le peuple en sa personne aime encore et révère
Et son père Maurice et son aïeul Tibère,
Et vous verra sans trouble en occuper le rang,
S'il voit tomber leur sceptre au reste de leur sang. 60
Non, il ne courra plus après l'ombre du frère,
S'il voit monter la sœur dans le trône du père.
Mais pressez cet hymen : le Prince aux champs de Mars,
Chaque jour, chaque instant, s'offre à mille hasards ;
Et n'eût été Léonce, en la dernière guerre, 65
Ce dessein avec lui seroit tombé par terre,
Puisque sans la valeur de ce jeune guerrier,
Martian demeuroit ou mort ou prisonnier.
Avant que d'y périr, s'il faut qu'il y périsse,

---

1. Voyez ci-dessus, p. 122, note 3, et p. 125.
2. *Var.* Étoit resté sans mère à ce moment fatal. (1647-56)

Qu'il vous laisse un neveu qui le soit de Maurice, 70
Et qui réunissant l'une et l'autre maison,
Tire chez vous l'amour qu'on garde pour son nom.

PHOCAS.

Hélas! de quoi me sert ce dessein salutaire,
Si pour en voir l'effet tout me devient contraire?
Pulchérie et mon fils ne se montrent d'accord[1] 75
Qu'à fuir cet hyménée à l'égal de la mort;
Et les aversions entre eux deux mutuelles
Les font d'intelligence à se montrer rebelles.
La Princesse surtout frémit à mon aspect;
Et quoiqu'elle étudie un peu de faux respect, 80
Le souvenir des siens, l'orgueil de sa naissance,
L'emporte à tous moments à braver ma puissance.
Sa mère, que longtemps je voulus épargner,
Et qu'en vain par douceur j'espérai de gagner,
L'a de la sorte instruite; et ce que je vois suivre 85
Me punit bien du trop que je la laissai vivre.

CRISPE.

Il faut agir de force avec de tels esprits,
Seigneur; et qui les flatte endurcit leurs mépris :
La violence est juste où la douceur est vaine.

PHOCAS.

C'est par là qu'aujourd'hui je veux dompter sa haine. 90
Je l'ai mandée exprès, non plus pour la flatter,
Mais pour prendre mon ordre et pour l'exécuter.

CRISPE.

Elle entre.

1. *Var.* Pulchérie et mon fils ne se trouvent d'accord. (1647-64)

SCÈNE II.

PHOCAS, PULCHÉRIE, CRISPE.

PHOCAS.

Enfin, Madame, il est temps de vous rendre :
Le besoin de l'État défend de plus attendre ;
Il lui faut des Césars, et je me suis promis 95
D'en voir naître bientôt de vous et de mon fils.
Ce n'est pas exiger grande reconnoissance
Des soins que mes bontés ont pris de votre enfance,
De vouloir qu'aujourd'hui, pour prix de mes bienfaits,
Vous daigniez accepter les dons que je vous fais. 100
Ils ne font point de honte au rang le plus sublime[1] ;
Ma couronne et mon fils valent bien quelque estime :
Je vous les offre encore après tant de refus ;
Mais apprenez aussi que je n'en souffre plus,
Que de force ou de gré je me veux satisfaire, 105
Qu'il me faut craindre en maître, ou me chérir en père,
Et que si votre orgueil s'obstine à me haïr,
Qui ne peut être aimé se peut faire obéir.

PULCHÉRIE.

J'ai rendu jusqu'ici cette reconnoissance
A ces soins tant vantés d'élever mon enfance, 110
Que tant qu'on m'a laissée en quelque liberté,
J'ai voulu me défendre avec civilité ;
Mais puisqu'on use enfin d'un pouvoir tyrannique,
Je vois bien qu'à mon tour il faut que je m'explique,
Que je me montre entière à l'injuste fureur, 115
Et parle à mon tyran en fille d'empereur.

1. *Var.* C'est mon trône, et mon fils. Ma patience est lasse ;
Ne les rejetez plus, faites-vous cette grâce. (1647-56)

Il falloit me cacher avec quelque artifice
Que j'étois Pulchérie et fille de Maurice,
Si tu faisois dessein de m'éblouir les yeux
Jusqu'à prendre tes dons pour des dons précieux.　120
Vois quels sont ces présents, dont le refus t'étonne :
Tu me donnes, dis-tu, ton fils et ta couronne ;
Mais que me donnes-tu, puisque l'une est à moi,
Et l'autre en est indigne, étant sorti de toi?
　　Ta libéralité me fait peine à comprendre :　125
Tu parles de donner, quand tu ne fais que rendre ;
Et puisqu'avecque moi tu veux le couronner[1],
Tu ne me rends mon bien que pour te le donner.
Tu veux que cet hymen que tu m'oses prescrire
Porte dans ta maison les titres de l'empire,　130
Et de cruel tyran, d'infâme ravisseur,
Te fasse vrai monarque, et juste possesseur.
Ne reproche donc plus à mon âme indignée[2]
Qu'en perdant tous les miens tu m'as seule épargnée :
Cette feinte douceur, cette ombre d'amitié,　135
Vint de ta politique, et non de ta pitié.
Ton intérêt dès lors fit seul cette réserve :
Tu m'as laissé la vie, afin qu'elle te serve ;
Et mal sûr dans un trône où tu crains l'avenir,
Tu ne m'y veux placer que pour t'y maintenir ;　140
Tu ne m'y fais monter que de peur d'en descendre ;
Mais connois Pulchérie, et cesse de prétendre.
　　Je sais qu'il m'appartient, ce trône où tu te sieds,
Que c'est à moi d'y voir tout le monde à mes pieds ;
Mais comme il est encor teint du sang de mon père,　145
S'il n'est lavé du tien, il ne sauroit me plaire[3];

---

1. *Var.* Et puisque avecque moi tu le veux couronner. (1647-60)
2. *Var.* Ne reproche donc plus à ma haine indignée. (1647-56)
3. *Var.* S'il n'est lavé du tien, il ne me sauroit plaire. (1647-56)

Et ta mort, que mes vœux s'efforcent de hâter,
Est l'unique degré par où j'y veux monter[1] :
Voilà quelle je suis, et quelle je veux être.
Qu'un autre t'aime en père, ou te redoute en maître, 150
Le cœur de Pulchérie est trop haut et trop franc
Pour craindre ou pour flatter le bourreau de son sang.

PHOCAS.

J'ai forcé ma colère à te prêter silence,
Pour voir à quel excès iroit ton insolence :
J'ai vu ce qui t'abuse et me fait mépriser, 155
Et t'aime encore assez pour te désabuser.
 N'estime plus mon sceptre usurpé sur ton père,
Ni que pour l'appuyer ta main soit nécessaire.
Depuis vingt ans je règne, et je règne sans toi;
Et j'en eus tout le droit du choix qu'on fit de moi. 160
Le trône où je me sieds n'est pas un bien de race :
L'armée a ses raisons pour remplir cette place;
Son choix en est le titre; et tel est notre sort
Qu'une autre élection nous condamne à la mort.
Celle qu'on fit de moi fut l'arrêt de Maurice; 165
J'en vis avec regret le triste sacrifice :
Au repos de l'État il fallut l'accorder;
Mon cœur, qui résistoit, fut contraint de céder;
Mais pour remettre un jour l'empire en sa famille,
Je fis ce que je pus, je conservai sa fille, 170
Et sans avoir besoin de titre[2] ni d'appui,
Je te fais part d'un bien qui n'étoit plus à lui[3].

PULCHÉRIE.

Un chétif centenier des troupes de Mysie,
Qu'un gros de mutinés élut par fantaisie,

---

1. Comparez *Cinna*, vers 219 et 220.
2. Voltaire (1764) a mis *titres*, au pluriel.
3. *Var.* Je te fis part d'un bien qui n'étoit plus à lui. (1656)

Oser arrogamment se vanter à mes yeux 175
D'être juste seigneur du bien de mes aïeux!
Lui qui n'a pour l'empire autre droit que ses crimes,
Lui qui de tous les miens fit autant de victimes,
Croire s'être lavé d'un si noir attentat
En imputant leur perte au repos de l'État! 180
Il fait plus, il me croit digne de cette excuse!
Souffre, souffre à ton tour que je te désabuse :
Apprends que si jadis quelques séditions
Usurpèrent le droit de ces élections,
L'empire étoit chez nous un bien héréditaire; 185
Maurice ne l'obtint qu'en gendre de Tibère;
Et l'on voit depuis lui remonter mon destin
Jusqu'au grand Théodose, et jusqu'à Constantin[1];
Et je pourrois avoir l'âme assez abattue....

PHOCAS.

Eh bien! si tu le veux, je te le restitue, 190
Cet empire, et consens encor que ta fierté
Impute à mes remords l'effet de ma bonté.
Dis que je te le rends et te fais des caresses,
Pour apaiser des tiens les ombres vengeresses,
Et tout ce qui pourra sous quelque autre couleur 195
Autoriser ta haine et flatter ta douleur;
Pour un dernier effort je veux souffrir la rage
Qu'allume dans ton cœur cette sanglante image.
Mais que t'a fait mon fils? étoit-il, au berceau,
Des tiens que je perdis le juge ou le bourreau? 200
Tant de vertus qu'en lui le monde entier admire
Ne l'ont-elles pas fait trop digne de l'empire[2]?
En ai-je eu quelque espoir qu'il n'aye assez rempli?
Et voit-on sous le ciel prince plus accompli?

1. *Var.* Jusques à Théodose, et jusqu'à Constantin. (1647-56)
2. *Var.* L'ont-elles pas rendu trop digne de l'empire? (1647-56)

Un cœur comme le tien, si grand, si magnanime.... 205
PULCHÉRIE.
Va, je ne confonds point ses vertus et ton crime ;
Comme ma haine est juste et ne m'aveugle pas,
J'en vois assez en lui pour les plus grands États ;
J'admire chaque jour les preuves qu'il en donne ;
J'honore sa valeur, j'estime sa personne, 210
Et penche d'autant plus à lui vouloir du bien,
Que s'en voyant indigne il ne demande rien,
Que ses longues froideurs témoignent qu'il s'irrite
De ce qu'on veut de moi par delà son mérite[1],
Et que de tes projets son cœur triste et confus 215
Pour m'en faire justice approuve mes refus.
Ce fils si vertueux d'un père si coupable,
S'il ne devoit régner, me pourroit être aimable ;
Et cette grandeur même où tu veux le porter[2]
Est l'unique motif qui m'y fait résister. 220
Après l'assassinat de ma famille entière,
Quand tu ne m'as laissé père, mère, ni frère,
Que j'en fasse ton fils légitime héritier !
Que j'assure par là leur trône au meurtrier !
Non, non : si tu me crois le cœur si magnanime 225
Qu'il ose séparer ses vertus de ton crime,
Sépare tes présents, et ne m'offre aujourd'hui
Que ton fils sans le sceptre, ou le sceptre sans lui,
Avise ; et si tu crains qu'il te fût trop infâme
De remettre l'empire en la main d'une femme, 230
Tu peux dès aujourd'hui le voir mieux occupé :
Le ciel me rend un frère à ta rage échappé ;
On dit qu'Héraclius est tout prêt de paroître :
Tyran, descends du trône, et fais place à ton maître.

1. *Var.* Qu'on exige de moi par delà son mérite. (1647-64)
2. *Var.* Et cette grandeur même où tu le veux porter. (1647-56)

De rejoindre les miens par un heureux trépas. 300
La vapeur de mon sang ira grossir la foudre [1]
Que Dieu tient déjà prête à le réduire en poudre ;
Et ma mort, en servant de comble à tant d'horreurs....
PHOCAS.
Par ses remercîments juge de ses fureurs.
J'ai prononcé l'arrêt, il faut que l'effet suive. 305
Résous-la de t'aimer, si tu veux qu'elle vive ;
Sinon, j'en jure encore et ne t'écoute plus,
Son trépas dès demain punira ses refus.

SCENE IV.

PULCHÉRIE, HÉRACLIUS, MARTIAN.

HÉRACLIUS.
En vain il se promet que sous cette menace
J'espère en votre cœur surprendre quelque place : 310
Votre refus est juste, et j'en sais les raisons.
Ce n'est pas à nous deux d'unir les deux maisons ;
D'autres destins, Madame, attendent l'un et l'autre :
Ma foi m'engage ailleurs aussi bien que la vôtre.
Vous aurez en Léonce un digne possesseur ; 315
Je serai trop heureux d'en posséder la sœur.
Ce guerrier vous adore, et vous l'aimez de même ;
Je suis aimé d'Eudoxe autant comme je l'aime ;
Léontine leur mère est propice à nos vœux ;
Et quelque effort qu'on fasse à rompre ces beaux nœuds,
D'un amour si parfait les chaînes sont si belles,
Que nos captivités doivent être éternelles.
PULCHÉRIE.
Seigneur, vous connoissez ce cœur infortuné :

1. *Var.* La vapeur de mon sang ira grossir le foudre
Que Dieu tient déjà prêt à le réduire en poudre. (1647-64)

Léonce y peut beaucoup; vous me l'avez donné,
Et votre main illustre augmente le mérite   325
Des vertus dont l'éclat pour lui me sollicite;
Mais à d'autres pensers il me faut recourir :
Il n'est plus temps d'aimer alors qu'il faut mourir;
Et quand à ce départ une âme se prépare....

HÉRACLIUS.

Redoutez un peu moins les rigueurs d'un barbare :   330
Pardonnez-moi ce mot; pour vous servir d'appui
J'ai peine à reconnoître encore un père en lui[1].
Résolu de périr pour vous sauver la vie,
Je sens tous mes respects céder à cette envie :
Je ne suis plus son fils, s'il en veut à vos jours,   335
Et mon cœur tout entier vole à votre secours.

PULCHÉRIE.

C'est donc avec raison que je commence à craindre,
Non la mort, non l'hymen où l'on me veut contraindre,
Mais ce péril extrême où pour me secourir
Je vois votre grand cœur aveuglément courir.   340

MARTIAN.

Ah! mon prince, ah! Madame, il vaut mieux vous ré-
Par un heureux hymen, à dissiper ce foudre.   [soudre,
 Au nom de votre amour et de votre amitié,
Prenez de votre sort tous deux quelque pitié.
Que la vertu du fils, si pleine et si sincère,   345
Vainque la juste horreur que vous avez du père,
Et pour mon intérêt n'exposez pas tous deux....

HÉRACLIUS.

Que me dis-tu, Léonce? et qu'est-ce que tu veux?
Tu m'as sauvé la vie; et pour reconnoissance
Je voudrois à tes feux ôter leur récompense;   350

---

1. « Le lecteur doit ici se souvenir qu'Héraclius sait bien que Phocas n'est point son père, mais qu'il n'a point dit son secret à Pulchérie. » (*Voltaire.*)

ACTE I, SCÈNE IV.

Et ministre insolent d'un prince furieux,
Couvrir de cette honte un nom si glorieux :
Ingrat à mon ami, perfide à ce que j'aime,
Cruel à la Princesse, odieux à moi-même!
    Je te connois, Léonce, et mieux que tu ne crois ; 355
Je sais ce que tu vaux, et ce que je te dois.
Son bonheur est le mien, Madame; et je vous donne
Léonce et Martian en la même personne :
C'est Martian en lui que vous favorisez.
Opposons la constance aux périls opposés.   360
Je vais près de Phocas essayer la prière ;
Et si je n'en obtiens la grâce toute entière,
Malgré le nom de père et le titre de fils,
Je deviens le plus grand de tous ses ennemis.
Oui, si sa cruauté s'obstine à votre perte,   365
J'irai pour l'empêcher jusqu'à la force ouverte ;
Et puisse, si le ciel m'y voit rien épargner,
Un faux Héraclius à ma place régner!
Adieu, Madame.

PULCHÉRIE.

            Adieu, prince trop magnanime,
(Héraclius s'en va, et Pulchérie continue.)

Prince digne en effet d'un trône acquis sans crime, 370
Digne d'un autre père. Ah! Phocas, ah! tyran,
Se peut-il que ton sang ait formé Martian ?
    Mais allons, cher Léonce, admirant son courage,
Tâcher de notre part à repousser l'orage.
Tu t'es fait des amis, je sais des mécontents ;   375
Le peuple est ébranlé, ne perdons point de temps[1] :
L'honneur te le commande, et l'amour t'y convie.

MARTIAN[2].

Pour otage en ses mains ce tigre a votre vie ;

---

1. *Var.* Le peuple est ébranlé, ne perdons point ce temps. (1647-56)
2. *Var.* MARTIAN, cru Léonce. (1663)

Et je n'oserai rien qu'avec un juste effroi
Qu'il ne venge sur vous ce qu'il craindra de moi. 380
PULCHÉRIE.
N'importe ; à tout oser le péril doit contraindre.
Il ne faut craindre rien quand on a tout à craindre[1].
Allons examiner pour ce coup généreux
Les moyens les plus prompts et les moins dangereux.

1. Ce vers semble inspiré par celui de Virgile :
Una salus victis nullam sperare salutem.
(*Énéide*, livre II, vers 354.)

FIN DU PREMIER ACTE.

ACTE II.

SCÈNE PREMIÈRE.
LÉONTINE, EUDOXE.

LÉONTINE.
Voilà ce que j'ai craint de son âme enflammée. 385
EUDOXE.
S'il m'eût caché son sort, il m'auroit mal aimée.
LÉONTINE.
Avec trop d'imprudence il vous l'a révélé :
Vous êtes fille, Eudoxe, et vous avez parlé ;
Vous n'avez pu savoir cette grande nouvelle
Sans la dire à l'oreille à quelque âme infidèle, 390
A quelque esprit léger, ou de votre heur jaloux,
A qui ce grand secret a pesé comme à vous.
C'est par là qu'il est su, c'est par là qu'on publie
Ce prodige étonnant d'Héraclius en vie ;
C'est par là qu'un tyran, plus instruit que troublé 395
De l'ennemi secret qui l'auroit accablé,
Ajoutera bientôt sa mort à tant de crimes,
Et se sacrifiera pour nouvelles victimes
Ce prince dans son sein pour son fils élevé,
Vous qu'adore son âme, et moi qui l'ai sauvé. 400
Voyez combien de maux pour n'avoir su vous taire !
EUDOXE.
Madame, mon respect souffre tout d'une mère,
Qui pour peu qu'elle veuille écouter la raison,

Ne m'accusera plus de cette trahison ;
Car c'en est une enfin bien digne de supplice   405
Qu'avoir d'un tel secret donné le moindre indice.
             LÉONTINE.
Et qui donc aujourd'hui le fait connoître à tous ?
Est-ce le Prince, ou moi ?
                EUDOXE.
                    Ni le Prince, ni vous.
De grâce, examinez ce bruit qui vous alarme.
On dit qu'il est en vie, et son nom seul les charme :   410
On ne dit point comment vous trompâtes Phocas,
Livrant un de vos fils pour ce prince au trépas,
Ni comme après[1], du sien étant la gouvernante,
Par une tromperie encor plus importante,
Vous en fîtes l'échange, et prenant Martian,   415
Vous laissâtes pour fils ce prince à son tyran :
En sorte que le sien passe ici pour mon frère[2],
Cependant que de l'autre il croit être le père,
Et voit en Martian Léonce qui n'est plus,
Tandis que sous ce nom il aime Héraclius.   420
On diroit tout cela si par quelque imprudence
Il m'étoit échappé d'en faire confidence ;
Mais pour toute nouvelle on dit qu'il est vivant ;
Aucun n'ose pousser l'histoire plus avant.
Comme ce sont pour tous des routes inconnues,   425
Il semble à quelques-uns qu'il doit tomber des nues ;
Et j'en sais tel qui croit, dans sa simplicité,
Que pour punir Phocas, Dieu l'a ressuscité.
Mais le voici.

---

1. Voltaire dans son texte (1764) donne *après*, comme nous ; mais il lit *auprès*, et fait la critique suivante : « Comme étant la gouvernante auprès du sien, » n'est pas français.
2. *Var.* De sorte que le sien passe ici pour mon frère. (1647-56)

SCÈNE II.

HÉRACLIUS, LÉONTINE, EUDOXE.

HÉRACLIUS.

Madame, il n'est plus temps de taire
D'un si profond secret le dangereux mystère :   430
Le tyran, alarmé du bruit qui le surprend,
Rend ma crainte trop juste, et le péril trop grand ;
Non que de ma naissance il fasse conjecture ;
Au contraire, il prend tout pour grossière imposture,
Et me connoît si peu, que pour la renverser,   435
A l'hymen qu'il souhaite il prétend me forcer.
Il m'oppose à mon nom qui le vient de surprendre :
Je suis fils de Maurice ; il m'en veut faire gendre,
Et s'acquérir les droits d'un prince si chéri
En me donnant moi-même à ma sœur pour mari.   440
En vain nous résistons à son impatience,
Elle par haine aveugle, et moi par connoissance :
Lui, qui ne conçoit rien de l'obstacle éternel
Qu'oppose la nature à ce nœud criminel,
Menace Pulchérie, au refus obstinée,   445
Lui propose à demain la mort ou l'hyménée.
J'ai fait pour le fléchir[1] un inutile effort :
Pour éviter l'inceste, elle n'a que la mort.
Jugez s'il n'est pas temps de montrer qui nous sommes,
De cesser d'être fils du plus méchant des hommes,   450
D'immoler mon tyran aux périls de ma sœur,
Et de rendre à mon père un juste successeur.

LÉONTINE.

Puisque vous ne craignez que sa mort ou l'inceste,

---

1. Les éditions de 1664-82 portent : « J'ai fait pour *la* fléchir.... » ce qui ne peut offrir un sens raisonnable.

Je rends grâce, Seigneur, à la bonté céleste
De ce qu'en ce grand bruit le sort nous est si doux 455
Que nous n'avons encor rien à craindre pour vous.
Votre courage seul nous donne lieu de craindre :
Modérez-en l'ardeur, daignez vous y contraindre ;
Et puisqu'aucun soupçon ne dit rien à Phocas,
Soyez encor son fils, et ne vous montrez pas. 460
De quoi que ce tyran menace Pulchérie,
J'aurai trop de moyens d'arrêter sa furie,
De rompre cet hymen, ou de le retarder,
Pourvu que vous veuilliez ne vous point hasarder.
Répondez-moi de vous, et je vous réponds d'elle. 465

HÉRACLIUS.

Jamais l'occasion ne s'offrira si belle :
Vous voyez un grand peuple à demi révolté,
Sans qu'on sache l'auteur de cette nouveauté ;
Il semble que de Dieu la main appesantie,
Se faisant du tyran l'effroyable partie, 470
Veuille avancer par là son juste châtiment ;
Que par un si grand bruit semé confusément[1],
Il dispose les cœurs à prendre un nouveau maître,
Et presse Héraclius de se faire connoître.
C'est à nous de répondre à ce qu'il en prétend[2] : 475
Montrons Héraclius au peuple qui l'attend ;
Évitons le hasard qu'un imposteur l'abuse,
Et qu'après s'être armé d'un nom que je refuse,
De mon trône, à Phocas sous ce titre arraché[3],
Il puisse me punir de m'être trop caché. 480
Il ne sera pas temps, Madame, de lui dire
Qu'il me rende mon nom, ma naissance et l'empire,

---

1. *Var.* Et que par ce grand bruit semé confusément. (1647-63)
2. *Var.* C'est à nous à répondre à ce qu'il en prétend. (1647-56)
3. *Var.* De ce trône, à Phocas sous ce titre arraché. (1647-56)

ACTE II, SCÈNE II.

Quand il se prévaudra de ce nom déjà pris
Pour me joindre au tyran dont je passe pour fils.

LÉONTINE.

Sans vous donner pour chef à cette populace, 485
Je romprai bien encor ce coup, s'il vous menace;
Mais gardons jusqu'au bout ce secret important :
Fiez-vous plus à moi qu'à ce peuple inconstant.
Ce que j'ai fait pour vous depuis votre naissance,
Semble digne, Seigneur, de cette confiance : 490
Je ne laisserai point mon ouvrage imparfait,
Et bientôt mes desseins auront leur plein effet.
Je punirai Phocas, je vengerai Maurice;
Mais aucun n'aura part à ce grand sacrifice :
J'en veux toute la gloire, et vous me la devez. 495
Vous régnerez par moi, si par moi vous vivez.
Laissez entre mes mains mûrir vos destinées,
Et ne hasardez point le fruit de vingt années.

EUDOXE.

Seigneur, si votre amour peut écouter mes pleurs,
Ne vous exposez point au dernier des malheurs. 500
La mort de ce tyran, quoique trop légitime,
Aura dedans vos mains l'image d'un grand crime :
Le peuple pour miracle osera maintenir
Que le ciel par son fils l'aura voulu punir;
Et sa haine obstinée après cette chimère 505
Vous croira parricide en vengeant votre père;
La vérité n'aura ni le nom ni l'effet
Que d'un adroit mensonge à couvrir ce forfait;
Et d'une telle erreur l'ombre sera trop noire
Pour ne pas obscurcir l'éclat de votre gloire. 510
Je sais bien que l'ardeur de venger vos parents....

HÉRACLIUS.

Vous en êtes aussi, Madame, et je me rends :
Je n'examine rien, et n'ai pas la puissance

LÉONTINE, à Eudoxe.

Eh bien?

EUDOXE.

Si....

LÉONTINE.

Taisez-vous.
(A Exupère[1].)
Depuis quand?

EXUPÈRE.

Tout à l'heure.

LÉONTINE.

Et déjà l'Empereur a commandé qu'il meure?

EXUPÈRE.

Le tyran est bien loin de s'en voir éclairci.

LÉONTINE.

Comment?

EXUPÈRE.

Ne craignez rien, Madame, le voici.

LÉONTINE.

Je ne vois que Léonce.

EXUPÈRE.

Ah! quittez l'artifice.

SCÈNE V.

MARTIAN[2], LÉONTINE, EXUPÈRE, EUDOXE.

MARTIAN.

Madame, dois-je croire un billet de Maurice?   590

qui suivent. Au lieu de PAGE, il met LE PAGE, et dit : « Ce page ne paraît plus aujourd'hui. On ne connaissait point alors les pages. »

1. Cette indication manque dans les éditions antérieures à 1664.

Dans les éditions de 1647-60 il y a ici, et en tête du premier couplet :
MARTIAN, *cru Léonce.*

Voyez si c'est sa main, ou s'il est contrefait :
Dites s'il me détrompe, ou m'abuse en effet,
Si je suis votre fils, ou s'il étoit mon père :
Vous en devez connoître encor le caractère.
  LÉONTINE lit le billet[1].
    BILLET DE MAURICE.
Léontine a trompé Phocas, 595
Et livrant pour mon fils un des siens au trépas,
Dérobe à sa fureur l'héritier de l'empire.
O vous qui me restez de fidèles sujets,
Honorez son grand zèle, appuyez ses projets :
Sous le nom de Léonce Héraclius respire. 600
    MAURICE.
(Elle rend le billet à Exupère, qui le lui a donné, et continue.)
Seigneur, il vous dit vrai : vous étiez en mes mains
Quand on ouvrit Byzance au pire des humains,
Maurice m'honora de cette confiance ;
Mon zèle y répondit par delà sa croyance.
Le voyant prisonnier et ses quatre autres fils, 605
Je cachai quelques jours ce qu'il m'avoit commis ;
Mais enfin, toute prête à me voir découverte,
Ce zèle sur mon sang détourna votre perte.
J'allai pour vous sauver vous offrir à Phocas ;
Mais j'offris votre nom, et ne vous donnai pas. 610
La généreuse ardeur de sujette fidèle
Me rendit pour mon prince à moi-même cruelle :
Mon fils fut, pour mourir, le fils de l'Empereur.
J'éblouis le tyran, je trompai sa fureur :
Léonce, au lieu de vous, lui servit de victime. 615
  (Elle fait un soupir.)
Ah! pardonnez, de grâce ; il m'échappe sans crime.

---

1. Les éditions de 1647-60 donnent simplement : LÉONTINE *lit*, et n'ont point le titre : BILLET DE MAURICE.

J'ai pris pour vous sa vie, et lui rends un soupir ;
Ce n'est pas trop, Seigneur, pour un tel souvenir :
A cet illustre effort par mon devoir réduite,
J'ai dompté la nature, et ne l'ai pas détruite. 620
 Phocas, ravi de joie à cette illusion,
Me combla de faveurs avec profusion,
Et nous fit de sa main cette haute fortune
Dont il n'est pas besoin que je vous importune.
 Voilà ce que mes soins vous laissoient ignorer ; 625
Et j'attendois, Seigneur, à vous le déclarer,
Que par vos grands exploits votre rare vaillance
Pût faire à l'univers croire votre naissance,
Et qu'une occasion pareille à ce grand bruit
Nous pût de son aveu promettre quelque fruit ; 630
Car comme j'ignorois que notre[1] grand monarque
En eût pu rien savoir, ou laisser quelque marque,
Je doutois qu'un secret, n'étant su que de moi,
Sous un tyran si craint pût trouver quelque foi.

EXUPÈRE.

Comme sa cruauté, pour mieux gêner Maurice, 635
Le forçoit de ses fils à voir le sacrifice,
Ce prince vit l'échange, et l'alloit empêcher ;
Mais l'acier des bourreaux fut plus prompt à trancher :
La mort de votre fils arrêta cette envie,
Et prévint d'un moment le refus de sa vie. 640
 Maurice, à quelque espoir se laissant lors flatter,
S'en ouvrit à Félix, qui vint le visiter,
Et trouva les moyens de lui donner ce gage
Qui vous en pût un jour rendre un plein témoignage[2].
Félix est mort, Madame, et naguère en mourant 645
Il remit ce dépôt à son plus cher parent ;

---

1. L'édition de 1682 donne par erreur *votre*, pour *notre*.
2. *Var.* Qui vous en pût un jour rendre un haut témoignage. (1647-56)

Et m'ayant tout conté : « Tiens, dit-il, Exupère,
  Sers ton prince, et venge ton père. »
Armé d'un tel secret, Seigneur, j'ai voulu voir
Combien parmi le peuple il auroit de pouvoir. 650
J'ai fait semer ce bruit sans vous faire connoître;
Et voyant tous les cœurs vous souhaiter pour maître,
J'ai ligué du tyran les secrets ennemis,
Mais sans leur découvrir plus qu'il ne m'est permis.
Ils aiment votre nom, sans savoir davantage; 655
Et cette seule joie anime leur courage,
Sans qu'autres que les deux qui vous parloient là-bas
De tout ce qu'elle a fait sachent plus que Phocas[1].
Vous venez de savoir ce que vous vouliez d'elle;
C'est à vous de répondre à son généreux zèle[2]. 660
Le peuple est mutiné, nos amis assemblés,
Le tyran effrayé, ses confidents troublés.
Donnez l'aveu du Prince à sa mort qu'on apprête,
Et ne dédaignez pas d'ordonner de sa tête.

MARTIAN[3].

Surpris des nouveautés d'un tel événement, 665
Je demeure à vos yeux muet d'étonnement.
  Je sais ce que je dois, Madame, au grand service
Dont vous avez sauvé l'héritier de Maurice.
Je croyois, comme fils, devoir tout à vos soins,
Et je vous dois bien plus lorsque je vous suis moins; 670

---

1. L'orthographe de ces deux vers varie dans les différentes éditions: celles de 1647, de 1652 et de 1655 portent :

  Sans qu'*autre* que les deux qui vous parloient là-bas
  De tout ce qu'elle a fait *sachent* plus que Phocas;

celles de 1654, de 1656 et de 1660 donnent *autre* et *sache*, au singulier; celle de 1663 met *autres* au pluriel, et *sache* au singulier; enfin les dernières éditions (1664-82) mettent les deux mots au pluriel.
  2. *Var.* C'est à vous à répondre à son généreux zèle. (1647-56).
  3. *Var.* MARTIAN, *croyant être Héraclius.* (1647-60)

Mais pour vous expliquer toute ma gratitude,
Mon âme a trop de trouble et trop d'inquiétude.
J'aimois, vous le savez, et mon cœur enflammé
Trouve enfin une sœur dedans l'objet aimé.
Je perds une maîtresse en gagnant un empire :   675
Mon amour en murmure, et mon cœur en soupire ;
Et de mille pensers mon esprit agité
Paroît enseveli dans la stupidité.
Il est temps d'en sortir, l'honneur nous le commande :
Il faut donner un chef à votre illustre bande.   680
Allez, brave Exupère, allez, je vous rejoins ;
Souffrez que je lui parle un moment sans témoins.
Disposez cependant vos amis à bien faire ;
Surtout sauvons le fils en immolant le père :
Il n'eut rien du tyran qu'un peu de mauvais sang[1],   685
Dont la dernière guerre a trop purgé son flanc.

EXUPÈRE.

Nous vous rendrons, Seigneur, entière obéissance,
Et vous allons attendre avec impatience.

---

1. L'erreur où l'on a été longtemps qu'on se fait tirer son mauvais sang par une saignée a produit cette fausse allégorie. Elle se trouve employée dans la tragédie d'*Andronic* (*de Campistron, représentée pour la première fois le 8 février* 1685 :

Quand j'ai du mauvais sang, je me le fais tirer.

Et on prétend qu'en effet Philippe II avait fait cette réponse à ceux qui demandaient la grâce de don Carlos. Dans presque toutes les anciennes tragédies, il est toujours question de se défaire *d'un peu de mauvais sang.* » (*Voltaire.*) — Voyez ci-après, vers 1436.

SCENE VI.

MARTIAN[1], LÉONTINE, EUDOXE.

MARTIAN.

Madame, pour laisser toute sa dignité
A ce dernier effort de générosité, 690
Je crois que les raisons que vous m'avez données
M'en ont seules caché le secret tant d'années.
D'autres soupçonneroient qu'un peu d'ambition,
Du prince Martian voyant la passion,
Pour lui voir sur le trône élever votre fille, 695
Auroit voulu laisser l'empire en sa famille,
Et me faire trouver un tel destin bien doux
Dans l'éternelle erreur d'être sorti de vous ;
Mais je tiendrois à crime une telle pensée.
Je me plains seulement d'une ardeur insensée, 700
D'un détestable amour que pour ma propre sœur
Vous-même vous avez allumé dans mon cœur.
Quel dessein faisiez-vous sur cet aveugle inceste?

LÉONTINE.

Je vous aurois tout dit avant ce nœud funeste;
Et je le craignois peu, trop sûre que Phocas, 705
Ayant d'autres desseins, ne le souffriroit pas.
   Je voulois donc, Seigneur, qu'une flamme si belle
Portât votre courage aux vertus dignes d'elle,
Et que votre valeur l'ayant su mériter,
Le refus du tyran vous pût mieux irriter. 710
Vous n'avez pas rendu mon espérance vaine :
J'ai vu dans votre amour une source de haine;
Et j'ose dire encor qu'un bras si renommé

---

1. Ici et en tête de chacun des couplets que dit MARTIAN dans cette scène, ce nom, dans les éditions de 1647-60, est suivi des mots : *croyant être Héraclius*.

Peut-être auroit moins fait si le cœur n'eût aimé.
Achevez donc, Seigneur; et puisque Pulchérie[1]   715
Doit craindre l'attentat d'une aveugle furie....
MARTIAN.
Peut-être il vaudroit mieux moi-même la porter
A ce que le tyran témoigne en souhaiter :
Son amour, qui pour moi résiste à sa colère,
N'y résistera plus quand je serai son frère.   720
Pourrois-je lui trouver un plus illustre époux?
LÉONTINE.
Seigneur, qu'allez-vous faire? et que me dites-vous?
MARTIAN.
Que peut-être, pour rompre un si digne hyménée,
J'expose à tort sa tête avec ma destinée,
Et fais d'Héraclius un chef de conjurés   725
Dont je vois les complots encor mal assurés.
Aucun d'eux du tyran n'approche la personne;
Et quand même l'issue en pourroit être bonne,
Peut-être il m'est honteux de reprendre l'État
Par l'infâme succès d'un lâche assassinat;   730
Peut-être il vaudroit mieux en tête d'une armée
Faire parler pour moi toute ma renommée,
Et trouver à l'empire un chemin glorieux
Pour venger mes parents d'un bras victorieux.
C'est dont je vais résoudre avec cette princesse,   735
Pour qui non plus l'amour, mais le sang m'intéresse.
Vous, avec votre Eudoxe....
LÉONTINE.
Ah! Seigneur, écoutez.
MARTIAN.
J'ai besoin de conseils dans ces difficultés;

---

1. *Var.* Achevez donc, Seigneur, d'arracher Pulchérie
Au cruel attentat d'une indigne furie. (1647-56)

Mais à parler sans fard, pour écouter les vôtres,
Outre mes intérêts, vous en avez trop d'autres. 740
Je ne soupçonne point vos vœux ni votre foi;
Mais je ne veux d'avis que d'un cœur tout à moi.
Adieu.

SCÈNE VII.

LÉONTINE, EUDOXE.

LÉONTINE.

Tout me confond, tout me devient contraire.
Je ne fais rien du tout, quand je pense tout faire;
Et lorsque le hasard me flatte avec excès, 745
Tout mon dessein avorte au milieu du succès :
Il semble qu'un démon funeste à sa conduite
Des beaux commencements empoisonne la suite.
Ce billet, dont je vois Martian abusé,
Fait plus en ma faveur que je n'aurois osé : 750
Il arme puissamment le fils contre le père;
Mais comme il a levé le bras en qui j'espère,
Sur le point de frapper, je vois avec regret
Que la nature y forme un obstacle secret.
La vérité le trompe, et ne peut le séduire[1] : 755
Il sauve en reculant ce qu'il croit mieux détruire;
Il doute, et du côté que je le vois pencher,
Il va presser l'inceste au lieu de l'empêcher.

EUDOXE.

Madame, pour le moins vous avez connoissance
De l'auteur de ce bruit, et de mon innocence; 760
Mais je m'étonne fort de voir à l'abandon
Du prince Héraclius les droits avec le nom.
Ce billet, confirmé par votre témoignage,

---

1. *Var.* La vérité le trompe et ne le peut séduire. (1647-56)

Pour monter dans le trône est un grand avantage.
Si Martian le peut sous ce titre occuper, 765
Pensez-vous qu'il se laisse aisément détromper,
Et qu'au premier moment qu'il vous verra dédire,
Aux mains de son vrai maître il remette l'empire?

LÉONTINE.

Vous êtes curieuse, et voulez trop savoir.
N'ai-je pas déjà dit que j'y saurai pourvoir? 770
Tâchons, sans plus tarder, à revoir Exupère,
Pour prendre en ce désordre un conseil salutaire.

FIN DU SECOND ACTE.

ACTE III, SCÈNE I.

Et ce grand nom sans peine a pu vous enseigner[1]
Comment dessus vous-même il vous falloit régner ;
Mais pour moi, qui caché sous une autre aventure,
D'une âme plus commune ai pris quelque teinture,
Il n'est pas merveilleux si ce que je me crus
Mêle un peu de Léonce au cœur d'Héraclius.
A mes confus regrets soyez donc moins sévère[2] :
C'est Léonce qui parle, et non pas votre frère ;
Mais si l'un parle mal, l'autre va bien agir,
Et l'un ni l'autre enfin ne vous fera rougir[3].
Je vais des conjurés embrasser l'entreprise,
Puisqu'une âme si haute à frapper m'autorise,
Et tient que pour répandre un si coupable sang,
L'assassinat est noble et digne de mon rang.
Pourrai-je cependant vous faire une prière ?

PULCHÉRIE.

Prenez sur Pulchérie une puissance entière.

MARTIAN.

Puisqu'un amant si cher ne peut plus être à vous,
Ni vous mettre l'empire en la main d'un époux,
Épousez Martian comme un autre moi-même :
Ne pouvant être à moi, soyez à ce que j'aime.

PULCHÉRIE.

Ne pouvant être à vous, je pourrois justement
Vouloir n'être à personne, et fuir tout autre amant ;
Mais on pourroit nommer cette fermeté d'âme
Un reste mal éteint d'incestueuse flamme.
Afin donc qu'à ce choix j'ose tout accorder,
Soyez mon empereur pour me le commander.
Martian vaut beaucoup, sa personne m'est chère ;

---

1. *Var.* Ce grand nom sans merveille a pu vous enseigner
   Comme dessus vous-même il vous falloit régner. (1647-56)
2. *Var.* A cette indignité soyez donc moins sévère. (1647-56)
3. *Var.* Et l'un ni l'autre enfin ne vous feront rougir. (1647 in-12-56)

Mais purgez sa vertu des crimes de son père,
Et donnez à mes feux pour légitime objet
Dans le fils du tyran votre premier sujet[1].

MARTIAN.

Vous le voyez, j'y cours; mais enfin, s'il arrive
Que l'issue en devienne ou funeste ou tardive[2], 880
Votre perte est jurée; et d'ailleurs nos amis
Au tyran immolé voudront joindre ce fils.
Sauvez d'un tel péril et sa vie et la vôtre :
Par cet heureux hymen conservez l'un et l'autre;
Garantissez ma sœur des fureurs de Phocas, 885
Et mon ami de suivre un tel père au trépas.
Faites qu'en ce grand jour la troupe d'Exupère[3]
Dans un sang odieux respecte mon beau-frère;
Et donnez au tyran, qui n'en pourra jouir,
Quelques moments de joie afin de l'éblouir. 890

PULCHÉRIE.

Mais durant ces moments, unie à sa famille,
Il deviendra mon père, et je serai sa fille :
Je lui devrai respect, amour, fidélité;
Ma haine n'aura plus d'impétuosité;
Et tous mes vœux pour vous seront mols et timides, 895
Quand mes vœux contre lui seront des parricides,
Outre que le succès est encore à douter,
Que l'on peut vous trahir, qu'il peut vous résister,
Si vous y succombez, pourrai-je me dédire
D'avoir porté chez lui les titres de l'empire? 900

1. *Var.* Dans le fils d'un tyran votre premier sujet. (1647-56)
2. *Var.* Que pour mieux l'assurer l'issue en soit tardive,
   Votre perte est jurée; et même nos amis
   Au tyran immolé voudront joindre son fils. (1647-56)
3. *Var.* Faites qu'en l'immolant la troupe d'Exupère
   Dans le fils d'un tyran respecte mon beau-frère;
   Donnez-lui cette joie, afin de l'éblouir,
   Sûre qu'il n'en aura qu'un moment à jouir.
   PULCH. Mais durant ce moment, unie à sa famille. (1647-56).

Ah! combien ces moments de quoi vous me flattez[1]
Alors pour mon supplice auroient d'éternités!
Votre haine voit peu l'erreur de sa tendresse :
Comme elle vient de naître, elle n'est que foiblesse.
La mienne a plus de force, et les yeux mieux ouverts ;
Et se dût avec moi perdre tout l'univers[2],
Jamais un seul moment, quoi que l'on puisse faire,
Le tyran n'aura droit de me traiter de père.
Je ne refuse au fils ni mon cœur ni ma foi :
Vous l'aimez, je l'estime, il est digne de moi.   910
Tout son crime est un père à qui le sang l'attache :
Quand il n'en aura plus, il n'aura plus de tache ;
Et cette mort, propice à former ces beaux nœuds,
Purifiant l'objet, justifiera mes feux.
 Allez donc préparer cette heureuse journée,   915
Et du sang du tyran signez cet hyménée.
Mais quel mauvais démon devers nous le conduit ?
MARTIAN.
Je suis trahi, Madame, Exupère le suit.

SCÈNE II.

PHOCAS, EXUPÈRE, AMYNTAS, MARTIAN, PULCHÉRIE, CRISPE.

PHOCAS.
Quel est votre entretien avec cette princesse ?
Des noces que je veux ?
MARTIAN.
C'est de quoi je la presse.   920

---

1. *Var.* Ah! combien ce moment de quoi vous me flattez
 Alors pour mon supplice auroit d'éternités! (1647-56)!
2. *Var.* Et dût avecque moi périr tout l'univers. (1647-56)

PHOCAS.

Et vous l'avez gagnée en faveur de mon fils?

MARTIAN.

Il sera son époux, elle me l'a promis.

PHOCAS.

C'est beaucoup obtenu d'une âme si rebelle.
Mais quand?

MARTIAN.

C'est un secret que je n'ai pas su d'elle.

PHOCAS.

Vous pouvez m'en dire un dont je suis plus jaloux[1]. 925
On dit qu'Héraclius est fort connu de vous :
Si vous aimez mon fils, faites-le-moi connoître.

MARTIAN.

Vous le connoissez trop, puisque je vois ce traître.

EXUPÈRE.

Je sers mon empereur, et je sais mon devoir.

MARTIAN.

Chacun te l'avouera : tu le fais assez voir. 930

PHOCAS.

De grâce, éclaircissez ce que je vous propose.
Ce billet à demi m'en dit bien quelque chose;
Mais, Léonce, c'est peu si vous ne l'achevez.

MARTIAN.

Nommez-moi par mon nom, puisque vous le savez :
Dites Héraclius; il n'est plus de Léonce, 935
Et j'entends mon arrêt sans qu'on me le prononce.

PHOCAS.

Tu peux bien t'y résoudre, après ton vain effort
Pour m'arracher le sceptre et conspirer ma mort.

---

1. *Var.* Dites-m'en donc un autre. On me vient d'assurer
   Qu'Héraclius à vous vient de se déclarer. (1647-56)

ACTE III, SCÈNE II.

MARTIAN.

J'ai fait ce que j'ai dû. Vivre sous ta puissance,
C'eût été démentir mon nom et ma naissance. 940
Et ne point écouter le sang de mes parents,
Qui ne crie en mon corps que la mort des tyrans.
Quiconque pour l'empire eut la gloire de naître
Renonce à cet honneur s'il peut souffrir un maître :
Hors le trône ou la mort, il doit tout dédaigner; 945
C'est un lâche, s'il n'ose ou se perdre ou régner.
  J'entends donc mon arrêt sans qu'on me le prononce.
Héraclius mourra comme a vécu Léonce :
Bon sujet, meilleur prince; et ma vie et ma mort
Rempliront dignement et l'un et l'autre sort. 950
La mort n'a rien d'affreux pour une âme bien née;
A mes côtés pour toi je l'ai cent fois traînée;
Et mon dernier exploit contre tes ennemis
Fut d'arrêter son bras qui tombait sur ton fils.

PHOCAS.

Tu prends pour me toucher un mauvais artifice : 955
Héraclius n'eut point de part à ce service;
J'en ai payé Léonce à qui seul étoit dû
L'inestimable honneur de me l'avoir rendu.
Mais sous des noms divers à soi-même contraire[1],
Qui conserva le fils attente sur le père; 960
Et se désavouant d'un aveugle secours,
Sitôt qu'il se connoît il en veut à mes jours.
Je te devois sa vie, et je me dois justice :
Léonce est effacé par le fils de Maurice.
Contre un tel attentat rien n'est à balancer, 965
Et je saurai punir comme récompenser.

---

1. *Var.* Mais s'il sauva le fils, par un effet contraire,
   Le traître Héraclius attente sur le père;
   Et le désavouant d'un aveugle secours. (1647-56)

MARTIAN.

Je sais trop qu'un tyran est sans reconnoissance,
Pour en avoir conçu la honteuse espérance,
Et suis trop au-dessus de cette indignité,
Pour te vouloir piquer de générosité.   970
Que ferois-tu pour moi de me laisser la vie,
Si pour moi sans le trône elle n'est qu'infamie?
Héraclius vivroit pour te faire la cour!
Rends-lui, rends-lui son sceptre, ou prive-le du jour.
Pour ton propre intérêt sois juge incorruptible : 975
Ta vie avec la mienne est trop incompatible;
Un si grand ennemi ne peut être gagné,
Et je te punirois de m'avoir épargné.
Si de ton fils sauvé j'ai rappelé l'image,
J'ai voulu de Léonce étaler le courage,   980
Afin qu'en le voyant tu ne doutasses plus
Jusques où doit aller celui d'Héraclius.
Je me tiens plus heureux de périr en monarque,
Que de vivre en éclat sans en porter la marque;
Et puisque pour jouir d'un si glorieux sort,   985
Je n'ai que ce moment qu'on destine à ma mort[1],
Je la rendrai si belle et si digne d'envie,
Que ce moment vaudra la plus illustre vie.
M'y faisant donc conduire, assure ton pouvoir,
Et délivre mes yeux de l'horreur de te voir.   990

PHOCAS.

Nous verrons la vertu de cette âme hautaine[2].
Faites-le retirer en la chambre prochaine,
Crispe ; et qu'on me l'y gardé, attendant que mon choix
Pour punir son forfait vous donne d'autres lois.

---

1. L'édition de 1682 porte : « à la mort, » pour « à ma mort. »
2. *Var.* Nous verrons ta vertu. Crispe, qu'on me l'emmène ;
   Tenez-le prisonnier dans la chambre prochaine,
   Qu'on l'y garde avec soin, jusqu'à ce que mon choix. (1647-56)

ACTE III, SCÈNE II.

MARTIAN, à Pulchérie.

Adieu, Madame, adieu : je n'ai pu davantage,   995
Ma mort vous va laisser encor dans l'esclavage :
Le ciel par d'autres mains vous en daigne affranchir!

SCÈNE III.

PHOCAS, PULCHÉRIE, EXUPÈRE, AMYNTAS.

PHOCAS.

Et toi, n'espère pas désormais me fléchir.
Je tiens Héraclius, et n'ai plus rien à craindre,
Plus lieu de te flatter, plus lieu de me contraindre, 1000
Ce frère et ton espoir vont entrer au cercueil,
Et j'abattrai d'un coup sa tête et ton orgueil.
Mais ne te contrains point dans ces rudes alarmes :
Laisse aller tes soupirs, laisse couler tes larmes.

PULCHÉRIE.

Moi, pleurer! moi, gémir, tyran! J'aurois pleuré 1005
Si quelques lâchetés l'avoient déshonoré,
S'il n'eût pas emporté sa gloire toute entière,
S'il m'avoit fait rougir par la moindre prière,
Si quelque infâme espoir qu'on lui dût pardonner
Eût mérité la mort que tu lui vas donner.   1010
Sa vertu jusqu'au bout ne s'est point démentie[1] :
Il n'a point pris le ciel ni le sort à partie,
Point querellé le bras qui fait ces lâches coups,
Point daigné contre lui perdre un juste courroux.
Sans te nommer ingrat, sans trop le nommer traître,
De tous deux, de soi-même il s'est montré le maître;
Et dans cette surprise il a bien su courir

---

1. Thomas Corneille, dans l'édition de 1692, a modifié ce vers de la manière suivante :

Sa vertu ne s'est point un instant démentie.

A la nécessité qu'il voyoit de mourir.
Je goûtois cette joie en un sort si contraire.
Je l'aimai comme amant, je l'aime comme frère ; 1020
Et dans ce grand revers je l'ai vu hautement
Digne d'être mon frère, et d'être mon amant.

PHOCAS.

Explique, explique mieux le fond de ta pensée ;
Et sans plus te parer d'une vertu forcée,
Pour apaiser le père, offre le cœur au fils, 1025
Et tâche à racheter ce cher frère à ce prix.

PULCHÉRIE.

Crois-tu que sur la foi de tes fausses promesses
Mon âme ose descendre à de telles bassesses ?
Prends mon sang pour le sien ; mais s'il y faut mon cœur,
Périsse Héraclius avec sa triste sœur ! 1030

PHOCAS.

Eh bien ! il va périr ; ta haine en est complice.

PULCHÉRIE.

Et je verrai du ciel bientôt choir ton supplice.
Dieu, pour le réserver à ses puissantes mains,
Fait avorter exprès tous les moyens humains ;
Il veut frapper le coup sans notre ministère. 1035
Si l'on t'a bien donné Léonce pour mon frère,
Les quatre autres peut-être à tes yeux abusés,
Ont été comme lui des Césars supposés.
L'État, qui dans leur mort voyoit trop sa ruine,
Avoit des généreux autres que Léontine ; 1040
Ils trompoient d'un barbare aisément la fureur,
Qui n'avoient jamais vu la cour ni l'Empereur.
Crains, tyran, crains encor : tous les quatre peut-être
L'un après l'autre enfin se vont faire paroître ;
Et malgré tous tes soins, malgré tout ton effort, 1045
Tu ne les connoîtras qu'en recevant la mort.
Moi-même, à leur défaut, je serai la conquête

De quiconque à mes pieds apportera ta tête[1];
L'esclave le plus vil qu'on puisse imaginer
Sera digne de moi s'il peut t'assassiner. 1050
Va perdre Héraclius, et quitte la pensée
Que je me pare ici d'une vertu forcée;
Et sans m'importuner de répondre à tes vœux,
Si tu prétends régner, défais-toi de tous deux[2].

SCÈNE IV.

PHOCAS, EXUPÈRE, AMYNTAS.

PHOCAS.

J'écoute avec plaisir ces menaces frivoles; 1055
Je ris d'un désespoir qui n'a que des paroles;
Et de quelque façon qu'elle m'ose outrager,
Le sang d'Héraclius m'en doit assez venger.
 Vous donc, mes vrais amis, qui me tirez de peine;
Vous, dont je vois l'amour quand je craignois la haine;
Vous, qui m'avez livré mon secret ennemi,
Ne soyez point vers moi fidèles à demi :
Résolvez avec moi des moyens de sa perte :
La ferons-nous secrète, ou bien à force ouverte?
Prendrons-nous le plus sûr, ou le plus glorieux? 1065

EXUPÈRE.

Seigneur, n'en doutez point, le plus sûr vaut le mieux;
Mais le plus sûr pour vous est que sa mort éclate,
De peur qu'en l'ignorant le peuple ne se flatte,

---

1. On lit dans *Clitandre* les deux vers suivants (tome I, p. 328, vers 961 et 962), qui du reste n'y paraissent qu'en 1660 :

    Ce courroux, dont tu ris, en fera la conquête
    De quiconque à ma haine exposera ta tête.

2. *Var.* Si tu penses régner, défais-toi de tous deux. (1647-56)

ACTE IV.

SCÈNE PREMIÈRE.
HÉRACLIUS, EUDOXE.

HÉRACLIUS.
Vous avez grand sujet d'appréhender pour elle :
Phocas au dernier point la tiendra criminelle ;
Et je le connois mal, ou s'il la peut trouver,
Il n'est moyen humain qui puisse la sauver.   1130
Je vous plains, cher Eudoxe[1], et non pas votre mère :
Elle a bien mérité ce qu'a fait Exupère ;
Il trahit justement qui vouloit me trahir[2].

EUDOXE.
Vous croyez qu'à ce point elle ait pu vous haïr,
Vous, pour qui son amour a forcé la nature ?   1135

HÉRACLIUS.
Comment voulez-vous donc nommer son imposture ?
M'empêcher d'entreprendre, et par un faux rapport
Confondre en Martian et mon nom et mon sort ;
Abuser d'un billet que le hasard lui donne ;
Attacher de sa main mes droits à sa personne,   1140
Et le mettre en état, dessous sa bonne foi,
De régner en ma place, ou de périr pour moi :
Madame, est-ce en effet me rendre un grand service ?

---

1. Par une singulière erreur, les éditions de 1660-82 portent : « cher Eudoxe, » au masculin.
2. *Var.* Il trahit justement qui me vouloit trahir. (1647-56)

EUDOXE.

Eût-elle démenti ce billet de Maurice ?
Et l'eût-elle pu faire, à moins que révéler 1145
Ce que surtout alors il lui falloit celer?
Quand Martian par là n'eût pas connu son père,
C'étoit vous hasarder sur la foi d'Exupère :
Elle en doutoit, Seigneur, et par l'événement
Vous voyez que son zèle en doutoit justement. 1150
Sûre en soi des moyens de vous rendre l'empire,
Qu'à vous-même jamais elle n'a voulu dire,
Elle a sur Martian tourné le coup fatal
De l'épreuve d'un cœur qu'elle connoissoit mal.
Seigneur, où seriez-vous sans ce nouveau service ? 1155

HÉRACLIUS.

Qu'importe qui des deux on destine au supplice ?
Qu'importe, Martian, vu ce que je te doi,
Qui trahisse mon sort, d'Exupère ou de moi?
Si l'on ne me découvre, il faut que je m'expose;
Et l'un et l'autre enfin ne sont que même chose[1], 1160
Sinon qu'étant trahi je mourrois malheureux,
Et que, m'offrant pour toi, je mourrai généreux.

EUDOXE.

Quoi? pour désabuser une aveugle furie,
Rompre votre destin, et donner votre vie!

HÉRACLIUS.

Vous êtes plus aveugle encor en votre amour. 1165
Périra-t-il pour moi quand je lui dois le jour?
Et lorsque sous mon nom il se livre à sa perte,
Tiendrai-je sous le sien ma fortune couverte?
S'il s'agissoit ici de le faire empereur[2],
Je pourrois lui laisser mon nom et son erreur; 1170

---

1. *Var.* Et l'un et l'autre enfin n'est que la même chose. (1647-60)
2. *Var.* Encore si c'étoit pour le faire empereur. (1647-56)

Mais conniver en lâche à ce nom qu'on me vole,
Quand son père à mes yeux au lieu de moi l'immole !
Souffrir qu'il se trahisse aux rigueurs de mon sort !
Vivre par son supplice et régner par sa mort !
EUDOXE.
Ah ! ce n'est pas, Seigneur, ce que je vous demande :
De cette lâcheté l'infamie est trop grande.
Montrez-vous pour sauver ce héros du trépas ;
Mais montrez-vous en maître et ne vous perdez pas :
Rallumez cette ardeur où s'opposoit ma mère,
Garantissez le fils par la perte du père ;   1180
En prenant à l'empire un chemin éclatant,
Montrez Héraclius au peuple qui l'attend¹.
HÉRACLIUS.
Il n'est plus temps, Madame : un autre a pris ma place.
Sa prison a rendu le peuple tout de glace :
Déjà préoccupé d'un autre Héraclius,   1185
Dans l'effroi qui le trouble il ne me croira plus ;
Et ne me regardant que comme un fils perfide,
Il aura de l'horreur de suivre un parricide.
Mais quand même il voudroit seconder mes desseins,
Le tyran tient déjà Martian en ses mains.   1190
S'il voit qu'en sa faveur je marche à force ouverte,
Piqué de ma révolte, il hâtera sa perte,
Et croira qu'en m'ôtant l'espoir de le sauver,
Il m'ôtera l'ardeur qui me fait soulever.
N'en parlons plus : en vain votre amour me retarde,
Le sort d'Héraclius tout entier me regarde.
Soit qu'il faille régner, soit qu'il faille périr,
Au tombeau comme au trône on me verra courir.
Mais voici le tyran, et son traître Exupère.

1. Ce vers est souvent répété et forme une espèce de refrain. » (*Voltaire.*) — Voyez ci-dessus, p. 176, acte II, scène II, vers 476, et ci-après, p. 241, acte V, scène VII, vers 1926.

SCÈNE II.

PHOCAS, HÉRACLIUS[1], EXUPÈRE, EUDOXE.
TROUPE DE GARDES.

PHOCAS, montrant Eudoxe à ses gardes.
Qu'on la tienne en lieu sûr, en attendant sa mère[2].　1200
HÉRACLIUS.
A-t-elle quelque part?...
PHOCAS.
Nous verrons à loisir :
Il est bon cependant de la faire saisir.
EUDOXE, s'en allant.
Seigneur, ne croyez rien de ce qu'il vous va dire.
PHOCAS, à Eudoxe.
Je croirai ce qu'il faut pour le bien de l'empire[3].
(A Héraclius.)
Ses pleurs pour ce coupable imploroient ta pitié ?　1205
HÉRACLIUS.
Seigneur....
PHOCAS.
Je sais pour lui quelle est ton amitié ;
Mais je veux que toi-même, ayant bien vu son crime,
Tiennes ton zèle injuste, et sa mort légitime.
Qu'on[4] le fasse venir. Pour en tirer l'aveu
Il ne sera besoin ni de fer ni de feu.　1210
Loin de s'en repentir, l'orgueilleux en fait gloire.
Mais que me diras-tu qu'il ne me faut pas croire ?
Eudoxe m'en conjure, et l'avis me surprend.
Aurois-tu découvert quelque crime plus grand ?

---

1. *Var.* HÉRACLIUS, *cru Martian*. (1647-60) — Ces éditions ont la même variante partout où le nom d'HÉRACLIUS revient dans cette scène.
2. *Var.* Qu'on la mène en prison, en attendant sa mère. (1647-56)
3. Voltaire coupe cette scène en deux et commence après ce vers la scène III.
4. Voltaire (1764) fait précéder le vers 1209 de cette indication : *aux Gardes.*

ACTE IV, SCÈNE II.

HÉRACLIUS.
Oui, sa mère a plus fait contre votre service 1215
Que ne sait Exupère, et que n'a vu Maurice.
PHOCAS.
La perfide! Ce jour lui sera le dernier.
Parle.
HÉRACLIUS.
J'achèverai devant le prisonnier.
Trouvez bon qu'un secret d'une telle importance,
Puisque vous le mandez, s'explique en sa présence. 1220
PHOCAS.
Le voici. Mais surtout ne me dis rien pour lui.

SCÈNE III.

PHOCAS, HÉRACLIUS, MARTIAN[1], EXUPÈRE,
TROUPE DE GARDES.

HÉRACLIUS.
Je sais qu'en ma prière il auroit peu d'appui;
Et loin de me donner une inutile peine,
Tout ce que je demande à votre juste haine,
C'est que de tels forfaits ne soient point impunis; 1225
Perdez Héraclius, et sauvez votre fils[2] :
Voilà tout mon souhait et toute ma prière.
M'en refuserez-vous?
PHOCAS.
Tu l'obtiendras entière :
Ton salut en effet est douteux sans sa mort.

---

1. *Var.* HÉRACLIUS, *cru Martian ;* MARTIAN, *croyant être Héraclius.* (1647-60) —Le nom de MARTIAN est suivi de ces mots toutes les fois qu'il reparaît dans cette scène; celui d'HÉRACLIUS, avant les deux premiers couplets seulement que récite ce personnage.
2. Voyez ci-après, p. 211, le vers 1274 et la note 2.

MARTIAN.

Ah, Prince! j'y courois sans me plaindre du sort; 1230
Son indigne rigueur n'est pas ce qui me touche;
Mais en ouïr l'arrêt sortir de votre bouche!
Je vous ai mal connu jusques à mon trépas.

HÉRACLIUS.

Et même en ce moment tu ne me connois pas.
Écoute, père aveugle, et toi, prince crédule, 1235
Ce que l'honneur défend que plus je dissimule.
   Phocas, connois ton sang et tes vrais ennemis :
Je suis Héraclius, et Léonce est ton fils.

MARTIAN.

Seigneur, que dites-vous?

HÉRACLIUS.

                         Que je ne puis plus taire
Que deux fois Léontine osa tromper ton père; 1240
Et semant de nos noms un insensible abus,
Fit un faux Martian du jeune Héraclius.

PHOCAS.

Maurice te dément, lâche! tu n'as qu'à lire :
« Sous le nom de Léonce Héraclius respire. »
Tu fais après cela des contes superflus. 1245

HÉRACLIUS.

Si ce billet fut vrai, Seigneur, il ne l'est plus :
J'étois Léonce alors, et j'ai cessé de l'être
Quand Maurice immolé n'en a pu rien connoître.
S'il laissa par écrit ce qu'il avoit pu voir,
Ce qui suivit sa mort fut hors de son pouvoir. 1250
Vous portâtes soudain la guerre dans la Perse,
Où vous eûtes trois ans la fortune diverse.
Cependant Léontine, étant dans le château
Reine de nos destins et de notre berceau,
Pour me rendre le rang qu'occupoit votre race[1], 1255

---

1. *Var.* (Car, s'il vous en souvient, votre femme étoit morte),

ACTE IV, SCÈNE III.

Prit Martian pour elle, et me mit en sa place.
Ce zèle en ma faveur lui succéda si bien,
Que vous-même au retour vous n'en connûtes rien ;
Et ces informes traits qu'à six mois a l'enfance,
Ayant mis entre nous fort peu de différence, 1260
Le foible souvenir en trois ans s'en perdit :
Vous prîtes aisément ce qu'elle vous rendit.
Nous vécûmes tous deux sous le nom l'un de l'autre :
Il passa pour son fils, je passai pour le vôtre ;
Et je ne jugeois pas ce chemin criminel[1] 1265
Pour remonter sans meurtre au trône paternel.
Mais voyant cette erreur fatale à cette vie
Sans qui déjà la mienne auroit été ravie,
Je me croirois, Seigneur, coupable infiniment
Si je souffrois encore un tel aveuglement. 1270
Je viens reprendre un nom qui seul a fait son crime.
Conservez votre haine, et changez de victime.
Je ne demande rien que ce qui m'est promis :
Perdez Héraclius, et sauvez votre fils[2].

MARTIAN.

Admire de quel fils le ciel t'a fait le père, 1275
Admire quel effort sa vertu vient de faire,
Tyran ; et ne prends pas pour une vérité
Ce qu'invente pour moi sa générosité.

(A Héraclius.)

C'est trop, Prince, c'est trop pour ce petit service
Dont honora mon bras ma fortune propice : 1280
Je vous sauvai la vie, et ne la perdis pas ;

A l'empire perdu me sut rouvrir la porte,
Prit Martian pour elle, et nous changea si bien,
Que vous-même au retour vous n'y connûtes rien. (1647-56)
1. *Var.* Et je n'ai pas jugé ce chemin criminel. (1647-56)
2. « C'est encore un refrain. » (*Voltaire.*) — Voyez ci-dessus, p. 209, vers 1226.

Et pour moi vous cherchez un assuré trépas!
Ah! si vous m'en devez quelque reconnoissance,
Prince, ne m'ôtez pas l'honneur de ma naissance :
Avoir tant de pitié d'un sort si glorieux, 1285
De crainte d'être ingrat, c'est m'être injurieux.

PHOCAS.

En quel trouble me jette une telle dispute!
A quels nouveaux malheurs m'expose-t-elle en butte!
Lequel croire, Exupère, et lequel démentir?
Tombé-je dans l'erreur, ou si j'en vais sortir? 1290
Si ce billet est vrai, le reste est vraisemblable.

EXUPÈRE.

Mais qui sait si ce reste est faux ou véritable?

PHOCAS.

Léontine deux fois a pu tromper Phocas.

EXUPÈRE.

Elle a pu les changer, et ne les changer pas,
Et plus que vous, Seigneur, dedans l'inquiétude, 1295
Je ne vois que du trouble et de l'incertitude.

HÉRACLIUS.

Ce n'est pas d'aujourd'hui que je sais qui je suis :
Vous voyez quels effets en ont été produits.
Depuis plus de quatre ans vous voyez quelle adresse
J'apporte à rejeter l'hymen de la Princesse, 1300
Où sans doute aisément mon cœur eût consenti[1],
Si Léontine alors ne m'en eût averti.

MARTIAN.

Léontine?

HÉRACLIUS.

Elle-même.

MARTIAN.

Ah! ciel! quelle est sa ruse!

---

1. *Var.* Où peut-être aisément mon cœur eût consenti. (1647-56)

Martian aime Eudoxe, et sa mère l'abuse.
Par l'horreur d'un hymen qu'il croit incestueux, 1305
De ce prince à sa fille elle assure les vœux ;
Et son ambition, adroite à le séduire,
Le plonge en une erreur dont elle attend l'empire.
 Ce n'est que d'aujourd'hui que je sais qui je suis ;
Mais de mon ignorance elle espéroit ces fruits, 1310
Et me tiendroit encor la vérité cachée,
Si tantôt ce billet ne l'en eût arrachée.
PHOCAS, à Exupère.
La méchante l'abuse aussi bien que Phocas.
EXUPÈRE.
Elle a pu l'abuser, et ne l'abuser pas.
PHOCAS.
Tu vois comme la fille a part au stratagème¹. 1315
EXUPÈRE.
Et que la mère a pu l'abuser elle-même.
PHOCAS.
Que de pensers divers ! que de soucis flottants !
EXUPÈRE.
Je vous en tirerai, Seigneur, dans peu de temps.
PHOCAS.
Dis-moi, tout est-il prêt pour ce juste supplice ?
EXUPÈRE.
Oui, si nous connoissions le vrai fils de Maurice. 1320
HÉRACLIUS.
Pouvez-vous en douter après ce que j'ai dit ?
MARTIAN.
Donnez-vous à l'erreur encor quelque crédit² ?
HÉRACLIUS³.
Ami, rends-moi mon nom : la faveur n'est pas grande ;

---

1. *Var.* Vois-tu pas que la fille a part au stratagème ?
   EXUP. Je vois trop qu'elle a pu l'abuser elle-même. (1647-56)
2. *Var.* Donnez-vous au mensonge encor quelque crédit ? (1647-56)
3. Voltaire ajoute ici : *à Martian.*

HÉRACLIUS, à Léontine.
                    Avouez tout, Madame.
J'ai tout dit.
          LÉONTINE, à Héraclius.
              Quoi, Seigneur?
                    PHOCAS.
                        Tu l'ignores, infâme!
Qui des deux est mon fils?
              LÉONTINE.
                    Qui vous en fait douter?
      HÉRACLIUS, à Léontine.
Le nom d'Héraclius que son fils veut porter :
Il en croit ce billet et votre témoignage;   1395
Mais ne le laissez pas dans l'erreur davantage.
                    PHOCAS.
N'attends pas les tourments, ne me déguise rien.
M'as-tu livré ton fils? as-tu changé le mien?
                    LÉONTINE.
Je t'ai livré mon fils, et j'en aime la gloire.
Si je parle du reste, oseras-tu m'en croire?   1400
Et qui t'assurera que pour Héraclius,
Moi qui t'ai tant trompé, je ne te trompe plus¹?
                    PHOCAS.
N'importe, fais-nous voir quelle haute prudence
En des temps si divers leur en fait confidence :
A l'un depuis quatre ans, à l'autre d'aujourd'hui.   1405
                    LÉONTINE.
Le secret n'en est su ni de lui, ni de lui;
Tu n'en sauras non plus les véritables causes :
Devine, si tu peux, et choisis, si tu l'oses.
    L'un des deux est ton fils, l'autre est ton empereur².

    1. *Var.* Si je t'ai tant trompé, je ne te trompe plus? (1647-56)
    2. *Var.* L'un des deux est ton fils, l'autre ton empereur (*a*). (1647-68

    (*a*) L'édition de 1692 donne aussi cette leçon.

Tremble dans ton amour, tremble dans ta fureur. 1410
Je te veux toujours voir, quoi que ta rage fasse,
Craindre ton ennemi dedans ta propre race,
Toujours aimer ton fils dedans ton ennemi,
Sans être ni tyran, ni père qu'à demi.
Tandis qu'autour des deux tu perdras ton étude, 1415
Mon âme jouira de ton inquiétude;
Je rirai de ta peine; ou si tu m'en punis,
Tu perdras avec moi le secret de ton fils.

PHOCAS.

Et si je les punis tous deux sans les connoître,
L'un comme Héraclius, l'autre pour vouloir l'être? 1420

LÉONTINE.

Je m'en consolerai quand je verrai Phocas
Croire affermir son sceptre en se coupant le bras,
Et de la même main son ordre tyrannique
Venger Héraclius dessus son fils unique.

PHOCAS.

Quelle reconnoissance, ingrate, tu me rends 1425
Des bienfaits répandus sur toi, sur tes parents,
De t'avoir confié ce fils que tu me caches,
D'avoir mis en tes mains ce cœur que tu m'arraches,
D'avoir mis à tes pieds ma cour qui t'adoroit!
Rends-moi mon fils, ingrate.

LÉONTINE.

Il m'en désavoueroit; 1430
Et ce fils, quel qu'il soit, que tu ne peux connoître,
A le cœur assez bon pour ne vouloir pas l'être.
Admire sa vertu qui trouble ton repos.
C'est du fils d'un tyran que j'ai fait ce héros;
Tant ce qu'il a reçu d'heureuse nourriture[1] 1435
Dompte ce mauvais sang qu'il eut de la nature[2]!

1. *Var.* Tant ce qu'il a reçu de bonne nourriture. (1647-56)
2. Voyez ci-dessus, p. 185, note 1.

C'est assez dignement répondre à tes bienfaits
Que d'avoir dégagé ton fils de tes forfaits.
Séduit par ton exemple et par sa complaisance,
Il t'auroit ressemblé, s'il eût su sa naissance : 1440
Il seroit lâche, impie, inhumain comme toi,
Et tu me dois ainsi plus que je ne te doi.

EXUPÈRE.

L'impudence et l'orgueil suivent les impostures.
Ne vous exposez plus à ce torrent d'injures,
Qui ne faisant qu'aigrir votre ressentiment, 1445
Vous donne peu de jour pour ce discernement.
Laissez-la-moi, Seigneur, quelques moments en garde.
Puisque j'ai commencé, le reste me regarde :
Malgré l'obscurité de son illusion,
J'espère démêler cette confusion. 1450
Vous savez à quel point l'affaire m'intéresse.

PHOCAS.

Achève, si tu peux, par force ou par adresse,
Exupère; et sois sûr que je te devrai tout,
Si l'ardeur de ton zèle en peut venir à bout.
Je saurai cependant prendre à part l'un et l'autre; 1455
Et peut-être qu'enfin nous trouverons le nôtre.
Agis de ton côté; je la laisse avec toi :
Gêne, flatte, surprends. Vous autres, suivez-moi.

SCÈNE V.

EXUPÈRE, LÉONTINE.

EXUPÈRE.

On ne peut nous entendre. Il est juste, Madame,
Que je vous ouvre enfin jusqu'au fond de mon âme; 1460
C'est passer trop longtemps pour traître auprès de vous.
Vous haïssez Phocas; nous le haïssons tous....

LÉONTINE.
Oui, c'est bien lui montrer ta haine et ta colère,
Que lui vendre ton prince et le sang de ton père.
EXUPÈRE.
L'apparence vous trompe, et je suis en effet.... 1465
LÉONTINE.
L'homme le plus méchant que la nature ait fait[1].
EXUPÈRE.
Ce qui passe à vos yeux pour une perfidie....
LÉONTINE.
Cache une intention fort noble et fort hardie.
EXUPÈRE.
Pouvez-vous en juger, puisque vous l'ignorez?
Considérez l'état de tous nos conjurés. 1470
Il n'est aucun de nous à qui sa violence[2]
N'ait donné trop de lieu d'une juste vengeance;
Et nous en croyant tous dans notre âme indignés,
Le tyran du palais nous a tous éloignés.
Il y falloit rentrer par quelque grand service. 1475
LÉONTINE.
Et tu crois m'éblouir avec cet artifice?
EXUPÈRE.
Madame, apprenez tout. Je n'ai rien hasardé.
Vous savez de quel nombre il est toujours gardé;
Pouvions-nous le surprendre, ou forcer les cohortes
Qui de jour et de nuit tiennent toutes ses portes? 1480
Pouvions-nous mieux sans bruit nous approcher de lui?
Vous voyez la posture où j'y suis aujourd'hui :
Il me parle, il m'écoute, il me croit; et lui-même

---

1. Voltaire dit au sujet de ce vers qu'il « est du ton de la comédie; » mais Palissot lui répond que « Mlle Dumesnil, par la noblesse et la fierté de son expression, rendait ce vers très-tragique. »
2. *Var.* Il n'est aucun de nous dont ce tyran infâme
   N'ait immolé le père, ou violé la femme;
   Et nous en croyant tous dedans l'âme indignés,
   Il nous a jusqu'ici du palais éloignés. (1647-56)

ACTE IV, SCÈNE V.

Se livre entre mes mains, aide à mon stratagème.
C'est par mes seuls conseils qu'il veut publiquement
Du prince Héraclius faire le châtiment;
Que sa milice, éparse à chaque coin des rues,
A laissé du palais les portes presque nues :
Je puis en un moment m'y rendre le plus fort;
Mes amis sont tous prêts : c'en est fait, il est mort; 1490
Et j'userai si bien de l'accès qu'il me donne,
Qu'aux pieds d'Héraclius je mettrai sa couronne.
Mais après mes desseins pleinement découverts,
De grâce, faites-moi connoître qui je sers;
Et ne le cachez plus à ce cœur qui n'aspire 1495
Qu'à le rendre aujourd'hui maître de tout l'empire.

LÉONTINE.

Esprit lâche et grossier, quelle brutalité
Te fait juger en moi tant de crédulité?
Va, d'un piège si lourd l'appas[1] est inutile,
Traître, et si tu n'as point[2] de ruse plus subtile.... 1500

EXUPÈRE.

Je vous dis vrai, Madame, et vous dirai de plus....

LÉONTINE.

Ne me fais point ici de contes superflus :
L'effet à tes discours ôte toute croyance.

EXUPÈRE.

Eh bien! demeurez donc dans votre défiance.
Je ne demande plus, et ne vous dis plus rien; 1505
Gardez votre secret, je garderai le mien.
Puisque je passe encor pour homme à vous séduire,
Venez dans la prison où je vais vous conduire :
Si vous ne me croyez, craignez ce que je puis.
Avant la fin du jour vous saurez qui je suis. 1510

1. Voyez tome I, p. 148, note 3.
2. L'édition de 1692 a substitué *pas* à *point*.

FIN DU QUATRIÈME ACTE.

ACTE V.

SCÈNE PREMIÈRE.

HÉRACLIUS.

Quelle confusion étrange[1]
De deux princes fait un mélange
Qui met en discord deux amis !
Un père ne sait où se prendre ;
Et plus tous deux s'osent défendre   1515
Du titre infâme de son fils,
Plus eux-mêmes cessent d'entendre
Les secrets qu'on leur a commis.

Léontine avec tant de ruse
Ou me favorise ou m'abuse,   1520
Qu'elle brouille tout notre sort :
Ce que j'en eus de connoissance
Brave une orgueilleuse puissance
Qui n'en croit pas mon vain effort ;
Et je doute de ma naissance   1525
Quand on me refuse la mort.

Ce fier tyran qui me caresse
Montre pour moi tant de tendresse
Que mon cœur s'en laisse alarmer :
Lorsqu'il me prie et me conjure,   1530

---

1. « On a presque toujours retranché aux représentations ces stances. » (*Voltaire.*)

ACTE V, SCÈNE I.

Son amitié paroît si pure,
Que je ne saurois présumer
Si c'est par instinct de nature,
Ou par coutume de m'aimer.

Dans cette croyance incertaine,
J'ai pour lui des transports de haine
Que je ne conserve pas bien :
Cette grâce qu'il veut me faire[1]
Étonne et trouble ma colère ;
Et je n'ose résoudre rien[2],
Quand je trouve un amour de père
En celui qui m'ôta le mien.

Retiens, grande ombre de Maurice,
Mon âme au bord du précipice
Que cette obscurité lui fait,
Et m'aide à faire mieux connoître
Qu'en ton fils Dieu n'a pas fait naître
Un prince à ce point imparfait,
Ou que je méritois de l'être,
Si je ne le suis en effet.

Soutiens ma haine qui chancelle,
Et redoublant pour ta querelle
Cette noble ardeur de mourir,
Fais voir.... Mais il m'exauce ; on vient me secourir.

1. *Var.* Cette grâce qu'il me veut faire. (1647-56)
2. *Var.* Et je n'ose plus croire rien. (1647-56)

SCÈNE II.

HÉRACLIUS, PULCHÉRIE.

HÉRACLIUS.

O ciel! quel bon démon devers moi vous envoie, 1555
Madame?

PULCHÉRIE.

        Le tyran, qui veut que je vous voie,
Et met tout en usage afin de s'éclaircir.

HÉRACLIUS.

Par vous-même en ce trouble il pense réussir!

PULCHÉRIE.

Il le pense, Seigneur, et ce brutal espère[1]
Mieux qu'il ne trouve un fils que je découvre un frère :
Comme si j'étois fille à ne lui rien celer
De tout ce que le sang pourroit me révéler!

HÉRACLIUS.

Puisse-t-il par un trait de lumière fidèle[2]
Vous le mieux révéler qu'il ne me le révèle!
Aidez-moi cependant, Madame, à repousser 1565
Les indignes frayeurs dont je me sens presser....

PULCHÉRIE.

Ah! Prince, il ne faut point d'assurance plus claire[3];
Si vous craignez la mort, vous n'êtes point mon frère :
Ces indignes frayeurs vous ont trop découvert.

HÉRACLIUS.

Moi la craindre, Madame! Ah! je m'y suis offert. 1570
Qu'il me traite en tyran, qu'il m'envoie au supplice,
Je suis Héraclius, je suis fils de Maurice;

---

1. *Var.* Il le pense, Seigneur, et le brutal espère. (1647-56)
2. *Var.* Puisse-t-il par un trait de lumière plus belle. (1647-56)
3. *Var.* Ah! Prince, il ne faut point de plus belle lumière. (1647-56)

Sous ces noms précieux je cours m'ensevelir,
Et m'étonne si peu que je l'en fais pâlir.
Mais il me traite en père, il me flatte, il m'embrasse;
Je n'en puis arracher une seule menace :
J'ai beau faire et beau dire afin de l'irriter,
Il m'écoute si peu qu'il me force à douter.
Malgré moi, comme fils toujours il me regarde;
Au lieu d'être en prison, je n'ai pas même un garde.
Je ne sais qui je suis, et crains de le savoir;
Je veux ce que je dois, et cherche mon devoir :
Je crains de le haïr, si j'en tiens la naissance;
Je le plains de m'aimer, si je m'en dois vengeance;
Et mon cœur, indigné d'une telle amitié, 1585
En frémit de colère, et tremble de pitié.
De tous ses mouvements mon esprit se défie :
Il condamne aussitôt tout ce qu'il justifie.
La colère, l'amour, la haine et le respect,
Ne me présentent rien qui ne me soit suspect. 1590
Je crains tout, je fuis tout; et dans cette aventure,
Des deux côtés en vain j'écoute la nature.
Secourez donc un frère en ces perplexités.

PULCHÉRIE.

Ah! vous ne l'êtes point, puisque vous en doutez.
Celui qui, comme vous, prétend à cette gloire, 1595
D'un courage plus ferme en croit ce qu'il doit croire.
Comme vous on le flatte, il y sait résister;
Rien ne le touche assez pour le faire douter;
Et le sang, par un double et secret artifice,
Parle en vous pour Phocas, comme en lui pour Maurice.

HÉRACLIUS.

A ces marques en lui connoissez Martian :
Il a le cœur plus dur étant fils d'un tyran.
La générosité suit la belle naissance;
La pitié l'accompagne et la reconnoissance.

ACTE V, SCÈNE III.

Pour moi, pour toi, pour lui, fais-toi ce peu d'effort.
HÉRACLIUS.
Ah! c'en est trop enfin, et ma gloire blessée
Dépouille un vieux respect où je l'avois forcée. 1680
De quelle ignominie osez-vous me flatter?
Toutes les fois, tyran, qu'on se laisse adopter[1],
On veut une maison illustre autant qu'amie[2],
On cherche de la gloire, et non de l'infamie;
Et ce seroit un monstre horrible à vos États 1685
Que le fils de Maurice adopté par Phocas.
PHOCAS.
Va, cesse d'espérer la mort que tu mérites :
Ce n'est que contre lui, lâche, que tu m'irrites;
Tu te veux rendre en vain indigne de ce rang :
Je m'en prends à la cause, et j'épargne mon sang. 1690
Puisque ton amitié de ma foi se défie
Jusqu'à prendre son nom pour lui sauver la vie,
Soldats, sans plus tarder, qu'on l'immole à ses yeux;
Et sois après sa mort mon fils, si tu le veux.
HÉRACLIUS.
Perfides, arrêtez!
MARTIAN.
Ah! que voulez-vous faire, 1695
Prince?
HÉRACLIUS.
Sauver le fils de la fureur du père.
MARTIAN.
Conservez-lui ce fils qu'il ne cherche qu'en vous :
Ne troublez point un sort qui lui semble si doux.
C'est avec assez d'heur qu'Héraclius expire,

---

1. *Var.* Toutes les fois, Seigneur, qu'on se laisse adopter. (1647-56)
2. *Var.* Il faut que cette grâce un peu plus haut nous monte,
   Qu'elle nous fasse honneur, et non pas de la honte. (1647-65)

Puisque c'est en vos mains que tombe son empire, 1700
Le ciel daigne bénir votre sceptre et vos jours !
PHOCAS.
C'est trop perdre de temps à souffrir ces discours.
Dépêche, Octavian.
HÉRACLIUS.
N'attente rien, barbare !
Je suis....
PHOCAS.
Avoue enfin.
HÉRACLIUS.
Je tremble, je m'égare,
Et mon cœur....
PHOCAS, à Héraclius.
Tu pourras à loisir y penser. 1705
(A Octavian.)
Frappe.
HÉRACLIUS.
Arrête; je suis.... Puis-je le prononcer ?
PHOCAS.
Achève, ou....
HÉRACLIUS.
Je suis donc, s'il faut que je le die,
Ce qu'il faut que je sois pour lui sauver la vie.
Oui, je lui dois assez, Seigneur, quoi qu'il en soit,
Pour vous payer pour lui de l'amour qu'il vous doit ; 1710
Et je vous le promets entier, ferme, sincère[1],
Et tel qu'Héraclius l'auroit pour son vrai père.
J'accepte en sa faveur ses parents pour les miens ;
Mais sachez que vos jours me répondront des siens :
Vous me serez garant des hasards de la guerre, 1715
Des ennemis secrets, de l'éclat du tonnerre ;

---

1. *Var.* Et je vous la promets, ferme, pleine, sincère.
Autant qu'Héraclius la rendroit à son père. (1647-56)

ACTE V, SCÈNE III.

Et de quelque façon que le courroux des cieux
Me prive d'un ami qui m'est si précieux,
Je vengerai sur vous, et fussiez-vous mon père,
Ce qu'aura fait sur lui leur injuste colère[1]. 1720

PHOCAS.

Ne crains rien : de tous deux je ferai mon appui ;
L'amour qu'il a pour toi m'assure trop de lui :
Mon cœur pâme de joie, et mon âme n'aspire
Qu'à vous associer l'un et l'autre à l'empire.
J'ai retrouvé mon fils ; mais sois-le tout à fait, 1725
Et donne-m'en pour marque un véritable effet :
Ne laisse plus de place à la supercherie ;
Pour achever ma joie, épouse Pulchérie.

HÉRACLIUS.

Seigneur, elle est ma sœur.

PHOCAS.

Tu n'es donc point mon fils,
Puisque si lâchement déjà tu t'en dédis ? 1730

PULCHÉRIE.

Qui te donne, tyran, une attente si vaine ?
Quoi ? son consentement étoufferoit ma haine !
Pour l'avoir étonné tu m'aurois fait changer !
J'aurois pour cette honte un cœur assez léger !
Je pourrois épouser ou ton fils, ou mon frère ! 1735

SCÈNE IV.

PHOCAS, HÉRACLIUS, MARTIAN, PULCHÉRIE, CRISPE, Gardes[2].

CRISPE.

Seigneur, vous devez tout au grand cœur d'Exupère :

---

1. *Var.* Ce qu'aura fait sur lui leur indigne colère. (1647-56)
2. L'indication des personnages de cette scène n'est correcte que dans les

Il est l'unique auteur de nos meilleurs destins :
Lui seul et ses amis ont dompté vos mutins ;
Il a fait prisonniers leurs chefs, qu'il vous amène.

PHOCAS.

Dis-lui qu'il me les garde en la salle prochaine ; 1740
Je vais de leurs complots m'éclaircir avec eux.

(Crispe s'en va, et Phocas parle à Héraclius[1].)

Toi, cependant, ingrat, sois mon fils, si tu veux.
En l'état où je suis, je n'ai plus lieu de feindre :
Les mutins sont domptés, et je cesse de craindre.
Je vous laisse tous trois.

(A Pulchérie.)

Use bien du moment 1745
Que je prends pour en faire un juste châtiment ;
Et si tu n'aimes mieux que l'un et l'autre meure,
Trouve ou choisis mon fils, et l'épouse sur l'heure ;
Autrement, si leur sort demeure encor douteux[2],
Je jure à mon retour qu'ils périront tous deux. 1750
Je ne veux point d'un fils dont l'implacable haine[3]
Prend ce nom pour affront et mon amour pour gêne.
Toi....

PULCHÉRIE.

Ne menace point ; je suis prête à mourir.

PHOCAS.

A mourir ! jusque-là je pourrois te chérir[4] !
N'espère pas de moi cette faveur suprême, 1755
Et pense....

éditions de 1647, 1652 et 1655. Dans toutes les autres impressions, y compris celle de 1692, elle est incomplète ou inexacte.
 1. *Var. Et Phocas continue à parler à Héraclius.* (1647-56)
 2. *Var. Autrement, si leur sort est encore douteux.* (1647-56)
 3. *Var. Je ne veux point d'un fils qui tient ce nom à honte,*
    Que mon sang déshonore, et que mon trône affronte. (1647-56)
 4. *Var. A mourir ! jusque-là je te pourrois chérir !* (1647-56)

ACTE V, SCÈNE IV.

PULCHÉRIE.

A quoi, tyran?

PHOCAS.

A m'épouser moi-même
Au milieu de leur sang à tes pieds répandu.

PULCHÉRIE.

Quel supplice!

PHOCAS.

Il est grand pour toi; mais il t'est dû.
Tes mépris de la mort bravoient trop ma colère.
Il est en toi de perdre ou de sauver ton frère ; 1760
Et du moins, quelque erreur qui puisse me troubler¹,
J'ai trouvé les moyens de te faire trembler.

SCÈNE V.

HÉRACLIUS, MARTIAN, PULCHÉRIE.

PULCHÉRIE.

Le lâche, il vous flattoit lorsqu'il trembloit dans l'âme.
Mais tel est d'un tyran le naturel infâme :
Sa douceur n'a jamais qu'un mouvement contraint; 1765
S'il ne craint, il opprime; et s'il n'opprime, il craint.
L'une et l'autre fortune en montre la foiblesse;
L'une n'est qu'insolence, et l'autre que bassesse.
A peine est-il sorti de ces lâches terreurs²
Qu'il a trouvé pour moi le comble des horreurs. 1770
Mes frères, puisqu'enfin vous voulez tous deux l'être,
Si vous m'aimez en sœur, faites-le-moi paroître.

HÉRACLIUS. [jours³?

Que pouvons-nous tous deux, lorsqu'on tranche nos

---

1. *Var.* Et du moins, quelque erreur qui me puisse troubler. (1647-56)
2. *Var.* A peine est-il sorti de ses lâches terreurs. (1647-63)
3. *Var.* Que pouvons-nous tous deux, quand on tranche nos jours? (1647-56)

PULCHÉRIE.
Un généreux conseil est un puissant secours.
MARTIAN.
Il n'est point de conseil qui vous soit salutaire, 1775
Que d'épouser le fils pour éviter le père :
L'horreur d'un mal plus grand vous y doit disposer.
PULCHÉRIE.
Qui me le montrera, si je veux l'épouser?
Et dans cet hyménée à ma gloire funeste,
Qui me garantira des périls de l'inceste? 1780
MARTIAN.
Je le vois trop à craindre et pour vous et pour nous;
Mais, Madame, on peut prendre un vain titre d'époux,
Abuser du tyran la rage forcenée
Et vivre en frère et sœur sous un feint hyménée.
PULCHÉRIE.
Feindre, et nous abaisser à cette lâcheté! 1785
HÉRACLIUS.
Pour tromper un tyran, c'est générosité,
Et c'est mettre, en faveur d'un frère qu'il vous donne,
Deux ennemis secrets auprès de sa personne,
Qui dans leur juste haine animés et constants,
Sur l'ennemi commun sauront prendre leur temps, 1790
Et terminer bientôt la feinte avec sa vie.
PULCHÉRIE.
Pour conserver vos jours et fuir mon infamie,
Feignons, vous le voulez, et j'y résiste en vain.
Sus donc, qui de vous deux me prêtera la main?
Qui veut feindre avec moi? qui sera mon complice? 1795
HÉRACLIUS.
Vous, Prince, à qui le ciel inspire l'artifice.
MARTIAN.
Vous, que veut le tyran pour fils obstinément.

ACTE V, SCÈNE V.

HÉRACLIUS.
Vous, qui depuis quatre ans la servez en amant.
MARTIAN.
Vous saurez mieux que moi surprendre sa tendresse.
HÉRACLIUS.
Vous saurez mieux que moi la traiter de maîtresse.   1800
MARTIAN.
Vous aviez commencé tantôt d'y consentir.
PULCHÉRIE.
Ah! princes, votre cœur ne peut se démentir[1] ;
Et vous l'avez tous deux trop grand, trop magnanime,
Pour souffrir sans horreur l'ombre même d'un crime.
Je vous connoissois trop pour juger autrement   1805
Et de votre conseil et de l'événement,
Et je n'y déférois que pour vous voir dédire.
Toute fourbe est honteuse aux cœurs nés pour l'empire;
Princes, attendons tout, sans consentir à rien.
HÉRACLIUS.
Admirez cependant quel malheur est le mien.   1810
L'obscure vérité que de mon sang je signe,
Du grand nom qui me perd ne me peut rendre digne :
On n'en croit pas ma mort; et je perds mon trépas,
Puisque mourant pour lui je ne le sauve pas.
MARTIAN.
Voyez d'autre côté quelle est ma destinée,   1815
Madame : dans le cours d'une seule journée,
Je suis Héraclius, Léonce et Martian ;
Je sors d'un empereur, d'un tribun, d'un tyran.
De tous trois ce désordre en un jour me fait naître,
Pour me faire mourir enfin sans me connoître.   1820
PULCHÉRIE.
Cédez, cédez tous deux aux rigueurs de mon sort :

1. *Var.* Ah! princes, votre cœur ne se peut démentir. (1647-56)

Il a fait contre vous un violent effort.
Votre malheur est grand; mais quoi qu'il en succède,
La mort qu'on me refuse en sera le remède;
Et moi.... Mais que nous veut ce perfide[1]?

SCÈNE VI.

HÉRACLIUS, MARTIAN, PULCHÉRIE, AMYNTAS.

AMYNTAS.

Mon bras 1825
Vient de laver ce nom dans le sang de Phocas.

HÉRACLIUS.

Que nous dis-tu?

AMYNTAS.

Qu'à tort vous nous prenez pour traîtres;
Qu'il n'est plus de tyran; que vous êtes les maîtres.

HÉRACLIUS.

De quoi?

AMYNTAS.

De tout l'empire.

MARTIAN.

Et par toi?

AMYNTAS.

Non, Seigneur:
Un autre en a la gloire, et j'ai part à l'honneur. 1830

HÉRACLIUS.

Et quelle heureuse main finit notre misère?

---

1. « Il est hors de doute que depuis que Phocas est sorti au cinquième d'*Héraclius* jusqu'à ce qu'Amyntas vienne raconter sa mort, il faut plus de temps pour ce qui se fait derrière le théâtre que pour le récit des vers qu'Héraclius, Martian et Pulchérie emploient à plaindre leur malheur. » (*Discours des trois unités*, tome I, p. 115.)

AMYNTAS.

Princes, l'auriez-vous cru? c'est la main d'Exupère.

MARTIAN.

Lui, qui me trahissoit?

AMYNTAS.

C'est de quoi s'étonner :
Il ne vous trahissoit que pour vous couronner.

HÉRACLIUS.

N'a-t-il pas des mutins dissipé la furie ?   1835

AMYNTAS.

Son ordre excitoit seul cette mutinerie.

MARTIAN.

Il en a pris les chefs, toutefois?

AMYNTAS.

Admirez
Que ces prisonniers même avec lui conjurés
Sous cette illusion couroient à leur vengeance :
Tous contre ce barbare étant d'intelligence[1],   1840
Suivis d'un gros d'amis nous passons librement
Au travers du palais à son appartement.
La garde y restoit foible, et sans aucun ombrage ;
Crispe même à Phocas porte notre message :
Il vient; à ses genoux on met les prisonniers,   1845
Qui tirent pour signal leurs poignards les premiers.
Le reste, impatient dans sa noble colère,
Enferme la victime ; et soudain Exupère :
« Qu'on arrête, dit-il ; le premier coup m'est dû ;
C'est lui qui me rendra l'honneur presque perdu. »   1850
Il frappe, et le tyran tombe aussitôt sans vie,
Tant de nos mains la sienne est promptement suivie.
Il s'élève un grand bruit, et mille cris confus

1. *Var.* Tous dessous cette feinte étant d'intelligence,
Suivis d'un gros d'amis, de peuple, et de valets,
Nous passons librement les portes du palais. (1647-56)

ACTE V, SCÈNE VII.

Reconnoissons, amis, la céleste puissance :
Allons lui rendre hommage, et d'un esprit content[1] 1915
Montrer Héraclius au peuple qui l'attend[2].

  1. *Var.* Allons lui rendre grâce, et d'un esprit content. (1647-56)
  2. *Var.* Montrons Héraclius au peuple qui l'attend. (1647-60)

DU CINQUIÈME ET DERNIER ACTE.

ANDROMÈDE

TRAGÉDIE

1650

NOTICE.

Les reproches et les invectives dont les pamphlétaires de la Fronde poursuivaient Mazarin à cause de son goût pour les pièces à grand spectacle et des prodigalités auxquelles cette passion l'entraînait, sont un des lieux communs qui reparaissent le plus souvent dans leurs écrits.

« Qui ne sait, lit-on dans la *Lettre d'un religieux envoyée à Monseigneur le prince de Condé*, ce que coûtent à la France les comédiens chanteurs qu'il a fait venir d'Italie[1]? »

> Adieu, maître des Trivelins;
> Adieu, grand faiseur de machines;
> Adieu, cause de nos ruines,

s'écrie l'auteur de la pièce intitulée *le Passe-port et l'Adieu de Mazarin*[2].

Dans le *Sommaire de la doctrine curieuse du cardinal Mazarin par lui déclarée en une lettre qu'il écrit à un sien confident pour se purger de l'arrêt du Parlement*, le Cardinal est censé se proposer de répondre, comme on va le voir, à la question qu'il prévoit au sujet de ces folles dépenses :

« *Interrogatoire*. Si je n'ai pas diverti le fonds des finances du Roi et employé plus d'argent aux machines de théâtres et ballets qu'à celles de la guerre?

« *Réponse*. Que ce fait ne consiste qu'en interprétation, et que ces profusions ne me seront pas imputées à crime, quand on saura qu'il ne coûtoit chose quelconque au Roi des ballets et

---

1. *Choix de Mazarinades*, publié par M. Moreau, tome I, p. 99.
2. *Ibidem*, p. 51.

des comédies qui lui ont donné tant de plaisir, parce que les avances se prenoient véritablement dans les coffres de Sa Majesté; mais ayant eu soin de les faire représenter au public après que le Roi et sa cour y avoient pris leur satisfaction, je retirois par mes gens beaucoup plus que les avances n'avoient coûté : ce que j'employois aux récompenses que la Reine me permettoit de prendre pour mes services, dont les finances de Sa Majesté se trouvoient d'autant déchargées [1]. »

Ces reproches s'appliquent principalement à

> .... Ce cher ballet,
> Ce beau, mais malheureux Orphée,
> Ou, pour mieux parler, ce Morphée,
> Puisque tant de monde y dormit [2].

Non content du « superbe salon que le cardinal de Richelieu avoit fait bâtir, » Mazarin l'avait fait « rompre en partie pour donner place aux immenses machines de cette ennuyeuse comédie [3]. »

L'opéra d'*Orphée* avait été représenté au carnaval de 1647. Renaudot en fait un pompeux éloge dans l'Extraordinaire de la *Gazette* du 8 mars intitulé : *La représentation naguères faite devant Leurs Majestés dans le Palais-Royal de la tragi-comédie d'Orphée, en musique et vers italiens. Avec les merveilleux changements de Théâtre, les machines et autres inventions jusques à présent inconnues en France.*

Le journaliste officiel s'efforce de prouver qu'un tel spectacle est indispensable à la gloire de la nation : « La France, dit-il, sembloit avoir élevé en nos jours la dignité du théâtre au dernier point, ayant fait honte à l'antiquité par la force et la beauté de ses vers, et par la grâce et la naïveté de ses acteurs; mais il faut confesser qu'elle se laissoit vaincre à la pompe et décoration des scènes étrangères. Il n'étoit pas raisonnable que cet État, qui ne le cède en rien aux autres, leur fût inférieur en ce regard. Il peut aujourd'hui se vanter à juste titre qu'il ne l'emporte pas moins au-dessus de toutes

---

1. *Choix de Mazarinades*, tome I, p. 322 et 323.
2. *La Mazarinade. Choix de Mazarinades*, tome II, p. 243.
3. *La vérité toute nue. Choix de Mazarinades*, tome II, p. 411.

les autres nations aux exercices de la paix qu'en ceux de la guerre[1]. »

Renaudot s'attache surtout à établir que la pièce a paru parfaitement intelligible et n'a causé aucun ennui; mais son insistance même prouve que rien ne devait être plus contestable. « Voilà..., dit-il, le fidèle rapport de ce qui s'est passé en cette action, mais le principal y manque, qui est de voir ce sujet animé par l'organe de ses acteurs et par leurs gestes, qui l'exprimoient si parfaitement qu'ils se pouvoient faire entendre à ceux qui n'avoient aucune connoissance de leur langue. Le Roi y apporta aussi tant d'attention qu'encore que Sa Majesté l'eût déjà vue deux fois, elle y voulut encore assister cette troisième, n'ayant donné aucun témoignage de s'y ennuyer, bien qu'elle dût être fatiguée du bal du jour précédent[2]. »

Si en voyant pour la troisième fois un ouvrage de ce genre le Roi ne bâilla pas par trop fort, car c'est là en fin de compte ce que semblent signifier les euphémismes de Renaudot, cela était dû sans doute à la magnificence du spectacle, bien fait pour charmer un prince de huit ans. Tout le monde du reste trouva les machines très-belles; mais on eût souhaité un poëme plus intéressant. On songea à en commander un à Corneille, et l'on se mit en mesure de tout disposer pour le carnaval de 1648; mais, vers la fin de 1647, le Roi fut assez gravement atteint de la petite vérole et Vincent de Paul profita de cette circonstance pour tâcher de faire perdre à la Reine le goût des amusements profanes. C'est un contemporain qui nous l'apprend en ces termes, dans une lettre du 20 décembre 1647 :

« On préparoit force machines au palais Cardinal pour représenter à ce carnaval une comédie en musique dont M. Corneille a fait les paroles. Il avoit pris Andromède pour sujet, et je crois qu'il l'eût mieux traité à notre mode que les Italiens; mais depuis la guérison du Roi, M. Vincent a dégoûté la Reine de ces divertissements, de sorte que tous les ouvrages ont cessé[3]. »

Ce témoignage est corroboré et complété par celui de Dubuisson Aubenay, qui y ajoute des détails plus précis : « L'af-

1. *Gazette* de 1647, p. 202. — 2. *Ibidem*, p. 212.
3. *Lettres familières de M. Conrart à M. Félibien*, p. 110 et 111.

faire de la comédie françoise d'*Andromède*, dit-il entre le 2 et le 8 janvier 1648, pour l'avancement de laquelle le sieur Corneille avoit reçu deux mille quatre cents livres, et le sieur Torelli[1], gouverneur des machines de la pièce d'*Orphée*, ajustandes (*sic*) à celle-ci, plus de douze mille livres, a été derechef rompue ou intermise, après avoir été naguère remise sus. » Un peu plus loin, vers le 21 janvier, on trouve encore sur le même sujet quelques renseignements nouveaux : « La comédie d'*Orphée et Eurydice*, jouée au Palais-Royal tout l'hiver passé, avec machines, se fait françoise par le sieur Corneille, qui, pour cela, a reçu deux mille quatre cents livres d'avance, et Torelli, conducteur des machines, plus de treize à quatorze mille livres pour les raccommoder. La maladie du Roi survenant a rompu tout le dessein qui en est demeuré d'en par là (*sic*). Mais les petits comédiens du Marais ont joué la pièce d'*Andromède* et Persée la délivrant, un mois ou plus à présent expirant, avec machines imitées de celles de l'*Orphée* des Italiens[2]. »

Cette dernière phrase, assez obscure, ne paraît toutefois pouvoir en aucune manière s'appliquer à l'*Andromède* de Corneille. Il est probable que les comédiens du Marais, espérant profiter de l'intérêt qu'avait excité l'annonce du nouvel ouvrage, en demandèrent un sur le même sujet à quelque autre auteur. C'est ce qui arrive encore de notre temps, et ce genre de spéculation réussit presque toujours.

Au carnaval de l'année suivante, il n'était guère question d'opéra. Mazarin avait bien d'autres affaires : on était au plus fort de la Fronde ; le Roi avait quitté Paris, les théâtres étaient fermés, les comédiens sous les armes.

Une curieuse mazarinade intitulée : *Imprécation comique, ou la plainte des comédiens sur la guerre passée*[3], contient à ce sujet des détails intéressants et peu connus. Le poëte burlesque nous apprend d'abord en son style que les pièces manquaient aux acteurs :

Hélas ! aucun ne s'étudie
A vous faire de beaux rébus

1. Sur Torelli, voyez ci-après, p. 277, note 2.
2. Manuscrit de la bibliothèque Mazarine, in-fol. H, n° 1765.
3. M.DC.XLIX, in-4°, 11 pages et 1 feuillet blanc.

NOTICE.

> Qui nous apportent des quibus,
> A composer ces belles pièces
> Qui tenoient les gens en liesses,
> Et qui faisoient que maints seigneurs
> Nous honoriont de leurs faveurs.
> Nos auteurs ont la gueule morte,
> Leur fureur plus ne les transporte :
> Ils n'ont plus ces rares pensers
> Qui les rendoient si grands et fiers.

Il nous peint ensuite le triste état des comédiens, dont une autre mazarinade, que nous avons eu occasion de citer, nous a déjà instruits[1].

> Bellerose, que l'on révère
> Comme un saint qu'on ne fête guère ;
> De Villiers, Lespy ; Beauchâteau,
> Savant comme un cheval moreau[2] ;
> Baron, dont la grande éloquence
> A contenté toute la France,
> Et tous mes autres compagnons,
> Nous ressemblons les champignons,
> Qui n'étant (pour chose très-seure)
> Cueillis et en temps et en heure,
> Pourrissent. . . . .
> Enfin depuis quatre ou cinq mois
> Nous sommes plus secs que du bois,
> Notre langue est comme muette.

Encore faut-il bien remarquer que ces « quatre ou cinq mois » ne s'appliquent qu'à la plus extrême misère des comédiens, qui depuis longtemps déjà ne jouaient pas ; car on lit à la fin de la même pièce :

> Quoi ? depuis un an tout entier
> Que nous n'avons pas fait grand'chose
> Et que la scène se repose,
> J'ai dissipé mes portions :
> Il ne m'en reste deux testons.

1. Voyez tome IV, p. 407.
2. « Ce mot se dit de certains chevaux noirs, et veut dire un cheval qui est d'un poil noir fort vif : *cheval moreau*. » (Richelet, *Dictionnaire françois*, 1680.)

une erreur : ce compositeur si vanté[1] n'est autre que le poëte burlesque d'Assoucy. Dans un fragment de recueil paginé 91 à 136, qui vient à la suite d'un exemplaire de ses *Rimes redoublées*, que possède la bibliothèque de l'Arsenal, et qui, oublié longtemps, a été, il y a peu d'années, remis en lumière par M. Paul Lacroix[2], il dit en propres termes : « C'est moi qui ai donné l'âme aux vers de l'*Andromède* de M. de Corneille. » M. Édouard Fournier, qui cite à son tour ce passage dans ses *Notes sur la vie de Corneille*[3], en rapproche avec beaucoup d'à-propos un sonnet adressé par Corneille à d'Assoucy pour être placé en tête de son *Ovide en belle humeur*, publié en 1650, l'année même où ils faisaient représenter leur *Andromède*. Ce sonnet, qui prouve leur intimité passagère, se trouvera à sa date parmi les *Poésies diverses* de notre édition.

Dans une pièce de ce genre, le véritable auteur n'est ni le poëte, ni le musicien : c'est le machiniste. Aussi les contemporains ne tarissent-ils pas sur les merveilles dont Torelli a enrichi cet ouvrage. Nous n'avons pas du reste à insister ici sur ce point ; nous renvoyons le lecteur au *Dessein d'Andromède* de Corneille, et à la relation fort élogieuse que Renaudot a faite de cet ouvrage dans sa *Gazette*, suivant notre poëte[4], « avec beaucoup d'éloquence et de doctrine. » On trouvera ces deux morceaux à la suite de la présente notice. Remarquons seulement qu'on lit dans un article de de Visé, inséré dans le *Mercure* de juillet 1682, et sur lequel nous aurons tout à l'heure à revenir, que les machines d'*Andromède* « parurent si belles, aussi bien que les décorations, qu'elles furent gravées en taille-douce. »

Ces planches, de format petit in-folio, sont au nombre de six, et représentent chacune des décorations de la pièce au moment où les Dieux apparaissent, et où par conséquent les machines occupent la scène. Elles ont été gravées par Chauveau, et semblent avoir été publiées isolément[5]. Quand on

1. Voyez ci-après, p. 284.
2. *La Jeunesse de Molière*, p. 173.
3. Page xc en tête de *Corneille à la butte Saint-Roch*.
4. Voyez ci après, p. 277.
5. Toutefois celle qui représente la décoration du quatrième

les considère avec attention, on est frappé de la beauté des points de vue, de l'harmonie de l'ensemble, de l'étendue de la perspective ; mais la disposition générale offre une régularité fatigante, qu'on retrouverait tout au plus aujourd'hui dans les théâtres de marionnettes : toutes les coulisses se répètent symétriquement à droite et à gauche, et aboutissent à une toile de fond qui continue à l'infini la perspective. On ne trouve ni dans ces décorations, ni dans aucune de celles de ce temps, rien d'analogue aux ingénieux artifices qui de nos jours permettent aux machinistes et aux décorateurs de varier à l'infini les sites et d'échapper, par la disposition savante des premiers plans, à la monotonie que semble imposer la construction même de la scène. Torelli d'ailleurs se trouvait sans doute gêné par le mécanisme de son invention, qui faisait changer la scène entière en même temps par un système de contre-poids habilement mis en œuvre. Il était difficile de se soustraire à la nécessité d'une construction uniforme pour des décors destinés à se remplacer successivement à l'aide d'un procédé mécanique.

Quoique nous possédions sur cet ouvrage des renseignements forts abondants et provenant de sources très-diverses, nous ne trouvons l'indication d'aucun des acteurs qui y ont joué d'original. Il semble hors de doute que la pièce a dû être représentée par la troupe royale. On a supposé sans preuves qu'elle s'était peut-être adjoint quelques comédiens de l'illustre théâtre[1] ; mais si la troupe de Molière ne prit pas part aux premières représentations d'*Andromède*, il paraît du moins assuré que plus tard elle représenta cet ouvrage. On trouve dans le catalogue de la *Bibliothèque dramatique de M. de Soleinne*[2], la description d'un exemplaire de l'*Andromède* in-4°, de 1651, qui provenait de la bibliothèque de Pont-de-Vesle, et fut adjugé au prix, alors assez élevé, de cinq cent vingt-neuf francs, à cause des particularités curieuses qu'il présentait. Sur la liste placée en tête de la pièce, Molière, lui-même,

acte porte en bas, à droite, l'indication suivante, que nous n'avons pu nous expliquer : « Fol. 77. »

1. *Molière et sa troupe*, par M. Soleirol, 1858, in-8°, p. 6. Voyez encore ci-après, p. 292, note 1.

2. Tome I, p. 251-253.

suivant toute apparence, avait écrit en regard du nom de chaque personnage celui de l'acteur qui le représentait. Voici la distribution de rôles que ces renseignements nous font connaître :

Du Parc, *Jupiter;* Mlle Béjart, *Junon* et *Andromède;* de Brie, *Neptune;* l'Éguisé, *Mercure* et *un page de Phinée;* Béjart, *le Soleil* et *Timante;* Mlle de Brie, *Vénus, Cymodoce* et *Aglante;* Mlle Hervé, *Melpomène* et *Céphalie;* Vauselle, *Éole* et *Ammon;* Mlle Menou, *Éphyre;* Mlle Magdelon, *Cydippe* et *Liriope;* valets, *huit Vents;* Dufresne, *Céphée;* Mlle Vauselle, *Cassiope;* Chasteauneuf, *Phinée;* Molière, *Persée;* l'Estang, *Chœur de peuple.*

Le rôle de Phinée était d'abord donné à Molière et celui de Persée à Chasteauneuf, mais cette distribution a été remplacée par celle que nous indiquons. Le nom de Phorbas, qui ne figure pas dans la liste imprimée des personnages, y a été ajouté, et ce rôle a été attribué à Mlle Hervé, déchargée sans doute de celui de Céphalie, dont le nom a été remplacé à la main dans le courant de l'ouvrage par celui d'Aglante ; dans la dernière scène Jupiter a été substitué à Junon. Ces arrangements ont été sans doute pratiqués par Molière lorsqu'il parcourait la province ; mais il est difficile d'en préciser l'époque.

L'*Andromède* de Corneille semblait oubliée lorsqu'on joua sur le théâtre de l'Académie royale de musique, le samedi 18 avril 1682, le *Persée* de Quinault, avec musique de Lully. Le grand concours de monde qu'attira cet ouvrage engagea les comédiens de l'hôtel de Bourgogne, réunis depuis le 25 août 1680 à ceux de la rue Mazarine [1], à remettre au théâtre la pièce de Corneille. Elle fut jouée avec un grand succès le dimanche 19 juillet 1682. Voici en quels termes de Visé rend compte de la première représentation [2] :

« Les grands applaudissements que reçut cette belle tragédie portèrent les comédiens du Marais à la remettre sur pied après qu'on eut abattu le Petit-Bourbon. Ils réussirent dans cette dépense, qu'ils ont faite trois ou quatre fois, et elle vient

1. *Histoire du Théâtre françois*, tome XII, p. 192 et suivantes.
2. *Mercure galant* de juillet 1682, p. 359 et 360.

d'être renouvelée par la grande troupe avec beaucoup de succès. Comme on renchérit toujours sur ce qui a été fait, on a représenté le cheval Pégase par un véritable cheval, ce qui n'avoit jamais été vu en France. Il joue admirablement son rôle et fait en l'air tous les mouvements qu'il pourroit faire sur terre. Je sais que l'on voit souvent des chevaux vivants dans les opéras d'Italie; mais si nous voulons croire ceux qui les ont vus, ils y paroissent liés d'une manière qui ne leur laissant aucune action, produit un effet peu agréable à la vue. »

Les frères Parfait, qui rapportent ce passage du *Mercure*, ajoutent ici en note[1] : « Une personne qui a vu la représentation de cette remise nous a instruits de la façon dont on s'étoit pris pour faire marquer à ce cheval une ardeur guerrière. Un jeûne austère auquel on le réduisoit lui donnoit un grand appétit; et lorsqu'on le faisoit paroître, un gagiste étoit dans une coulisse, où il vannoit de l'avoine. Ce cheval, pressé par la faim, hennissoit, trépignoit des pieds, et répondoit ainsi parfaitement au dessein qu'on avoit. On ajoute que c'est le sieur Dauvilliers qui joua le rôle de Persée. Ce jeu de théâtre du cheval contribua fort au succès qu'eut alors cette tragédie. Tout le monde s'empressoit de voir les mouvements singuliers de cet animal, qui remplissoit de mieux en mieux ses devoirs. »

Nous lisons dans la *Gazette* de 1682[2] :

« Le Dauphin va le 18 août 1682 à la foire Saint-Laurent, et ensuite au faubourg S. Germain, voir représenter la Tragédie d'*Andromède*, du Sr Corneille. » De leur côté les frères Parfait complètent ainsi la relation de de Visé : « *Andromède* fut jouée à cette reprise trente-trois fois de suite, jusqu'au quatrième jour d'octobre suivant : on la continua le vendredi 22 janvier 1683 jusqu'au 3 février de la même année, jour de la trente-neuvième représentation. La quarantième est du samedi 20 mars, et la quarante-cinquième et dernière, le 4 avril. » Enfin Jolly parle ainsi, dans l'*Avertissement* de son édition de Corneille[3], d'une sorte de programme publié pour ces représentations : « Suivant un imprimé in-4° (*Paris*, 1682), les comédiens du Roi, entretenus par Sa Majesté, remirent

---

1. *Histoire du Théâtre françois*, tome XII, p. 321, note *a*.
2. Page 490. — 3. Page L.

en 1682 la tragédie d'*Andromède* sur leur théâtre, rue de Guénégaud; cette entreprise fut conduite par le sieur Dufort, *ingénieur et machiniste des comédiens;* le titre en parle ainsi. M. Corneille fit alors quelques augmentations dans les vers que des comédiens et des comédiennes chantaient; ils y sont nommés. Cette pièce eut un grand succès. »

Nous ne connaissons point d'édition d'*Andromède* antérieure à 1651; celle qu'on a toujours regardée comme la première est intitulée :

ANDROMEDE, TRAGEDIE. Représentée avec les machines sur le théâtre royal de Bourbon. — *A. Rouen, chez Laurens Maurry, près le Palais, avec priuilége du Roy,* M. DC.LI, *et se vend à Paris, chez Charles de Sercy, au Palais....*

Le volume, de format in-4°, se compose de 5 feuillets et de 123 pages. En tête se trouve un frontispice de Chauveau représentant la fête des fiançailles de Phinée et d'Andromède, au moment où les Néréides sortent des eaux pour y assister, et où Cassiope déclare la beauté de sa fille supérieure à celle de ces nymphes, ainsi que cela est raconté dans la première scène de l'ouvrage[1]. Le privilége, commun à *Andromède* et à *Nicomède*, ainsi qu'au *Feint Astrologue* et aux *Engagements du hasard*, les deux premières comédies de Thomas Corneille, est du 12 mars 1651, et l'Achevé d'imprimer du 13 août de la même année.

Dans l'édition originale de *Don Sanche*, on trouve un autre privilége, daté « du 11e jour d'avril de l'an de grâce mil six cent cinquante, » et commun à *Don Sanche* et à *Andromède;* mais il est probable que ce privilége antérieur n'a pas été employé pour la seconde de ces pièces, et cela explique pourquoi Corneille a fait figurer de nouveau cette tragédie lyrique dans le privilége de *Nicomède*. Il est vrai que, dans l'édition collective de 1654, *Andromède* est suivie du privilége de 1650, au bas duquel est un Achevé d'imprimer du 13 août 1650; mais si l'on songe que l'Achevé d'imprimer de 1661 est du même mois et du même jour, on sera porté à ne voir qu'une confusion ou une faute typographique dans cette date du 13 août 1650 (pour 1651).

1. Voyez ci-après, p. 321 et 322.

DESSEIN

DE LA TRAGÉDIE D'*ANDROMÈDE*,

REPRÉSENTÉE SUR LE THÉATRE ROYAL DE BOURBON[1]; CONTENANT L'ORDRE DES SCÈNES, LA DESCRIPTION DES THÉATRES ET DES MACHINES, ET LES PAROLES QUI SE CHANTENT EN MUSIQUE[2].

PROLOGUE.

.... En haut paroît d'un côté le Soleil naissant, dans un char tout lumineux tiré par les quatre chevaux

---

1. Ce théâtre, situé rue des Poulies, vis-à-vis le cloître Saint-Germain-l'Auxerrois, sur l'emplacement d'une partie de la colonnade du Louvre, servit d'abord aux comédiens mandés par le Roi; en 1653, il fut donné à une troupe italienne avec laquelle Molière eut, lors de son arrivée à Paris, l'autorisation d'alterner; enfin il fut démoli vers la fin d'octobre 1660. Voyez l'*Histoire du Théâtre françois*, tome VIII, p. 238, note *a*.

2. Le volume dont nous venons de reproduire, dans ces cinq lignes, le titre exact, se compose de 68 pages; il est de format in-8° et porte à l'adresse : « Imprimé à ROVEN, aux despens de l'Autheur. M.DC.L. Auec Priuilege du Roy. Et se vend à PARIS, chez Augustin Courbé, Imprimeur et Libraire ordinaire de M. le Duc d'Orleans, au Palais, à la Palme. » Par le privilége, « donné à Paris le 12 d'octobre 1649, » et imprimé en extrait au verso du titre, « il est permis au sieur Corneille de faire imprimer, vendre et distribuer le *Dessein d'Andromède*, tragédie par lui composée, durant le temps et espace de cinq ans à compter du jour qu'il sera achevé d'imprimer. » On lit au-dessous de cet *Extrait*... : « Acheué d'imprimer ce troisiesme de Mars 1650. » L'unique exemplaire connu de ce volume se trouve

qu'Ovide lui donne[1] ; et de l'autre, sur un des sommets de la montagne, Melpomène, la muse de la tragédie, qui lui emprunte ses rayons pour éclairer le théâtre qu'elle a préparé pour divertir le Roi[2]. C'est ce qui fait tomber leur discours sur les louanges de notre jeune monarque, par le commandement duquel cet ouvrage a été entrepris. Après que l'un et l'autre en ont fait quelques éloges, le Soleil invite Melpomène à voler dans son char, pour apprendre en un seul jour à toute la terre les rares qualités que le ciel a départies à ce jeune prince. Cette muse y vole, et ayant pris place auprès du Soleil, ils commencent un air à sa louange, dont les derniers vers sont répétés par le chœur de musique. En voici les paroles :

Cieux, écoutez ; écoutez, mers profondes[3]....

Cet air chanté, le Soleil part avec rapidité, enlevant Melpomène avec lui, pour aller publier la même chose au reste de l'univers.

à la Bibliothèque impériale dans la Poésie, sous le n° Y 5564. — Voyez ci-dessus la *Notice*, p. 251 et 252.

En tête du *Dessein* se trouve l'*Argument*, puis, au commencement du prologue et de chacun des actes, la description des décorations, et enfin, à leur place dans l'analyse, les morceaux de chant. Nous n'avons pas cru devoir imprimer ici les parties de l'ouvrage qui auraient fait double emploi dans notre édition ; mais seulement, d'une part, les morceaux qui ne sont que dans le *Dessein* et ne répondent à rien de ce qui est compris dans le texte d'*Andromède* ou joint à ce texte ; et, d'autre part, ceux qui présentent des diversités trop nombreuses ou trop notables pour être indiquées commodément, comme variantes, au bas des pages. Quant aux différences qui peuvent être indiquées ainsi et qui affectent des endroits communs au *Dessein* et au texte ou aux annexes d'*Andromède*, elles seront relevées soigneusement et figureront chacune à sa place, à titre de *variantes*, au-dessous du texte de la tragédie.

1. Voyez les *Métamorphoses* d'Ovide, livre II, vers 153 et 154.
2. Cette phrase vient après les mots : « et entrelacés les uns dans les autres ; » voyez ci-après, p. 315.
3. Voyez p. 318.

ACTE I.

....[1] C'est sur ce pompeux théâtre que

SCÈNE I[2].

La reine Cassiope paroît conduite par Persée, chevalier inconnu, comme passant par cette place pour aller au temple jeter le sort pour la sixième fois ; et en attendant que le Roi la joigne, elle raconte à ce héros l'histoire de ses malheurs. Persée l'ayant apprise de sa bouche, en attribue la cause, non pas à ce qu'elle a préféré la beauté d'Andromède à celle des Néréides, mais à ce qu'elle l'a promise à Phinée, qui n'est qu'un homme mortel. Il ajoute que les Dieux, amoureux de cette princesse, vengent l'injustice qu'on lui a rendue, et que sans doute Jupiter même, épris d'une beauté si merveilleuse, la réserve pour lui, ou du moins la destine à quelqu'un de ses fils, parlant obscurément de lui-même ; sur quoi

SCÈNE II.

Le Roi sort, contestant avec Phinée sur le sujet d'Andromède, que cet amant prétend ne devoir plus être ex-

---

1. Après les mots : « l'égalité de la perspective ; » voyez ci-après, p. 320.
2. Nous ne faisons ici et dans les cas analogues que reproduire scrupuleusement la disposition bizarre des alinéas dans l'impression faite sous les yeux de Corneille. Le but de cet arrangement est de faire bien comprendre où commence chaque scène. — Dans l'édition originale elles sont indiquées seulement en manchette à la marge.

posée au sort. Persée même se joint avec lui, et soutient qu'il suffit de différer son mariage jusques à la fin des malheurs publics; mais le Roi persiste toujours à leur maintenir que l'oracle n'ayant point excepté sa fille, ce n'est pas à eux à lui donner ce privilége, qui seroit un attentat contre la volonté des Dieux. Sur leur dispute, le ciel s'ouvre, et fait voir un éloignement où paroît une déité dans une étoile, que la Reine reconnoît incontinent pour Vénus, à qui elle avoit offert un sacrifice pour la Princesse, dont tous les auspices avoient été favorables. Cette déesse s'avance peu à peu jusques au milieu du théâtre, sans que les yeux découvrent à quoi est suspendue cette étoile qui la porte, et cependant qu'elle s'avance, le chœur de la musique chante cet hymne :

SCÈNE III.

Reine de Paphe et d'Amathonte[1]....

Vénus, au milieu de l'air, apprend à ces princes que leurs malheurs vont finir, qu'on ne jettera plus le sort que cette fois, qu'Andromède aura dans ce jour-là même l'époux digne d'elle, et leur ordonne d'aller préparer les noces, où les Dieux veulent assister. Phinée, qui prend cet oracle pour lui, va tout impatient porter cette bonne nouvelle à sa maîtresse, et cependant que Vénus remonte dans le ciel, le chœur chante encore cet hymne de réjouissance :

Ainsi toujours sur tes autels[2]....

Vénus disparue, le Roi s'en va faire jeter le sort, et donne ordre à la Reine de faire préparer la pompe des noces.

1. Voyez p. 329. — 2. Voyez p. 331.

SCÈNE V.

Au milieu de ce tonnerre qui gronde et des éclairs qui brillent continuellement, Éole descend dans un nuage avec huit vents qui l'accompagnent. Quatre de ces vents sont à ses deux côtés, en sorte toutefois que les deux plus proches sont portés sur le même nuage que lui, et les deux plus éloignés sont comme volants en l'air tout contre ce même nuage. Les quatre autres paroissent deux à deux, au milieu de l'air, sur les ailes du théâtre, deux à la main gauche et deux à la droite. Éole demeure à la même hauteur sans descendre plus bas, et c'est de là qu'il interrompt les blasphèmes de Phinée, et que lui ayant dit impérieusement que les Dieux savent bien se faire obéir, il commande à ces vents d'exécuter les ordres de Neptune, dont il est le premier ministre. Ce commandement produit aussitôt un spectacle étrange et merveilleux tout ensemble : les deux vents qui étoient à ses côtés suspendus en l'air s'envolent, l'un à gauche et l'autre à droite ; deux autres remontent avec lui vers le ciel sur le même nuage qui les vient d'apporter ; deux autres qui étoient à sa main gauche sur les ailes du théâtre s'avancent au milieu de l'air, où ayant fait un tour, ainsi que deux tourbillons, ils passent au côté droit du théâtre, d'où les deux derniers fondent sur Andromède, et l'ayant saisie chacun par un bras, l'enlèvent de l'autre côté jusque dans les nues. Le Roi s'écrie d'étonnement ; Phinée court après cette princesse, que les vents emportent, et

SCÈNE VI.

Persée, demeuré seul avec ce déplorable père, l'assure qu'il la va secourir. Ce monarque l'en veut détourner sur l'impossibilité de l'entreprise, en laquelle vingt amants avoient succombé pour Nérée il n'y avoit qu'un mois ; mais ce héros, loin de s'étonner, lui dit hautement qu'il trouvera des chemins inconnus aux hommes, pour faire en sorte que l'oracle de Vénus ait son effet, et l'expliquant à son avantage, il ajoute que les vents n'arrachent point Andromède à Phinée pour la perdre, mais seulement pour la rendre à un époux plus digne d'elle. Après cela, il quitte le Roi sans se faire connoître davantage, et ce monarque se retire pour aller faire des vœux qu'il ne croit pas qu'on veuille exaucer.

ACTE III.

SCÈNE I.

.... [1] Timante vient sur le rivage, suivi d'un gros de peuple qui cherche ce que sa princesse est devenue. Ils la découvrent, comme ces vents se retirent après l'avoir attachée, et lui entendant pousser quelques soupirs, ils prêtent silence à ses plaintes. Andromède les continue ; mais elle n'a plus cette fermeté de courage qu'elle avoit montrée en la présence de son père et de son amant. L'abandonnement où elle se voit, et les approches d'une mort aussi infaillible qu'épouvantable, ébranlent son grand cœur, et sa foiblesse paroîtroit toute entière si elle n'étoit interrompue par les désespoirs de la Reine.

1. Après les mots : « au pied d'un de ces rochers ; » voyez ci-après, p. 352.

SCÈNE II.

Cette déplorable mère se fait voir toute furieuse, et sa fureur garde encore le caractère de la vanité qui l'a précipitée en des malheurs si grands. Après avoir accusé les Dieux d'injustice de punir la fille des crimes dont sa mère est seule coupable, elle en impute la cause à leur jalousie, et à la juste crainte qu'ils doivent avoir qu'Andromède n'eût plus d'autels qu'eux s'ils la laissoient vivre. Elle leur reproche ensuite leur aveuglement ou stupidité, de ce qu'ils ne sont pas tous assez amoureux de sa fille pour la sauver; elle soutient que Jupiter a changé de forme pour des beautés moindres; elle dit la même chose de Neptune, d'Apollon et des autres; il n'est pas jusques aux Tritons qu'elle ne fasse criminels de n'avoir point d'amour pour elle, et de n'écraser pas leur monstre à ses pieds en dépit de leurs Néréides.

SCÈNE III[1].

Il semble que ces impiétés hâtent ce monstre de paroître; on le voit dans l'éloignement, bondissant au milieu des flots, et cependant qu'il s'avance, la Reine, au défaut des Dieux, appelle Phinée au secours. Andromède l'excuse d'une voix languissante, et veut persuader à sa mère qu'il est mort de douleur, puisqu'il ne se présente pas pour la défendre. Le dernier recours de cette désespérée est à cet illustre inconnu, qu'elle avoit entendu se vanter d'une si haute naissance et de tant d'amour pour la princesse sa fille. Elle la lui offre, quoiqu'elle ne le voie pas. Cependant le monstre approche et personne ne vient au secours. Elle veut se jeter dans la mer, pour être du moins dévorée la première; mais comme elle s'élance,

1. Dans le *Dessein*, Corneille coupe en deux la scène II de la tragédie.

SCÈNE IV.

Timante la retient et lui fait voir Persée monté sur le cheval Pégase, qui fond du haut des nues pour combattre ce monstre. Elle l'encourage au combat par l'assurance qu'elle lui donne qu'Andromède sera pour lui, s'il en sort victorieux. Le peuple, pour l'encourager aussi de sa part, l'anime par ces paroles qu'il chante durant son combat, et qui ne sont qu'une répétition des promesses de la Reine :

CHOEUR DE MUSIQUE.

Courage, enfant des Dieux ! elle est votre conquête [1]....

Cet air chanté, on voit Persée victorieux, le monstre mort, la Reine ravie, et Andromède qui commence à respirer. Après quelques civilités, Persée, suivant le pouvoir qu'il avoit obtenu de son père Jupiter, commande aux vents de rendre Andromède au lieu même d'où ils l'ont enlevée. Ils obéissent aussitôt, et on les voit reporter cette princesse au-dessus des flots par le même chemin qu'ils l'avoient apportée au commencement de cet acte. Ensuite Persée revole en haut sur son cheval ailé, et après avoir fait un caracol admirable au milieu de l'air, il tire du même côté qu'on a vu disparoître la Princesse. Tandis qu'il vole, tout le rivage retentit de cris de joie et de ce chant de victoire :

Le monstre est mort, crions victoire [2]....

SCÈNE V.

Sitôt que cette musique a cessé, la Reine et le peuple se retirent, et trois Néréides s'élèvent du milieu des flots.

1. Voyez scène III, p. 359. — 2. Voyez scène III, p. 361.

Leur entretien n'est que de l'affront qu'elles viennent de recevoir par la mort du monstre qui les vengeoit, et par la délivrance de leur victime; elles en veulent aller faire leurs plaintes au palais de Neptune, mais

SCÈNE VI.

Ce Dieu les prévient et se fait voir sur une conque de nacre tirée par deux chevaux marins. Il leur témoigne d'abord qu'il est encore plus en colère qu'elles, de ce que Jupiter, son frère, l'envoie braver jusque dans son empire par un de ses fils; il leur promet d'intéresser Pluton et Junon avec lui pour les venger, et les assure qu'il a su du Destin qu'Andromède n'auroit jamais de mari en terre : si bien que ces nymphes, consolées par cette assurance qu'il leur donne, se replongent avec lui dans la mer, et l'acte finit.

ACTE IV.

....[1] C'est dans cette salle qu'Andromède reçoit les adorations de son libérateur :

SCÈNE I.

J'appelle ainsi les submissions que lui fait ce héros. Vénus a prononcé pour lui; le Roi et la Reine viennent

1. Après les mots : « s'enfonce à perte de vue; » voyez ci-après, p. 365.

de se déclarer en sa faveur; cependant il est si généreux qu'il renonce à tous ces avantages, et lui en fait un sacrifice pour remettre tout à son choix et ne l'obtenir que d'elle-même. Il mourra de douleur s'il la voit possédée par un autre; mais il préfère cette mort à la gloire de la posséder contre son inclination. Cette mort même lui sera douce, si elle épargne quelques soupirs à sa princesse, et la défait d'un obstacle à ses contentements. Ce grand respect achève de la gagner; mais comme elle est prête de lui avouer qu'elle n'est pas insensible pour lui, ce même respect ne peut souffrir qu'elle décide de sa fortune qu'il ne soit parti. Il ne veut pas que sa vue entretienne dans son esprit le souvenir du service qu'il lui vient de rendre; il craint que sa présence ne l'oblige à faire par civilité quelque violence à ses sentiments, et ne soit cause que la reconnoissance l'emporte au préjudice de l'amour; il la conjure de ne penser qu'à se satisfaire, sans prendre aucun soin de lui, et après lui avoir protesté de nouveau qu'il mourra trop content pourvu qu'elle vive contente, il la quitte sans lui donner le loisir de lui répondre autre chose, sinon qu'un homme qui a tout mérité doit tout espérer.

SCÈNE II.

Andromède s'étonne avec ses filles du prompt changement qu'elle reconnoît en son cœur, et ne peut comprendre comme en moins d'un jour elle peut aimer si fortement un autre que Phinée. Une d'elles l'assure qu'il n'est pas plus difficile aux Dieux de changer son cœur, qu'il leur a été de changer son destin, et lui dit que l'estime qu'elle a témoignée pour ce héros dès le second acte étoit un principe de l'amour qu'elle ressent maintenant pour lui, ou plutôt un amour secret dont elle ne s'apercevoit pas, et qui n'attendoit que l'occasion de pouvoir éclater avec honneur. Une autre prend le parti de Phinée, et ne fait qu'irriter cette princesse. Enfin

SCÈNE III.

Ce malheureux amant se présente devant elle, et n'en reçoit que des mépris. Elle lui reproche qu'il a mauvaise grâce de prétendre qu'elle lui doive encore de l'amour après l'avoir abandonnée dans le péril. Il peut bien (à ce qu'elle dit) la céder à Persée, après qu'il l'a cédée au monstre. Il a beau s'excuser sur l'impossibilité de l'entreprise, et s'appuyer sur l'exemple de vingt amants qui voulant secourir Nérée, furent tous dévorés par le monstre; elle en prend occasion de le maltraiter davantage, et s'estime d'autant plus malheureuse que cette Nérée, en ce que vingt amants n'ont pas voulu lui survivre, et qu'elle n'en avoit qu'un qui n'a pas daigné hasarder sa vie pour la garantir. Il devoit courir à sa perte, quoique certaine, et se faisant dévorer à ses yeux, lui rendre la mort souhaitable, d'horrible qu'elle lui étoit. Elle eût aimé les approches de ce monstre, qu'elle eût pris pour un vivant sépulcre, où son amour eût été ravi de l'aller rejoindre; elle eût refusé même le secours de Persée, et quand il l'auroit sauvée malgré elle, elle se fût aussitôt immolée de sa propre main aux mânes d'un amant si généreux. Enfin elle le quitte dédaigneusement, après l'avoir assuré que quand même l'amour lui parleroit encore en sa faveur, elle ne peut disposer des conquêtes de Persée.

SCÈNE IV.

Phinée, piqué jusqu'au vif du changement et des reproches d'Andromède, se résout à la violence contre Persée.

Ammon lui représente en vain que ce héros est fils de Jupiter, et qu'il doit craindre le foudre de son père. Rien ne l'ébranle, il espère même que quelques-uns des Dieux se mettront de son parti, et que du moins Junon prendra sa querelle contre un bâtard de son Jupiter.

SCÈNE V.

Il n'est pas trompé dans cette espérance : cette déesse paroît dans un char tiré par deux paons, et si bien enrichi qu'il paroît digne de la majesté de la Déesse qui daigne s'y faire porter. Ce char lui fait faire trois tours au milieu de l'air, cependant qu'elle assure Phinée non-seulement de son secours, mais aussi de celui de Neptune et de Pluton. Cette promesse opiniâtre ce prince dans sa résolution et raffermit le courage de ses amis étonnés. La Déesse regagne le ciel avec un mouvement rapide, et cet amant disgracié quitte la place au Roi, qui entre dans cette salle.

SCÈNE VI.

Ce monarque est suivi de la Reine, de Persée, d'Andromède et de toute sa cour. Timante lui porte la parole au nom de son peuple, dont tous les déplaisirs sont changés en allégresse, qu'il exprime par ce chant nuptial :

    Vivez, vivez, heureux amants[1]....

Ces acclamations finies, ces princes se séparent pour aller sacrifier chacun de son côté, le Roi à Jupiter, la Reine et la Princesse aux Néréides, et Persée à Junon ; les derniers pour apaiser la jalousie et le ressentiment de ces déités mal favorables à leurs intentions, et le premier

1. Voyez p. 377.

pour obtenir de ce monarque du ciel son consentement au mariage qu'ils se proposent de faire, et le prier de ne s'offenser pas de cette union de son sang avec celui des rois d'Éthiopie.

ACTE V.

SCÈNE I.

....[1] Phinée y paroît le premier, mais un peu refroidi de la violence de ses derniers sentiments. Ammon a beau lui donner avis que Persée est presque seul dans le temple de Junon, et qu'il peut aisément l'immoler à cette déesse, qui ne manquera pas d'agréer cette victime : la seule pensée que ce sacrifice déplairoit à la divinité qu'il adore lui fait rejeter ou du moins retarder l'exécution de ce dessein. Il veut faire encore un effort auprès d'elle avant que de courir à sa vengeance. Il s'imagine qu'elle l'aime encore dans l'âme, que quatre ans de service ne sont pas si aisément effacés, et que le trouble où elle étoit au sortir du péril, le commandement de ses parents, et sa reconnoissance envers son libérateur, ont plus agi que son inclination, en tout ce qu'elle a fait à son préjudice. Il espère que ses soupirs et ses larmes pourront encore toucher un cœur qui a été longtemps à lui, et s'il peut gagner sur elle que son mariage se diffère

---

1. Après les mots : « que représente le théâtre; » voyez ci-après, p. 380.

Junon, pour marque de son consentement, fait prendre place au Roi et à ce héros auprès d'elle; Neptune fait le même honneur à la Reine et à sa fille, et tous ensemble remontent dans ce ciel qui les attend, cependant que le peuple, pour acclamation publique, chante ces vers, qui viennent d'être prononcés par Jupiter :

Allez, amants, allez sans jalousie[1]....

Voilà une simple et nue description, tant des machines que des théâtres, qui ont ravi tout le monde à la représentation d'*Andromède*. Toute la gloire en est due au sieur Torelli[2], qui s'est surpassé lui-même en l'exécution des desseins que je lui ai proposés, et je me suis souvent étonné comme il s'est pu si heureusement démêler sans confusion d'un si grand embarras. Ceux qui en voudront un récit plus étendu et plus riche, le trouveront dans l'Extraordinaire qu'en a dressé le sieur Renaudot avec beaucoup d'éloquence et de doctrine[3]. Aussi l'a-t-il fait pour être conservé dans ses mémoires, et porter jusqu'aux étrangers[4] la nouvelle de la pompe où nous savons faire

---

1. Voyez p. 396.
2. Jacques Torelli, né à Fano en 1608, s'acquit une grande réputation à Venise, par les perfectionnements qu'il apporta aux machines des théâtres. C'est à lui que l'on doit le mécanisme à l'aide duquel on peut changer en un instant toute la scène à l'aide d'un treuil, d'un levier et d'un contre-poids. On l'avait surnommé le *grand Sorcier*. Appelé à Paris par Mazarin, il y exécuta les décorations de la *Finta pazza*, les fit graver et les offrit à la Reine sous le titre suivant : *Feste theatrali per la Finta pazza, drama del sigr Giulio Strozzi, rappresentate nel piccolo Borbone in Parigi quest anno* M.DC.XLV. *et da Giacomo Torelli da Fano, inventore, dedicate ad Anna d'Austria.* Il est aussi l'auteur des machines d'*Orphée*, qu'il accommoda à la pièce d'*Andromède* (voyez la *Notice*, p. 248). Il retourna en Italie en 1663, bâtit le magnifique théâtre de Fano, et mourut en 1678.
3. Voyez ci-après l'*Appendice*, p. 279-290.
4. Voyez ci-après, p. 281.

monter les spectacles publics. J'ai dressé ce discours seulement en attendant l'impression de la pièce entière, pour servir à soulager la plupart de mes spectateurs, qui pour mieux satisfaire la vue par les grâces de la perspective, se placent dans les loges les plus éloignées, où beaucoup de vers échappant à leur oreille ne leur laissent pas bien comprendre la suite de mon dessein. J'y ai mêlé les paroles qui se chantent en musique, et qu'il est impossible d'entendre quand plusieurs voix ensemble les prononcent, et j'ai cru être d'autant plus obligé à donner ceci sans aucuns ornements de l'éloquence, que c'est en faire un mauvais usage, que de les employer à décrire et exagérer l'excellence de son propre travail, n'y ayant rien de si bienséant à un homme qui parle de soi-même que la modestie.

APPENDICE.

L'*ANDROMÈDE*,

REPRÉSENTÉE PAR LA TROUPE ROYALE AU PETIT-BOURBON,

AVEC L'EXPLICATION DE SES MACHINES [1].

Que la Grèce ne se vante plus d'avoir inventé, Rome d'avoir mis au dernier point le théâtre, l'un des plus agréables objets des deux plus nobles sens, et la peinture parlante de toutes les passions humaines! Nous pouvons dire aujourd'hui ce que le plus célèbre auteur des épigrammes latins disoit en faveur des spectacles de son temps, que ces miracles d'Égypte se doivent désormais taire [2].

Le poëme dramatique qui ravissoit d'admiration notre enfance dans les ouvrages des premiers auteurs françois a maintenant honte de paroître sous ses anciens ornements, et n'ose plus s'exposer même au jugement du simple populaire.

Ces premières pièces confondoient non-seulement les actions et les lieux, mais aussi les jours et les années, nous représentant ce qui s'étoit passé en divers climats et en des temps différents sur une même scène, employant souvent une seule personne à représenter divers personnages, et leur suffisant de la déguiser d'habits différents : ce qui, bien loin d'imprimer le sujet dans les sens par ses apparences, ôtoit toute créance à une représentation qui ne contentoit les yeux et les oreilles que par la richesse de ses habits et l'harmonie de ses concerts ; au lieu que les lois du théâtre bien observées rangent les événements plus irréguliers sous l'un ou l'autre des deux

---

1. Cette relation, qui occupe tout un Extraordinaire de la *Gazette*, forme le n° 27, p. 245-260, de l'année 1650. Voyez ci-dessus, p. 252.
2.   *Barbara pyramidum sileat miracula Memphis ;*
    . . . .
    Omnis Cæsareo cedat labor amphitheatro.
                              (Martial, *Épigramme I.*)

vraisemblables. Et il y a de quoi s'étonner comment ces premiers auteurs, ayant trouvé de si bons principes chez les Grecs, et de si beaux exemples chez les Romains, ont si peu profité de tous les deux, si ce n'est par le sort commun à toutes les choses humaines, qui étant venues d'une foible origine à leur période, déclinent par une nécessité inséparable de leur condition. Ainsi, les mêmes Grecs et Romains ayant eu par succession de temps d'excellents peintres et statuaires, les siècles suivants les ont vus déchoir jusqu'à la honte, et se relever depuis en ce haut point auquel ils se sont fait estimer de nos aïeuls par leurs ouvrages, qui nous tiennent encore en admiration.

Quoi qu'il en soit, cet excellent emploi du théâtre est à présent venu au comble de sa perfection, et pour parler avec les astrologues, en son apogée : ce qui nous fait espérer qu'il pourra produire le même effet dans les esprits de ce temps qu'il faisoit autrefois en ceux qui ont longtemps donné des lois au reste du monde, qu'il ne récréoit pas seulement, mais les apprivoisoit et rendoit plus traitables.

Il y a déjà quelques années que la France a produit des ouvrages approchant de cette perfection, depuis que les plus grands, au lieu de dédaigner le théâtre, l'ont honoré de leur présence et tiré de cet insupportable mépris dans lequel l'ignorance grossière de quelques censeurs l'avoit jeté; mais il faut que les plus critiques confessent que l'*Andromède* du sieur Corneille, aujourd'hui reconnu pour l'un des plus excellents auteurs en ce genre de poésie, et ici représentée dans les machines du sieur Torelli, Italien, par la troupe royale, dans la salle du Petit-Bourbon, s'est montrée si puissante à charmer ses spectateurs, qu'il lui est arrivé, ce qu'on n'a pu dire jusques ici que de fort peu de pièces, et possible d'aucune, à savoir, que de plusieurs milliers d'assistants de toutes conditions, personne ne s'en est retourné que très-satisfait, sans en excepter ceux qui l'ont vu représenter dix ou douze fois; car il s'y découvre tous les jours tant de nouvelles grâces qu'elles ne peuvent être goûtées dans le temps de trois heures qu'elle dure, et qui semble toujours trop court.

Non que je me veuille ici constituer juge de cette sorte de poésie, où je confesse m'être le moins exercé; mais comme chacun prend la liberté de dire son sentiment des actions publiques, croyant que l'on peut plus innocemment juger de celle-ci que de beaucoup d'autres, je ne fais point de difficulté d'en dire mon avis et préférer cette scène à toutes celles que j'ai jamais vues, ni entendu louer de ceux qui ont le plus fréquenté le théâtre, confessant néanmoins mon ignorance par la raison de cette admiration qu'Aristote dit en être l'effet.

APPENDICE.

Voire je soutiens qu'il y a quelque espèce de plaisir à ignorer les mouvements ravissants de ces superbes machines qui animent avec tant de majesté tous les actes de ce théâtre et surprennent les esprits avec tant d'artifice; et s'il est vrai que la première superstition vient d'une automate représentant la personne du roi Belus, ses adorateurs ne pouvant concevoir qu'autre chose qu'un Dieu pût faire mouvoir la tête, les yeux et les autres parties d'une statue dont les ressorts leur étoient cachés, il eût été impossible à tous ceux qui n'auroient point été éclairés de la foi, voyant ces mouvements si extraordinaires dans l'air, de se garantir d'idolâtrie.

Et pour ce que tous, mais principalement les étrangers [1], ne peuvent avoir autre part en ce merveilleux divertissement que celle que leur en donnera son récit, voici ce que j'en ai retenu y ayant assisté il y a trois jours, mais qui ne peut entrer en comparaison de ce que vous en apprendroit la vue, laquelle, en ce sujet comme en tous les autres, représente plus d'objets en un instant et beaucoup plus parfaitement que tous les discours et les livres mêmes qu'on en sauroit faire.

Vous ne trouverez pas ici le même artifice que Parrhaze employa dans son rideau [2] pour tromper son compétiteur dans la peinture : car celui qui se présente le premier aux yeux des spectateurs ne doit pas borner leur vue. C'est pourquoi il se lève pour faire l'ouverture du théâtre, mais avec une telle vitesse que l'œil le plus subtil, quelque attachement qu'il y apporte, ne peut suivre la promptitude avec laquelle il disparoit, tant les contre-poids qui s'élèvent sont industrieusement proportionnés à sa grande étendue.

Étant haussé, il se présente un bocage, que la perspective, par une agréable tromperie, fait paroître de deux ou trois lieues d'étendue, lequel seroit borné des agréables collines du mont Parnasse, s'il n'étoit percé à jour par ses grottes, au travers desquelles se voit un lointain de mer à perte de vue ; comme ce double mont, le séjour des Muses porte sa cime jusque dans les nues, pour leur rendre de là leur père Apollon plus accessible.

Melpomène s'y montre seule d'abord, et le voyant paroître en soleil, le prie d'arrêter quelque temps sa course, afin que ses rayons puissent éclairer le spectacle qu'elle prépare pour le divertissement

---

1. Voyez ci-dessus, p. 277.
2. Allusion au récit fréquemment répété de la lutte de Parrhasius et Zeuxis. Ce dernier offrit aux regards un tableau présentant une corbeille pleine de raisins, qui avait trompé les oiseaux mêmes; Parrhasius montra à son tour son ouvrage, et Zeuxis s'écria : « Tirez donc ce rideau. » Or le rideau était le tableau lui-même.

du Roi et de toute sa cour, et que par son adresse et ses nobles exercices il juge des espérances qu'il donne d'être le plus grand des rois.

Ce père du jour s'excuse sur la loi qui lui est imposée de ne retarder point sa course si nécessaire aux mortels; mais la muse lui représentant qu'il peut bien faire en faveur de ce prince ce qu'il fit autrefois pour la naissance d'Hercule et pour le festin d'Atrée, il repart qu'il réserve ce miracle à la première victoire en faveur de ce jeune prince, pour laquelle éclairer et être plus longtemps témoin de sa gloire il s'arrêteroit, et cependant convie Melpomène à venir prendre place auprès de lui dans son char lumineux, afin que faisant ensemble le tour du monde, elle apprenne qu'il n'y a point de climat où ses rayons soient portés qui n'ait appris de lui ces glorieuses espérances que font concevoir à l'avenir les actions naissantes de ce prince. Cette muse protectrice de l'éducation du Roi vole ensuite dans ce chariot ardent avec tant de subtilité, que tous ceux qui voient son transport dans les cieux, sans être soutenu d'aucune autre chose que de l'adresse du machiniste, considérant l'impossibilité apparente de ce mouvement contre nature, ne le pourroient imputer à autre chose qu'à un art magique, s'ils ne savoient bien que rien d'illicite ne sauroit compatir avec la piété de ce prince, non plus qu'avec la pureté à laquelle est aujourd'hui le théâtre.

Melpomène ayant donc pris sa place aux pieds du Soleil, ils chantent de concert un air mélodieux à la louange du Roi, qui raviroit toute l'assistance si elle n'étoit accoutumée aux éloges dus à ce monarque; et pource que cet agréable entretien avoit arrêté le Soleil, il oblige ses chevaux à regagner ce temps par la violence de leur course, où l'on a de la peine à suivre des yeux son mouvement rapide, voltigeant dans l'écharpe du ciel, ce beau zodiaque, lequel le ravit d'orient en occident, sa course ordinaire; l'intelligence motrice de cette machine imitant si exactement dans ce ciel artificiel celle qui guide les sphères célestes, que le ciel de Marcus Scaurus[1] ou celui du théâtre de Pompée ni tous les autres de l'antiquité n'avoient rien de semblable.

Le char du Soleil ne s'est pas plutôt éloigné que ce grand bocage, ce Parnasse, ces grottes, ce lointain, et tous ces autres objets qui continuent de suspendre et de tenir en admiration les esprits des spectateurs, disparoissent avec tant de vitesse par un autre nouvel artifice,

1. Marcus Æmilius Scaurus fit construire, l'an 675 de Rome, soixante-dix-huit ans avant Jésus-Christ, pour le seul temps de son édilité, un théâtre dont la scène se composait de trois ordres d'architecture : le premier de marbre, le second de verre, et le troisième doré.

qu'il ne se marque point de distance entre ces premiers objets et ceux qui leur succèdent, qui servent de décoration au premier acte de cette tragédie, dont vous n'avez encore vu que le prologue.

Cette décoration est la ville capitale du royaume d'Éthiopie, ornée de quantité de palais superbes de différentes modes, de plusieurs portiques, de grandes places publiques et de spacieuses rues, où l'architecture est si bien entendue et la perspective si bien observée, qu'on se persuade aisément qu'une ville bâtie de cette manière seroit beaucoup plus superbe et plus magnifique que l'ancienne Rome en sa plus grande splendeur, comme il est facile aux choses feintes de surpasser les véritables.

Dans une place publique de cette grande ville, à côté du palais principal, Cassiope, que la beauté de sa fille Andromède avoit enflée d'une vanité insupportable aux nymphes de la mer, paroît accompagnée de Persée et de ses filles d'honneur, royalement vêtues, les unes en broderie d'or et d'argent, et les autres de brocatel et couvertes de grands clinquants.

En la première scène de cet acte, cette reine instruit ce fils de Jupiter et de Danaé, qui passe pour chevalier inconnu dans cette province, de la cause des malheurs qui font gémir la cour du roi Céphée son mari. Elle lui dit qu'étant sur le rivage de la mer, où elle avoit fait préparer quelques jeux pour le divertissement de sa fille, les Néréides, filles de Neptune, quittèrent leur humide séjour pour voir la pompe de ce spectacle; mais qu'elles s'en retournèrent avec plus de honte que de satisfaction, lorsqu'elle leur fit remarquer que sa fille les surpassoit en beauté : de sorte que le dépit de se voir bravées par la vanité de la mère et la beauté de la fille, les porta à un tel désir de vengeance, qu'elles suscitèrent un monstre marin, qui courant sur le rivage, dévoroit tout ce qu'il rencontroit, au grand étonnement du royaume et du Roi même, qui, pour tâcher d'apaiser les Dieux, alla consulter l'oracle de Jupiter Ammon, lequel répondit qu'il jetât au sort tous les mois une fille pour être exposée a ce monstre, et qu'il différât cependant les noces d'Andromède, auxquelles les Dieux vouloient assister.

Cinq beautés avoient déjà été dévorées, et ce jour étant celui auquel le sixième sort devoit être jeté, cette reine témoigne à Persée l'appréhension qu'elle a qu'il ne tombe sur sa fille.

Phinée, que l'amour qu'il a pour Andromède fait frissonner de même crainte, paroît sur cette superbe scène, suivant le Roi accompagné des princes de son royaume, et pressant son mariage; mais ce roi, voulant obéir à l'oracle, remet Phinée à un autre temps.

Cependant la Reine ayant sacrifié le jour précédent à la déesse Vénus, voici nos artifices qui commencent à produire leurs merveilleux effets : les nuages, qui étoient épais, se dissipent, le ciel s'ouvre ; et dans son éloignement cette déesse paroît assise sur une grande nue, son visage étant si éclatant que les rayons qui en sortent forment une grande et lumineuse étoile qui suffit à éclairer toute l'étendue de cette scène.

C'est bien une chose admirable que ce planète[1] suive le mouvement régulier des cieux ; mais qu'il se détache, comme il fait, du corps de son ciel, pour venir jusques auprès du bord du théâtre par un mouvement du tout singulier, sans que l'œil puisse discerner son attache avec sa machine, de laquelle néanmoins il fait partie, c'est ce qui ne peut trouver assez d'admirateurs, bien que toute l'assistance en soit ravie.

Les hymnes chantés à la louange de cette déesse sont interrompus par l'assurance qu'elle leur donne qu'Andromède sera mariée dans ce jour-là même à son illustre époux : de quoi on lui rend grâces par de nouveaux hymnes, qui charment toutes les oreilles et les esprits, soit par la douceur des voix ou par l'excellence de la composition de l'un des plus fameux maîtres en cet art[2].

Surtout Phinée est si fort transporté de cette réponse du ciel, qu'il ne doute plus de son mariage, et la reine même consent avec moins de crainte que le roi Céphée fasse jeter le sixième sort.

Toute cette cour s'étant donc retirée fort satisfaite d'une si bonne nouvelle, que Phinée envoie à son Andromède, voici derechef une métamorphose qui nous surprend avec une vitesse familière à l'effet de nos machines. Cette grande ville qui servoit de décoration au premier acte, comme autrefois ces palais enchantés, s'évanouit en un instant, et est transformée en un spacieux jardin partagé en deux d'une allée d'orangers plantés en de prodigieux vases de marbre blanc et courbés par leur cime en forme de berceau, les côtés de ce jardin ayant diverses grottes, fontaines et hautes palissades.

Andromède avec ses nymphes y allant cueillir des fleurs, pour récompenser d'une guirlande le bon avis que Phinée lui avoit envoyé, en est divertie par un air qu'il fait chanter par son page à sa louange, lequel elle paye d'un autre air, aussi chanté par l'un de ses pages à son amant et à son arrivée, ce qui se fait en forme de dialogue ; mais leurs plaisirs sont bientôt troublés par une autre nouvelle que le sort étoit tombé sur Andromède ; auquel Phinée, se voulant opposer, encore que le Roi vienne lui-même confirmer cette vérité si contraire à son bonheur, s'échappe à des imprécations

---

1. Ce mot est ici au masculin. Remarquons toutefois que les dictionnaires du dix-septième siècle le font féminin.
2. Voyez la *Notice*, p. 252 et 253.

contre le Destin et contre les Dieux mêmes, qui les obligent à obscurcir le ciel, le remplir d'éclairs et de tonnerres si horribles et redoublés avec tant de promptitude, que ceux que les poëtes ont feint avoir été foudroyés des Dieux pour avoir imité leur tonnerre[1] n'approchoient pas de cet artifice; et les spectateurs, quoiqu'ils sachent bien que ce ne sont que des terreurs feintes par l'invention du machiniste, ne sauroient néanmoins s'empêcher d'en avoir autant d'épouvante que d'admiration, lorsqu'ils voient Éole accompagné de huit vents; deux desquels à son commandement fondent du haut des airs en droite ligne sur Andromède, et l'emportent obliquement du côté opposite aussi au plus haut des nues, malgré la résistance de Phinée, qui est terrassé d'un coup de foudre pour vouloir s'opposer insolemment à la volonté divine; et les autres vents s'étant dispersés en forme de tourbillons, leur roi disparoît, les nuages se dissipent, et la clarté revient éclairer la scène : autant d'industries et de machines distinctes que de mouvements différents, qui ne se peuvent dignement admirer que par ceux qui, bien instruits dans les mécaniques, en savent pénétrer les difficultés.

En vain cette cour épleurée tâche à suivre de la vue cet effroyable enlèvement : il est suivi d'un changement non moins étrange que tout le reste; car ce jardin, qui fut naguère une ville, devient un vaste océan, dont les vagues, s'entre-choquant l'une l'autre, frappent le pied d'un affreux rocher, auquel ces mêmes vents, descendus du ciel avec leur première impétuosité, viennent attacher Andromède.

C'est encore en vain que la Reine avec sa suite vient implorer sur ce rivage les secours du ciel et de la terre : tout est sourd à ses vœux; et elle est réduite à perdre toute espérance, lorsqu'elle aperçoit cet horrible monstre qui s'avance peu à peu vers sa fille désolée, et ne mouvant pas seulement tout son corps dans le grand chemin qu'il fait, mais chacune de ses parties, et ce qui est plus remarquable en la perspective, paroissant de différentes grandeurs à mesure qu'il s'approche : à la vue duquel gouffre vivant où Cassiope voit sa fille prête d'être engloutie, on ne la pourroit empêcher de se précipiter dans la mer, sans la vue inespérée de Persée, monté sur le cheval Pégase tout armé; lequel fondant sur ce monstre, comme un aigle sur sa proie, le combat avec un succès si heureux qu'il en demeure vainqueur et rougit de son sang les flots voisins, plus encouragé par son amour que par la voix harmonieuse de cette grande assemblée, qui finit par un chant de triomphe en l'honneur de sa victoire.

En suite de quoi ce vainqueur commande, de la part de Jupiter

1. Salmonée, fils d'Éole, foudroyé par Jupiter.

dont les portes, toutes massives qu'elles sont, se ferment d'elles-mêmes à leur abord.

Ce nouveau prodige cause une grande frayeur dans le cœur du Roi et de sa suite; mais elle est à l'instant dissipée par le messager des Dieux, qui descend du ciel, et s'étant fait reconnoître à son caducée, les avertit que cette clôture ne s'est point faite par hasard, mais par la volonté divine, laquelle Jupiter vient lui-même leur déclarer.

L'éloignement n'a pas plutôt fait disparoître les talonnières ailées de Mercure, reguindé dans les airs, et cette cour royale poussé les mélodieux accents de leurs hymnes en l'honneur du maître des Dieux, qu'il descend du ciel en terre, mais dans un artifice, lequel, comme il est le dernier en ordre à l'égard de tous les précédents, est sans comparaison le premier en dignité, en grandeur et en magnificence, dardant tant de lumières et si agréables, que leur éclat ne permet pas aux spectateurs de faire choix de ce qu'ils doivent le plus admirer, ou de la beauté de sa lumière, ou de la merveilleuse structure de cette grande machine, ou de ses divers mouvements, qui se font non-seulement du haut en bas, mais en s'avançant jusques au milieu du théâtre.

Cette machine est accompagnée de deux autres, lesquelles descendant à ses côtés, y font une proportion admirable de Junon et de Neptune, qui représentent avec Jupiter un majestueux et toutefois si gracieux objet, que sa seule vue fait mépriser aux spectateurs ravis tout ce qu'ils ont vu dans les précédents actes.

Jupiter, parlant le premier, fait entendre à toute la cour de Céphée que les portes du temple ont été fermées, pource que la terre n'est pas digne de voir célébrer les noces de son fils, et qu'il veut que la magnificence s'en fasse dans le ciel.

Junon témoigne qu'elle est apaisée, et convie ce roi et Persée à prendre leur place auprès d'elle, comme fait Neptune, pareillement adouci, la reine Cassiope et Andromède : de sorte que cette cour du roi d'Éthiopie, devenue une cour céleste, s'envole dans la demeure des Dieux, ravie par la force de ces machines, desquelles on voit les effets, qui semblent miraculeux aux spectateurs n'en découvrant pas la cause. Cependant les sujets de ces majestés rayonnantes de gloire, ne les pouvant suivre autrement que de leurs vœux et de leurs voix, les accompagnent par des airs dont les paroles témoignent d'un côté leur tristesse de ce départ, mais qui d'ailleurs est infiniment surpassé par la joie qu'ils ont d'une fin qui termine si heureusement le malheur et le dégât de leurs provinces. Alors la toile, qui s'étoit levée avec tant de promptitude à l'ouverture du théâtre, descendant avec la même vitesse, le ferme, laissant la compagnie au même état que celui duquel on raconte qu'étant endormi, il fut transporté en des lieux où abondoient toutes sortes de délices, lesquelles après avoir goûtées, s'étant derechef endormi et ayant été remporté de là au premier lieu où on l'avoit trouvé, eut de la peine à distinguer le vrai du faux, et son sommeil de ses veilles.

Aussi cette ravissante pièce, comme il paroît par son prologue, n'avoit été faite que pour le divertissement des têtes couronnées et des principaux de la cour; mais Leurs Majestés en ayant eu le plaisir peu auparavant cet heureux voyage de Normandie, d'où nous les attendons de jour à autre, leur bonté l'a voulu communiquer à ses peuples; et les plus considérables de cette ville n'ont pas plutôt vu le champ ouvert à un divertissement si innocent, qu'il y en a peu de toutes conditions ecclésiastiques et séculières qui ne l'ayent voulu prendre.

Il ne reste plus qu'à me défendre du blâme que je prévois de quelques censeurs, qui trouveront mauvais que j'emploie mon style, destiné au récit de la vérité, à exprimer des feintes; mais outre l'exemple qu'ils en ont déjà eu mes ouvrages, comme au récit que je fis il y a quelques années de ce qui fut représenté en la tragi-comédie d'*Orphée*[1], je les prie de croire qu'un auteur ne doit pas toujours demeurer dans le sérieux, qui lasseroit autrement bientôt son lecteur, au lieu de le tenir en haleine, comme j'estime avoir fait près de vingt années, et qu'un historien ne blesse point la vérité quand il raconte les choses ainsi qu'elles se sont faites : étant vrai de dire que l'action dont je vous viens d'entretenir s'est ainsi passée, et que comme lorsque Dieu nous aura donné la paix, les joutes, les carrousels, les tournois et les autres guerres feintes ne mériteront pas moins de vous désennuyer par leur lecture, qu'ils feront les plus dignes personnes de l'État par leur représentation, et que font à présent les exploits véritables, aussi ne doit-on pas trouver étrange que je fasse part aux absents d'un divertissement que le plus grand roi du monde n'a pas jugé indigne de sa présence.

Je dois ma recommandation à tous ceux qui l'ont méritée du public; et ayant vu que Cicéron a défendu le comédien Roscius de la même ardeur qu'il avoit employée pour le roi Déjotare, je ne vois pas que mes héros, non plus que les rois et les empereurs mêmes, les actions desquels je donne au public, se doivent offenser que j'imite en mes petits ouvrages ce père de l'éloquence.

A Paris, du Bureau d'Adresse aux Galeries du Louvre, devant la rue S. Thomas, le 18 février 1650. Avec privilége.

1. Voyez la *Notice*, p. 246.

A
M. M. M. M.[1]

Madame,

C'est vous rendre un hommage bien secret que de vous le rendre ainsi, et je m'assure que vous aurez de la peine vous-même à reconnoître que c'est vous à qui je dédie cet ouvrage. Ces quatre lettres hiéroglyphiques vous embarrasseront aussi bien que les autres, et vous ne vous apercevrez jamais qu'elles parlent de vous, jusqu'à ce que je vous les explique; alors vous m'avouerez sans doute que je suis fort exact à ma parole, et fort ponctuel à l'exécution de vos commandements. Vous l'avez voulu, et j'obéis; je vous l'ai promis, et je m'acquitte. C'est peut-être vous en dire trop pour un homme qui se veut cacher quelque temps à vous-même; et pour peu que vous fassiez de réflexion sur mes dernières visites, vous devinerez à demi que c'est à vous que ce compliment s'adresse. N'achevez pas, je vous prie, et laissez-moi la joie de vous surprendre par la confidence que je

---

1. On a supposé qu'*Andromède* avait été jouée pour la première fois sur le théâtre du Petit-Bourbon par les troupes réunies de Molière et de Dufresne, que Madeleine Béjart remplissait le rôle de Vénus et que la pièce lui était dédiée. « Ces quatre lettres hiéroglyphiques..., dit M. Paul Lacroix dans *la Jeunesse de Molière* (p. 73), pourraient être ainsi interprétées en forme de rébus : *Ah! aime, aime, aime, aime!* Elles signifieraient d'ailleurs plus naturellement : *A Mademoiselle Madeleine, Madame Modène.* » Hâtons-nous d'ajouter que le savant bibliophile déclare lui-même la conjecture « un peu aventurée » (p. 70). — L'*Épître* et l'*Argument* ne se trouvent que dans les éditions antérieures à 1660. Les deux premiers tiers de l'*Argument* sont aussi dans l'édition du *Dessein*.

vous en dois[1]. Je vous en conjure par tout le mérite de mon obéissance, et ne vous dis point en quoi les belles qualités d'Andromède approchent de vos perfections, ni quel rapports ses aventures ont avec les vôtres : ce seroit vous faire un miroir où vous vous verriez trop aisément, et vous ne pourriez plus rien ignorer de ce que j'ai à vous dire. Préparez-vous seulement à la recevoir, non pas tant comme un des plus beaux spectacles que la France ait vus, que comme une marque respectueuse de l'attachement inviolable à votre service, dont fait vœu,

MADAME,

Votre très-humble, très-obéissant
et très-obligé serviteur,

CORNEILLE[2].

ARGUMENT

TIRÉ DU QUATRIÈME ET CINQUIÈME LIVRE DES MÉTAMORPHOSES D'OVIDE.

« CASSIOPE, femme de Céphée, roi d'Éthiopie, fut si vaine de sa beauté, qu'elle osa la préférer à celle des Néréides, dont ces nymphes irritées firent sortir de la mer un monstre, qui fit de si étranges ravages sur les terres de l'obéissance du Roi son mari, que les forces humaines ne pouvant donner aucun remède à des misères si grandes, on recourut à l'oracle de Jupiter Ammon.

---

1. L'édition de 1654 porte, par erreur sans doute : « que vous en dois. »
2. Par une faute singulière, l'*Épître*, dans l'édition de 1656, est signée T. CORNEILLE.

La éponse qu'en reçurent ces malheureux princes fut un commandement d'exposer à ce monstre Andromède, leur fille unique, pour en être dévorée. Il fallut exécuter ce triste arrêt ; et cette illustre victime fut attachée à un rocher, où elle n'attendoit que la mort, lorsque Persée, fils de Jupiter et de Danaé, passant par hasard, jeta les yeux sur elle : il revenoit de la conquête glorieuse de la tête de Méduse, qu'il portoit sous son bouclier, et voloit au milieu de l'air au moyen des ailes qu'il avoit attachées aux deux pieds, de la façon qu'on nous peint Mercure. Ce fut d'elle-même qu'il apprit la cause de sa disgrâce ; et l'amour que ses premiers regards lui donnèrent lui fit en même temps former le dessein de combattre ce monstre, pour conserver des jours qui lui étoient devenus si précieux. Avant que d'entrer au combat, il eut loisir de tirer parole de ses parents que les fruits en seroient pour lui, et reçut les effets de cette promesse sitôt qu'il eut tué le monstre. Le Roi et la Reine donnèrent avec grande joie leur fille à son libérateur ; mais la magnificence des noces fut troublée par la violence que voulut faire Phinée, frère du Roi, et oncle de la Princesse, à qui elle avait été promise avant son malheur. Il se jeta dans le palais royal avec une troupe de gens armés ; et Persée s'en défendit quelque temps sans autre secours[1] que celui de sa valeur et de quelques amis généreux ; mais se voyant près de succomber sous le nombre[2], il se servit enfin de cette tête de Méduse, qu'il tira de sous[3] son bouclier ; et l'exposant aux yeux de Phinée et des assassins qui le suivoient, cette fatale vue les convertit en autant de statues de pierre, qui servirent

---

1. Var. (Dessein) : sans aucun secours.
2. Var. (Dessein) : sous le nombre des autres.
3. Var. (édit. de 1655) : de dessous.

d'ornement au même palais qu'ils vouloient teindre du sang de ce héros[1]. »

Voilà comme Ovide raconte cette fable, où j'ai changé beaucoup de choses, tant par la liberté de l'art que par la nécessité des ordres du théâtre, et pour lui donner plus d'agrément.

En premier lieu, j'ai cru plus à propos de faire Cassiope vaine de la beauté de sa fille que de la sienne propre, d'autant qu'il est fort extraordinaire qu'une femme dont la fille est en âge d'être mariée ait encore d'assez beaux restes pour s'en vanter si hautement, et qu'il n'est pas vraisemblable que cet orgueil de Cassiope pour elle-même eût attendu si tard à éclater, vu que c'est dans la jeunesse que la beauté étant plus parfaite et le jugement moins formé, donnent plus de lieu à des vanités de cette nature, et non pas alors que cette même beauté commence d'être sur le retour, et que l'âge a mûri l'esprit de la personne qui s'en seroit enorgueillie en un autre temps.

Ensuite, j'ai supposé que l'oracle d'Ammon n'avoit pas condamné précisément Andromède à être dévorée par le monstre, mais qu'il avoit ordonné seulement qu'on lui exposât tous les mois une fille, qu'on tirât au sort pour voir celle qui lui devoit être livrée, et que cet ordre ayant déjà été exécuté cinq fois, on étoit au jour qu'il le falloit suivre pour la sixième.

J'ai introduit Persée comme un chevalier errant qui s'est arrêté depuis un mois dans la cour de Céphée, et non pas comme se rencontrant par hasard dans le temps qu'Andromède est attachée au rocher. Je lui ai donné

1. Ce premier paragraphe de l'*Argument* n'est pas une traduction, mais une rapide analyse de la fin du livre IV et du commencement du livre V des *Métamorphoses*.

de l'amour pour elle, qu'il n'ose découvrir, parce qu'il la voit promise à Phinée, mais qu'il nourrit toutefois d'un peu d'espoir, parce qu'il voit son mariage différé jusques à la fin des malheurs publics. Je l'ai fait plus généreux qu'il n'est dans Ovide, où il n'entreprend la délivrance de cette princesse qu'après que ses parents l'ont assuré qu'elle l'épouseroit sitôt qu'il l'auroit délivrée. J'ai changé aussi la qualité de Phinée, que j'ai fait seulement neveu du Roi, dont Ovide le nomme frère, le mariage de deux cousins me semblant plus supportable dans nos façons de vivre que celui de l'oncle et de la nièce, qui eût pu sembler un peu plus étrange à mes auditeurs.

Les peintres, qui cherchent à faire paroître leur art dans les nudités, ne manquent jamais à nous représenter[1] Andromède nue au pied du rocher où elle est attachée, quoique Ovide n'en parle point. Ils me pardonneront si je ne les ai pas suivis en cette invention, comme j'ai fait en celle du cheval Pégase, sur lequel ils montent Persée pour combattre le monstre, quoique Ovide ne lui donne que des ailes aux talons. Ce changement donne lieu à une machine toute extraordinaire et merveilleuse, et empêche que Persée ne soit pris pour Mercure; outre qu'ils ne le mettent pas en cet équipage sans fondement, vu que le même Ovide raconte que sitôt que Persée eut coupé la monstrueuse tête de Méduse, Pégase tout ailé sortit de cette Gorgone, et que Persée s'en put saisir dès lors pour faire ses courses par le milieu de l'air.

Nos globes célestes, où l'on marque pour constellations Céphée, Cassiope, Persée et Andromède, m'ont donné jour à les faire enlever tous quatre au ciel sur la

1. Var. (Dessein) : ne manquent point à nous représenter.

fin de la pièce, pour y faire les noces de ces amants, comme si la terre n'en étoit pas digne[1].

Au reste, comme Ovide ne nomme point la ville où il fait arriver cette aventure[2], je ne me suis non plus enhardi à la nommer. Il dit pour toute chose que Céphée régnoit en Éthiopie, sans désigner sous quel climat[3]. La topographie moderne de ces contrées-là[4] n'est pas fort connue, et celle du temps de Céphée encore moins. Je me contenterai donc de vous dire qu'il falloit que Céphée régnât en quelque pays maritime, que sa ville capitale fût sur le bord de la mer, et que ses peuples fussent blancs, quoique Éthiopiens. Ce n'est pas que les Mores[5] les plus noirs n'ayent leurs beautés à leur mode ; mais il n'est pas vraisemblable que Persée, qui étoit Grec, et né dans Argos[6], fût devenu amoureux d'Andromède, si elle eût été de leur teint. J'ai pour moi le consentement de tous les peintres et surtout l'autorité du grand Héliodore, qui ne fonde la blancheur de sa divine Chariclée que sur un tableau d'Andromède[7]. Ma scène sera donc, s'il vous plaît, dans la ville capitale de Céphée, proche de

1. Var. (Dessein) : n'en eût pas été digne.
2. Var. (Dessein) : cette histoire.
3. Voyez ci-après, p. 301 et 302.
4. Var. (Dessein) : de ces contrées.
5. Telle est l'orthographe du mot dans toutes les éditions. Voyez tome III, p. 136, note 2.
6. Var. (Dessein) : qui étoit Grec, né dans Argos.
7. « Vous ayant enfantée blanche, qui est couleur estrange aux Æthiopiens, quant à moy j'en congneu bien la cause, que c'estoit pour avoir eu tout droit devant mes yeux la pourtraiture d'Andromeda toute nue, telle comme si Perseus l'eust n'aguères retirée du rocher, là où elle avoit esté exposée au monstre marin, qui fut la cause que vous fustes sur le champ conceuë et formée à la mal'heure toute semblable à elle. » (*L'Histoire æthiopique de Heliodorus....* nouvellement traduite de Grec en François (par Jacques Amyot). — Paris, J. Longis, 1547, in-fol., fol. 57 recto.)

la mer; et pour le nom, vous le lui donnerez tel qu'il vous plaira¹.

Vous trouverez cet ordre gardé dans les changements de théâtre, que chaque acte, aussi bien que le prologue, a sa décoration particulière, et du moins une machine volante, avec un concert de musique, que je n'ai employée² qu'à satisfaire les oreilles des spectateurs, tandis que leurs yeux sont arrêtés à voir descendre ou remonter une machine, ou s'attachent à quelque chose qui leur empêche de prêter attention à ce que pourroient dire les acteurs, comme fait le combat de Persée contre le monstre; mais je me suis bien gardé de faire rien chanter qui fût nécessaire à l'intelligence de la pièce, parce que communément les paroles qui se chantent étant mal entendues des auditeurs, pour la confusion qu'y apporte la diversité des voix qui les prononcent ensemble, elles auroient fait une grande obscurité dans le corps de l'ouvrage, si elles avoient eu à instruire l'auditeur de quelque chose d'important³. Il n'en va pas de même des machines, qui ne sont pas dans cette tragédie comme des agréments⁴ détachés; elles en font le nœud et le dénouement, et y sont si nécessaires, que vous n'en sauriez retrancher aucune que vous ne fassiez tomber tout l'édifice. J'ai été assez heureux à les inventer et à leur donner place dans la tissure de ce poëme; mais aussi faut-il que j'avoue que le sieur Torrelli⁵ s'est surmonté lui-même à en exécuter les des-

---

1. L'édition du *Dessein* a ici de plus ces cinq mots : « Je passe à nos machines, » par lesquels elle termine l'*Argument*.
2. Telle est l'orthographe de toutes les éditions.
3. Voyez ci-dessus, p. 278.
4. Dans l'édition de 1655 il y a « les agréments; » c'est sans doute une faute.
5. L'édition de 1655 donne seule *Torelli*, avec une seule *r*.

dromède nue au pied du rocher où elle est attachée, quoique Ovide n'en parle point. Ils me pardonneront si je ne les ai pas suivis en cette invention, comme j'ai fait en celle du cheval Pégase, sur lequel ils montent Persée pour combattre le monstre, quoique Ovide ne lui donne que des ailes aux talons. Ce changement donne lieu à une machine toute extraordinaire, merveilleuse, et empêche que Persée ne soit pris pour Mercure; outre qu'ils ne le mettent pas en cet équipage sans fondement, vu que le même Ovide raconte que sitôt que Persée eut coupé la monstrueuse tête de Méduse, Pégase tout ailé sortit de cette Gorgone, et que Persée s'en put saisir dès lors pour faire ses courses par le milieu de l'air.

Nos globes célestes, où l'on marque pour constellations Céphée, Cassiope, Persée et Andromède, m'ont donné jour à les faire enlever tous quatre au ciel sur la fin de la pièce, pour y faire les noces de ces amants, comme si la terre n'en étoit pas digne.

Au reste, comme Ovide ne nomme point la ville où il fait arriver cette aventure, je ne me suis non plus enhardi à la nommer. Il dit pour toute chose que Céphée régnoit en Éthiopie, sans désigner sous quel climat. La topographie moderne de ces contrées-là n'est pas fort connue, et celle du temps de Céphée encore moins. Je me contenterai donc de vous dire qu'il falloit que Céphée régnât en quelque pays maritime, et que sa ville capitale fût sur le bord de la mer.

Je sais bien qu'au rapport de Pline[1] les habitants de Joppé, qu'on nomme aujourd'hui Jaffa dans la Palestine, ont prétendu que cette histoire s'étoit passée chez eux :

1. « Joppe Phœnicum, antiquior terrarum inundatione, ut ferunt. « Insidet collem præjacente saxo, in quo vinculorum Andromedæ vestigia ostendunt. » (Pline, *Histoire naturelle*, livre V, chapitre XIV, ou XIII d'après la division suivie par Corneille.)

ils envoyèrent à Rome des os de poisson d'une grandeur extraordinaire, qu'ils disoient être du monstre à qui Andromède avoit été exposée. Ils montroient un rocher proche de leur ville, où ils assuroient qu'elle avoit été attachée ; et encore maintenant ils se vantent de ces marques d'antiquité à nos pèlerins qui vont en Jérusalem, et prennent terre en leur port. Il se peut faire que cela parte d'une affectation autrefois assez ordinaire aux peuples du paganisme, qui s'attribuoient à haute gloire d'avoir chez eux ces vestiges de la vieille fable, que l'erreur commune y faisoit passer pour histoire. Ils se croyoient par là bien fondés à se donner cette prérogative d'être d'une origine plus ancienne que leurs voisins, et prenoient avidement toute sorte d'occasions de satisfaire à cette ambition. Ainsi il n'a fallu que la rencontre par hasard de ces os monstreux que la mer avoit jetés sur leurs rivages, pour leur donner lieu de s'emparer de cette fiction, et de placer la scène de cette aventure au pied de leurs rochers. Pour moi, je me suis attaché à Ovide, qui la fait arriver en Éthiopie, où il met le royaume de Céphée par ces vers :

Æthiopum populos, Cepheaque conspicit arva;
Illic immeritam maternæ pendere linguæ
Andromedam pœnas, etc.[1].

Il se pouvoit faire que Céphée eût conquis cette ville de Joppé, et la Syrie même, où elle est située. Pline l'assure au 29. chapitre du 6. livre, par cette raison que l'histoire d'Andromède s'y est passée : *Æthiopiam imperitasse Syriæ, Cephei regis ætate, patet Andromedæ fabulis*[2]. Mais ceux qui voudront contester cette opinion

---

1. *Métamorphoses*, livre IV, vers 669 et suivants.
2. Le texte exact est : « Syriæ imperitasse eam, nostroque littori,

peuvent répondre que ce n'est que prouver une erreur par une autre erreur, et éclaircir une chose douteuse par une encore plus incertaine. Quoi qu'il en soit, celle d'Ovide ne peut subsister avec celle-là; et quelques bons yeux qu'eût Persée, il est impossible qu'il découvrît d'une seule vue l'Éthiopie et Joppé, ce qu'il auroit dû faire, si ce qu'entend le poëte par *Cephea arva* n'étoit autre chose que son territoire.

Le même Ovide, dans quelqu'une de ses épîtres, ne fait pas Andromède blanche, mais basanée :

Andromede patriæ fusca colore suæ[1].

Néanmoins, dans la Métamorphose, il nous en donne une autre idée à former, lorsqu'il dit que, n'eût été ses cheveux qui voltigeoient au gré du vent, et les larmes qui lui couloient des yeux, Persée l'eût prise pour une statue de marbre :

Marmoreum ratus esset opus[2];

ce qui semble ne se pouvoir entendre que du marbre blanc, étant assez inouï que l'on compare la beauté d'une fille à une autre sorte de marbre. D'ailleurs, pour la préférer à celle des Néréides, que jamais on n'a fait noires, il falloit que son teint eût quelque rapport avec le leur, et que par conséquent elle n'eût pas celui que communément nous donnons aux Éthiopiens. Disons donc qu'elle étoit blanche, puisque à moins que cela il n'auroit pas été vraisemblable que Persée, qui étoit né

« ætate regis Cephei, patet Andromedæ fabulis; » il se trouve au chapitre xxxv, suivant la division adoptée le plus généralement.

1.   *Candida si non sum, placuit Cepheia Perseo*
   Andromede patriæ fusca colore suæ.
    (*Héroïde* xv, *Sapho à Phaon*, vers 35 et 36.)

2. *Métamorphoses*, livre IV, vers 675.

dans la Grèce, fût devenu amoureux d'elle. Nous aurons de ce parti le consentement de tous les peintres, et l'autorité du grand Héliodore, qui n'a fondé la blancheur de sa Chariclée que sur un tableau d'Andromède[1]. Pline, au huitième chapitre de son cinquième livre, fait mention de certains peuples d'Afrique qu'il appelle *Leuco-Æthiopes*. Si l'on s'arrête à l'étymologie de leur nom, ces peuples devoient être blancs, et nous en pouvons faire les sujets de Céphée, pour donner à cette tragédie toute la justesse dont elle a besoin touchant la couleur des personnages qu'elle introduit sur la scène.

Vous[2] y trouverez cet ordre gardé dans les changements de théâtre, que chaque acte, aussi bien que le prologue, a sa décoration particulière, et du moins une machine volante, avec un concert de musique, que je n'ai employée qu'à satisfaire les oreilles des spectateurs, tandis que leurs yeux sont arrêtés à voir descendre ou remonter une machine, ou s'attachent à quelque chose qui les empêche[3] de prêter attention à ce que pourroient dire les acteurs, comme fait le combat de Persée contre le monstre. Mais je me suis bien gardé de faire rien chanter qui fût nécessaire à l'intelligence de la pièce, parce que communément les paroles qui se chantent étant mal entendues des auditeurs, pour la confusion qu'y apporte la diversité des voix qui les prononcent ensemble, elles auroient fait une grande obscurité dans le corps de l'ouvrage, si elles avoient eu à les instruire de quelque chose qui fût important[4]. Il n'en va pas de même des ma-

1. Voyez ci-dessus, p. 296, note 7.
2. Ici l'*Examen* et l'*Argument* redeviennent identiques. Ce dernier commence ainsi le paragraphe : « Vous trouverez cet ordre.... »
3. L'*Argument* porte : « qui leur empêche. »
4. Voyez ci-dessus, p. 278. Dans l'*Argument* : « si elles avoient eu à instruire l'auditeur de quelque chose d'important. »

chines, qui ne sont pas dans cette tragédie comme des agréments détachés; elles en font en quelque sorte[1] le nœud et le dénouement, et y sont si nécessaires que vous n'en sauriez retrancher aucune que vous ne fassiez tomber tout l'édifice.

Les[2] diverses décorations dont les pièces de cette nature ont besoin, nous obligeant à placer les parties de l'action en divers lieux particuliers, nous forcent de pousser un peu au delà de l'ordinaire l'étendue du lieu général qui les renferme ensemble et en constitue l'unité. Il est malaisé qu'une ville y suffise : il y faut ajouter quelques dehors voisins, comme est ici le rivage de la mer. C'est la seule décoration que la fable m'a fournie : les quatre autres sont de pure invention. Il auroit été superflu de les spécifier dans les vers, puisqu'elles sont présentes à la vue[3]; et je ne tiens pas qu'il soit be-

---

1. Les mots « en quelque sorte » ne sont pas dans l'*Argument*.
2. Ce qui suit ne se trouve pas dans l'*Argument*.
3. Corneille répond ici aux deux passages suivants de la *Pratique du théâtre* de l'abbé d'Aubignac :

« Puisque je suis tombé sur la considération de ce poëme (*Andromède*) orné de tant de machines, je ne puis m'empêcher d'observer ici que toutes les décorations merveilleuses et les actions extraordinaires qui sont dans le troisième et dans le cinquième acte sont fort adroitement expliquées, et avec une délicatesse digne du théâtre des Grecs. Le jardin qui doit être au second acte peut encore être supposé par le discours qui se fait des fleurs qu'Andromède et ses nymphes semblent cueillir pour faire une guirlande, quoique l'expression n'en soit pas bien claire ; mais pour ce superbe palais qui fait la décoration du premier acte, et ce magnifique temple qui fait celle du quatrième, je ne crois pas qu'il y ait une seule parole dont on le puisse apprendre, et après les avoir lus, je fus obligé de recourir à l'explication qui est imprimée au devant de chacun acte, sans laquelle je n'aurois point su ce que les décorateurs avoient fait, parce que le poëte ne m'avoit point appris ce qu'ils devoient faire. Aussi est-il vrai qu'on peut mettre le temple au premier acte et le palais au quatrième sans rien faire contre l'ordre du sujet, et sans rien changer aux vers. Voire

soin qu'elles soient si propres à ce qui s'y passe, qu'il ne se soit pu passer ailleurs aussi commodément; il suffit qu'il n'y aye pas de raison pourquoi il se doive plutôt passer ailleurs qu'au lieu où il se passe. Par exemple, le premier acte est une place publique proche du temple, où se doit jeter le sort pour savoir quelle victime on doit ce jour-là livrer au monstre : tout ce qui s'y dit se diroit aussi bien dans un palais ou dans un jardin; mais il se dit aussi bien dans cette place qu'en ce jardin ou dans ce palais. Nous pouvons choisir un lieu selon le vraisemblable ou le nécessaire; et il suffit qu'il n'y aye aucune répugnance du côté de l'action au choix que nous en faisons, pour le rendre vraisemblable, puisque cette action ne nous présente pas toujours un lieu nécessaire, comme

même est-il certain qu'au lieu de ces deux sortes de décorations, on y peut mettre des arbres, des rochers, ou tout ce que l'on voudra. En quoi paroît la nécessité qu'il y a d'expliquer les décorations par les vers, pour joindre le sujet avec le lieu, et les actions avec les choses, et pour faire ingénieusement un tout bien ordonné par une juste liaison de toutes les parties qui le composent. » (Pages 75 et 76.) — « Premièrement, il faut qu'elles (*les décorations*) soient nécessaires, et que la pièce ne puisse être jouée sans cet ornement : autrement les spectacles ne seroient jamais approuvés, quoiqu'ils fussent ingénieux; on estimeroit le poëte peu judicieux de les avoir introduits dans un ouvrage qui s'en pouvoit passer; et les comédiens imprudents d'en faire la dépense. C'est en quoi je trouve un assez notable défaut dans l'*Andromède*, où l'on avoit mis dans le premier et dans le quatrième acte deux grands et superbes édifices de différente architecture, sans qu'il en soit dit une seule parole dans les vers; car ces deux actes pourroient être joués avec les décorations de tel des trois autres qu'on voudroit choisir, sans blesser l'intention du poëte, et sans contredire aucun incident ni aucune action de la pièce; on en pourroit presque dire autant du second acte, sinon qu'au commencement il y a deux ou trois paroles de guirlandes et de fleurs, qui semblent avoir quelque rapport à un jardin présent; encore qu'elles ne soient pas assez précises, car bien que peu de discours suffise quelquefois pour cela, il est néanmoins certain qu'il faut toujours s'expliquer intelligiblement. » (Pages 462 et 463.).

est la mer et ses rochers au troisième acte, où l'on voit l'exposition d'Andromède, et le combat de Persée contre le monstre, qui ne pouvoit se faire ailleurs. Il faut néanmoins prendre garde à choisir d'ordinaire un lieu découvert, à cause des apparitions des Dieux qu'on introduit. Andromède, au second acte, seroit aussi bien dans son cabinet que dans le jardin, où je la fais s'entretenir avec ses nymphes et avec son amant ; mais comment se feroit l'apparition d'Éole dans ce cabinet? et comment les vents l'en pourroient-ils enlever, à moins de la faire passer par la cheminée, comme nos sorciers? Par cette raison, il y peut avoir quelque chose à dire à celle de Junon, au quatrième acte, qui se passe dans la salle du palais royal ; mais comme ce n'est qu'une apparition simple d'une déesse, qui peut se montrer et disparoître où et quand il lui plaît, et ne fait que parler aux acteurs, rien n'empêche qu'elle ne se soit faite dans un lieu fermé. J'ajoute que quand il y auroit quelque contradiction de ce côté-là, la disposition de nos théâtres seroit cause qu'elle ne seroit pas sensible aux spectateurs. Bien qu'ils représentent en effet des lieux fermés, comme une chambre ou une salle, ils ne sont fermés par haut que de nuages ; et quand on voit descendre le char de Junon du milieu de ces nuages, qui ont été continuellement en vue, on ne fait pas une réflexion assez prompte ni assez sévère sur le lieu, qui devroit être fermé d'un lambris, pour y trouver quelque manque de justesse.

L'oracle de Vénus, au premier acte, est inventé avec assez d'artifice pour porter les esprits dans un sens contraire à sa vraie intelligence ; mais il ne le faut pas prendre pour le vrai nœud de la pièce : autrement il seroit achevé dès le troisième, où l'on en verroit le dénouement. L'action principale est le mariage de Persée avec Andromède : son nœud consiste en l'obstacle qui s'y rencontre du côté de Phinée, à qui elle est promise, et son dénouement en la mort de ce malheureux amant, après laquelle il n'y a plus d'obstacle. Je puis dire toutefois à ceux qui voudront prendre absolument cet oracle de Vénus pour le nœud de cette tragédie, que le troisième acte n'en éclaircit que les premiers vers, et que les derniers ne se font entendre que par l'apparition de Jupiter et des autres Dieux, qui termine la pièce.

La diversité de la mesure et de la croisure des vers que j'y ai mêlés me donne occasion de tâcher à les justifier, et particulièrement les stances dont je me suis servi en beaucoup d'autres poëmes, et contre qui je vois quantité de gens d'esprit et savants au théâtre témoigner aversion. Leurs raisons sont diverses. Les uns ne les improuvent pas tout à fait, mais ils disent que c'est trop mendier l'acclamation[1] populaire en faveur d'une antithèse, ou d'un trait spirituel qui ferme chacun de leurs couplets, et que cette affectation est une espèce de bassesse qui ravale trop la dignité de la tragédie. Je demeure d'accord que c'est quelque espèce de fard; mais puisqu'il embellit notre ouvrage, et nous aide à mieux atteindre le but de notre art, qui est de plaire, pourquoi devons-nous renoncer à cet avantage? Les anciens[2] se servoient sans scrupule, et même dans les choses extérieures, de tout ce qui les pouvoit faire arriver : Euripide vêtoit ses héros malheureux d'habits déchirés[3], afin qu'ils fissent plus de pitié; et Aristophane fait commencer sa comédie des *Grenouilles* par Xanthias monté sur un âne, afin d'exciter plus aisément l'auditeur à

1. Var. (édit. de 1660 et de 1663) : l'exclamation.
2. Var. (édit. de 1660 et de 1663) : Nos anciens.
3. On peut voir, dans les *Acharniens* d'Aristophane, vers 425 et suivants, une piquante énumération des héros déguenillés d'Euripide.

rire. Cette objection n'est donc pas d'assez d'importance[1] pour nous interdire l'usage d'une chose qui tout à la fois nous donne de la gloire, et de la satisfaction à nos spectateurs.

Il est vrai qu'il faut leur plaire selon les règles ; et c'est ce qui rend l'objection des autres plus considérable, en ce qu'ils veulent trouver quelque chose d'irrégulier dans cette sorte de vers. Ils disent que bien qu'on parle en vers sur le théâtre, on est présumé ne parler qu'en prose ; qu'il n'y a que cette sorte de vers que nous appelons alexandrins à qui l'usage laisse tenir nature de prose ; que les stances ne sauroient passer que pour vers ; et que par conséquent nous n'en pouvons mettre avec vraisemblance en la bouche d'un acteur, s'il n'a eu loisir d'en faire, ou d'en faire faire par un autre, et de les apprendre par cœur[2].

J'avoue que les vers qu'on récite sur le théâtre sont présumés être prose : nous ne parlons pas d'ordinaire en vers, et sans cette fiction leur mesure et leur rime sortiroient du vraisemblable. Mais par quelle raison peut-on dire que les vers alexandrins tiennent nature de prose, et que ceux des stances n'en peuvent faire autant ? Si nous en croyons Aristote, il faut se servir au théâtre des vers qui sont les moins vers, et qui se mêlent au langage commun, sans y penser, plus souvent que les autres. C'est par cette raison que les poëtes tragiques ont choisi l'ïambique plutôt que l'hexamètre, qu'ils ont laissé aux épopées, parce qu'en parlant sans dessein d'en faire, il se mêle dans notre discours plus d'ïambiques que d'hexamètres[3]. Par cette même raison les vers de stan-

---

1. Var. (édit. de 1660) : n'est donc pas assez d'importance.
2. C'est encore d'Aubignac que Corneille a ici en vue. Voyez tome III, p. 121, note 1.
3. Λέξεως δὲ γενομένης, αὐτὴ ἡ φύσις τὸ οἰκεῖον μέτρον εὗρε· μάλιστα

LISTE DES ÉDITIONS QUI ONT ÉTÉ COLLATIONNÉES POUR LES VARIANTES D'ANDROMÈDE.

ÉDITIONS SÉPARÉES.

1651 in-4°; | 1651 in-12.

Dessein de la tragédie d'Andromède[1].

RECUEILS.

1654 in-12[2]; | 1663 in-fol.;
1655 in-12; | 1664 in-8°;
1656 in-12; | 1668 in-12;
1660 in-8°; | 1682 in-12.

1. Voyez la fin de la note 2 de la page 258.
2. Dans ce recueil, l'Achevé d'imprimer d'*Andromède* porte la date du 13 août 1650. Voyez ci-dessus, p. 257.

ACTEURS.

DIEUX DANS LES MACHINES.

JUPITER.   MELPOMÈNE.
JUNON.   ÉOLE.
NEPTUNE.   CYMODOCE, ⎫
MERCURE.   ÉPHYRE,   ⎬ Néréides.
LE SOLEIL.   CYDIPPE, ⎭
VÉNUS.   Huit Vents.

HOMMES.

CÉPHÉE, roi d'Éthiopie, père d'Andromède.
CASSIOPE, reine d'Éthiopie.
ANDROMÈDE, fille de Céphée et de Cassiope.
PHINÉE, prince d'Éthiopie.
PERSÉE, fils de Jupiter et de Danaé.
TIMANTE, capitaine des gardes du Roi.
AMMON, ami de Phinée.
AGLANTE, ⎫
CÉPHALIE, ⎬ Nymphes d'Andromède.
LIRIOPE, ⎭
Un page de Phinée. — Chœur de peuple. — Suite du Roi[1].

La scène est en Éthiopie, dans la ville capitale du royaume de Céphée, proche de la mer[2].

---

1. On aurait pu ajouter ici : Suite de la Reine, Suite de Persée, Suite de Phinée, car ces mentions figurent en tête de plusieurs scènes; il aurait fallu surtout ne pas oublier le nom de Phorbas, qui dans la scène v du dernier acte fait un récit important et ne quitte plus le théâtre.
2. Ces derniers mots : « proche de la mer, » manquent dans les éditions de 1650-1656.

ANDROMÈDE.
TRAGÉDIE.

PROLOGUE.

DÉCORATION DU PROLOGUE[1].

L'ouverture du théâtre présente de front aux yeux des spectateurs une vaste montagne, dont les sommets inégaux, s'élevant les uns sur les autres, portent le faîte jusque dans les nues. Le pied de cette montagne est percé à jour par une grotte profonde qui laisse voir la mer en éloignement. Les deux côtés du théâtre sont occupés par une forêt d'arbres touffus et entrelacés les uns dans les autres[2]. Sur un des sommets de la montagne paroît Melpomène, la muse de la tragédie; et à l'opposite dans le ciel, on voit le Soleil s'avancer dans un char tout lumineux, tiré par les quatre chevaux[3] qu'Ovide lui donne.

LE SOLEIL, MELPOMÈNE.
MELPOMÈNE.

Arrête un peu ta course impétueuse :
Mon théâtre, Soleil, mérite bien tes yeux ;

---

1. Dans l'édition de 1663, toutes les décorations précèdent la liste des acteurs.

2. Var. (Dessein) : L'ouverture du théâtre fait voir aux spectateurs une vaste montagne, dont les sommets inégaux, s'élevant successivement au-dessus les uns des autres, portent le faîte jusqu'aux nues. Le pied de cette montagne est percé à jour, à la façon de celle qu'on rencontre sur le chemin de Rome à Naples*, et cette ouverture paroît comme une grotte profonde, qui fait voir la mer en éloignement. Des deux côtés du théâtre en bas est une forêt d'arbres entrelacés les uns dans les autres, etc.

3. L'édition de 1682 porte, évidemment par erreur : « tiré par quatre chevaux, etc. »

* Corneille veut sans doute parler du Pausilippe, montagne traversée par une grotte de sept cents mètres de long, sur le chemin de Naples à Pouzzoles.

Tu n'en vis jamais en ces lieux
La pompe plus majestueuse :
J'ai réuni, pour la faire admirer,
Tout ce qu'ont de plus beau la France et l'Italie ;
De tous leurs arts mes sœurs l'ont embellie :
Prête-moi tes rayons pour la mieux éclairer.
Daigne à tant de beautés, par ta propre lumière,
Donner un parfait agrément,
Et rends cette merveille entière
En lui servant toi-même d'ornement.

LE SOLEIL.

Charmante muse de la scène,
Chère et divine Melpomène,
Tu sais de mon destin l'inviolable loi :
Je donne l'âme à toutes choses,
Je fais agir toutes les causes;
Mais quand je puis le plus, je suis le moins à moi ;
Par une puissance plus forte
Le char que je conduis m'emporte :
Chaque jour sans repos doit et naître et mourir.
J'en suis esclave alors que j'y préside ;
Et ce frein que je tiens aux chevaux que je guide
Ne règle que leur route, et les laisse courir.

MELPOMÈNE.

La naissance d'Hercule et le festin d'Atrée
T'ont fait rompre ces lois ;
Et tu peux faire encor ce qu'on t'a vu deux fois
Faire en même contrée.
Je dis plus : tu le dois en faveur du spectacle
Qu'au monarque des lis je prépare aujourd'hui ;
Le ciel n'a fait que miracles en lui :
Lui voudrois-tu refuser un miracle ?

LE SOLEIL.

Non ; mais je le réserve à ces bienheureux jours

PROLOGUE.

Qu'ennoblira[1] sa première victoire :
    Alors j'arrêterai mon cours,   35
Pour être plus longtemps le témoin de sa gloire.
Prends cependant le soin de le bien divertir.
Pour lui faire avec joie attendre les années[2]
Qui feront éclater les belles destinées
Des peuples que son bras lui doit assujettir.   40
Calliope ta sœur déjà d'un œil avide
Cherche dans l'avenir les faits de ce grand roi,
Dont les hautes vertus lui donneront emploi
Pour plus d'une *Iliade* et plus d'une *Énéide*.

MELPOMÈNE.

Que je porte d'envie à cette illustre sœur,   45
    Quoique j'aye à craindre pour elle
Que sous ce grand fardeau sa force ne chancelle !
Mais quel qu'en soit enfin le mérite et l'honneur,
    J'aurai du moins cet avantage[3],
Que déjà je le vois, que déjà je lui plais,   50
Et que de ses vertus, et que de ses hauts faits
Déjà dans ses pareils je lui trace une image.
Je lui montre Pompée, Alexandre, César,
Mais comme des héros attachés à son char[4];

---

1. Les éditions de 1651-56 écrivent ainsi ce mot : « annoblira. »
2. *Var.* Et lui faire avec joie attendre les années. (1651-56)
3. *Var.*   J'aurai sur elle au moins cet avantage. (1651-64)
4. Dans un *Remerciement au Roi*, composé à l'occasion des gratifications de 1662 et publié dans les *Délices de la poésie galante* vers la fin de l'année suivante, Corneille cite ainsi avec complaisance ces vers du prologue d'*Andromède* :

    On y voit le Soleil instruire Melpomène
    Et lui dire qu'un jour Alexandre et César
    Sembleroient des vaincus attachés à ton char.

C'est sans doute ce qui les a rappelés à Boileau, lorsqu'il a dit en 1669, dans sa première épître, adressée au Roi :

    Ce n'est pas qu'aisément, comme un autre, à ton char
    Je ne puisse attacher Alexandre et César.

Et tout ce haut éclat où je les fais paroître 55
Lui peint plus qu'ils n'étoient, et moins qu'il ne doit être.
LE SOLEIL.
Il en effacera les plus glorieux noms,
Dès qu'il pourra lui-même animer son armée;
Et tout ce que d'eux tous a dit la renommée
Te fera voir en lui le plus grand des Bourbons. 60
Son père et son aïeul tous rayonnants de gloire,
Ces grands rois qu'en tous lieux a suivi la Victoire,
Lui voyant emporter sur eux le premier rang,
En deviendroient jaloux s'il n'étoit pas leur sang.
Mais vole dans mon char, muse; je veux t'apprendre 65
Tout l'avenir d'un roi qui t'est si précieux.
MELPOMÈNE.
Je sais déjà ce qu'on doit en attendre[1],
Et je lis chaque jour son destin dans les cieux.
LE SOLEIL.
Viens donc, viens avec moi faire le tour du monde;
Qu'unissant ensemble nos voix, 70
Nous fassions résonner sur la terre et sur l'onde
Qu'il est et le plus jeune et le plus grand des rois.
MELPOMÈNE.
Soleil, j'y vole; attends-moi donc, de grâce.
LE SOLEIL.
Viens, je t'attends, et te fais place.
MELPOMÈNE vole dans le char du Soleil, et y ayant pris place auprès de lui, ils unissent leurs voix, et chantent cet air à la louange du Roi. Le dernier vers de chaque couplet est répété par le chœur de la musique.

Cieux, écoutez; écoutez, mers profondes; 75
Et vous, antres et bois,
Affreux déserts, rochers battus des ondes[2],

1. *Var.* Je sais déjà ce qu'on en doit attendre. (1655)
2. *Var.* Et vous, rochers battus des ondes. (Dessein)

Redites après nous d'une commune voix :
« Louis est le plus jeune et le plus grand des rois. »

  La majesté qui déjà l'environne   80
   Charme tous ses François ;
 Il est lui seul digne de sa couronne ;
Et quand même le ciel l'auroit mise à leur choix,
Il seroit le plus jeune et le plus grand des rois[1].

  C'est à vos soins, Reine, qu'on doit la gloire   85
   De tant de grands exploits ;
  Ils sont partis suivis de la victoire ;
Et l'ordre merveilleux dont vous donnez ses lois
Le rend et le plus jeune et le plus grand des rois.

LE SOLEIL.

  Voilà ce que je dis sans cesse   90
   Dans tout mon large tour.
  Mais c'est trop retarder le jour ;
  Allons, muse, l'heure me presse,
   Et ma rapidité
Doit regagner le temps que sur cette province,   95
   Pour contempler ce prince,
   Je me suis arrêté.

(Le Soleil part avec rapidité, et enlève Melpomène avec lui dans son char, pour aller publier ensemble la même chose au reste de l'univers.)

---

1. « Racine a heureusement imité cet endroit dans sa *Bérénice* (acte I, scène v) :

  Parle, peut-on le voir sans penser comme moi,
  Qu'en quelque obscurité que le sort l'eût fait naître,
  Le monde, en le voyant, eût reconnu son maître ? »
       (*Voltaire.*)

FIN DU PROLOGUE.

ACTE I.

DÉCORATION DU PREMIER ACTE.

Cette grande masse de montagne et ces rochers élevés les uns sur les autres qui la composoient, ayant disparu en un moment par un merveilleux artifice, laissent voir en leur place la ville capitale du royaume de Céphée[1], ou plutôt la place publique de cette ville. Les deux côtés et le fond du théâtre sont des palais magnifiques, tous différents de structure, mais qui gardent admirablement l'égalité et les justesses de la perspective[2]. Après que les yeux ont eu loisir de se satisfaire à considérer leur beauté, la reine Cassiope paroît comme passant par cette place pour aller au temple[3] : elle est conduite par Persée, encore inconnu, mais qui passe pour un cavalier de grand mérite, qu'elle entretient des malheurs publics, attendant que le Roi la rejoigne pour aller à ce temple de compagnie.

SCÈNE PREMIÈRE.

CASSIOPE, PERSÉE, suite de la Reine.

CASSIOPE.

Généreux inconnu, qui chez tous les monarques
Portez de vos vertus les éclatantes marques,
Et dont l'aspect suffit pour convaincre nos yeux   100
Que vous sortez du sang ou des rois ou des Dieux,
Puisque vous avez vu le sujet de ce crime
Que chaque mois expie une telle victime,

---

1. Var. (Dessein) : ayant disparu en un moment, laissent voir en leur place la ville capitale où régnoit Céphée.
2. Var. (Dessein) : tous différents, mais qui gardent toutefois merveilleusement l'égalité de la perspective.
3. Var. (édit. de 1651-1656) : par cette place publique pour aller au temple.

ACTE I, SCÈNE I.

Cependant qu'en ce lieu nous attendrons le Roi,
Soyez-y juste juge entre les Dieux et moi. 105
Jugez de mon forfait, jugez de leur colère;
Jugez s'ils ont eu droit d'en punir une mère,
S'ils ont dû faire agir leur haine au même instant.

PERSÉE.

J'en ai déjà jugé, Reine, en vous imitant;
Et si de vos malheurs la cause ne procède 110
Que d'avoir fait justice aux beautés d'Andromède,
Si c'est là ce forfait digne d'un tel courroux,
Je veux être à jamais coupable comme vous.
Mais comme un bruit confus m'apprend ce mal extrême,
Ne le puis-je, Madame, apprendre de vous-même 115
Pour mieux renouveler ce crime glorieux
Où soudain la raison est complice des yeux?

CASSIOPE.

Écoutez : la douleur se soulage à se plaindre;
Et quelques maux qu'on souffre ou que l'on aye à craindre,
Ce qu'un cœur généreux en montre de pitié 120
Semble en notre faveur en prendre la moitié.
 Ce fut ce même jour qui conclut l'hyménée
De ma chère Andromède avec l'heureux Phinée :
Nos peuples, tous ravis de ces illustres nœuds,
Sur les bords de la mer dressèrent force jeux; 125
Elle en donnoit les prix. Dispensez ma tristesse
De vous dépeindre ici la publique allégresse[1];
On décrit mal la joie au milieu des malheurs,
Et sa plus douce idée est un sujet de pleurs.
O jour, que ta mémoire encore m'est cruelle! 130
Andromède jamais ne me parut si belle;
Et voyant ses regards s'épandre sur les eaux
Pour jouir et juger d'un combat de vaisseaux :

---

1. *Var.* De vous dépeindre ici leur publique allégresse. (1651-56)

Punissent vos sujets qui s'en sont réjouis.
Jupiter, résolu de l'ôter à Phinée,
Exprès par son oracle en défend l'hyménée.
A sa flamme peut-être il veut la réserver; 230
Ou s'il peut se résoudre enfin à s'en priver,
A quelqu'un de ses fils sans doute il la destine;
Et voilà de vos maux la secrète origine.
Faites cesser l'offense, et le même moment
Fera cesser ici son juste châtiment. 235

CASSIOPE.

Vous montrez pour ma fille une trop haute estime,
Quand pour la mieux flatter vous me faites un crime,
Dont la civilité me force de juger
Que vous ne m'accusez qu'afin de m'obliger.
Si quelquefois les Dieux pour des beautés mortelles 240
Quittent de leur séjour les clartés éternelles,
Ces mêmes Dieux aussi, de leur grandeur jaloux,
Ne font pas chaque jour ce miracle pour nous;
Et quand pour l'espérer je serois assez folle,
Le Roi, dont tout dépend, est homme de parole; 245
Il a promis sa fille, et verra tout périr
Avant qu'à se dédire il veuille recourir.
Il tient cette alliance et glorieuse et chère :
Phinée est de son sang, il est fils de son frère.

PERSÉE.

Reine, le sang des Dieux vaut bien celui des rois.... 250
Mais nous en parlerons encor quelque autre fois.
Voici le Roi qui vient.

SCÈNE II.

CÉPHÉE, CASSIOPE, PHINÉE, PERSÉE,
suite du Roi et de la Reine.

CÉPHÉE.

N'en parlons plus, Phinée,
Et laissons d'Andromède aller la destinée.
Votre amour fait pour elle un inutile effort :
Je la dois comme une autre au triste choix du sort. 255
Elle est cause du mal, puisqu'elle l'est du crime :
Peut-être qu'il la veut pour dernière victime,
Et que nos châtiments deviendroient éternels,
S'ils ne pouvoient tomber sur les vrais criminels.

PHINÉE.

Est-ce un crime en ces lieux, Seigneur, que d'être belle ?

CÉPHÉE.

Elle a rendu par là sa mère criminelle.

PHINÉE.

C'est donc un crime ici que d'avoir de bons yeux
Qui sachent bien juger d'un tel présent des cieux ?

CÉPHÉE.

Qui veut en bien juger n'a point le privilége
D'aller jusqu'au blasphème et jusqu'au sacrilége. 265

CASSIOPE.

Ce blasphème, Seigneur, de quoi vous m'accusez....

CÉPHÉE.

Madame, après les maux que vous avez causés,
C'est à vous à pleurer, et non à vous défendre.
Voyez, voyez quel sang vous avez fait répandre ;
Et ne laissez paroître en cette occasion 270
Que larmes, que soupirs, et que confusion.

(A Phinée.)

Je vous le dis encore, elle la crut trop belle ;

Et peut-être le sort l'en veut punir en elle :
Dérober Andromède à cette élection,
C'est dérober sa mère à sa punition. 275

PHINÉE.

Déjà cinq fois, Seigneur, à ce choix exposée,
Vous voyez que cinq fois le sort l'a refusée.

CÉPHÉE.

Si le courroux du ciel n'en veut point à ses jours,
Ce qu'il a fait cinq fois il le fera toujours.

PHINÉE.

Le tenter si souvent, c'est lasser sa clémence : 280
Il pourra vous punir de trop de confiance :
Vouloir toujours faveur, c'est trop lui demander,
Et c'est un crime enfin que de tant hasarder[1].
Mais quoi? n'est-il, Seigneur, ni bonté paternelle,
Ni tendresse du sang qui vous parle pour elle? 285

CÉPHÉE.

Ah! ne m'arrachez point mon sentiment secret.
Phinée, il est tout vrai, je l'expose à regret.
J'aime que votre amour en sa faveur me presse;
La nature en mon cœur avec lui s'intéresse;
Mais elle ne sauroit mettre d'accord en moi 290
Les tendresses d'un père et les devoirs d'un roi;
Et par une justice à moi-même sévère,
Je vous refuse en roi ce que je veux en père.

PHINÉE.

Quelle est cette justice, et quelles sont ces lois
Dont l'aveugle rigueur s'étend jusques aux rois? 295

CÉPHÉE.

Celles que font les Dieux, qui, tous rois que nous sommes,
Punissent nos forfaits ainsi que ceux des hommes,

1. *Var.* Et c'est un crime à vous que de tant hasarder.
   Mais quoi? Seigneur, enfin pour cette fille unique
   Point de pitié n'agit, point d'amour ne s'explique? (1651-56)

Et qui ne nous font part de leur sacré pouvoir
Que pour le mesurer aux règles du devoir.
Que diroient mes sujets si je me faisois grâce, 300
Et si, durant qu'au monstre on expose leur race,
Ils voyoient, par un droit tyrannique et honteux,
Le crime en ma maison, et la peine sur eux?

PHINÉE.

Heureux sont les sujets, heureuses les provinces
Dont le sang peut payer pour celui de leurs princes! 305

CÉPHÉE.

Mais heureux est le prince, heureux sont ses projets,
Quand il se fait justice ainsi qu'à ses sujets!
Notre oracle, après tout, n'excepte point ma fille :
Ses termes généraux comprennent ma famille;
Et ne confondre pas ce qu'il a confondu, 310
C'est se mettre au-dessus du dieu qui l'a rendu.

PERSÉE.

Seigneur, s'il m'est permis d'entendre votre oracle,
Je crois qu'à sa prière il donne peu d'obstacle;
Il parle d'Andromède, il la nomme, il suffit,
Arrêtez-vous pour elle à ce qu'il vous en dit : 315
La séparer longtemps d'un amant si fidèle,
C'est tout le châtiment qu'il semble vouloir d'elle.
Différez son hymen sans l'exposer au choix.
Le ciel assez souvent, doux aux crimes des rois,
Quand il leur a montré quelque légère haine, 320
Répand sur leurs sujets le reste de leur peine.

CÉPHÉE.

Vous prenez mal l'oracle; et pour l'expliquer mieux,
Sachez[1].... Mais quel éclat vient de frapper mes yeux?

---

1. Dans les éditions de 1663-82, c'est à ce mot *sachez* que se rattache par un renvoi le jeu de scène qui suit le vers 324 ; dans les éditions antérieures, il se trouve tout à la fin de la scène.

ACTE I, SCÈNE II.

D'où partent ces longs traits de nouvelles lumières ?
(Le ciel s'ouvre durant cette contestation du Roi avec Phinée, et fait voir dans un profond éloignement l'étoile de Vénus, qui sert de machine pour apporter cette déesse jusqu'au milieu du théâtre. Elle s'avance lentement sans que l'œil puisse découvrir à quoi elle est suspendue ; et cependant le peuple a loisir de lui adresser ses vœux par cet hymne que chantent les musiciens.)

PERSÉE.

Du ciel qui vient d'ouvrir ses luisantes barrières, 325
D'où quelque déité vient, ce semble, ici-bas
Terminer elle-même entre vous ces débats.

CASSIOPE.

Ah ! je la reconnois, la déesse d'Éryce ;
C'est elle, c'est Vénus, à mes vœux si propice :
Je vois dans ses[1] regards mon bonheur renaissant, 330
Peuple, faites des vœux, tandis qu'elle descend.

SCÈNE III.

VÉNUS, CÉPHÉE, CASSIOPE, PERSÉE, PHINÉE.
CHŒUR DE MUSIQUE, SUITE DU ROI ET DE LA REINE.

CHŒUR[2].

Reine de Paphe et d'Amathonte,
Mère d'Amour, et fille de la mer,
Peux-tu voir sans un peu de honte
Que contre nous elle ait voulu s'armer, 335
Et que du même sein qui fut ton origine
Sorte notre ruine ?

Peux-tu voir que de la même onde
Il ose naître un tel monstre après toi ?

---

1. Les éditions de 1664-82 portent *ces*, pour *ses*.
2. Dans les éditions de 1651-60 : CHŒUR DE MUSIQUE, *cependant que Vénus s'avance*.

330 ANDROMÈDE.

  Que d'où vient tant de bien au monde 340
 Il vienne enfin tant de mal et d'effroi,
Et que l'heureux berceau de ta beauté suprême
  Enfante l'horreur même?

  Venge l'honneur de ta naissance
 Qu'on a souillé par un tel attentat; 345
  Rends-lui sa première innocence,
 Et tu rendras le calme à tout l'État[1];
Et nous dirons enfin que d'où le mal procède
  Part aussi le remède.

    CASSIOPE.

Peuple, elle veut parler : silence à la Déesse; 350
Silence, et préparez vos cœurs à l'allégresse.
Elle a reçu nos vœux, et les daigne exaucer;
Écoutez-en l'effet qu'elle va prononcer.

   VÉNUS, au milieu de l'air.

Ne tremblez plus, mortels; ne tremble plus, ô mère!
On va jeter le sort pour la dernière fois, 355
  Et le ciel ne veut plus qu'un choix
 Pour apaiser de tout point sa colère.
Andromède ce soir aura l'illustre époux
Qui seul est digne d'elle, et dont seule elle est digne.
Préparez son hymen, où, pour faveur insigne, 360
Les Dieux ont résolu de se joindre avec vous.

   PHINÉE, à Céphée.

Souffrez que sans tarder je porte à ma princesse,
Seigneur, l'heureux arrêt qu'a donné la Déesse.

   CÉPHÉE.

Allez, l'impatience est trop juste aux amants.

  CASSIOPE, voyant remonter Vénus[2].

Suivons-la dans le ciel par nos remercîments; 365

---

1. *Var.* Et tu rendras le calme à cet État;
   Et nous dirons que d'où le mal procède. (Dessein et 1651-64)
2. *Var.* *Vénus remonte.* (1663, en marge.)

Et d'une voix commune adorant sa puissance,
Montrons à ses faveurs notre reconnoissance.

CHŒUR [1].

  Ainsi toujours sur tes autels
    Tous les mortels
  Offrent leurs cœurs en sacrifice !   370
  Ainsi le Zéphyre en tout temps
Sur tes palais de Cythère et d'Éryce
Fasse régner les grâces du printemps !
  Daigne affermir l'heureuse paix
    Qu'à nos souhaits   375
  Vient de promettre ton oracle ;
  Et fais pour ces jeunes amants,
Pour qui tu viens de faire ce miracle,
Un siècle entier de doux ravissements.

  Dans nos campagnes et nos bois   380
    Toutes nos voix
  Béniront tes douces atteintes ;
  Et dans les rochers d'alentour,
La même Écho qui redisoit nos plaintes
Ne redira que des soupirs d'amour.   385

CÉPHÉE.

C'est assez.... la Déesse est déjà disparue ;
Ses dernières clartés se perdent dans la nue ;
Allons jeter le sort pour la dernière fois.
Malheureux le dernier que foudroiera son choix,
Et dont en ce grand jour la perte domestique   390
Souillera de ses pleurs l'allégresse publique !
 Madame, cependant, songez à préparer
Cet hymen que les Dieux veulent tant honorer :

---

1. Dans les éditions de 1651-60 : CHŒUR DE MUSIQUE, *cependant que Vénus remonte*.

Rendez-en l'appareil digne de ma puissance,
Et digne, s'il se peut, d'une telle présence. 395
CASSIOPE.
J'obéis avec joie, et c'est me commander
Ce qu'avec passion j'allois vous demander.

SCÈNE IV.

CASSIOPE, PERSÉE, suite de la Reine.

CASSIOPE.
Eh bien! vous le voyez, ce n'étoit pas un crime,
Et les Dieux ont trouvé cet hymen légitime,
Puisque leur ordre exprès nous le fait achever, 400
Et que par leur présence ils doivent l'approuver.
Mais quoi? vous soupirez?
PERSÉE.
J'en ai bien lieu, Madame.
CASSIOPE.
Le sujet?
PERSÉE.
Votre joie.
CASSIOPE.
Elle vous gêne l'âme?
PERSÉE.
Après ce que j'ai dit, douter d'un si beau feu,
Reine, c'est ou m'entendre ou me croire bien peu. 405
Mais ne me forcez pas du moins à vous le dire,
Quand mon âme en frémit et mon cœur en soupire.
Pouvois-je avoir des yeux et ne pas l'adorer?
Et pourrois-je la perdre et n'en pas soupirer?
CASSIOPE.
Quel espoir formiez-vous, puisqu'elle étoit promise, 410
Et qu'en vain son bonheur domptoit votre franchise?

PERSÉE.

Vouloir que la raison règne sur un amant,
C'est être plus que lui dedans l'aveuglement.
Un cœur digne d'aimer court à l'objet aimable,
Sans penser au succès dont sa flamme est capable; 415
Il s'abandonne entier, et n'examine rien :
Aimer est tout son but, aimer est tout son bien;
Il n'est difficulté ni péril qui l'étonne.
« Ce qui n'est point à moi n'est encore à personne,
Disois-je; et ce rival qui possède sa foi, 420
S'il espère un peu plus, n'obtient pas plus que moi. »
 Voilà durant vos maux de quoi vivoit ma flamme,
Et les douces erreurs dont je flattois mon âme.
Pour nourrir des desirs d'un beau feu trop contents,
C'étoit assez d'espoir que d'espérer au temps; 425
Lui qui fait chaque jour tant de métamorphoses,
Pouvoit en ma faveur faire beaucoup de choses[1].
Mais enfin la Déesse a prononcé ma mort,
Et je suis ce dernier sur qui tombe le sort.
J'étois indigne d'elle et de son hyménée, 430
Et toutefois, hélas! je valois bien Phinée.

CASSIOPE.

Vous plaindre en cet état, c'est tout ce que je puis.

PERSÉE.

Vous vous plaindrez peut-être apprenant qui je suis.
Vous ne vous trompiez point touchant mon origine,
Lorsque vous la jugiez ou royale ou divine : 435
Mon père est.... Mais pourquoi contre vous l'animer ?
Puisqu'il nous faut mourir, mourons sans le nommer;
Il vengeroit ma mort, si j'avois fait connoître
De quel illustre sang j'ai la gloire de naître;
Et votre grand bonheur seroit mal assuré, 440

---

1. *Var.* Pouvoit en ma faveur faire d'étranges choses. (1651-56)

ACTE II, SCÈNE I.

AGLANTE.
Pas fait même une offre de service.
ANDROMÈDE.
Ah! c'est de quoi rougir toutes avec justice;
Et la honte à vos fronts doit bien cette couleur,
Si tant de si beaux yeux ont pu manquer son cœur.
CÉPHALE.
Où les vôtres, Madame, épandent leur lumière, 490
Cette honte pour nous est assez coutumière[1].
Les plus vives clartés s'éteignent auprès d'eux,
Comme auprès du soleil meurent les autres feux;
Et pour peu qu'on vous voie et qu'on vous considère[2],
Vous ne nous laissez point de conquêtes à faire. 495
ANDROMÈDE.
Vous êtes une adroite; achevez, achevez :
C'est peut-être en effet vous qui le captivez;
Car il aime, et j'en vois la preuve trop certaine.
Chaque fois qu'il me parle il semble être à la gêne;
Son visage et sa voix changent à tout propos; 500
Il hésite, il s'égare au bout de quatre mots;
Ses discours vont sans ordre; et plus je les écoute,
Plus j'entends des soupirs dont j'ignore la route.
Où vont-ils, Céphalie? où vont-ils? répondez.
CÉPHALIE.
C'est à vous d'en juger, vous qui les entendez. 505

UN PAGE, *chantant sans être vu*[3],
Qu'elle est lente, cette journée!

1. *Var.* Le moyen qu'on nous voie, ou qu'on nous considère? (1651-56)
2. *Var.* Et depuis qu'un amant à vous voir se hasarde,
Il ne voit plus qu'une ombre alors qu'il nous regarde,
Tant il est ébloui des charmes tout-puissants
Qui lui pénètrent l'âme et dérobent les sens.
Il n'a plus d'yeux pour nous, et partout où vous êtes
Il nous est défendu de faire des conquêtes. (1651-56)
3. *Var.* UN PAGE DE PHINÉE, *chantant sans être vu.* (1651-60)
Var. PAGE. *Il chante sans être vu.* (1663, en marge.)

CORNEILLE. V

ANDROMÈDE.

Taisons-nous : cette voix me parle pour Phinée ;
Sans doute il n'est pas loin, et veut à son retour
Que des accents si doux m'expliquent son amour.

PAGE[1].

    Qu'elle est lente, cette journée   510
    Dont la fin me doit rendre heureux !
    Chaque moment à mon cœur amoureux
    Semble durer plus d'une année.
    O ciel ! quel est l'heur d'un amant,
    Si quand il en a l'assurance   515
      Sa juste impatience
      Est un nouveau tourment ?

    Je dois posséder Andromède :
    Juge, Soleil, quel est mon bien !
    Vis-tu jamais amour égal au mien ?   520
    Vois-tu beauté qui ne lui cède ?
    Puis donc que la longueur du jour
    De mon nouveau mal est la source,
      Précipite ta course,
      Et tarde ton retour.   525

    Tu luis encore, et ta lumière
    Semble se plaire à m'affliger.
    Ah ! mon amour te va bien obliger
    A quitter soudain ta carrière.
    Viens, Soleil, viens voir la beauté   530
    Dont le divin éclat me dompte ;
      Et tu fuiras de honte
      D'avoir moins de clarté.

---

1. *Var.* PAGE, *chantant sans être vu.* (1651-60)

SCÈNE II.

PHINÉE, ANDROMÈDE, chœur de Nymphes,
suite de phinée.

PHINÉE.

Ce n'est pas mon dessein, Madame, de surprendre,
Puisque avant que d'entrer je me suis fait entendre. 535

ANDROMÈDE.

Vos vœux pour les cacher n'étoient pas criminels,
Puisqu'ils suivent des Dieux les ordres éternels.

PHINÉE.

Que me direz-vous donc de leur galanterie ?

ANDROMÈDE.

Que je vais vous payer de votre flatterie.

PHINÉE.

Comment ?

ANDROMÈDE.

En vous donnant de semblables témoins,
Si vous aimez beaucoup, que je n'aime pas moins.
Approchez, Liriope, et rendez-lui son change ;
C'est vous, c'est votre voix que je veux qui me venge.
De grâce, écoutez-la ; nous avons écouté,
Et demandons silence après l'avoir prêté. 545

LIRIOPE chante.

Phinée est plus aimé qu'Andromède n'est belle,
   Bien qu'ici-bas tout cède à ses attraits ;
     Comme il n'est point de si doux traits,
    Il n'est point de cœur si fidèle.
   De mille appas son visage semé 550
     La rend une merveille[1] ;

---

1. *Var.*   La rend toute merveille. (Dessein et 1651-56)

Mais quoiqu'elle soit sans pareille,
Phinée est encor plus aimé.

Bien que le juste ciel fasse voir que sans crime
  On la préfère aux nymphes de la mer,   555
    Ce n'est que de savoir aimer
   Qu'elle-même veut qu'on l'estime ;
   Chacun, d'amour pour elle consumé,
    D'un cœur lui fait un temple ;
   Mais quoiqu'elle soit sans exemple,   560
   Phinée est encor plus aimé.

Enfin, si ses beaux yeux passent pour un miracle,
  C'est un miracle aussi que son amour,
   Pour qui Vénus en ce beau jour
   A prononcé ce digne oracle :   565
Le ciel lui-même, en la voyant, charmé,
    La juge incomparable ;
   Mais quoiqu'il l'ait faite adorable,
   Phinée est encor plus aimé.

(Cet air chanté, le page de Phinée et cette nymphe font un dialogue en musique, dont chaque couplet a pour refrain l'oracle que Vénus a prononcé au premier acte en faveur de ces deux amants, chanté par les deux voix unies, et répété par le chœur entier de la musique.)

PAGE.

Heureux amant !

LIRIOPE.

Heureuse amante !   570

PAGE.

Ils n'ont qu'une âme.

LIRIOPE[1].

Ils n'ont tous deux qu'un cœur.

---

1. *Var.* Au lieu de LIRIOPE, le *Dessein* porte LA NYMPHE, ici et dans le reste de la scène.

PAGE.

Joignons nos voix pour chanter leur bonheur.

LIRIOPE.

Joignons nos voix pour bénir leur attente.

PAGE ET LIRIOPE[1].

Andromède ce soir aura l'illustre époux
Qui seul est digne d'elle, et dont seule elle est digne.
Préparons son hymen, où, pour faveur insigne,
Les Dieux ont résolu de se joindre avec nous.

CHOEUR[2].

Préparons son hymen, où, pour faveur insigne,
Les Dieux ont résolu de se joindre avec nous.

PAGE.

Le ciel le veut.

LIRIOPE.

Vénus l'ordonne.   580

PAGE.

L'amour les joint.

LIRIOPE.

L'hymen va les unir.

PAGE.

Douce union que chacun doit bénir!

LIRIOPE.

Heureuse amour qu'un tel succès couronne[3] !

PAGE ET LIRIOPE[4].

Andromède ce soir aura l'illustre époux
Qui seul est digne d'elle, et dont seule elle est digne.

---

1. *Var.* TOUS DEUX ENSEMBLE. (Dessein et 1651-60)
2. *Var.* LE CHOEUR DE LA MUSIQUE *répète ces deux derniers vers.* (Dessein)
   Var. LE CHOEUR DE LA MUSIQUE. (1651 in-4°)
   Var. CHOEUR DE MUSIQUE. (1651 in-12-60)
3. *Var.*   Heureux amour qu'un tel succès couronne. (Dessein)
4. *Var.* TOUS DEUX ENSEMBLE. (Dessein et 1651-60)

Préparons son hymen, où, pour faveur insigne,
Les Dieux ont résolu de se joindre avec nous.
CHOEUR[1].
Préparons son hymen, où, pour faveur insigne,
Les Dieux ont résolu de se joindre avec nous.
ANDROMÈDE.
Il n'en faut point mentir, leur accord m'a surprise. 590
PHINÉE.
Madame, c'est ainsi que tout me favorise,
Et que tous vos sujets soupirent en ces lieux
Après l'heureux effet de cet arrêt des Dieux,
Que leurs souhaits unis....

SCÈNE III.
PHINÉE, ANDROMÈDE, TIMANTE, CHOEUR DE NYMPHES, SUITE DE PHINÉE.

TIMANTE.
    Ah! Seigneur, ah! Madame.
PHINÉE.
Que nous veux-tu, Timante, et qui trouble ton âme?
TIMANTE.
Le pire des malheurs.
PHINÉE.
    Le Roi seroit-il mort?
TIMANTE.
Non, Seigneur; mais enfin le triste choix du sort
Vient de tomber.... Hélas! pourrai-je vous le dire?
ANDROMÈDE.
Est-ce sur quelque objet pour qui ton cœur soupire?

---

1. *Var.* LE CHOEUR DE LA MUSIQUE. (Dessein)
Var. CHOEUR DE MUSIQUE. (1651-60)

####### TIMANTE.
Soupirer à vos yeux du pire de ses coups, 600
N'est-ce pas dire assez qu'il est tombé sur vous?
####### PHINÉE.
Qui te fait nous donner de si vaines alarmes?
####### TIMANTE.
Si vous n'en croyez pas mes soupirs et mes larmes,
Vous en croirez le Roi, qui bientôt à vos yeux
La va livrer lui-même aux ministres des Dieux. 605
####### PHINÉE.
C'est nous faire, Timante, un conte ridicule;
Et je tiendrois le Roi bien simple et bien crédule,
Si plus qu'une déesse il en croyoit le sort.
####### TIMANTE.
Le Roi non plus que vous ne l'a pas cru d'abord;
Il a fait par trois fois essayer sa malice, 610
Et l'a vu par trois fois faire même injustice :
Du vase par trois fois ce beau nom est sorti.
####### PHINÉE.
Et toutes les trois fois le sort en a menti.
Le ciel a fait pour vous une autre destinée :
Son ordre est immuable, il veut notre hyménée; 615
Il le veut, il y met le bonheur de ces lieux;
Et ce n'est pas au sort à démentir les Dieux.
####### ANDROMÈDE.
Assez souvent le ciel par quelque fausse joie
Se plaît à prévenir les maux qu'il nous envoie;
Du moins il m'a rendu quelques moments bien doux 620
Par ce flatteur espoir que j'allois être à vous.
Mais puisque ce n'étoit qu'une trompeuse attente,
Gardez mon souvenir, et je mourrai contente.
####### PHINÉE.
Et vous mourrez contente! Et j'ai pu mériter
Qu'avec contentement vous puissiez me quitter! 625

Détacher sans regret votre âme de la mienne!
Vouloir que je le voie, et que je m'en souvienne!
Et mon fidèle amour qui reçut votre foi
Vous trouve indifférente entre la mort et moi!
    Oui, je m'en souviendrai, vous le voulez, Madame;
J'accepte le supplice où vous livrez mon âme;
Mais quelque peu d'amour que vous me fassiez voir,
Le mien n'oubliera pas les lois de son devoir.
Je dois, malgré le sort, je dois, malgré vous-même,
Si vous aimez si mal, vous montrer comme on aime,
Et faire reconnoître aux yeux qui m'ont charmé
Que j'étois digne au moins d'être un peu mieux aimé.
Vous l'avouerez bientôt, et j'aurai cette gloire,
Qui dans tout l'avenir suivra notre mémoire,
Que pour se voir quitter avec contentement,   640
Un amant tel que moi n'en est pas moins amant.

ANDROMÈDE.

C'est donc trop peu pour moi que des malheurs si pro-
Si vous ne les croissez par d'injustes reproches! [ches,
Vous quitter sans regret! les Dieux me sont témoins
Que j'en montrerois plus si je vous aimois moins. 645
C'est pour vous trop aimer que je parois toute autre :
J'étouffe ma douleur pour n'aigrir pas la vôtre;
Je retiens mes soupirs de peur de vous fâcher,
Et me montre insensible afin de moins toucher.
Hélas! si vous savez faire voir comme on aime,   650
Du moins vous voyez mal quand l'amour est extrême;
Oui, Phinée, et je doute, en courant à la mort,
Lequel m'est plus cruel, ou de vous, ou du sort.

PHINÉE.

Hélas! qu'il étoit grand quand je l'ai cru s'éteindre,
Votre amour! et qu'à tort ma flamme osoit s'en plaindre!
Princesse, vous pouvez me quitter sans regret :
Vous ne perdez en moi qu'un amant indiscret,

Qu'un amant téméraire, et qui même a l'audace
D'accuser votre amour quand vous lui faites grâce,
Mais pour moi, dont la perte est sans comparaison, 660
Qui perds en vous perdant et lumière et raison,
Je n'ai que ma douleur qui m'aveugle et me guide :
Dessus toute mon âme elle seule préside[1];
Elle y règne, et je cède entier à son transport;
Mais je ne cède pas aux caprices du sort[2]. 665
Que le Roi par scrupule à sa rigueur défère,
Qu'une indigne équité le fasse injuste père,
La Reine et mon amour sauront bien empêcher
Qu'un choix si criminel ne coûte un sang si cher.
J'ose tout, je puis tout après un tel oracle. 670

TIMANTE.

La Reine est hors d'état d'y joindre aucun obstacle :
Surprise comme vous d'un tel événement,
Elle en a de douleur perdu tout sentiment;
Et sans doute le Roi livrera la Princesse
Avant qu'on l'ait pu voir sortir de sa foiblesse. 675

PHINÉE.

Eh bien! mon amour seul saura jusqu'au trépas,
Malgré tous....

ANDROMÈDE.

Le Roi vient; ne vous emportez pas.

---

1. *Var.* Qui sur toute mon âme elle seule préside. (1651-56)
2. Les éditions de 1654, de 1660 et de 1663 portent « de sort, » pour « du sort. »

SCÈNE V.

ÉOLE, huit Vents, CÉPHÉE, PERSÉE, PHINÉE, ANDROMÈDE, chœur de Nymphes, suite du Roi et de Phinée.

CÉPHÉE.

Arrêtez : ce nuage enferme une tempête
Qui peut-être déjà menace votre tête.
N'irritez plus les Dieux déjà trop irrités. 740

PHINÉE.

Qu'il crève, ce nuage, et que ces déités....

CÉPHÉE.

Ne les irritez plus, vous dis-je, et prenez garde....

PHINÉE.

A les trop irriter qu'est-ce que je hasarde?
Que peut craindre un amant quand il voit tout perdu?
Tombe, tombe sur moi leur foudre, s'il m'est dû! 745
Mais s'il est quelque main assez lâche et traîtresse
Pour suivre leur caprice et saisir ma princesse,
Seigneur, encore un coup, je jure ses beaux yeux,
Et mes uniques rois, et mes uniques Dieux....

ÉOLE, au milieu de l'air.

Téméraire mortel, n'en dis pas davantage; 750
Tu n'obliges que trop les Dieux à te haïr :
Quoi que pense attenter l'orgueil de ton courage,
Ils ont trop de moyens de se faire obéir.
  Connois-moi pour ton infortune;
  Je suis Éole, roi des vents. 755
  Partez, mes orageux suivants,
  Faites ce qu'ordonne Neptune.

(Ce commandement d'Éole produit[1] un spectacle étrange et merveil-

---

1. *Var. Ce commandement d'Éole produit aussitôt....* (1651-60)

leux tout ensemble. Les deux vents qui étoient à ses côtés suspendus en l'air s'envolent, l'un à gauche et l'autre à droit[1]; deux autres remontent avec lui dans le ciel sur le même nuage qui les vient d'apporter; deux autres, qui étoient à sa main gauche sur les ailes du théâtre, s'avancent au milieu de l'air, où ayant fait un tour, ainsi que deux tourbillons, ils passent au côté droit du théâtre, d'où les deux derniers fondent sur Andromède, et l'ayant saisie chacun par un bras, ils l'enlèvent[2] de l'autre côté jusque dans les nues.)

ANDROMÈDE[3].

O ciel!

CÉPHÉE.

Ils l'ont saisie, et l'enlèvent en l'air.

PHINÉE[4].

Ah! ne présumez pas ainsi me la voler :
Je vous suivrai partout malgré votre surprise[5]. 760

SCÈNE VI.

CÉPHÉE, PERSÉE, SUITE DU ROI.

PERSÉE.

Seigneur, un tel péril ne veut point de remise ;

---

1. Les éditions de 1655, de 1682 et de 1692 donnent ainsi *à droit* (*a*) ; les autres, *à droite*.
2. *Var. Et l'ayant saisie chacun par un bras, l'enlèvent....* (1651-55)
3. Dans les éditions de 1651-60 : ANDROMÈDE, *enlevée par les vents*.
4. Dans les éditions de 1651-60 : PHINÉE, *courant après elle, et tâchant de la retenir.*
5. « Souvent, dit d'Aubignac dans sa *Pratique du théâtre* (p. 75), ... les choses ne s'expliquent pas quand elles se font, mais longtemps après, selon que le poëte le juge plus commode à son sujet, et qu'il le peut faire avec moins d'affectation, à quoi ceux qui lisent les poëtes ou qui veulent jouer des comédies bien régulières doivent soigneusement prendre garde. Je n'en donnerai point d'autre exemple que celui de M. Corneille en son *Andromède*, où lorsque les vents enlèvent cette jeune princesse, Phinée est renversé d'un coup de tonnerre, sans qu'il en soit rien dit; mais cela se connoît dans l'acte suivant, où Phinée rendant compte de la violence des Dieux contre les efforts qu'il

(*a*) *A droit* était alors fort en usage. Voyez le *Lexique*.

Mais espérez encor, je vole à son secours,
Et vais forcer le sort à prendre un autre cours.
CÉPHÉE.
Vingt amants pour Nérée en firent l'entreprise ;
Mais il n'est point d'effort que ce monstre ne brise. 765
Tous voulurent sauver ses attraits adorés,
Tous furent avec elle à l'instant dévorés.
PERSÉE.
Le ciel aime Andromède, il veut son hyménée,
Seigneur ; et si les vents l'arrachent à Phinée,
Ce n'est que pour la rendre à quelque illustre époux 770
Qui soit plus digne d'elle, et plus digne de vous ;
A quelque autre par là les Dieux l'ont réservée.
Vous saurez qui je suis quand je l'aurai sauvée.
Adieu : par des chemins aux hommes inconnus
Je vais mettre en effet l'oracle de Vénus. 775
Le temps nous est trop cher pour le perdre en paroles.
CÉPHÉE.
Moi, qui ne puis former d'espérances frivoles,
Pour ne voir point courir ce grand cœur au trépas,
Je vais faire des vœux qu'on n'écoutera pas.

avoit faits pour sauver Andromède, dit qu'ils avoient été contraints de le renverser par terre, et de prendre occasion de sa chute pour l'emporter. » — Voyez ci-après, vers 1210 et 1211, et ci-dessus, p. 285.

FIN DU SECOND ACTE.

ACTE III.

DÉCORATION DU TROISIÈME ACTE.

Il se fait ici une si étrange métamorphose, qu'il semble qu'avant que de sortir de ce jardin Persée ait découvert[1] cette monstrueuse[2] tête de Méduse qu'il porte partout sous son bouclier. Les myrtes et les jasmins qui le composoient sont devenus des rochers affreux, dont les masses inégalement escarpées et bossues suivent si parfaitement le caprice de la nature, qu'il semble qu'elle ait plus contribué que l'art à les placer ainsi des deux côtés du théâtre : c'est en quoi l'artifice de l'ouvrier est merveilleux, et se fait voir d'autant plus, qu'il prend soin de se cacher. Les vagues s'emparent de toute la scène, à la réserve de cinq ou six pieds qu'elles laissent pour leur servir de rivage; elles sont dans une agitation continuelle, et composent comme un golfe enfermé entre ces deux rangs[3] de falaises; on en voit l'embouchure se dégorger dans la pleine mer, qui paroît si vaste et d'une si grande étendue, qu'on jureroit que les vaisseaux qui flottent près de l'horizon[4], dont la vue est bornée, sont éloignés de plus de six lieues de ceux qui les considèrent. Il n'y a personne qui ne juge que cet horrible spectacle est le funeste appareil de l'injustice des Dieux et du supplice d'Andromède; aussi la voit-on au haut des nues, d'où les deux vents[5] qui l'ont enlevée l'apportent avec impétuosité et l'attachent[6] au pied d'un de ces rochers.

1. Var. (Dessein et édit. de 1651-1660) : Voici une étrange métamorphose. Sans doute qu'avant que de sortir de ce jardin, Persée a découvert....
2. Le mot *monstrueuse* manque dans le *Dessein*.
3. Var. (édit. de 1656) : comme un golfe entre ces deux rangs....
4. Toutes les éditions écrivent *orizon*, sans *h*.
5. Var. (Dessein et édit. de 1651-1660) : d'où ces deux vents....
6. Var. (Dessein) : l'apportent et l'attachent....

SCÈNE PREMIÈRE.

ANDROMÈDE, au pied d'un rocher; DEUX VENTS qui l'y attachent; TIMANTE; CHOEUR DE PEUPLE sur le rivage.

TIMANTE.

Allons voir, chers amis, ce qu'elle est devenue, 780
La Princesse, et mourir, s'il se peut, à sa vue.

CHOEUR[1].

La voilà que ces vents achèvent d'attacher,
En infâmes bourreaux, à ce fatal rocher.

TIMANTE.

Oui, c'est elle sans doute. Ah! l'indigne spectacle!

CHOEUR.

Si le ciel n'est injuste, il lui doit un miracle. 785

(Les vents s'envolent.)

TIMANTE.

Il en fera voir un, s'il en croit nos desirs.

ANDROMÈDE.

O Dieux!

TIMANTE.

Avec respect écoutons ses soupirs;
Et puissent les accents de ses premières plaintes
Porter dans tous nos cœurs de mortelles atteintes!

ANDROMÈDE.

Affreuse image du trépas 790
Qu'un triste honneur m'avoit fardée,
Surprenantes horreurs, épouvantable idée,
Qui tantôt ne m'ébranliez pas,
Que l'on vous conçoit mal quand on vous envisage
Avec un peu d'éloignement! 795

---

1. *Var.* CHOEUR DE PEUPLE. (1651-60) — On retrouve la même variante après le vers 784.

Qu'on vous méprise alors! qu'on vous brave aisément!
    Mais que la grandeur du courage
    Devient d'un difficile usage
    Lorsqu'on touche au dernier moment!

    Ici seule, et de toutes parts   800
    A mon destin abandonnée,
Ici que je n'ai plus ni parents, ni Phinée,
    Sur qui détourner mes regards[1],
L'attente de la mort de tout mon cœur s'empare,
    Il n'a qu'elle à considérer;   805
Et quoi que de ce monstre il s'ose figurer,
    Ma constance qui s'y prépare
    Le trouve d'autant plus barbare
    Qu'il diffère à me dévorer.

    Étrange effet de mes malheurs!   810
    Mon âme traînante, abattue,
N'a qu'un moment à vivre, et ce moment me tue
    A force de vives douleurs.
Ma frayeur a pour moi mille mortelles feintes,
    Cependant que la mort me fuit :   815
Je pâme au moindre vent, je meurs au moindre bruit;
    Et mes espérances éteintes
    N'attendent la fin de mes craintes
    Que du monstre qui les produit.

    Qu'il tarde à suivre mes desirs!   820
    Et que sa cruelle paresse
A ce cœur dont ma flamme est encor la maîtresse
    Coûte d'amers et longs soupirs!
O toi, dont jusqu'ici la douleur m'a suivie,
    Va-t'en, souvenir indiscret;   825

---

1. L'édition de 1656 donne, par erreur sans doute, *détournent* pour *détourner*.

Et cessant de me faire un entretien secret
De ce prince qui m'a servie,
Laisse-moi sortir de la vie
Avec un peu moins de regret.

C'est assez que tout l'univers 830
Conspire à faire mes supplices;
Ne les redouble point, toi qui fus mes délices,
En me montrant ce que je perds;
Laisse-moi,...

SCÈNE II.

CASSIOPE, ANDROMÈDE, TIMANTE,
CHOEUR DE PEUPLE.

CASSIOPE.

Me voici, qui seule ait fait le crime;
Me voici, justes Dieux, prenez votre victime : 835
S'il est quelque justice encore parmi vous,
C'est à moi seule, à moi qu'est dû votre courroux.
Punir les innocents, et laisser les coupables,
Inhumains! est-ce en être, est-ce en être capables?
A moi tout le supplice, à moi tout le forfait. 840
Que faites-vous, cruels? qu'avez-vous presque fait?
Andromède est ici votre plus rare ouvrage;
Andromède est ici votre plus digne image;
Elle rassemble en soi vos attraits divisés :
On vous connoîtra moins si vous la détruisez. 845
Ah! je découvre enfin d'où provient tant de haine:
Vous en êtes jaloux plus que je n'en fus vaine;
Si vous la laissiez vivre, envieux tout-puissants,
Elle auroit plus que vous et d'autels et d'encens;
Chacun préféreroit le portrait au modèle, 850
Et bientôt l'univers n'adoreroit plus qu'elle.

ANDROMÈDE.
En l'état où je suis le sort m'est-il trop doux,
Si vous ne me donnez de quoi craindre pour vous?
Faut-il encor ce comble à des malheurs extrêmes?
Qu'espérez-vous, Madame, à force de blasphèmes? 855
CASSIOPE.
Attirer et leur monstre et leur foudre sur moi;
Mais je ne les irrite, hélas! que contre toi :
Sur ton sang innocent retombent tous mes crimes;
Seule tu leur tiens lieu de mille autres victimes;
Et pour punir ta mère ils n'ont, ces cruels Dieux, 860
Ni monstre dans la mer, ni foudre dans les cieux.
Aussi savent-ils bien que se prendre à ta vie,
C'est percer de mon cœur la plus tendre partie;
Que je souffre bien plus en te voyant périr,
Et qu'ils me feroient grâce en me faisant mourir. 865
Ma fille, c'est donc là cet heureux hyménée,
Cette illustre union par Vénus ordonnée,
Qu'avecque tant de pompe il falloit préparer,
Et que ces mêmes Dieux devoient tant honorer!
    Ce que nos yeux ont vu n'étoit-ce donc qu'un songe,
Déesse? ou ne viens-tu que pour dire un mensonge?
Nous aurois-tu parlé sans l'aveu du Destin?
Est-ce ainsi qu'à nos maux le ciel trouve une fin?
Est-ce ainsi qu'Andromède en reçoit les caresses?
Si contre elle l'envie émeut quelques déesses, 875
L'amour en sa faveur n'arme-t-il point de Dieux?
Sont-ils tous devenus ou sans cœur, ou sans yeux?
Le maître souverain de toute la nature
Pour de moindres beautés a changé de figure;
Neptune a soupiré pour de moindres appas; 880
Elle en montre à Phébus que Daphné n'avoit pas;
Et l'Amour en Psyché voyoit bien moins de charmes,
Quand pour elle il daigna se blesser de ses armes.

ACTE III, SCÈNE II.

Qui dérobe à tes yeux le droit de tout charmer,
Ma fille? au vif éclat qu'ils sèment dans la mer,   885
Les tritons amoureux, malgré leurs Néréides,
Devroient déjà sortir de leurs grottes humides,
Aux fureurs de leur monstre à l'envi s'opposer,
Contre ce même écueil eux-mêmes l'écraser,
Et de ses os brisés, de sa rage étouffée,   890
Au pied de ton rocher t'élever un trophée.

ANDROMÈDE, voyant venir le monstre de loin.

Renouveler le crime, est-ce pour les fléchir?
Vous hâtez mon supplice au lieu de m'affranchir.
Vous appelez le monstre. Ah! du moins à sa vue
Quittez la vanité qui m'a déjà perdue.   895
Il n'est mortel ni dieu qui m'ose secourir.
Il vient : consolez-vous, et me laissez mourir.

CASSIOPE.

Je le vois, c'en est fait. Parois du moins, Phinée,
Pour sauver la beauté qui t'étoit destinée;
Parois, il en est temps; viens en dépit des Dieux   900
Sauver ton Andromède, ou périr à ses yeux;
L'amour te le commande, et l'honneur t'en convie;
Peux-tu, si tu la perds, aimer encor la vie?

ANDROMÈDE.

Il n'a manque d'amour, ni manque de valeur;
Mais sans doute, Madame, il est mort de douleur;   905
Et comme il a du cœur et sait que je l'adore,
Il périroit ici, s'il respiroit encore.

CASSIOPE.

Dis plutôt que l'ingrat n'ose te mériter.
Toi donc, qui plus que lui t'osois tantôt vanter,
Viens, amant inconnu, dont la haute origine,   910
Si nous t'en voulons croire, est royale ou divine;
Viens en donner la preuve, et par un prompt secours,
Fais-nous voir quelle foi l'on doit à tes discours;

Pardonnez, grand héros, si mon étonnement
N'a pas la liberté d'aucun remercîment.

PERSÉE.

Venez, tyrans des mers, réparer votre crime,
Venez restituer cette illustre victime ; 975
Méritez votre grâce, impétueux mutins,
Par votre obéissance au maître des destins.

(Les vents obéissent aussitôt à ce commandement de Persée ; et on les voit en un moment détacher cette princesse, et la reporter par-dessus les flots jusqu'au lieu[1] d'où ils l'avoient apportée au commencement de cet acte. En même temps Persée revole en haut sur son cheval ailé ; et après avoir fait un caracol admirable au milieu de l'air, il tire du même côté qu'on a vu disparaître la Princesse : tandis qu'il vole, tout le rivage retentit de cris de joie et de chants de victoire.)

CASSIOPE, voyant Persée revoler en haut après sa victoire.

Peuple, qu'à pleine voix l'allégresse publique
Après un tel miracle en triomphe s'explique,
Et fasse retentir sur ce rivage heureux 980
L'immortelle valeur d'un bras si généreux.

CHOEUR[2].

Le monstre est mort, crions victoire,
Victoire tous, victoire à pleine voix ;
Que nos campagnes et nos bois
Ne résonnent que de sa gloire. 985
Princesse, elle vous donne enfin l'illustre époux
Qui seul étoit digne de vous.

Vous êtes sa digne conquête.
Victoire tous, victoire à son amour !
C'est lui qui nous rend ce beau jour, 990
C'est lui qui calme la tempête ;

1. *Var.* Jusques au lieu. (1651-64)
2. *Var.* CHOEUR DE MUSIQUE. (1651-60)

Et c'est lui qui vous donne enfin l'illustre époux
Qui seul étoit digne de vous.
CASSIOPE, après que Persée est disparu.
Dieux! j'étois sur ces bords immobile de joie.
Allons voir où ces vents ont reporté leur proie,   995
Embrasser ce vainqueur, et demander au Roi
L'effet du juste espoir qu'il a reçu de moi¹.

SCÈNE IV.

CYMODOCE, ÉPHYRE, CYDIPPE.

(Ces trois Néréides s'élèvent du milieu des flots².)

CYMODOCE.

Ainsi notre colère est de tout point bravée;
Ainsi notre victime à nos yeux enlevée
Va croître les douceurs de ses contentements   1000
Par le juste mépris de nos ressentiments³.

ÉPHYRE.

Toute notre fureur, toute notre vengeance
Semble avec son destin être d'intelligence,
N'agir qu'en sa faveur; et ses plus rudes coups
Ne font que lui donner un plus illustre époux.   1005

CYDIPPE.

Le sort, qui jusqu'ici nous a donné le change,
Immole à ses beautés le monstre qui nous venge;
Du même sacrifice, et dans le même lieu,
De victime qu'elle est, elle devient le dieu.
    Cessons dorénavant, cessons d'être immortelles,   1010

---

1. *Var.* L'effet du bel espoir qu'il a reçu de moi. (1651-56)
2. Les éditions de 1651-60 ne donnent pas, en tête de la scène, le nom des Néréides, et portent simplement : « TROIS NÉRÉIDES, *s'élevant du milieu des flots.* »
3. L'édition de 1682 porte *ressentements*, pour *ressentiments*.

Puisque les immortels trahissent nos querelles,
Qu'une beauté commune est plus chère à leurs yeux;
Car son libérateur est sans doute un des Dieux.
Autre qu'un dieu n'eût pu nous ôter cette proie
Autre qu'un dieu n'eût pu prendre une telle voie; 1015
Et ce cheval ailé fût péri mille fois,
Avant que de voler sous un indigne poids.

CYMODOCE.

Oui, c'est sans doute un dieu qui vient de la défendre :
Mais il n'est pas, mes sœurs, encor temps de nous ren-
Et puisqu'un dieu pour elle ose nous outrager, [dre;
Il faut trouver aussi des dieux à nous venger.
Du sang de notre monstre encore toutes teintes,
Au palais de Neptune allons porter nos plaintes,
Lui demander raison de l'immortel affront
Qu'une telle défaite imprime à notre front. 1025

CYDIPPE.

Je crois qu'il nous prévient; les ondes en bouillonnent;
Les conques des tritons dans ces rochers résonnent :
C'est lui-même, parlons.

SCÈNE V.

NEPTUNE, LES TROIS NÉRÉIDES[1].

NEPTUNE, dans son char formé d'une grande conque de nacre,
et tiré par deux chevaux marins.

Je sais vos déplaisirs,
Mes filles; et je viens au bruit de vos soupirs,
De l'affront qu'on vous fait plus que vous en colère.
C'est moi que tyrannise un superbe de frère,
Qui dans mon propre État m'osant faire la loi,

---

1 *Var.* NEPTUNE, LES NÉRÉIDES. (1651-60)

M'envoie un de ses fils pour triompher de moi.
Qu'il règne dans le ciel, qu'il règne sur la terre;
Qu'il gouverne à son gré l'éclat de son tonnerre; 1035
Que même du Destin il soit indépendant;
Mais qu'il me laisse à moi gouverner mon trident[1].
C'est bien assez pour lui d'un si grand avantage,
Sans me venir braver encor dans mon partage.
Après cet attentat sur l'empire des mers, 1040
Même honte à leur tour menace les enfers;
Aussi leur souverain prendra notre querelle :
Je vais l'intéresser avec Junon pour elle;
Et tous trois, assemblant notre pouvoir en un,
Nous saurons bien dompter notre tyran commun. 1045
Adieu : consolez-vous, nymphes trop outragées;
Je périrai moi-même, ou vous serez vengées;
Et j'ai su du Destin, qui se ligue avec nous,
Qu'Andromède ici-bas n'aura jamais d'époux.

(Il fond au milieu de la mer.)

CYMODOCE.

Après le doux espoir d'une telle promesse, 1050
Reprenons, chères sœurs, une entière allégresse.

(Les Néréides se plongent aussi dans la mer.)

1. Souvenir des vers suivants que Virgile, dans une circonstance analogue, place dans la bouche de Neptune, se plaignant d'Éole (*Énéide*, I, vers 138-141) :

> *Non illi imperium pelagi, sævumque tridentem,*
> *Sed mihi sorte datum. Tenet ille immania saxa,*
> *Vestras, Eure, domos : illa se jactet in aula*
> *Æolus, et clauso ventorum carcere regnet.*

FIN DU TROISIÈME ACTE.

ACTE IV.

DÉCORATION DU QUATRIÈME ACTE.

Les vagues fondent sous le théâtre ; et ces hideuses masses de pierres dont elles battoient le pied font place à la magnificence[1] d'un palais royal. On ne le voit pas tout entier, on n'en voit que le vestibule, ou plutôt la grande salle[2], qui doit servir aux noces de Persée et d'Andromède. Deux rangs de colonnes de chaque côté, l'un de rondes, et l'autre de carrées, en font les ornements : elles sont enrichies de statues de marbre blanc d'une grandeur naturelle, et leurs bases, corniches[3], amortissements, étalent tout ce que peut la justesse de l'architecture. Le frontispice suit le même ordre ; et par trois portes dont il est percé, il fait voir[4] trois allées de cyprès où l'œil s'enfonce à perte de vue[5].

SCÈNE PREMIÈRE.

ANDROMÈDE, PERSÉE, chœur de Nymphes, suite de Persée.

PERSÉE.

Que me permettez-vous, Madame, d'espérer ?

---

1. Var. (Dessein) : Plus de mer, plus de monstre, plus de péril, plus de rochers. Les vagues sont fondues sous le théâtre.... ont fait place à la magnificence.
2. Var. (Dessein) : ou, si vous l'aimez mieux, la grande salle.
3. Var. (Dessein) : .... en font les ornements. Leurs bases, chapiteaux, corniches.
4. Var. (Dessein et édit. de 1651-1656) : et par trois portes dont il est percé fait voir.
5. On lit de plus, dans les éditions de 1651-1660 : « Persée paroît le premier dans cette salle, conduisant Andromède à son appartement, après l'avoir obtenue du Roi et de la Reine ; et comme si leur

Mon amour jusqu'à vous a-t-il lieu d'aspirer[1]?
Et puis-je, en cet illustre et charmante journée,
Prétendre jusqu'au cœur que possédoit Phinée ? 1055
ANDROMÈDE.
Laissez-moi l'oublier, puisqu'on me donne à vous;
Et s'il l'a possédé, n'en soyez point jaloux[2].
Le choix du Roi l'y mit, le choix du Roi l'en chasse ;
Ce même choix du Roi vous y donne sa place ;
N'exigez rien de plus : je ne sais point haïr, 1060
Je ne sais point aimer, mais je sais obéir :
Je sais porter ce cœur à tout ce qu'on m'ordonne,
Il suit aveuglément la main qui vous le donne :
De sorte, grand héros, qu'après le choix du Roi,
Ce que vous demandez est plus à vous qu'à moi. 1065
PERSÉE.
Que je puisse abuser ainsi de sa puissance !
Hasarder vos plaisirs sur votre obéissance !
Et de libérateur de vos rares beautés
M'élever en tyran dessus vos volontés !
Princesse, mon bonheur vous auroit mal servie, 1070
S'il vous faisoit esclave en vous rendant la vie,
Et s'il n'avoit sauvé des jours si précieux[3]
Que pour les attacher sous un joug odieux.
C'est aux courages bas, c'est aux amants vulgaires,
A faire agir pour eux l'autorité des pères. 1075
Souffrez à mon amour des chemins différents.
J'ai vu parler pour moi les Dieux et vos parents ;
Je sens que mon espoir s'enfle de leur suffrage ;

volonté ne suffisoit pas, il tâche encore de l'obtenir d'elle-même par les respects qu'il lui rend, et les submissions extraordinaires qu'il lui fait. »
1. *Var.* Votre amour, est-ce un bien où je doive aspirer ?
 Et puis je, en cette illustre et divine journée (1651-56)
1. *Var.* Et s'il l'a possédé, n'en soyez plus jaloux. (1656)
3. *Var.* Et ne vous conservoit des jours si précieux. (1651-56)

Mais je n'en veux enfin tirer autre avantage
Que de pouvoir ici faire hommage à vos yeux[1]   1080
Du choix de vos parents et du vouloir des Dieux.
Ils vous donnent à moi, je vous rends à vous-même ;
Et comme enfin c'est vous, et non pas moi, que j'aime[2],
J'aime mieux m'exposer à perdre un bien si doux,
Que de vous obtenir d'un autre que de vous.   1085
Je garde cet espoir et hasarde le reste,
Et me soit votre choix ou propice ou funeste,
Je bénirai l'arrêt qu'en feront vos desirs,
Si ma mort vous épargne un peu de déplaisirs.
Remplissez mon espoir ou trompez mon attente,   1090
Je mourrai sans regret, si vous vivez contente ;
Et mon trépas n'aura que d'aimables moments,
S'il vous ôte un obstacle à vos contentements.

ANDROMÈDE.

C'est trop d'être vainqueur dans la même journée
Et de ma retenue et de ma destinée.   1095
Après que par le Roi vos vœux sont exaucés,
Vous parler d'obéir c'étoit vous dire assez ;
Mais vous voulez douter, afin que je m'explique,
Et que votre victoire en devienne publique.
Sachez donc....

PERSÉE.

Non, Madame : où j'ai tant d'intérêt,
Ce n'est pas devant moi qu'il faut faire l'arrêt.
L'excès de vos bontés pourroit en ma présence
Faire à vos sentiments un peu de violence :
Ce bras vainqueur du monstre, et qui vous rend le jour,
Pourroit en ma faveur séduire votre amour;   1105
La pitié de mes maux pourroit même surprendre

---

1. *Var.* Que de voir cet amour faire hommage à vos yeux. (1651-56)
2. *Var.* Et comme c'est votre heur, et non le mien, que j'aime. (1651-56)

Ce cœur trop généreux pour s'en vouloir défendre ;
Et le moyen qu'un cœur ou séduit ou surpris
Fût juste en ses faveurs, ou juste en ses mépris ?
 De tout ce que j'ai fait ne voyez que ma flamme ; 1110
De tout ce qu'on vous dit ne croyez que votre âme ;
Ne me répondez point, et consultez-la bien ;
Faites votre bonheur sans aucun soin du mien :
Je lui voudrois du mal s'il retranchoit du vôtre,
S'il vous pouvoit coûter un soupir pour quelque autre,
Et si quittant pour moi quelques destins meilleurs,
Votre devoir laissoit votre tendresse ailleurs.
Je vous le dis encor dans ma plus douce attente,
Je mourrai trop content si vous vivez contente,
Et si l'heur de ma vie ayant sauvé vos jours,   1120
La gloire de ma mort assure vos amours.
Adieu : je vais attendre ou triomphe ou supplice,
L'un comme effet de grâce, et l'autre de justice.

ANDROMÈDE.

A ces profonds respects qu'ici vous me rendez
Je ne réplique point ; vous me le défendez ;   1125
Mais quoique votre amour me condamne au silence,
Je vous dirai, Seigneur, malgré votre défense,
Qu'un héros tel que vous ne sauroit ignorer
Qu'ayant tout mérité, l'on doit tout espérer.

SCÈNE II.

ANDROMÈDE, CHOEUR DE NYMPHES.

ANDROMÈDE.

Nymphes, l'auriez-vous cru, qu'en moins d'une journée
J'aimasse de la sorte un autre que Phinée ?
Le Roi l'a commandé, mais de mon sentiment
Je m'offrois en secret à son commandement.

ACTE IV, SCÈNE II.

Ma flamme impatiente invoquoit sa puissance,
Et couroit au-devant de mon obéissance. 1135
Je fais plus : au seul nom de mon premier vainqueur,
L'amour à la colère abandonne mon cœur ;
Et ce captif rebelle, ayant brisé sa chaîne,
Va jusques au dédain, s'il ne passe à la haine.
Que direz-vous d'un change et si prompt et si grand,
Qui dans ce même cœur moi-même me surprend ?

AGLANTE.

Que pour faire un bonheur promis par tant d'oracles,
Cette grande journée est celle des miracles,
Et qu'il n'est pas aux Dieux besoin de plus d'effort
A changer votre cœur qu'à changer votre sort. 1145
Cet empire absolu qu'ils ont dessus nos âmes
Éteint comme il leur plaît et rallume nos flammes,
Et verse dans nos cœurs, pour se faire obéir,
Des principes secrets d'aimer et de haïr.
Nous en voyions[1] au vôtre en cette haute estime 1150
Que vous nous témoigniez pour ce bras magnanime ;
Au défaut de l'amour que Phinée emportoit,
Il lui donnoit dès lors tout ce qui lui restoit ;
Dès lors ces mêmes Dieux, dont l'ordre s'exécute,
Le penchoient du côté qu'ils préparoient sa chute, 1155
Et cette haute estime attendant ce beau jour
N'étoit qu'un beau degré pour monter à l'amour.

CÉPHALIE.

Un digne amour succède à cette haute estime :
Si je puis toutefois vous le dire sans crime,
C'est hasarder beaucoup que croire entièrement 1160

---

1. L'édition de 1651 in-12, à ce vers et au suivant, porte *voyons*, au présent, et *témoigniez*, à l'imparfait. Celle de 1655 met les deux verbes au présent. Les éditions de 1660 et de 1664 donnent *voyions* et *témoignez*. Les impressions de 1651 in-4°, 1654, 1656, 1663, 1668, 1682 et 1692 ont l'imparfait aux deux vers : *voyions, témoigniez*.

Et vous aviez, Phinée, une entière assurance;
Vous possédiez mon cœur, vous possédiez ma foi;
N'étoit-ce point assez pour mourir avec moi? 1245
Pouviez-vous?...

PHINÉE.

Ah! de grâce, imputez-moi, Madame,
Les crimes les plus noirs dont soit capable une âme[1];
Mais ne soupçonnez point ce malheureux amant
De vous pouvoir jamais survivre un seul moment.
J'épargnois à mes yeux un funeste spectacle, 1250
Où mes bras impuissants n'avoient pu mettre obstacle,
Et tenois ma main prête à servir ma douleur
Au moindre et premier bruit qu'eût fait votre malheur.

ANDROMÈDE.

Et vos respects trouvoient une digne matière
A me laisser l'honneur de périr la première! 1255
Ah! c'étoit à mes yeux qu'il falloit y courir,
Si vous aviez pour moi cette ardeur de mourir.
Vous ne me deviez pas envier cette joie
De voir offrir au monstre une première proie;
Vous m'auriez de la mort adouci les horreurs[2], 1260
Vous m'auriez fait du monstre adorer les fureurs;
Et lui voyant ouvrir ce gouffre épouvantable,
Je l'aurois regardé comme un port favorable,
Comme un vivant sépulcre où mon cœur amoureux
Eût brulé de rejoindre un amant généreux. 1265
J'aurois désavoué la valeur de Persée;
En me sauvant la vie il m'auroit offensée;
Et de ce même bras qu'il m'auroit conservé
Je vous immolerois ce qu'il m'auroit sauvé.
Ma mort auroit déjà couronné votre perte, 1270

---

1. *Var.* Les crimes les plus noirs qu'ose enfanter une âme. (1651-60)
2. *Var.* Vous m'auriez désarmé la mort de ses horreurs. (1651-56)

Et la bonté du ciel ne l'auroit pas soufferte;
C'est à votre refus que les Dieux ont remis
En de plus dignes mains ce qu'ils m'avoient promis.
Mon cœur eût mieux aimé le tenir de la vôtre;
Mais je vis par un autre, et vivrai pour un autre.   1275
Vous n'avez aucun lieu d'en devenir jaloux[1],
Puisque sur ce rocher j'étois morte pour vous.
Qui pouvoit le souffrir peut me voir sans envie
Vivre pour un héros de qui je tiens la vie;
Et quand l'amour encor me parleroit pour lui,   1380
Je ne puis disposer des conquêtes d'autrui.
Adieu.

SCÈNE IV.

PHINÉE, AMMON, suite de Phinée.

PHINÉE.

Vous voulez donc que j'en fasse la mienne,
Cruelle, et[2] que ma foi de mon bras vous obtienne?
Eh bien! nous l'irons voir ce bienheureux vainqueur,
Qui triomphant d'un monstre, a dompté votre cœur.
C'étoit trop peu pour lui d'une seule victoire,
S'il n'eût dedans ce cœur triomphé de ma gloire!
Mais si sa main au monstre arrache un bien si cher,
La mienne à son bonheur saura bien l'arracher;
Et vainqueur de tous deux en une seule tête,   1290
De ce qui fut mon bien je ferai ma conquête.
La force me rendra ce que ne peut l'amour.
Allons-y, chers amis, et montrons dès ce jour[3]....

---

1. *Var.* Vous n'avez pas de lieu d'en devenir jaloux. (1651-56)
2. L'édition de 1692 a supprimé le mot *et* :
    Cruelle, que ma foi, etc.
3. *Var.* Allons-y, chers amis, et dès ce même jour....(1651-56)

AMMON.
Seigneur, auparavant d'une âme plus remise
Daignez voir le succès d'une telle entreprise. 1295
Savez-vous que Persée est fils de Jupiter,
Et qu'ainsi vous avez le foudre à redouter?

PHINÉE.
Je sais que Danaé fut son indigne mère :
L'or qui plut dans son sein l'y forma d'adultère;
Mais le pur sang des rois n'est pas moins précieux 1300
Ni moins chéri du ciel que les crimes des Dieux.

AMMON.
Mais vous ne savez pas, Seigneur, que son épée
De l'horrible Méduse a la tête coupée,
Que sous son bouclier il la porte en tous lieux,
Et que c'est fait de vous, s'il en frappe vos yeux. 1305

PHINÉE.
On dit que ce prodige est pire qu'un tonnerre,
Qu'il ne faut que le voir pour n'être plus que pierre,
Et que naguère Atlas, qui ne s'en put cacher,
A cet aspect fatal devint un grand rocher[1].
Soit une vérité, soit un conte, n'importe; 1310
Si la valeur ne peut, que le nombre l'emporte.
Puisque Andromède enfin vouloit me voir périr,
Ou triompher d'un monstre afin de l'acquérir,
Que fière de se voir l'objet de tant d'oracles,
Elle veut que pour elle on fasse des miracles, 1315
Cette tête est un monstre aussi bien que celui
Dont cet heureux rival la délivre aujourd'hui;
Et nous aurons ainsi dans un seul adversaire
Et monstres à combattre, et miracles à faire.
Peut-être quelques Dieux prendront notre parti, 1320
Quoique de leur monarque il se dise sorti;

1. Voyez les *Métamorphoses* d'Ovide, livre IV, vers 630-661.

Et Junon pour le moins prendra notre querelle
Contre l'amour furtif d'un époux infidèle.

(Junon se fait voir dans un char superbe, tiré par deux paons, et si bien enrichi, qu'il paroît digne[1] de l'orgueil de la déesse qui s'y fait porter. Elle se promène au milieu de l'air, dont nos poëtes lui attribuent l'empire, et y fait plusieurs tours, tantôt à droite et tantôt à gauche, cependant[2] qu'elle assure Phinée de sa protection.)

SCÈNE V.

JUNON, dans son char, au milieu de l'air; PHINÉE, AMMON, SUITE DE PHINÉE.

JUNON.
N'en doute point, Phinée, et cesse d'endurer.
PHINÉE.
Elle-même paroît pour nous en assurer. 1325
JUNON.
Je ne serai pas seule : ainsi que moi Neptune
  S'intéresse en ton infortune;
  Et déjà la noire Alecton,
  Du fond des enfers déchaînée,
  A, par les ordres de Pluton, 1330
De mille cœurs pour toi la fureur mutinée :
Fort de tant de seconds, ose, et sers mon courroux
Contre l'indigne sang de mon perfide époux[3].
PHINÉE.
Nous te suivons, Déesse; et dessous tes auspices
Nous franchirons sans peur les plus noirs précipices.
 Que craindrons-nous, amis? nous avons dieux pour
Oracle pour oracle; et la faveur des cieux, [dieux,

---

1. *Var. Paroît bien digne....* (1651) — Dans l'édition de 1651 in-12, il y a immédiatement avant, *qui*, au lieu de *qu'il*, et *digne* a été omis.
2. Ici comme plus haut, l'édition de 1692 a *cependant que*, pour *pendant que*.
3. *Var.* Contre l'indigne sang de mon volage époux. (1651-60)

D'un contre-poids égal dessus nous balancée,
N'est pas entièrement du côté de Persée.
JUNON.
Je te le dis encore, ose, et sers mon courroux 1340
Contre l'indigne sang de mon perfide époux.
AMMON.
Sous tes commandements nous y courons, Déesse,
Le cœur plein d'espérance, et l'âme d'allégresse.
  Allons, Seigneur, allons assembler vos amis;
Courons au grand succès qu'elle vous a promis : 1345
Aussi bien le Roi vient, il faut quitter la place,
De peur....
PHINÉE.
          Non, demeurez pour voir ce qui se passe;
Et songez a m'en faire un fidèle rapport,
Tandis que je m'apprête à cet illustre effort[1].

SCÈNE VI.

CÉPHÉE, CASSIOPE, ANDROMÈDE, PERSÉE, AMMON, TIMANTE, CHOEUR DU PEUPLE

TIMANTE.
Seigneur, le souvenir des plus âpres supplices, 1350
Quand un tel bien les suit, n'a jamais que délices.
Si d'un mal sans pareil nous nous vîmes surpris,
Nous bénissons le ciel d'un tel mal à ce prix;
Et voyant quel époux il donne à la Princesse,
La douleur s'en termine en ces chants d'allégresse. 1355
CHOEUR, chante[2].
  Vivez, vivez, heureux amants,

---

1. Voyez *Discours des trois unités*, tome I, p. 103.
2. Telle est la leçon des éditions de 1664, 1668 et 1682. L'impression de 1692 y substitue CHOEUR *qui chante*. Dans les éditions antérieures à 1663, il

Dans les douceurs que l'amour vous inspire ;
Vivez heureux, et vivez si longtemps,
Qu'au bout d'un siècle entier on puisse encor vous dire :
« Vivez, heureux amants. » 1360

Que les plaisirs les plus charmants
Fassent les jours d'une si belle vie ;
Qu'ils soient sans tache, et que tous leurs moments
Fassent redire même à la voix de l'envie :
« Vivez, heureux amants. » 1365

Que les peuples les plus puissants
Dans nos souhaits à pleins vœux nous secondent ;
Qu'aux Dieux pour vous ils prodiguent l'encens,
Et des bouts de la terre à l'envi nous répondent :
« Vivez, heureux amants. » 1370

CÉPHÉE.

Allons, amis, allons dans ce comble de joie,
Rendre grâces au ciel de l'heur qu'il nous envoie.
Allons dedans le temple avecque mille vœux
De cet illustre hymen achever les beaux nœuds.
Allons sacrifier à Jupiter son père, 1375
Le prier de souffrir ce que nous pensons faire[1],
Et ne s'offenser pas que ce noble lien
Fasse un mélange heureux de son sang et du mien.

CASSIOPE.

Souffrez qu'auparavant par d'autres sacrifices
Nous nous rendions des eaux les déités propices. 1380
Neptune est irrité ; les nymphes de la mer
Ont de nouveaux sujets encor de s'animer ;
Et comme mon orgueil fit naître leur colère,

---

y a CHOEUR DE MUSIQUE ; dans celle de 1663, on lit en tête du couplet :
CHOEUR, et à la marge : *Il chante.*

1. *Var.* Le prier de souffrir ce que nous allons faire. (1651-56)

Par mes submissions je dois les satisfaire.
Sur leurs sables, témoins de tant de vanités, 1385
Je vais sacrifier à leurs divinités ;
Et conduisant ma fille à ce même rivage,
De ces mêmes beautés leur rendre un plein hommage,
Joindre nos vœux au sang des taureaux immolés,
Puis nous vous rejoindrons au temple où vous allez.

PERSÉE.

Souffrez qu'en même temps de ma fière marâtre
Je tâche d'apaiser la haine opiniâtre ;
Qu'un pareil sacrifice et de semblables vœux
Tirent d'elle l'aveu qui peut me rendre heureux[1].
Vous savez que Junon à ce lieu préside, 1395
Que sans elle l'hymen marche d'un pied timide,
Et que sa jalousie aime à persécuter
Quiconque ainsi que moi sort de son Jupiter.

CÉPHÉE.

Je suis ravi de voir qu'au milieu de vos flammes
De si dignes respects règnent dessus vos âmes. 1400
   Allez, j'immolerai pour vous à Jupiter,
Et je ne vois plus rien enfin à redouter.
Des dieux les moins bénins l'éternelle puissance
Ne veut de nous qu'amour et que reconnoissance ;
Et jamais leur courroux ne montre de rigueurs 1405
Que n'abatte aussitôt l'abaissement des cœurs.

1. *Var.* Tirent d'elle l'aveu qui me peut rendre heureux. (1651-56)

FIN DU QUATRIÈME ACTE.

ACTE V.

DÉCORATION DU CINQUIÈME ACTE.

L'architecte ne s'est pas épuisé en la structure de ce palais royal[1]. Le temple qui lui succède a tant d'avantage sur lui, qu'il fait mépriser ce qu'on admiroit : aussi est-il juste que la demeure des Dieux l'emporte sur celle des hommes; et l'art du sieur Torelli est ici d'autant plus merveilleux, qu'il fait paroitre une grande diversité en ces deux décorations, quoiqu'elles soient presque la même chose. On voit encore en celle-ci deux rangs de colonnes[2] comme en l'autre, mais d'un ordre si différent, qu'on n'y remarque aucun rapport. Celles-ci sont de porphyre; et tous les accompagnements qui les soutiennent et qui les finissent, de bronze ciselé, dont la gravure[3] représente quantité de dieux et de déesses. La réflexion des lumières sur ce bronze en fait sortir un jour tout extraordinaire. Un grand et superbe dôme couvre le milieu de ce temple magnifique; il est partout enrichi du même métal; et au devant de ce dôme, l'artifice de l'ouvrier jette une galerie toute brillante d'or et d'azur. Le dessous de cette galerie laisse voir le dedans du temple par trois portes d'argent ouvragées à jour : on y verroit Céphée sacrifiant à Jupiter pour le mariage de sa fille, n'étoit que l'attention que les spectateurs prêteroient à ce sacrifice les détourneroit de celle qu'ils doivent à ce qui se passe dans le parvis que représente le théâtre.

SCÈNE PREMIÈRE.

PHINÉE, AMMON.

AMMON.

Vos amis assemblés brûlent tous de vous suivre,

---

1. Var. (Dessein) : Notre architecte ne s'est pas épuisé en la structure de ce palais du Roi. — Les éditions de 1651-1660 terminent ainsi la phrase : « de ce palais royal qui vient de disparoître.
2. Toutes les éditions écrivent *colomnes*, avec une *m*.
3. La fin de cette phrase, « dont la gravure, etc., »manque dans le *Dessein*.

Et Junon dans son temple entre vos mains le livre.
Ce rival, presque seul au pied de son autel,
Semble attendre à genoux l'honneur du coup mortel.
Là, comme la Déesse agréera la victime,
Plus les lieux seront saints, moindre en sera le crime;
Et son aveu changeant de nom à l'attentat,
Ce sera sacrifice au lieu d'assassinat.

PHINÉE.

Que me sert que Junon, que Neptune propice,   1415
Que tous les Dieux ensemble aiment ce sacrifice,
Si la seule déesse à qui je fais des vœux
Ne m'en voit que d'un œil d'autant plus rigoureux,
Et si ce coup, sensible au cœur de l'inhumaine,
D'un injuste mépris fait une juste haine?   1420
   Ami, quelque fureur qui puisse m'agiter,
Je cherche à l'acquérir, et non à l'irriter;
Et m'immoler l'objet de sa nouvelle flamme,
Ce n'est pas le chemin de rentrer dans son âme[1].

AMMON.

Mais, Seigneur, vous touchez à ce moment fatal   1425
Qui pour jamais la donne à cet heureux rival.
En cette extrémité que prétendez-vous faire?

PHINÉE.

Tout, hormis l'irriter; tout, hormis lui déplaire :
Soupirer à ses pieds, pleurer à ses genoux,
Trembler devant sa haine, adorer son courroux.   1430

AMMON.

Quittez, quittez, Seigneur, un respect si funeste;
Otez-vous ce rival, et hasardez le reste :
En dût-elle à jamais dédaigner vos soupirs,
La vengeance elle seule a de si doux plaisirs....

---

1. *Var.* Ce n'est pas le chemin de regagner son âme. (1651-56)

ACTE V, SCÈNE II.

PHINÉE.

Ah! Madame....

CASSIOPE.

Eh bien! soit, vous avez soupiré
Autant que l'a pu faire un cœur désespéré.
Jamais aucun tourment n'égala votre peine ; 1515
Certes, quelque douleur dont votre âme fût pleine,
Ce désespoir illustre et ces nobles regrets[1]
Lui devoient un peu plus que des soupirs secrets.
A ce défaut, Persée....

PHINÉE.

Ah! c'en est trop, Madame;
Ce nom rend, malgré moi, la fureur à mon âme : 1520
Je me force au respect; mais toujours le vanter,
C'est me forcer moi-même à ne rien respecter.
Qu'a-t-il fait, après tout, si digne de vous plaire,
Qu'avec un tel secours tout autre n'eût pu faire ?
Et tout héros qu'il est, qu'eût-il osé pour vous, 1525
S'il n'eût eu que sa flamme et son bras comme nous ?
Mille et mille auroient fait des actions plus belles,
Si le ciel comme à lui leur eût prêté des ailes ;
Et vous les auriez vus encor plus généreux,
S'ils eussent vu le monstre et le péril sous eux : 1530
On s'expose aisément quand on n'a rien à craindre.
Combattre un ennemi qui ne pouvoit l'atteindre,
Voir sa victoire sûre et daigner l'accepter,
C'est tout le rare exploit dont il se peut vanter;
Et je ne comprends point ni quelle en est la gloire, 1535
Ni quel grand prix mérite une telle victoire.

Et nullam quod opem patruus sponsusve tulisti ;
Insuper a quoquam quod sit servata dolebis?
(Ovide, *Métamorphoses*, livre V, vers 22-24.)

1. *Var.* Ce désespoir illustre et ces dignes regrets. (1651.)

CASSIOPE.

Et votre aveuglement sera bien moins compris,
Qui d'un sujet d'estime en fait un de mépris.
    Le ciel, qui mieux que nous connoît ce que nous
Mesure ses faveurs au mérite des hommes ;   [sommes,
Et d'un pareil secours vous auriez eu l'appui,
S'il eût pu voir en vous mêmes vertus qu'en lui.
Ce sont grâces d'en haut rares et singulières,
Qui n'en descendent point pour des âmes vulgaires ;
Ou pour en mieux parler, la justice des cieux   1545
Garde ce privilége au digne sang des Dieux :
C'est par là que leur roi vient d'avouer sa race[1].

ANDROMÈDE.

Je dirai plus, Phinée ; et pour vous faire grâce,
Je veux ne rien devoir à cet heureux secours
Dont ce vaillant guerrier a conservé mes jours :   1550
Je veux fermer les yeux sur toute cette gloire,
Oublier mon péril, oublier sa victoire,
Et quel qu'en soit enfin le mérite ou l'éclat,
Ne juger entre vous que depuis le combat.
    Voyez ce qu'il a fait, lorsque après ces alarmes,   1555
Me voyant toute acquise au bonheur de ses armes,
Ayant pour lui les Dieux, ayant pour lui le Roi,
Dans sa victoire même il s'est vaincu pour moi.
Il m'a sacrifié tout ce haut avantage ;
De toute sa conquête il m'a fait un hommage ;   1560
Il m'en a fait un don ; et fort de tant de voix,
Au péril de tout perdre, il met tout à mon choix[2] :
Il veut tenir pour grâce un si juste salaire ;
Il réduit son bonheur à ne me point déplaire ;
Préférant mes refus, préférant son trépas   1565

---

1. *Var.* C'est par là que leur roi vient d'avouer leur race. (1651-56)
2. *Var.* Au péril de tout perdre, il met tout en mon choix. (1651)

A l'effet de ses vœux qui ne me plairoit pas.
　En usez-vous de même? et votre violence
Garde-t-elle pour moi la même déférence?
Vous avez contre vous et les Dieux et le Roi,
Et vous voulez encor m'obtenir malgré moi !　　　1570
Sous ombre d'une foi qui se tient en réserve[1],
Je dois à votre amour ce qu'un autre conserve;
A moins que d'être ingrate à mon libérateur,
A moins que d'adorer un lâche adorateur,
Que d'être à mes parents, aux Dieux mêmes rebelle,
Vous crierez après moi sans cesse : « A l'infidèle ! »
　C'étoit aux yeux du monstre, au pied de ce rocher,
Que l'effet de ma foi se devoit rechercher[2];
Mon âme, encor pour vous de même ardeur pressée,
Vous eût tendu la main au mépris de Persée,　　　1580
Et cru plus glorieux qu'on m'eût vue aujourd'hui
Expirer avec vous que régner avec lui[3].
Mais puisque vous m'avez envié cette joie,
Cessez de m'envier ce que le ciel m'envoie;
Et souffrez que je tâche enfin à mériter,　　　1585
Au refus de Phinée, un fils de Jupiter.

PHINÉE.

Je perds donc temps, Madame, et votre âme obstinée
N'a plus amour, ni foi, ni pitié pour Phinée?
Un peu de vanité qui flatte vos parents,
Et d'un rival adroit les respects apparents,　　　1590
Font plus en un moment, avec leurs artifices,
Que n'ont fait en six ans ma flamme et mes services?

---

1. *Var.* Sous ombre d'une foi que vous n'avez pu suivre,
　Je dois à votre amour ce qu'un autre délivre. (1651-56)
2. 　*Præmiaque eripies? quæ si tibi magna videntur,*
　Ex illis scopulis, ubi erant affixa, petisses.
　　　　　(Ovide, *Métamorphoses*, livre V, vers 25 et 26.)
3. *Var.* Mourir avecque vous que vivre avecque lui. (1651-60)

ANDROMÈDE.

Je ne vous dirai point que de pareils respects
A tout autre que vous pourroient être suspects,
Que qui peut se priver de la personne aimée   1595
N'a qu'une ardeur civile et fort mal allumée,
Que dans ma violence on doit voir plus d'amour :
C'est un présent des cieux, faites-lui votre cour;
Plus fidèle qu'à moi, tenez-lui mieux parole :
J'en vais rougir pour vous, cependant qu'il me vole;
Mais ce rival peut-être, après m'avoir volé,
Ne sera pas toujours sur ce cheval[1] ailé.

ANDROMÈDE.

Il n'en a pas besoin s'il n'a que vous à craindre.

PHINÉE.

Il peut avec le temps être le plus à plaindre.

ANDROMÈDE.

Il porte à son côté de quoi l'en garantir.   1605

PHINÉE.

Vous l'attendez ici, je vais l'en avertir.

CASSIOPE.

Son amour peut sans vous nous rendre cet office.

PHINÉE.

Le mien s'efforcera pour ce dernier service.
Vous pouvez cependant divertir vos esprits
A rendre compte au Roi de vos justes mépris.   1610

SCÈNE III.

CÉPHÉE, CASSIOPE, ANDROMÈDE,
SUITE DU ROI ET DE LA REINE.

CÉPHÉE.

Que faisoit là Phinée ? est-il si téméraire
Que ce que font les Dieux il pense à le défaire ?

---

1. L'édition de 1692 a substitué ici *son cheval* à *ce cheval*, et un peu plus loin, au vers 1622, *s'il permet* à *s'il consent*.

CASSIOPE.

Après avoir prié, soupiré, menacé,
Il vous a vu, Seigneur, et l'orage a passé.

CÉPHÉE.

Et vous prêtiez l'oreille à ses discours frivoles ? 1615

CASSIOPE.

Un amant qui perd tout peut perdre des paroles ;
Et l'écouter sans trouble et sans rien hasarder,
C'est la moindre faveur qu'on lui puisse accorder.
  Mais, Seigneur, dites-nous si Jupiter propice
Se déclare en faveur de votre sacrifice, 1620
Si de notre famille il se rend le soutien,
S'il consent l'union de notre sang au sien.

CÉPHÉE.

Jamais les feux sacrés et la mort des victimes
N'ont daigné mieux répondre à des vœux légitimes.
Tous auspices heureux ; et le grand Jupiter 1625
Par des signes plus clairs ne pouvoit l'accepter,
A moins qu'y joindre encor l'honneur de sa présence,
Et de sa propre bouche assurer l'alliance.

CASSIOPE.

Les nymphes de la mer nous en ont fait autant ;
Toutes ont hors des flots paru presque à l'instant ; 1630
Et leurs benins regards envoyés au rivage
Avecque notre encens ont reçu notre hommage ;
Après le sacrifice honoré de leurs yeux,
Où Neptune à l'envi mêloit ses demi-dieux,
Toutes ont témoigné d'un penchement de tête 1635
Consentir au bonheur que le ciel nous apprête ;
Et nos submissions désarmant leurs dédains,
Toutes ont pour adieu battu l'onde des mains.
Que si même bonheur suit les vœux de Persée,
Qu'il ait vu de Junon sa prière exaucée, 1640
Nous n'avons plus à craindre aucun sinistre effet.

390   ANDROMÈDE.

CÉPHÉE.

Les Dieux ne laissent point leur ouvrage imparfait :
N'en doutez point, Madame, aussi bien que Neptune
Junon consentira notre bonne fortune.
Mais que nous veut Aglante?

SCÈNE IV.

CÉPHÉE, CASSIOPE, ANDROMÈDE, AGLANTE,
SUITE DU ROI ET DE LA REINE.

AGLANTE.

Ah ! Seigneur, au secours !
Du généreux Persée on attaque les jours.
Presque au sortir du temple une troupe mutine
Vient de l'environner, et déjà l'assassine.
Phinée en les joignant, furieux et jaloux,
Leur a crié : « Main basse ! à lui seul, donnez tous ! » 1650
Ceux qui l'accompagnoient tout aussitôt se rendent,
Clyte et Nylée encor vaillamment le défendent,
Mais ce sont vains efforts de peu d'autres suivis,
Et je viens toute en pleurs vous en donner avis.

CASSIOPE.

Dieux ! est-ce là l'effet de tant d'heureux présages ? 1655
Allez, gardes, allez signaler vos courages ;
Allez perdre ce traître, et punir ce voleur
Qui prétend sous le nombre accabler la valeur.

CÉPHÉE.

Modérez vos frayeurs, et vous, séchez vos larmes.
Le ciel n'a point besoin du secours de nos armes ; 1660
Il a de ce héros trop pris les intérêts,
Pour n'avoir pas pour lui des miracles tous prêts :
Et peut-être bientôt sur ce lâche adversaire[1]

---

1. Les éditions de 1663-1692 donnent *aversaire*.

ACTE V, SCÈNE IV.

Vous entendrez tomber la foudre de son père[1].
Jugez de l'avenir par ce qui s'est passé ; 1665
Les Dieux achèveront ce qu'ils ont commencé ;
Oui, les Dieux à leur sang doivent ce privilége :
Y mêler notre main, c'est faire un sacrilége.
CASSIOPE.
Seigneur, sur cet espoir hasarder ce héros,
C'est trop....

SCÈNE V.

CÉPHÉE, CASSIOPE, ANDROMÈDE, PHORBAS, AGLANTE, SUITE DU ROI ET DE LA REINE.

PHORBAS.
Mettez, grand roi, votre esprit en repos ;
La tête de Méduse a puni tous ces traîtres.
CÉPHÉE.
Le ciel n'est point menteur, et les Dieux sont nos maîtres.
PHORBAS.
Aussitôt que Persée a pu voir son rival :
« Descendons, a-t-il dit, en un combat égal ;
Quoique j'aye en ma main un entier avantage, 1675
Je ne veux que mon bras, ne prends que ton courage.
— Prends, prends cet avantage, et j'userai du mien, »
Dit Phinée ; et soudain, sans plus répondre rien,
Les siens donnent en foule, et leur troupe pressée
Fait choir Ménale et Clyte aux pieds du grand Persée.
Il s'écrie aussitôt : « Amis, fermez les yeux,
Et sauvez vos regards de ce présent des cieux :
J'atteste qu'on m'y force, et n'en fais plus d'excuse[2]. »

---

1. *Var.* Vous entendrez tomber le foudre de son père. (1651-64)
2. « *Auxilium Perseus, quoniam sic cogitis ipsi,*
  Dixit, ab hoste petam. Vultus avertite vestros,
  Si quis amicus adest ; » *et Gorgonis extulit ora.*
     (Ovide, *Métamorphoses*, livre V, vers 178-180.)

Il découvre à ces mots la tête de Méduse.
Soudain j'entends des cris qu'on ne peut achever[1]; 1685
J'entends gémir les uns, les autres se sauver;
J'entends le repentir succéder à l'audace[2];
J'entends Phinée enfin qui lui demande grâce.
« Perfide, il n'est plus temps, » lui dit Persée. Il fuit :
J'entends comme à grands pas ce vainqueur le poursuit;
Comme il court se venger de qui l'osoit surprendre;
Je l'entends s'éloigner, puis je cesse d'entendre.
Alors, ouvrant les yeux par son ordre fermés,
Je vois tous ces méchants en pierre transformés;
Mais l'un plein de fureur et l'autre plein de crainte,
En porte sur le front la marque encore empreinte;
Et tel vouloit frapper, dont le coup suspendu
Demeure en sa statue à demi descendu[3];
Tant cet affreux prodige....

SCÈNE VI.

CÉPHÉE, CASSIOPE, ANDROMÈDE, PERSÉE, PHOR-
BAS, AGLANTE, SUITE DU ROI ET DE LA REINE.

CÉPHÉE, à Persée.

Est-il puni, ce lâche,
Cet impie ?

PERSÉE.

Oui, Seigneur; et si sa mort vous fâche, 1700
Si c'est de votre sang avoir fait peu d'état....

---

1. . . . . *Pars ultima vocis*
In medio suppressa sono est, adapertaque velle
Ora loqui credas, nec sunt ea pervia verbis.
(Ovide, *Métamorphoses*, livre V, vers 192-194.)
2. *Pœnitet injusti tunc denique Phinea belli.*
(*Ibidem*, vers 210.)
3. . . . . *Utque manu jaculum fatale parabat*
Mittere, in hoc hæsit signum de marmore gestu.
(*Ibidem*, vers 182 et 183.)

CÉPHÉE.

Il n'est plus de ma race après cet attentat :
Ce crime l'en dégrade, et ce coup téméraire
Efface de mon sang l'illustre caractère.
Perdons-en la mémoire, et faisons-la céder   1705
A l'heur de vous revoir et de vous posséder,
Vous que le juste ciel, remplissant son oracle,
Par miracle nous donne, et nous rend par miracle,
 Entrons dedans ce temple, où l'on n'attend que vous
Pour nous unir aux Dieux par des liens si doux;   1710
Entrons sans différer.

  (Les portes se ferment comme ils veulent entrer.)
      Mais quel nouveau prodige
Dans cet excès de joie à craindre nous oblige[1] ?
Qui nous ferme la porte et nous défend d'entrer
Où tout notre bonheur se devoit rencontrer ?

PERSÉE.

Puissant maître du foudre, est-il quelque tempête   1715
Que le Destin jaloux à dissiper m'apprête ?
Quelle nouvelle épreuve attaque ma vertu ?
Après ce qu'elle a fait la désavouerois-tu ?
Ou si c'est que le prix dont tu la vois suivie
Au bonheur de ton fils te fait porter envie ?   1720

SCÈNE VII.

MERCURE, CÉPHÉE, CASSIOPE, ANDROMÈDE, PERSÉE, PHORBAS, AGLANTE, suite du Roi et de la Reine.

MERCURE, au milieu de l'air.

Roi, Reine, et vous Princesse, et vous heureux vainqueur,

---

1. *Var.* Dans ces excès de joie à craindre nous oblige ? (1654 et 56)

DON SANCHE D'ARAGON

COMÉDIE HÉROÏQUE.

1650

NOTICE.

Dans toutes les éditions que Corneille a données de son théâtre, il place *Andromède* avant *Don Sanche*; Thomas Corneille suit son exemple en 1692, et les éditeurs qui se sont succédé depuis lors se sont conformés à cet usage, auquel nous n'avons pas cru non plus devoir nous soustraire. Il y a toutefois plus d'un motif de douter de l'antériorité d'*Andromède*. Dans la liste qu'a donnée Pellisson en 1653[1], trois ans seulement après la représentation d'*Andromède*, liste que Moréri reproduit en la complétant et en faisant remarquer que les pièces qui y sont contenues sont placées « selon l'ordre des temps où elles ont été composées, » *Don Sanche* figure le premier. Il est vrai qu'*Andromède*, quoique imprimée, suivant toute apparence, beaucoup plus tard que *Don Sanche*[2], est nommée d'abord dans le privilége commun à ces deux pièces, qui est ainsi conçu : « Notre cher et bien-amé le sieur Corneille nous a fait remontrer qu'il a composé deux pièces de théâtre, l'une intitulée *Andromède* et l'autre *Don Sanche d'Arragon*, lesquelles il est sollicité de faire imprimer pour les donner au public ; et d'autant que cela ne se peut sans grands frais, il nous a supplié de lui accorder nos lettres sur ce nécessaires. » Mais ce privilége a été « donné à Paris le onzième jour d'avril l'an de grâce mil six cent cinquante, » et on lit au bas de l'extrait imprimé pour *Don Sanche* : « Achevé d'imprimer à Rouen par Laurens Maury, le quatorzième de mai mil six cent cinquante. » Si l'on regarde cet ouvrage comme joué après *Andromède*,

1. Voyez tome IV, p. 400, note.
2. Voyez ci-dessus, p. 257.

c'est-à-dire postérieurement au mois de janvier de 1650, il reste donc entre la représentation et l'impression un intervalle beaucoup plus court que pour les pièces précédentes. Enfin, suivant Corneille, « le refus d'un illustre suffrage » dissipa les applaudissements que le public avait donnés à cet ouvrage ; et dans l'édition de 1722 des *Jugements des savants*, de Baillet, où cette phrase est citée, la Monnoye, dont le témoignage a une grande valeur, nous apprend qu'il s'agit de « Louis de Bourbon, prince de Condé[1]. » Or le grand Condé, arrêté le 18 janvier 1650, passa treize mois dans les prisons de Vincennes, de Marcoussy et du Havre ; il ne pourrait donc avoir manifesté son opinion sur *Don Sanche* que si cette pièce avait été représentée à la fin de 1649 ou dès les premiers jours de 1650. On a, il est vrai, suspecté cette interprétation, et l'on a dit que le suffrage qui manqua à Corneille fut celui de la Reine ou de Mazarin, et que « Cromwell tua don Sanche[2]. » Cette supposition toute gratuite, toute moderne, ne repose sur aucun témoignage, sur aucune induction ; et il est bien plus naturel de croire avec la Monnoye, Joly, Voltaire et M. Guizot, qu'il s'agit du grand Condé, alors, il est vrai, déterminé frondeur, mais fort jaloux en même temps de ses prérogatives, et aussi dédaigneux à l'égard du fils d'un pêcheur, que don Lope, don Manrique et don Alvar. Néanmoins, malgré l'importance qu'ont à nos yeux les observations que nous venons de soumettre au lecteur, comme il est certain que Corneille était déjà occupé d'*Andromède* dès 1648, que cette pièce a été certainement composée bien avant *Don Sanche*, et que si *Don Sanche* l'a précédée au théâtre, comme tout le fait supposer, ce ne peut être que de fort peu de temps, nous avons jugé convenable de respecter l'arrangement adopté par Corneille.

Nous savons très-peu de chose sur l'histoire des premières représentations de *Don Sanche;* et ce peu, c'est de Corneille que nous le tenons. Après avoir parlé dans son *Examen* du tort que fit à cette pièce « le refus d'un illustre suffrage, » il ajoute qu'une telle disgrâce « anéantit si bien tous les arrêts que Paris et le reste de la cour avaient prononcés en sa faveur, qu'au bout de

1. Tome V, p. 354, note.
2. *L'esprit du grand Corneille* par François de Neufchâteau, p. 190.

quelque temps elle se trouva reléguée dans les provinces, où elle conserve encore son premier lustre. » C'est en 1660 que Corneille a écrit ces mots, et il les a maintenus dans toutes les réimpressions, jusqu'en 1682, ce qui fait penser qu'à cette dernière date *Don Sanche* n'avait pas encore reparu à Paris. Vers 1770, au contraire, cet ouvrage était considéré comme faisant partie du répertoire de la Comédie; en effet, nous lisons dans le *Journal du Théâtre françois*[1] : « La.... troupe royale représenta.... une comédie héroïque nouvelle de Corneille, intitulée *Don Sanche d'Aragon*. Cette pièce eut d'abord un grand succès, mais à la quatrième représentation elle attira si peu de monde, que malgré tout ce que les comédiens alléguèrent pour la continuer, l'auteur la retira.... Cependant, ayant été reprise quelques années après à cause du succès qu'elle avait eu dans les provinces, elle fit tant de plaisir qu'elle fut fort suivie, et malgré les critiques elle est restée au théâtre.... »

Déjà en 1754 on lit dans le *Dictionnaire portatif des théâtres*, à l'article consacré à cette pièce : « Elle a.... été reprise de temps en temps. » La plus célèbre de ces reprises est celle de 1753. Nicolas Racot de Grandval, qui n'est plus guère connu que comme auteur du poëme intitulé *Cartouche ou le vice puni*, joua alors don Sanche avec un grand éclat. Forcé d'abandonner à Lekain, qui parut en 1750, les premiers rôles tragiques, « il se dédommagea, dit Lemazurier[2], aux reprises de *Don Sanche d'Aragon* en 1753, de *Nicomède* en 1754, et de *Sertorius* en 1758. Il y joua les principaux rôles de chacune de ces pièces, avec autant de succès que dans ses plus beaux jours. » Il remplissait encore le rôle de don Sanche au mois de février 1765; mais bientôt, en 1768, il prit sa retraite définitivement, et l'œuvre de Corneille demeura sans interprète.

Après un long oubli, il fut question, au commencement de 1814, de faire de nouveau figurer *Don Sanche* au répertoire de la Comédie française. Les deux principaux rôles devaient être joués par Fleury et Mlle Mars, doublés au besoin par

---

1. Tome II, fol. 987 recto. — Ce qui nous fait adopter la date de 1770 pour ce manuscrit, c'est que, dans l'article consacré au *Menteur*, l'auteur dit que cette pièce plaît encore « après cent vingt-huit ans. »
2. Tome I, p. 272.

Talma et Mlle Duchesnois. La reprise tarda, les événements politiques marchèrent au contraire avec une effrayante rapidité, et la Restauration triomphante ne voulut pas permettre à Carlos de fournir des allusions inquiétantes à un public qui les aurait saisies avec transport.

Il fallut une révolution politique et une révolution littéraire pour qu'il pût se remontrer; mais, qui le croirait? en 1833, on n'osa présenter à un public accoutumé déjà aux hardiesses bien autrement étranges du drame moderne, *Don Sanche* complet, et tel que Corneille l'avait compris; non-seulement il fut mis en trois actes, mais M. Planat, qui se chargea de ce travail, en ayant soin de se déguiser sous le pseudonyme de Mégalbe, s'attaqua au fond même de l'ouvrage, et fit du hardi soldat de fortune un prince, qui se connaît pour tel et s'amuse à cacher son nom et sa naissance. Cette fois cela passa; en 1837 encore, à une nouvelle reprise, on ne dit trop rien; mais en 1844, lorsque Mlle Rachel, en rendant au rôle d'Isabelle son éclat perdu, eut attiré l'attention générale sur la pièce, on fut surpris de l'étrange travestissement qu'elle avait subi, et les critiques, qui commençaient à comprendre toute l'importance du respect des textes, réclamèrent avec vivacité[1]. Rien ne fut changé pourtant; mais une nouvelle reprise (nous craignons qu'elle ne se fasse bien longtemps attendre) ne serait plus possible dans de pareilles conditions.

Après avoir fait l'histoire sommaire des représentations de la pièce, il nous reste à donner, suivant notre habitude, la description bibliographique du volume.

Nous avons eu occasion de rappeler en commençant les dates du privilége et de l'Achevé d'imprimer. Le titre exact est:

D. SANCHE D'ARRAGON, comedie heroique. — *Imprimé à Roüen et se vend à Paris, chez Augustin Courbé au Palais....* M.DC.L.

Le volume, de format in-4°, se compose de 8 feuillets et de 116 pages. Courbé a fait paraître en outre une petite édition in-8° dans le courant de la même année. Nous n'avons

1. Voyez sur les reprises de *Don Sanche* l'intéressant compte rendu de M. Magnin dans la *Revue des Deux-Mondes* de 1844, 14° année, nouvelle série, tome V, p. 892 et suivantes.

pas à nous préoccuper de la dénomination de *comédie héroïque*, que nous rencontrons pour la première fois, car Corneille, dans sa dédicace[1] à M. de Zuylichem, dont nous avons déjà vu le nom en tête du *Menteur*[2], explique tout au long les motifs qui la lui ont fait choisir. La particularité la plus remarquable que nous offrent les préliminaires de *Don Sanche*, c'est la présence d'un *Argument*. Nous n'en avons trouvé dans le théâtre de Corneille, depuis *Mélite, Clitandre* et *la Veuve*, ses trois premières comédies, qu'en tête d'*Andromède*, qui est une pièce à machines. Ce n'est point ici d'ailleurs un retour à une ancienne habitude, car après *Don Sanche* nous n'en revoyons plus que pour *la Conquête de la Toison d'or*. Il y aurait donc lieu d'être quelque peu surpris de cette singularité, si une lettre que Corneille adresse le 28 mai 1650 à M. de Zuylichem, en même temps que son nouvel ouvrage, ne nous apprenait que ce seigneur avait réclamé le rétablissement des arguments en tête des pièces de théâtre. Cette lettre, qui sera publiée pour la première fois dans notre édition, renferme, à ce sujet, toute une curieuse dissertation de Corneille, à laquelle nous nous contentons ici de renvoyer.

1. Voyez ci-après, p. 409 et 410.
2. Tome IV, p. 133, note 1.

A MONSIEUR DE ZUYLICHEM,

CONSEILLER ET SECRÉTAIRE DE MONSEIGNEUR LE PRINCE D'ORANGE[1].

Monsieur,

Voici un poëme d'une espèce nouvelle, et qui n'a point d'exemple chez les anciens. Vous connoissez l'humeur de nos François; ils aiment la nouveauté; et je hasarde *non tam meliora quam nova*, sur l'espérance de les mieux divertir. C'étoit l'humeur[2] des Grecs dès le temps d'Eschyle, *apud quos*

> *Illecebris erat et grata novitate morandus*
> *Spectator*[3];

et si je ne me trompe, c'étoit aussi celle des Romains.

> *Vel qui prætextas, vel qui docuere togatas*[4];
> *Nec minimum meruere decus, vestigia Græca*
> *Ausi deserere*[5]....

Ainsi j'ai du moins des exemples d'avoir entrepris une chose qui n'en a point. Je vous avouerai toutefois qu'après l'avoir faite je me suis trouvé fort embarrassé à lui choisir un nom. Je n'ai jamais pu me résoudre à celui de tragédie, n'y voyant que les personnages qui en fussent dignes. Cela eût suffi au bonhomme Plaute, qui n'y

---

1. Voyez tome IV, p. 133, note 1. — Cette *Épître* ne se trouve, ainsi que l'*Argument* qui la suit, que dans les éditions antérieures à 1660.
2. Les éditions de 1653 et de 1655 donnent, par erreur évidemment, *honneur*, au lieu de *humeur*.
3. Horace, *Art poétique*, vers 223 et 224.
4. *Ibidem*, vers 288. — 5. *Ibidem*, vers 286 et 287.

cherchoit point d'autre finesse : par ce qu'il y a des dieux et des rois dans son *Amphitryon*, il veut que c'en soit une, et parce qu'il y a des valets qui bouffonnent, il veut que ce soit aussi une comédie, et lui donne l'un et l'autre nom, par un composé qu'il forme exprès, de peur de ne lui donner pas tout ce qu'il croit lui appartenir[1]. Mais c'est trop déférer aux personnages, et considérer trop peu l'action. Aristote en use autrement dans la définition qu'il fait de la tragédie[2], où il décrit les qualités que doit avoir celle-ci, et les effets qu'elle doit produire, sans parler aucunement de ceux-là; et j'ose m'imaginer que ceux qui ont restreint[3] cette sorte de poëme aux personnes illustres n'en ont décidé que sur l'opinion qu'ils ont eue qu'il n'y avoit que la fortune des rois et des princes qui fût capable d'une action telle que ce grand maître de l'art nous prescrit. Cependant quand il examine lui-même les qualités nécessaires au héros de la tragédie, il ne touche point du tout à sa naissance, et ne s'attache qu'aux incidents de sa vie et à ses mœurs[4]. Il demande un homme qui ne soit ni tout méchant ni tout bon[5]; il le demande persécuté par quelqu'un de ses plus proches; il demande qu'il tombe en danger de mourir par une main obligée à le conserver[6]; et je ne vois point pourquoi cela ne puisse arriver qu'à un prince, et que dans un moindre rang on soit à couvert de ces malheurs. L'histoire dédaigne de les marquer, à moins qu'ils ayent accablé quelqu'une de ces

---

1. Voyez tome III, p. 117, note 1 et note *a*.
2. Voyez le chapitre VI de la *Poétique*.
3. Dans les éditions de 1654 et de 1656, ce mot est écrit *rétraint*. Voyez tome I, p. 35, note 2, et p. 54, note 1.
4. Van. (édit. de 1650 in-8º) : qu'aux incidents de sa vie et de ses mœurs.
5. Voyez tome I, p. 56.
6. Voyez tome I, p. 65.

prompte application que la vue de ses malheurs nous fait faire sur nous-mêmes, elle purge en nous les passions que nous en voyons être la cause. Enfin je ne vois rien en ce poëme qui puisse mériter le nom de tragédie, si nous ne voulons nous contenter de la définition qu'en donne Averroès[1], qui l'appelle simplement « un art de louer[2]. » En ce cas, nous ne lui pourrons dénier ce titre sans nous aveugler volontairement, et ne vouloir pas voir que toutes ses parties ne sont qu'une peinture des puissantes impressions que les rares qualités d'un honnête homme font sur toutes sortes d'esprits, qui est une façon de louer assez ingénieuse et hors du commun des panégyriques. Mais j'aurois mauvaise grâce de me prévaloir d'un auteur arabe, que je ne connois que sur la foi d'une traduction latine; et puisque sa paraphrase abrége le texte d'Aristote en cet article, au lieu de l'étendre, je ferai mieux d'en croire ce dernier, qui ne permet point à cet ouvrage de prendre un nom plus relevé que celui de comédie. Ce n'est pas que je n'aye hésité quelque temps sur ce que je n'y voyois rien qui pût émouvoir à rire. Cet agrément a été jusqu'ici[3] tellement de la pratique de la comédie, que beaucoup ont cru qu'il étoit aussi de son essence; et je serois encore dans ce scrupule, si je n'en avois été guéri par votre Heinsius, de qui je viens d'apprendre heureusement que *movere risum non constituit comœdiam, sed plebis aucupium est, et abusus*[4]. Après l'autorité d'un si grand homme, je serois coupable de

---

1. Ibn Roschd Averroès, né à Cordoue, mort à Maroc en 1192.
2. « Mores.... et animæ sententiæ sunt insigniores tragœdiæ partes : ars enim laudandi non est ars confingens hominum substantiam.... » (*Paraphrases Averrois in librum Poeticæ Aristotelis, Abrahamo de Balmes interprete*, cap. IV.)
3. Var. (édit. de 1650 in-8º) : jusques ici.
4. *Ad Horatii de Plauto et Terentio judicium, Dissertatio.*

chercher d'autres raisons et de craindre d'être mal fondé à soutenir que la comédie se peut passer du ridicule. J'ajoute à celle-ci l'épithète de *héroïque*[1], pour satisfaire aucunement à la dignité de ses personnages, qui pourroit sembler profanée par la bassesse d'un titre que jamais on n'a appliqué si haut[2]. Mais, après tout, Monsieur, ce n'est qu'un *interim*, jusqu'à ce que vous m'ayez appris comme j'ai dû l'intituler. Je ne vous l'adresse que pour vous l'abandonner entièrement ; et si vos Elzéviers se saisissent de ce poëme, comme ils ont fait de quelques-uns des miens qui l'ont précédé[3], ils peuvent le faire voir[4] à vos provinces sous le titre que vous lui jugerez plus convenable, et nous exécuterons ici l'arrêt que vous en aurez donné. J'attends de vous cette instruction avec impatience, pour m'affermir dans mes premières pensées, ou les rejeter comme de mauvaises tentations : elles flotteront jusque-là ; et si vous ne me pouvez accorder[5] la gloire d'avoir assez appuyé une nouveauté, vous me laisserez du moins celle d'avoir passablement défendu un paradoxe. Mais quand même vous m'ôterez[6] toutes les deux, je m'en consolerai fort aisément, parce que je suis très-assuré que vous ne m'en sauriez ôter une qui m'est beaucoup plus précieuse : c'est celle d'être toute ma vie,

MONSIEUR,

Votre très-humble et très-obéissant serviteur,

Corneille.

1. Tel est le texte de toutes les éditions ; c'est aussi celui de Voltaire (1764).
2. Voyez tome I, p. 25. — 3. Voyez tome IV, p. 134, note 2.
4. Var. (édit. de 1655) : ils le peuvent faire voir.
5. Var. (édit. de 1650 in-8°) : et si vous ne pouvez m'accorder.
6. « Vous m'ôterez » est le texte de toutes les éditions publiées du vivant de Corneille. Voltaire y a substitué : « vous m'ôteriez. »

ARGUMENT.

D. Fernand, roi d'Aragon, chassé de ses États par la révolte de D. Garcie d'Ayala, comte de Fuensalida, n'avoit plus sous son obéissance que la ville de Catalaïud et le territoire des environs, lorsque la reine D.[1] Léonor, sa femme, accoucha d'un fils, qui fut nommé D. Sanche. Ce déplorable prince, craignant qu'il ne demeurât exposé aux fureurs de ce rebelle, le fit aussitôt enlever par D. Raymond de Moncade, son confident, afin de le faire nourrir secrètement. Ce cavalier, trouvant dans le village de Bubierça la femme d'un pêcheur nouvellement accouchée d'un enfant mort, lui donne celui-ci à nourrir, sans lui dire qui il étoit; mais seulement qu'un jour le roi et la reine d'Aragon le feroient Grand lorsqu'elle leur feroit présenter par lui un petit écrin, qu'en même temps il lui donna. Le mari de cette pauvre femme étoit pour lors à la guerre, si bien que revenant au bout d'un an, il prit aisément cet enfant pour sien, et l'éleva comme s'il en eût été le père. La Reine ne put jamais savoir du Roi où il avoit fait porter son fils : et tout ce qu'elle en tira, après beaucoup de prières, ce fut qu'elle le reconnoîtroit un jour quand on lui présenteroit cet écrin, où il auroit mis[2] leurs deux portraits, avec un billet de sa main et quel-

---

1. Dans les préliminaires du *Cid*, au tome III, nous avons imprimé *Dona*. Nous aurions dû, à l'exemple des éditions publiées du vivant de Corneille, nous contenter, comme nous faisons ici, de l'abréviation D.; car nous ne savons pas si le mot employé par notre poëte était l'espagnol *Dona*, ou la forme francisée *Donne*, que nous trouvons dans *Don Sanche*, au vers 837 et en sept autres endroits. Le mot est écrit ainsi en toutes lettres (*Donne*) dans les éditions de 1663-1682; les précédentes, et celle de 1692, n'ont, même dans les vers, que l'initiale D.

2. Var. (édit. de 1650 in-12 et de 1654-1656) : où il avoit mis.

ques autres pièces de remarque; mais voyant qu'elle continuoit toujours à en vouloir savoir davantage, il arrêta sa curiosité tout d'un coup, et lui dit qu'il étoit mort. Il soutint après cela cette malheureuse guerre encore trois ou quatre ans, ayant toujours quelque nouveau désavantage, et mourut enfin de déplaisir et de fatigue, laissant ses affaires désespérées, et la Reine grosse, à qui il conseilla d'abandonner entièrement l'Aragon et se réfugier en Castille : elle exécuta ses ordres, et y accoucha d'une fille nommée D. Elvire, qu'elle y éleva jusques à l'âge de vingt ans. Cependant le jeune prince D. Sanche, qui se croyoit fils d'un pêcheur, dès qu'il en eut atteint seize, se dérobe de ses parents et se jette dans les armées du roi de Castille, qui avoit de grandes guerres contre les Maures[1]; et de peur d'être connu pour ce qu'il pensoit être[2], il quitte le nom de Sanche qu'on lui avoit laissé, et prend celui de Carlos. Sous ce faux nom, il fait tant de merveilles, qu'il entre en grande considération auprès du roi D. Alphonse, à qui il sauve la vie en un jour de bataille; mais comme ce monarque étoit près de le récompenser, il est surpris de la mort, et ne lui laisse autre chose que les favorables regards de la reine D. Isabelle, sa sœur et son héritière, et de la jeune princesse d'Aragon, D. Elvire, que l'admiration de ses belles actions avoit portées toutes deux jusques à l'aimer[3], mais d'un amour étouffé par le souvenir de ce qu'elles devoient à la dignité de leur naissance. Lui-même avoit conçu

---

1. L'impression de 1650 in-4° donne seule ici *Mores*. Dans les vers de la pièce, où le mot revient plusieurs fois, certaines éditions donnent *Maures*, d'autres *Mores*. De 1663 à 1692 aucune n'a constamment partout la même orthographe pour ce mot. — Voyez ci-dessus, p. 296 et tome III, p. 136, note 2.
2. VAR. (édit. de 1650 in-8°) : connu ce qu'il pensoit être.
3. VAR. (édit. de 1650 in-8°) : jusqu'à l'aimer.

aussi de la passion pour toutes deux, sans oser prétendre
à pas une, se croyant si fort indigne d'elles. Cependant
tous les grands de Castille ne voyant point de rois voisins qui pussent épouser leur reine, prétendent à l'envi
l'un de l'autre à son mariage, et étant près de former
une guerre civile pour ce sujet, les états du royaume la
supplient de choisir un mari, pour éviter les malheurs
qu'ils en prévoyoient devoir naître. Elle s'en excuse
comme ne connoissant pas assez particulièrement le mérite de ses prétendants, et leur commande de choisir[1]
eux-mêmes les trois qu'ils en jugent les plus dignes, les
assurant que s'il se rencontre quelqu'un entre ces trois
pour qui elle puisse prendre quelque inclination, elle
l'épousera. Ils obéissent, et lui nomment D. Manrique
de Lare, D. Lope de Gusman, et D. Alvar de Lune, qui
bien que passionné pour la princesse D. Elvire, eût cru
faire une lâcheté et offenser sa reine, s'il eût rejeté l'honneur qu'il recevoit de son pays par cette nomination.
D'autre côté, les Aragonois, ennuyés de la tyrannie de
D. Garcie et de D. Ramire, son fils, les chassent de Saragosse; et les ayant assiégés dans la forteresse de Jaca,
envoient des députés à leurs princesses, réfugiées[2] en
Castille, pour les prier de revenir prendre possession
d'un royaume qui leur appartenoit. Depuis leur départ,
ces deux tyrans ayant été tués en la prise de Jaca, D. Raymond, qu'ils y tenoient prisonnier depuis six ans, apprend à ces peuples que D. Sanche, leur prince, étoit
vivant, et part aussitôt pour le chercher à Bubierça, où
il apprend que le pêcheur, qui le croyoit son fils, l'avoit
perdu depuis huit ans, et l'étoit allé chercher en Castille,
sur quelques nouvelles qu'il en avoit eues par un soldat

1. VAR. (édit. de 1650 in-4º et in-8º) : et leur commande choisir.
2. Le mot *réfugiées* est omis dans l'édition de 1650 in-8º.

qui avoit servi sous lui contre les Maures. Il pousse aussitôt de ce côté-là, et joint les députés comme ils étoient près d'arriver. C'est par son arrivée que l'aventurier Carlos est reconnu pour le prince D. Sanche; après quoi la reine D. Isabelle se donne à lui, du consentement même des trois que ses états lui avoient nommés; et D. Alvar en obtient la princesse D. Elvire, qui par cette reconnoissance se trouve être sa sœur.

EXAMEN.

Cette pièce est toute d'invention, mais elle n'est pas toute de la mienne. Ce qu'a de fastueux le premier acte est tiré d'une comédie espagnole, intitulée *el Palacio confuso*[1]; et la double reconnoissance qui finit le cinquième est prise du roman de D. Pélage[2]. Elle eut d'a-

1. Les bibliographes et les critiques sont très-divisés au sujet de cet ouvrage. La Huerta, dans le *Catalogo alphabetico de las comedias* (Madrid, 1785, in-16) qui fait partie de son *Theatro hespañol*, indique (p. 137) deux comédies différentes sous le même titre : *el Palacio confuso* de Mira de Mescua, *el Palacio confuso* de Lope; mais le même la Huerta déclare, dans une préface citée par M. Harzenbusch au tome IV de son Calderon, qu'il n'a vu que le *Palacio confuso* de Mira de Mescua, dont l'action se passe en Italie, et qu'il n'a jamais pu se procurer la pièce de Lope. M. de Schack pense qu'il n'existe qu'une seule comédie sous ce titre et croit pouvoir affirmer, à la page 44 de son *Supplément*, que le *Palacio confuso* attribué à Mescua est de Lope. Nous avons vainement parcouru les bibliothèques de Paris; un instant nous avons cru tenir les deux comédies; d'anciens catalogues manuscrits nous ont indiqué ici le *Palacio confuso* de Lope, là celui de Mira de Mescua; mais, malgré les recherches les plus persévérantes, les volumes ainsi désignés n'ont pu être trouvés. On voit du reste, par ce que dit Corneille, que le rapprochement que nous aurions voulu présenter au lecteur n'auroit guère porté que sur une scène du premier acte.

2. *Dom Pelage ou l'entrée des Maures en Espagne....* par le sieur de

EXAMEN.

bord grand éclat sur le théâtre; mais une disgrâce particulière fit avorter toute sa bonne fortune. Le refus d'un illustre suffrage[1] dissipa les applaudissements que le public lui avoit donnés trop libéralement, et anéantit si bien tous les arrêts que Paris et le reste de la cour avoient prononcés en sa faveur, qu'au bout de quelque temps elle se trouva reléguée dans les provinces, où elle conserve encore son premier lustre.

Le sujet n'a pas grand artifice. C'est un inconnu, assez honnête homme pour se faire aimer de deux reines. L'inégalité des conditions met un obstacle au bien qu'elles lui veulent durant quatre actes et demi; et quand il faut de nécessité finir la pièce, un bon homme[2] semble tomber des nues pour faire développer le secret de sa naissance, qui le rend mari de l'une, en le faisant reconnoître pour frère de l'autre:

Hæc eadem a summo exspectes minimoque poeta[3].

D. Raymond et ce pêcheur ne suivent point la règle que j'ai voulu établir, de n'introduire aucun acteur qui ne fût insinué dès le premier acte, ou appelé par quelqu'un de ceux qu'on y a connus. Il m'étoit aisé d'y faire dire à la reine D. Léonor ce qu'elle dit à l'entrée du quatrième; mais si elle eût fait savoir qu'elle eût eu un fils, et que le Roi, son mari, lui eût appris en mourant que D. Raymond avoit un secret à lui révéler, on eût trop tôt deviné que Carlos étoit ce prince. On peut dire de D. Raymond qu'il vient avec les députés d'Aragon dont il est parlé au premier acte, et qu'ainsi il satisfait au-

---

Iuuenel. A Paris, chez Guillaume Macé.... M.DC.XLV, 2. vol. in-8º. — Voyez ci-après, p. 483, note 1. et p. 489, note 1.

1. Voyez la *Notice*, p. 400.
2. Dans l'édition de 1692 : « un homme. »
3. *Exspectes eadem a summo....* (Juvénal, *Satire* I, vers 14.)

cunement à cette règle; mais ce n'est que par hasard qu'il vient avec eux. C'étoit le pêcheur qu'il étoit allé chercher, et non pas eux; et il ne les joint sur le chemin qu'à cause de ce qu'il a appris chez ce pêcheur, qui de son côté vient en Castille de son seul mouvement, sans y être amené par aucun incident dont on aye parlé dans la protase[1]; et il n'a point de raison d'arriver ce jour-là plutôt qu'un autre, sinon que la pièce n'auroit pu finir s'il ne fût arrivé.

L'unité de jour y est si peu violentée, qu'on peut soutenir que l'action ne demande pour sa durée que le temps de sa représentation. Pour celle de lieu, j'ai déjà dit que je n'en parlerois plus sur les pièces qui restent à examiner en ce volume[2]. Les sentiments du second acte ont autant ou plus de délicatesse qu'aucuns que j'aye mis sur le théâtre. L'amour des deux reines pour Carlos y paroît très-visible, malgré le soin et l'adresse que toutes les deux apportent à le cacher dans leurs différents caractères, dont l'un marque plus d'orgueil, et l'autre plus de tendresse. La confidence qu'y fait celle de Castille avec Blanche est assez ingénieuse; et par une réflexion sur ce qui s'est passé au premier acte, elle prend occasion de faire savoir aux spectateurs sa passion pour ce brave inconnu, qu'elle a si bien vengé du mépris qu'en ont fait les comtes. Ainsi on ne peut dire qu'elle choisisse sans raison ce jour-là plutôt qu'un autre pour lui en confier le secret, puisqu'il paroît qu'elle le sait déjà, et qu'elles ne font que raisonner ensemble sur ce qu'on vient de voir représenter.

1. Voyez le *Discours des trois unités*, tome I, p. 101.
2. Dans l'édition de 1692 : « qui restoient à examiner. » Voyez ci-dessus, p. 153, note 4, quel est, dans les diverses impressions, le contenu du volume où se trouve *Don Sanche*.

LISTE DES ÉDITIONS QUI ONT ÉTÉ COLLATIONNÉES
POUR LES VARIANTES DE *DON SANCHE D'ARAGON*.

ÉDITIONS SÉPARÉES.

1650 in-4°;	1650 in-12;
1650 petit in-8°;	1653 in-12;

RECUEILS.

1654 in-12[1];	1663 in-fol.;
1655 in-12;	1664 in-8°;
1656 in-12;	1668 in-12;
1660 in-8°;	1682 in-12.

1. Dans ce recueil, l'Achevé d'imprimer de *Don Sanche* porte la date du 13 août 1650. Voyez ci-dessus, p. 257, et p. 313, note 1.

Mais son sang, que le ciel n'a formé que de boue,
Et dont il cache exprès la source obstinément....
D. ELVIRE.
Vous pourriez en juger plus favorablement ;
Sa naissance inconnue est peut-être sans tache :
Vous la présumez basse à cause qu'il la cache ; 50
Mais combien a-t-on vu de princes déguisés
Signaler leur vertu sous des noms supposés,
Dompter des nations, gagner des diadèmes,
Sans qu'aucun les connût, sans se connoître eux-mêmes !
D. LÉONOR.
Quoi ? voilà donc enfin de quoi vous vous flattez ! 55
D. ELVIRE.
J'aime et prise en Carlos ses rares qualités.
Il n'est point d'âme noble à qui tant de vaillance
N'arrache cette estime et cette bienveillance ;
Et l'innocent tribut de ces affections[1]
Que doit toute la terre aux belles actions, 60
N'a rien qui déshonore une jeune princesse.
En cette qualité, je l'aime et le caresse ;
En cette qualité, ses devoirs assidus
Me rendent les respects à ma naissance dus.
Il fait sa cour chez moi comme un autre peut faire : 65
Il a trop de vertus pour être téméraire ;
Et si jamais ses vœux s'échappoient jusqu'à moi,
Je sais ce que je suis, et ce que je me doi.
D. LÉONOR.
Daigne le juste ciel vous donner le courage
De vous en souvenir et le mettre en usage ! 70
D. ELVIRE.
Vos ordres sur mon cœur sauront toujours régner.

---

1. On lit : « de *ses* affections, » dans l'impression de 1650 in-8, leçon reproduite par l'édition de 1692.

DON SANCHE.

D. LÉONOR.

Cependant ce Carlos vous doit accompagner,
Doit venir jusqu'aux lieux de votre obéissance,
Vous rendre ces respects dus à votre naissance[1],
Vous faire, comme ici, sa cour tout simplement? 75

D. ELVIRE.

De ses pareils la guerre est l'unique élément :
Accoutumés d'aller de victoire en victoire,
Ils cherchent en tous lieux les dangers et la gloire,
La prise de Séville, et les Mores défaits,
Laissent à la Castille une profonde paix : 80
S'y voyant sans emploi, sa grande âme inquiète
Veut bien de don Garcie achever la défaite,
Et contre les efforts d'un reste de mutins
De toute sa valeur hâter nos bons destins.

D. LÉONOR.

Mais quand il vous aura dans le trône affermie, 85
Et jeté sous vos pieds la puissance ennemie,
S'en ira-t-il soudain aux climats étrangers
Chercher tout de nouveau la gloire et les dangers?

D. ELVIRE.

Madame, la Reine entre.

SCÈNE II.

D. ISABELLE, D. LÉONOR, D. ELVIRE, BLANCHE.

D. LÉONOR.

        Aujourd'hui donc, Madame,
Vous allez d'un héros rendre heureuse la flamme, 90

---

1. *Var.* Vous rendre les respects dus à votre naissance. (1655)

Et d'un mot satisfaire aux plus ardents souhaits
Que poussent vers le ciel vos fidèles sujets.

D. ISABELLE.

Dites, dites plutôt qu'aujourd'hui, grandes reines,
Je m'impose à vos yeux la plus dure des gênes,
Et fais dessus moi-même un illustre attentat 95
Pour me sacrifier au repos de l'État.
Que c'est un sort fâcheux et triste que le nôtre,
De ne pouvoir régner que sous les lois d'un autre ;
Et qu'un sceptre soit cru d'un si grand poids pour nous,
Que pour le soutenir il nous faille un époux ! 100
  A peine ai-je deux mois porté le diadème,
Que de tous les côtés j'entends dire qu'on m'aime,
Si toutefois sans crime et sans m'en indigner
Je puis nommer amour une ardeur de régner.
L'ambition des grands à cet espoir ouverte 105
Semble pour m'acquérir s'apprêter à ma perte ;
Et pour trancher le cours de leurs dissensions,
Il faut fermer la porte à leurs prétentions ;
Il m'en faut choisir un ; eux-mêmes m'en convient,
Mon peuple m'en conjure, et mes États m'en prient ; 110
Et même par mon ordre ils m'en proposent trois,
Dont mon cœur à leur gré peut faire un digne choix.
Don Lope de Gusman, don Manrique de Lare,
Et don Alvar de Lune, ont un mérite rare ;
Mais que me sert ce choix qu'on fait en leur faveur, 115
Si pas un d'eux enfin n'a celui de mon cœur ?

D. LÉONOR.

On vous les a nommés, mais sans vous les prescrire ;
On vous obéira, quoi qu'il vous plaise élire :
Si le cœur a choisi, vous pouvez faire un roi.

D. ISABELLE.

Madame, je suis reine, et dois régner sur moi. 120
Le rang que nous tenons, jaloux de notre gloire,

Souvent dans un tel choix nous défend de nous croire,
Jette sur nos desirs un joug impérieux,
Et dédaigne l'avis et du cœur et des yeux.
Qu'on ouvre. Juste ciel, vois ma peine et m'inspire   125
Et ce que je dois faire, et ce que je dois dire.

SCÈNE III.

D. ISABELLE, D. LÉONOR, D. ELVIRE, BLANCHE, D. LOPE, D. MANRIQUE, D. ALVAR, CARLOS.

D. ISABELLE.

Avant que de choisir je demande un serment,
Comtes, qu'on agréera mon choix aveuglément ;
Que les deux méprisés, et tous les trois peut-être,
De ma main, quel qu'il soit, accepteront un maître ; 130
Car enfin je suis libre à disposer de moi ;
Le choix de mes États ne m'est point une loi ;
D'une troupe importune il m'a débarrassée,
Et d'eux tous sur vous trois détourné ma pensée,
Mais sans nécessité de l'arrêter sur vous.   135
J'aime à savoir par là qu'on vous préfère à tous ;
Vous m'en êtes plus chers et plus considérables :
J'y vois de vos vertus les preuves honorables ;
J'y vois la haute estime où sont vos grands exploits ;
Mais quoique mon dessein soit d'y borner mon choix, 140
Le ciel en un moment quelquefois nous éclaire.
Je veux, en le faisant, pouvoir ne le pas faire,
Et que vous avouiez que pour devenir roi,
Quiconque me plaira n'a besoin que de moi.

D. LOPE.

C'est une autorité qui vous demeure entière ;   145
Votre État avec vous n'agit que par prière,
Et ne vous a pour nous fait voir ses sentiments

ACTE I, SCÈNE III.

Que par obéissance à vos commandements.
Ce n'est point ni son choix ni l'éclat de ma race
Qui me font, grande reine, espérer cette grâce : 150
Je l'attends de vous seule et de votre bonté,
Comme on attend un bien qu'on n'a pas mérité,
Et dont, sans regarder service, ni famille[1],
Vous pouvez faire part au moindre de Castille.
C'est à nous d'obéir, et non d'en murmurer ; 155
Mais vous nous permettrez toutefois d'espérer
Que vous ne ferez choir cette faveur insigne,
Ce bonheur d'être à vous, que sur le moins indigne ;
Et que votre vertu vous fera trop savoir
Qu'il n'est pas bon d'user de tout votre pouvoir. 160
Voilà mon sentiment.

D. ISABELLE.

Parlez, vous, don Manrique.

D. MANRIQUE.

Madame, puisqu'il faut qu'à vos yeux je m'explique[2],
Quoique votre discours nous ai fait des leçons
Capables d'ouvrir l'âme à de justes soupçons,
Je vous dirai pourtant, comme à ma souveraine, 165
Que pour faire un vrai roi vous le fassiez en reine,
Que vous laisser borner, c'est vous-même affoiblir
La dignité du rang qui le doit ennoblir ;
Et qu'à prendre pour loi le choix qu'on vous propose,
Le roi que vous feriez vous devroit peu de chose, 170
Puisqu'il tiendroit les noms de monarque et d'époux
Du choix de vos États aussi bien que de vous.
    Pour moi, qui vous aimai sans sceptre et sans couronne,
Qui n'ai jamais eu d'yeux que pour votre personne,
Que même le feu Roi daigna considérer 175

---

1. *Var.* Et dont, sans regarder services, ni famille,
 (1650 in-4° et in-12, 53 et 55)
2. *Var.* Puisque vous m'ordonnez, Reine, que je m'explique. (1650-56)

Jusqu'à souffrir ma flamme et me faire espérer,
J'oserai me promettre un sort assez propice
De cet aveu d'un frère et quatre ans de service;
Et sur ce doux espoir dussé-je me trahir,
Puisque vous le voulez, je jure d'obéir. 180

D. ISABELLE.

C'est comme il faut m'aimer. Et don Alvar de Lune?

D. ALVAR.

Je ne vous ferai point de harangue importune.
Choisissez hors des trois, tranchez absolument:
Je jure d'obéir, Madame, aveuglément.

D. ISABELLE.

Sous les profonds respects de cette déférence 185
Vous nous cachez peut-être un peu d'indifférence;
Et comme votre cœur n'est pas sans autre amour,
Vous savez des deux parts faire bien votre cour.

D. ALVAR.

Madame....

D. ISABELLE.

C'est assez; que chacun prenne place.

(Ici les trois reines prennent chacune un fauteuil[1], et après que les trois comtes et le reste des grands qui sont présents se sont assis sur des bancs préparés exprès, Carlos, y voyant une place vide, s'y veut seoir, et D. Manrique l'en empêche.)

D. MANRIQUE.

Toutbeau, toutbeau, Carlos! d'où vousvient cette audace?
Et quel titre en ce rang a pu vous établir[2]?

CARLOS.

J'ai vu la place vide, et cru la bien remplir.

D. MANRIQUE.

Un soldat bien remplir une place de comte!

---

1. *Var. Ici les trois princesses prennent chacun un fauteuil.* (1650-56) — Voyez tome I, p. 228, note 3.
2. *Var. Et quel titre en ce rang a su vous établir?* (1650-56)

ACTE I, SCÈNE III.

CARLOS.

Seigneur, ce que je suis ne me fait point de honte.
Depuis plus de six ans il ne s'est fait combat   195
Qui ne m'ait bien acquis ce grand nom de soldat :
J'en avois pour témoin le feu Roi votre frère,
Madame ; et par trois fois....

D. MANRIQUE.

       Nous vous avons vu faire,
Et savons mieux que vous ce que peut votre bras.

D. ISABELLE.

Vous en êtes instruits, et je ne la suis pas[1] :   200
Laissez-le me l'apprendre. Il importe aux monarques
Qui veulent aux vertus rendre de dignes marques,
De les savoir connoître, et ne pas ignorer
Ceux d'entre leurs sujets qu'ils doivent honorer.

D. MANRIQUE.

Je ne me croyois pas être ici pour l'entendre.   205

D. ISABELLE.

Comte, encore une fois, laissez-le me l'apprendre.
Nous aurons temps pour tout. Et vous, parlez, Carlos.

CARLOS.

Je dirai qui je suis, Madame, en peu de mots.
 On m'appelle soldat : je fais gloire de l'être[2] ;
Au feu Roi par trois fois je le fis bien paroître.   210
L'étendard de Castille, à ses yeux enlevé,
Des mains des ennemis par moi seul fut sauvé :
Cette seule action rétablit la bataille,
Fit rechasser le More au pied de sa muraille,
Et rendant le courage aux plus timides cœurs,   215

---

1. *Var.* Vous en êtes instruits, et je ne le suis pas. (1660 et 63)
— Cette leçon a été reproduite par l'édition de 1692.

2. Vous m'appelez soldat, et je le suis sans doute,
dit du Guesclin dans le *Don Pèdre* de Voltaire (acte IV, scène II).

Rappela les vaincus, et défit les vainqueurs.
Ce même roi me vit dedans l'Andalousie
Dégager sa personne en prodiguant ma vie,
Quand tout percé de coups, sur un monceau de morts,
Je lui fis si longtemps bouclier de mon corps,   220
Qu'enfin autour de lui ses troupes ralliées,
Celles qui l'enfermoient furent sacrifiées ;
Et le même escadron qui vint le secourir[1]
Le ramena vainqueur, et moi prêt à mourir.
Je montai le premier sur les murs de Séville,   225
Et tins la brèche ouverte aux troupes de Castille.

   Je ne vous parle point d'assez d'autres exploits,
Qui n'ont pas pour témoins eu les yeux de mes rois.
Tel me voit et m'entend, et me méprise encore,
Qui gémiroit sans moi dans les prisons du More.   230

D. MANRIQUE.

Nous parlez-vous, Carlos, pour don Lope et pour moi ?

CARLOS.

Je parle seulement de ce qu'a vu le Roi,
Seigneur ; et qui voudra parle à sa conscience.
   Voilà dont le feu Roi me promit récompense ;
Mais la mort le surprit comme il la résolvoit.   235

D. ISABELLE.

Il se fût acquitté de ce qu'il vous devoit ;
Et moi, comme héritant son sceptre et sa couronne,
Je prends sur moi sa dette, et je vous la fais bonne.
Seyez-vous[2], et quittons ces petits différends.

D. LOPE.

Souffrez qu'auparavant il nomme ses parents.   240
Nous ne contestons point l'honneur de sa vaillance,

---

1. *Var.* Et le même escadron qui le vint secourir. (1650-56)
2. Ici et plus loin, au vers 262, les éditions de 1653 et de 1655 portent seules : « Soyez-vous. »

Madame; et s'il en faut notre reconnoissance,
Nous avouerons tous deux qu'en ces combats derniers
L'un et l'autre, sans lui, nous étions prisonniers;
Mais enfin la valeur, sans l'éclat de la race, 245
N'eut jamais aucun droit d'occuper cette place.
CARLOS.
Se pare qui voudra des noms de ses aïeux :
Moi, je ne veux porter que moi-même en tous lieux;
Je ne veux rien devoir à ceux qui m'ont fait naître,
Et suis assez connu sans les faire connoître. 250
Mais pour en quelque sorte obéir à vos lois,
Seigneur, pour mes parents je nomme mes exploits :
Ma valeur est ma race, et mon bras est mon père.
D. LOPE.
Vous le voyez, Madame, et la preuve en est claire :
Sans doute il n'est pas noble.
D. ISABELLE.
                      Eh bien! je l'anoblis[1], 255
Quelle que soit sa race et de qui qu'il soit fils.
Qu'on ne conteste plus.
D. MANRIQUE.
                      Encore un mot, de grâce.
D. ISABELLE.
Don Manrique, à la fin, c'est prendre trop d'audace.
Ne puis-je l'anoblir si vous n'y consentez ?
D. MANRIQUE.
Oui, mais ce rang n'est dû qu'aux hautes dignités; 260
Tout autre qu'un marquis ou comte le profane.
D. ISABELLE, à Carlos.
Eh bien! seyez-vous donc, marquis de Santillane,
Comte de Pennafiel, gouverneur de Burgos.

---

1. On lit ici, et au vers 259, *ennoblir*, dans toutes les éditions publiées du vivant de Corneille. On ne distinguait pas alors *anoblir* d'*ennoblir*. Voyez le *Lexique*, et ci-dessus, p. 317, note 1.

ACTE I, SCÈNE IV.

CARLOS.

        A mon vainqueur.
Qui pourra me l'ôter l'ira rendre à la Reine :
Ce sera du plus digne une preuve certaine.   330
Prenez entre vous l'ordre et du temps et du lieu ;
Je m'y rendrai sur l'heure, et vais l'attendre. Adieu.

SCÈNE V.

D. MANRIQUE, D. LOPE, D. ALVAR.

D. LOPE.

Vous voyez l'arrogance[1].

D. ALVAR.

      Ainsi les grands courages
Savent en généreux repousser les outrages.

D. MANRIQUE.

Il se méprend pourtant, s'il pense qu'aujourd'hui   335
Nous daignions mesurer notre épée avec lui.

D. ALVAR.

Refuser un combat!

D. LOPE.

     Des généraux d'armée,
Jaloux de leur honneur et de leur renommée,
Ne se commettent point contre un aventurier.

D. ALVAR.

Ne mettez point si bas un si vaillant guerrier :   340
Qu'il soit ce qu'en voudra présumer votre haine,
Il doit être pour nous ce qu'a voulu la Reine[2].

D. LOPE.

La Reine qui nous brave, et sans égard au sang,
Ose souiller ainsi l'éclat de notre rang!

---

1. *Var.* Voyez-vous l'arrogance? (1650-56)
—Thomas Corneille dans l'édition de 1692, a changé *vous voyez* en *vous oyez*.
2. Il doit être pour vous ce qu'a voulu la Reine. (1653-56)

D. ALVAR.

Les rois de leurs faveurs ne sont jamais comptables ; 345
Ils font, comme il leur plaît, et défont nos semblables.

D. MANRIQUE.

Envers les majestés[1] vous êtes bien discret.
Voyez-vous cependant qu'elle l'aime en secret ?

D. ALVAR.

Dites, si vous voulez, qu'ils sont d'intelligence,
Qu'elle a de sa valeur si haute confiance, 350
Qu'elle espère par là faire approuver son choix,
Et se rendre avec gloire au vainqueur de tous trois,
Qu'elle nous hait dans l'âme autant qu'elle l'adore :
C'est à nous d'honorer ce que la Reine honore.

D. MANRIQUE.

Vous la respectez fort ; mais y prétendez-vous ? 355
On dit que l'Aragon a des charmes si doux....

D. ALVAR.

Qu'ils me soient doux ou non, je ne crois pas sans crime
Pouvoir de mon pays désavouer l'estime ;
Et puisqu'il m'a jugé digne d'être son roi,
Je soutiendrai partout l'état qu'il fait de moi. 360
   Je vais donc disputer, sans que rien me retarde,
Au marquis don Carlos cet anneau qu'il nous garde ;
Et si sur sa valeur je le puis emporter,
J'attendrai de vous deux qui voudra me l'ôter :
Le champ vous sera libre.

D. LOPE.

                    A la bonne heure, comte ;
Nous vous irons alors le disputer sans honte :
Nous ne dédaignons point un si digne rival ;
Mais pour votre marquis, qu'il cherche son égal.

---

1. L'édition de 1692 a corrigé *les majestés* en *leurs majestés*.

FIN DU PREMIER ACTE.

ACTE II.

SCÈNE PREMIÈRE.
D. ISABELLE, BLANCHE.

D. ISABELLE.
Blanche, as-tu rien connu d'égal à ma misère ?
Tu vois tous mes desirs condamnés à se taire, 370
Mon cœur faire un beau choix sans l'oser accepter,
Et nourrir un beau feu sans l'oser écouter.
Vois par là ce que c'est, Blanche, que d'être reine[1] :
Comptable de moi-même au nom de souveraine,
Et sujette à jamais du trône où je me voi, 375
Je puis tout pour tout autre et ne puis rien pour moi.

O sceptres ! s'il est vrai que tout vous soit possible,
Pourquoi ne pouvez-vous rendre un cœur insensible ?
Pourquoi permettez-vous qu'il soit d'autres appas,
Ou que l'on ait des yeux pour ne les croire pas ? 380

BLANCHE.
Je présumois tantôt que vous les alliez croire :
J'en ai plus d'une fois tremblé pour votre gloire.
Ce qu'à vos trois amants vous avez fait jurer
Au choix de don Carlos sembloit tout préparer :
Je le nommois pour vous. Mais enfin par l'issue 385
Ma crainte s'est trouvée heureusement déçue ;
L'effort de votre amour a su se modérer ;

Var. Voilà, voilà que c'est, Blanche, que d'être reine. (1650-60)

Vous l'avez honoré sans vous déshonorer,
Et satisfait ensemble, en trompant mon attente,
La grandeur d'une reine et l'ardeur d'une amante. 390

D. ISABELLE.

Dis que pour honorer sa générosité,
Mon amour s'est joué de mon autorité,
Et qu'il a fait servir, en trompant ton attente,
Le pouvoir de la Reine au courroux de l'amante.

D'abord par ce discours, qui t'a semblé suspect, 395
Je voulois seulement essayer leur respect,
Soutenir jusqu'au bout la dignité de reine;
Et comme enfin ce choix me donnoit de la peine,
Perdre quelques moments, choisir un peu plus tard :
J'allois nommer pourtant, et nommer au hasard; 400
Mais tu sais quel orgueil ont lors montré les comtes,
Combien d'affronts pour lui, combien pour moi de hontes.
Certes, il est bien dur à qui se voit régner
De montrer quelque estime, et la voir dédaigner.
Sous ombre de venger sa grandeur méprisée, 405
L'amour à la faveur trouve une pente aisée;
A l'intérêt du sceptre aussitôt attaché,
Il agit d'autant plus qu'il se croit bien caché,
Et s'ose imaginer qu'il ne fait rien paroître
Que ce change de nom ne fasse méconnoître. 410
J'ai fait Carlos marquis, et comte, et gouverneur;
Il doit à ses jaloux tous ces titres d'honneur :
M'en voulant faire avare, ils m'en faisoient prodigue;
Ce torrent grossissoit, rencontrant cette digue :
C'étoit plus les punir que le favoriser. 415
L'amour me parloit trop, j'ai voulu l'amuser;
Par ces profusions j'ai cru le satisfaire,
Et l'ayant satisfait, l'obliger à se taire;
Mais, hélas! en mon cœur il avoit tant d'appui,
Que je n'ai pu jamais prononcer contre lui, 420

Et n'ai mis en ses mains ce don du diadème[1]
Qu'afin de l'obliger à s'exclure lui-même.
Ainsi, pour apaiser les murmures du cœur,
Mon refus a porté les marques de faveur;
Et revêtant de gloire un invisible outrage,   425
De peur d'en faire un roi je l'ai fait davantage :
Outre qu'indifférente aux vœux de tous les trois
J'espérois que l'amour pourroit suivre son choix,
Et que le moindre d'eux, de soi-même estimable,
Recevroit de sa main la qualité d'aimable.   430
 Voilà, Blanche, où j'en suis; voilà ce que j'ai fait;
Voilà les vrais motifs dont tu voyois l'effet;
Car mon âme pour lui, quoique ardemment pressée,
Ne sauroit se permettre une indigne pensée[2];
Et je mourrois encore avant que m'accorder   435
Ce qu'en secret mon cœur ose me demander.
Mais enfin je vois bien que je me suis trompée
De m'en être remise à qui porte une épée,
Et trouve occasion, dessous cette couleur,
De venger le mépris qu'on fait de sa valeur[3].   440
Je devois par mon choix étouffer cent querelles;
Et l'ordre que j'y tiens en forme de nouvelles,
Et jette entre les grands, amoureux de mon rang,
Une nécessité de répandre du sang.
Mais j'y saurai pourvoir.

BLANCHE.

                C'est un pénible ouvrage   445
D'arrêter un combat qu'autorise l'usage,
Que les lois ont réglé, que les rois vos aïeux.
Daignoient assez souvent honorer de leurs yeux[4] :

---

1. *Var.* Et n'ai mis en ces mains ce don du diadème. (1650, 53 et 56-64)
2. *Var.* N'a consenti jamais à la moindre pensée. (1650-56)
3. *Var.* De venger les mépris qu'on fait de sa valeur. (1650-56)
4. *Var.* Ont daigné bien souvent honorer de leurs yeux. (1650-56)

On ne s'en dédit point sans quelque ignominie,
Et l'honneur aux grands cœurs est plus cher que la vie.

D. ISABELLE.

Je sais ce que tu dis, et n'irai pas de front
Faire un commandement qu'ils prendroient pour affront.
Lorsque le déshonneur souille l'obéissance[1],
Les rois peuvent douter de leur toute-puissance :
Qui la hasarde alors n'en sait pas bien user, 455
Et qui veut pouvoir tout ne doit pas tout oser.
Je romprai ce combat feignant de le permettre,
Et je le tiens rompu si je puis le remettre[2].
Les reines d'Aragon pourront même m'aider.
Voici déjà Carlos que je viens de mander : 460
Demeure, et tu verras avec combien d'adresse[3]
Ma gloire de mon âme est toujours la maîtresse.

SCÈNE II.

D. ISABELLE, CARLOS, BLANCHE.

D. ISABELLE.

Vous avez bien servi, marquis, et jusqu'ici
Vos armes ont pour nous dignement réussi :
Je pense avoir aussi bien payé vos services. 465
  Malgré vos envieux et leurs mauvais offices,
J'ai fait beaucoup pour vous, et tout ce que j'ai fait
Ne vous a pas coûté seulement un souhait.
Si cette récompense est pourtant si petite

---

1. « A une représentation de la pièce dont nous fûmes témoin et qui eut lieu à l'époque où les parlements refusaient d'enregistrer quelques édits de Louis XV, ces vers furent applaudis de manière à donner de l'inquiétude au gouvernement, qui les fit supprimer à la représentation suivante. » (*Note de Palissot.*)

2. *Var.* Et je le tiens rompu si je le puis remettre. (1650-56).

3. *Var.* Demeure, et sois témoin avec combien d'adresse. (1650-63)

Qu'elle ne puisse aller jusqu'à votre mérite, 470
S'il vous en reste encor quelque autre à souhaiter,
Parlez, et donnez-moi moyen de m'acquitter.
CARLOS.
Après tant de faveurs à pleines mains versées,
Dont mon cœur n'eût osé concevoir les pensées,
Surpris, troublé, confus, accablé de bienfaits, 475
Que j'osasse former encor quelques souhaits!
D. ISABELLE.
Vous êtes donc content; et j'ai lieu de me plaindre.
CARLOS.
De moi?
D. ISABELLE.
        De vous, marquis. Je vous parle sans feindre :
Écoutez. Votre bras a bien servi l'État,
Tant que vous n'avez eu que le nom de soldat; 480
Dès que je vous fais grand, sitôt que je vous donne
Le droit de disposer de ma propre personne,
Ce même bras s'apprête à troubler son repos,
Comme si le marquis cessoit d'être Carlos,
Ou que cette grandeur ne fût qu'un avantage 485
Qui dût à sa ruine armer votre courage.
Les trois comtes en sont les plus fermes soutiens :
Vous attaquez en eux ses appuis et les miens;
C'est son sang le plus pur que vous voulez répandre;
Et vous pouvez juger l'honneur qu'on leur doit rendre,
Puisque ce même État, me demandant un roi,
Les a jugés eux trois les plus dignes de moi.
    Peut-être un peu d'orgueil vous a mis dans la tête
Qu'à venger leur mépris ce prétexte est honnête :
Vous en avez suivi la première chaleur; 495
Mais leur mépris va-t-il jusqu'à votre valeur[1]?

---

1. *Var.* Mais ont-ils méprisé vous ou votre valeur? (1650 in-4° et in-12 et 53-64)
Var. Mais ont-ils méprisé vous et votre valeur? (1650 in-8°)

N'en ont-ils pas rendu témoignage à ma vue?
Ils ont fait peu d'état d'une race inconnue,
Ils ont douté d'un sort que vous voulez cacher :
Quand un doute si juste auroit dû vous toucher,　500
J'avois pris quelque soin de vous venger moi-même.
Remettre entre vos mains le don du diadème,
Ce n'étoit pas, marquis, vous venger à demi.
Je vous ai fait leur juge, et non leur ennemi,
Et si sous votre choix j'ai voulu les réduire,　505
C'est pour vous faire honneur et non pour les détruire.
C'est votre seul avis, non leur sang que je veux;
Et c'est m'entendre mal que vous armer contre eux.
　N'auriez-vous point pensé que si ce grand courage
Vous pouvoit sur tous trois donner quelque avantage,
On diroit que l'État, me cherchant un époux,
N'en auroit pu trouver de comparable à vous?
Ah! si je vous croyois si vain, si téméraire....

CARLOS.

Madame, arrêtez là votre juste colère;
Je suis assez coupable, et n'ai que trop osé,　515
Sans choisir pour me perdre un crime supposé.
　Je ne me défends point des sentiments d'estime
Que vos moindres sujets auroient pour vous sans crime.
Lorsque je vois en vous les célestes accords
Des grâces de l'esprit et des beautés du corps,　520
Je puis, de tant d'attraits l'âme toute ravie,
Sur l'heur de votre époux jeter un œil d'envie;
Je puis contre le ciel en secret murmurer
De n'être pas né roi pour pouvoir espérer;
Et les yeux éblouis de cet éclat suprême,　525
Baisser soudain la vue, et rentrer en moi-même;
Mais que je laisse aller d'ambitieux soupirs,
Un ridicule espoir, de criminels desirs!...
Je vous aime, Madame, et vous estime en reine;

ACTE II, SCÈNE II.

Et quand j'aurois des feux dignes de votre haine,   530
Si votre âme, sensible à ces indignes feux,
Se pouvoit oublier jusqu'à souffrir mes vœux;
Si par quelque malheur que je ne puis comprendre,
Du trône jusqu'à moi je la voyois descendre,
Commençant aussitôt à vous moins estimer,   535
Je cesserois sans doute aussi de vous aimer.
   L'amour que j'ai pour vous est tout à votre gloire :
Je ne vous prétends point pour fruit de ma victoire;
Je combats vos amants, sans dessein d'acquérir
Que l'heur d'en faire voir le plus digne, et mourir;   540
Et tiendrois mon destin assez digne d'envie,
S'il le faisoit connoître aux dépens de ma vie.
Seroit-ce à vos faveurs répondre pleinement
Que hasarder ce choix à mon seul jugement?
Il vous doit un époux, à la Castille un maître :   545
Je puis en mal juger, je puis les mal connoître.
Je sais qu'ainsi que moi le démon des combats
Peut donner au moins digne et vous et vos États;
Mais du moins, si le sort des armes journalières
En laisse par ma mort de mauvaises lumières,   550
Elle m'en ôtera la honte et le regret;
Et même si votre âme en aime un en secret,
Et que ce triste choix rencontre mal le vôtre,
Je ne vous verrai point, entre les bras d'un autre,
Reprocher à Carlos par de muets soupirs   555
Qu'il est l'unique auteur de tous vos déplaisirs.

D. ISABELLE.

Ne cherchez point d'excuse à douter de ma flamme,
Marquis; je puis aimer, puisqu'enfin je suis femme;
Mais, si j'aime, c'est mal me faire votre cour
Qu'exposer au trépas l'objet de mon amour;   560
Et toute votre ardeur se seroit modérée
A m'avoir dans ce doute assez considérée :

Mais parce qu'il vous vient d'autre main que la mienne,
Et que je présumois n'appartenir qu'à moi
D'élever votre gloire au rang où je la voi.
Je me consolerois toutefois avec joie
Des faveurs que sans moi le ciel sur vous déploie,
Et verrois sans envie agrandir un héros, 635
Si le marquis tenoit ce qu'a promis Carlos,
S'il avoit comme lui son bras à mon service.
Je venois à la Reine en demander justice;
Mais puisque je vous vois, vous m'en ferez raison.
Je vous accuse donc, non pas de trahison, 640
Pour un cœur généreux cette tache est trop noire,
Mais d'un peu seulement de manque de mémoire.

CARLOS.
Moi, Madame?

D. ELVIRE.
Écoutez mes plaintes en repos.
Je me plains du marquis, et non pas de Carlos:
Carlos de tout son cœur me tiendroit sa parole[1]; 645
Mais ce qu'il m'a donné, le marquis me le vole:
C'est lui seul qui dispose ainsi du bien d'autrui,
Et prodigue son bras quand il n'est plus à lui.
Carlos se souviendroit que sa haute vaillance
Doit ranger don Garcie à mon obéissance, 650
Qu'elle doit affermir mon sceptre dans ma main,
Qu'il doit m'accompagner peut-être dès demain;
Mais ce Carlos n'est plus, le marquis lui succède,
Qu'une autre soif de gloire, un autre objet possède,
Et qui du même bras que m'engageoit sa foi[2], 655
Entreprend trois combats pour une autre que moi.

---

1. *Var.* Carlos de tout son cœur me garderoit parole. (1650-63)
2. *Var.* Et qui, du même bras qui m'étoit engagé,
Entreprend trois combats, même sans mon congé. (1650-56)

446 DON SANCHE.

Hélas! si ces honneurs dont vous comble la Reine
Réduisent mon espoir en une attente vaine;
Si les nouveaux desseins que vous en concevez
Vous ont fait oublier ce que vous me devez, 660
Rendez-lui ces honneurs qu'un tel oubli profane,
Rendez-lui Pennafiel, Burgos, et Santillane;
L'Aragon a de quoi vous payer ces refus,
Et vous donner encor quelque chose de plus.

CARLOS.

Et Carlos, et marquis, je suis à vous, Madame: 665
Le changement de rang ne change point mon âme;
Mais vous trouverez bon que par ces trois défis
Carlos tâche à payer ce que doit le marquis.
Vous réserver mon bras noirci d'une infamie,
Attireroit sur vous la fortune ennemie, 670
Et vous hasarderoit, par cette lâcheté,
Au juste châtiment qu'il auroit mérité.
Quand deux occasions pressent un grand courage[1],
L'honneur à la plus proche avidement l'engage,
Et lui fait préférer, sans le rendre inconstant, 675
Celle qui se présente à celle qui l'attend.
Ce n'est pas, toutefois, Madame, qu'il l'oublie,
Mais bien que je vous doive immoler don Garcie[2],
J'ai vu que vers la Reine on perdoit le respect,
Que d'un indigne amour son cœur étoit suspect; 680
Pour m'avoir honoré je l'ai vue outragée,
Et ne puis m'acquitter qu'après l'avoir vengée.

D. ELVIRE.

C'est me faire une excuse où je ne comprends rien,

1. *Var.* Dans les occasions, sans craindre aucun reproche,
L'honneur avidement s'attache à la plus proche,
Et préfère sans honte et sans être inconstant.(1650-56)
2. *Var.* Je sais que je vous dois le sang de don Garcie;
Mais j'ai vu qu'à la Reine on perdoit le respect,
Que d'une indigne amour son cœur étoit suspect. (1650-56)

Sinon que son service est préférable au mien,
Qu'avant que de me suivre on doit mourir pour elle,
Et qu'étant son sujet, il faut m'être infidèle¹.

CARLOS.

Ce n'est point en sujet que je cours au combat :
Peut-être suis-je né dedans quelque autre État ;
Mais par un zèle entier et pour l'une et pour l'autre,
J'embrasse également son service et le vôtre,   690
Et les plus grands périls n'ont rien de hasardeux
Que j'ose refuser pour aucune des deux.
Quoique engagé demain à combattre pour elle,
S'il falloit aujourd'hui venger votre querelle,
Tout ce que je lui dois ne m'empêcheroit pas   695
De m'exposer pour vous à plus de trois combats.
Je voudrois toutes deux pouvoir vous satisfaire²,
Vous, sans manquer vers elle ; elle, sans vous déplaire :
Cependant je ne puis servir elle ni vous
Sans de l'une ou de l'autre allumer le courroux.   700
   Je plaindrois un amant qui souffriroit mes peines,
Et tel pour deux beautés que je suis pour deux reines,
Se verroit déchiré par un égal amour,
Tel que sont mes respects dans l'une et l'autre cour :
L'âme d'un tel amant, tristement balancée,   705
Sur d'éternels soucis voit flotter sa pensée ;
Et ne pouvant résoudre à quels vœux se borner,
N'ose rien acquérir, ni rien abandonner :
Il n'aime qu'avec trouble, il ne voit qu'avec crainte ;
Tout ce qu'il entreprend donne sujet de plainte ;   710
Ses hommages partout ont de fausses couleurs,
Et son plus grand service est un grand crime ailleurs.

D. ELVIRE.

Aussi sont-ce d'amour les premières maximes,

---

1. *Var.* Et qu'étant mon sujet, il faut m'être infidèle. (1655 et 56)
2. *Var.* Je voudrois toutes deux vous pouvoir satisfaire. (1655 et 56)

Que partager son âme est le plus grand des crimes.
Un cœur n'est à personne alors qu'il est à deux ;   715
Aussitôt qu'il les offre il dérobe ses vœux ;
Ce qu'il a de constance, à choisir trop timide[1],
Le rend vers l'une ou l'autre incessamment perfide ;
Et comme il n'est enfin ni rigueurs, ni mépris[2]
Qui d'un pareil amour ne soient un digne prix[3],   720
Il ne peut mériter d'aucun œil qui le charme,
En servant, un regard ; en mourant, une larme.

CARLOS.

Vous seriez bien sévère envers un tel amant[4].

D. ELVIRE.

Allons voir si la Reine agiroit autrement,
S'il en devroit attendre un plus léger supplice.   725
　Cependant don Alvar le premier entre en lice ;
Et vous savez l'amour qu'il m'a toujours fait voir[5].

CARLOS.

Je sais combien sur lui vous avez de pouvoir.

D. ELVIRE.

Quand vous le combattrez, pensez à ce que j'aime,
Et ménagez son sang comme le vôtre même.   730

CARLOS.

Quoi ? m'ordonneriez-vous qu'ici j'en fisse un roi ?

D. ELVIRE.

Je vous dis seulement que vous pensiez à moi.

---

1. *Var.* Et sa triste constance, à choisir trop timide. (1650-56)
2. *Var.* Et comme il n'est enfin ni rigueur, ni mépris. (1663 et 64)
3. *Var.* Qui pour un tel amant ne soient un digne prix. (1650 in-4° et in-8°)
4. *Var.* Vous seriez bien sévère envers ce pauvre amant. (1650-56)
5. *Var.* Vous savez quel amour il m'a toujours fait voir. (1650-56)

FIN DU SECOND ACTE.

ACTE III.

SCÈNE PREMIÈRE.
D. ELVIRE, D. ALVAR.

D. ELVIRE.

Vous pouvez donc m'aimer, et d'une âme bien saine
Entreprendre un combat pour acquérir la Reine!
Quel astre agit sur vous avec tant de rigueur, 735
Qu'il force votre bras à trahir votre cœur?
L'honneur, me dites-vous, vers l'amour vous excuse.
Ou cet honneur se trompe, ou cet amour s'abuse;
Et je ne comprends point, dans un si mauvais tour,
Ni quel est cet honneur, ni quel est cet amour. 740
Tout l'honneur d'un amant, c'est d'être amant fidèle :
Si vous m'aimez encor, que prétendez-vous d'elle?
Et si vous l'acquérez, que voulez-vous de moi?
Aurez-vous droit alors de lui manquer de foi?
La mépriserez-vous quand vous l'aurez acquise? 745

D. ALVAR.

Qu'étant né son sujet jamais je la méprise!

D. ELVIRE.

Que me voulez-vous donc? Vaincu par don Carlos,
Aurez-vous quelque grâce à troubler mon repos?
En serez-vous plus digne? et par cette victoire,
Répandra-t-il sur vous un rayon de sa gloire? 750

D. ALVAR.

Que j'ose présenter ma défaite à vos yeux!

D. ELVIRE.

Que me veut donc enfin ce cœur ambitieux ?
D. ALVAR.
Que vous preniez pitié de l'état déplorable
Où votre long refus réduit un misérable.
 Mes vœux mieux écoutés, par un heureux effet, 755
M'auroient su garantir de l'honneur qu'on m'a fait;
Et l'État par son choix ne m'eût pas mis en peine
De manquer à ma gloire, ou d'acquérir ma reine.
Votre refus m'expose à cette dure loi
D'entreprendre un combat qui n'est que contre moi :
J'en crains également l'une et l'autre fortune.
Et le moyen aussi que j'en souhaite aucune ?
Ni vaincu, ni vainqueur, je ne puis être à vous :
Vaincu, j'en suis indigne, et vainqueur, son époux;
Et le destin m'y traite avec tant d'injustice, 765
Que son plus beau succès me tient lieu de supplice.
Aussi, quand mon devoir ose la disputer,
Je ne veux l'acquérir que pour vous mériter,
Que pour montrer qu'en vous j'adorois la personne,
Et me pouvois ailleurs promettre une couronne. 770
Fasse le juste ciel que j'y puisse, ou mourir[1],
Ou ne la mériter que pour vous acquérir !
D. ELVIRE.
Ce sont vœux superflus de vouloir un miracle
Où votre gloire oppose un invincible obstacle;
Et la Reine pour moi vous saura bien payer 775
Du temps qu'un peu d'amour vous fit mal employer.
Ma couronne est douteuse, et la sienne affermie;
L'avantage du change en ôte l'infamie.
Allez; n'en perdez pas la digne occasion,
Poursuivez-la sans honte et sans confusion. 780

---

1. *Var.* Et plût au juste ciel que j'y pusse, ou mourir. (1650-56)

La légèreté même où tant d'honneur engage
Est moins légèreté que grandeur de courage ;
Mais gardez que Carlos ne me venge de vous.

D. ALVAR.

Ah ! laissez-moi, Madame, adorer ce courroux.
J'avois cru jusqu'ici mon combat magnanime ; 785
Mais je suis trop heureux s'il passe pour un crime,
Et si, quand de vos lois l'honneur me fait sortir,
Vous m'estimez assez pour vous en ressentir.
De ce crime vers vous quels que soient les supplices,
Du moins il m'a valu plus que tous mes services, 790
Puisqu'il me fait connoître, alors qu'il vous déplaît,
Que vous daignez en moi prendre quelque intérêt.

D. ELVIRE.

Le crime, don Alvar, dont je semble irritée,
C'est qu'on me persécute après m'avoir quittée ;
Et pour vous dire encor quelque chose de plus[1], 795
Je me fâche d'entendre accuser mes refus.
 Je suis reine sans sceptre, et n'en ai que le titre ;
Le pouvoir m'en est dû, le temps en est l'arbitre.
Si vous m'avez servie en généreux amant
Quand j'ai reçu du ciel le plus dur traitement, 800
J'ai tâché d'y répondre avec toute l'estime
Que pouvoit en attendre un cœur si magnanime.
Pouvois-je en cet exil davantage sur moi ?
Je ne veux point d'époux que je n'en fasse un roi ;
Et je n'ai pas une âme assez basse et commune 805
Pour en faire un appui de ma triste fortune.
C'est chez moi, don Alvar, dans la pompe et l'éclat,
Que me le doit choisir le bien de mon État.

---

1. Vers du *Cid* :
  Et pour t'en dire encor quelque chose de plus
     (Acte I, scène v, vers 280.)

Il falloit arracher mon sceptre à mon rebelle,
Le remettre en ma main pour le recevoir d'elle : 810
Je vous aurois peut-être alors considéré
Plus que ne m'a permis un sort si déploré ;
Mais une occasion plus prompte et plus brillante
A surpris cependant votre amour chancelante ;
Et soit que votre cœur s'y trouvât disposé, 815
Soit qu'un si long refus l'y laissât exposé,
Je ne vous blâme point de l'avoir acceptée :
De plus constants que vous l'auroient bien écoutée.
Quelle qu'en soit pourtant la cause ou la couleur[1],
Vous pouviez[2] l'embrasser avec moins de chaleur, 820
Combattre le dernier, et par quelque apparence,
Témoigner que l'honneur vous faisoit violence :
De cette illusion l'artifice secret
M'eût forcée à vous plaindre et vous perdre à regret ;
Mais courir au-devant, et vouloir bien qu'on voie 825
Que vos vœux mal reçus m'échappent avec joie !

D. ALVAR.

Vous auriez donc voulu que l'honneur d'un tel choix
Eût montré votre amant le plus lâche des trois ?
Que pour lui cette gloire eût eu trop peu d'amorces,
Jusqu'à ce qu'un rival eût épuisé ses forces ? 830
Que....

D. ELVIRE.

Vous achèverez au sortir du combat,
Si toutefois Carlos vous en laisse en état.
Voilà vos deux rivaux avec qui je vous laisse,
Et vous dirai demain pour qui je m'intéresse.

D. ALVAR.

Hélas ! pour le bien voir je n'ai que trop de jour. 835

1. *Var.* Quelle qu'en soit pourtant la cause et la couleur. (1650-56)
2. Les éditions de 1653 et de 1655 portent « vous pouvez, » pour « vous ouviez. »

SCÈNE II.

D. MANRIQUE, D. LOPE, D. ALVAR.

D. MANRIQUE.

Qui vous traite le mieux, la fortune ou l'amour ?
La Reine charme-t-elle auprès de donne[1] Elvire ?

D. ALVAR.

Si j'emporte la bague, il faudra vous le dire.

D. LOPE.

Carlos vous nuit partout, du moins à ce qu'on croit.

D. ALVAR.

Il fait plus d'un jaloux, du moins à ce qu'on voit.   840

D. LOPE.

Il devroit par pitié vous céder l'une ou l'autre[2].

D. ALVAR.

Plaignant mon intérêt, n'oubliez pas le vôtre.

D. MANRIQUE.

De vrai, la presse est grande à qui le fera roi.

D. ALVAR.

Je vous plains fort tous deux, s'il vient à bout de moi.

D. MANRIQUE.

Mais si vous le vainquez, serons-nous fort à plaindre ?

D. ALVAR.

Quand je l'aurai vaincu, vous aurez fort à craindre.

D. LOPE.

Oui, de vous voir longtemps hors de combat pour nous.

D. ALVAR.

Nous aurons essuyé les plus dangereux coups.

D. MANRIQUE.

L'heure nous tardera d'en voir l'expérience.

1. Voyez p. 411, note 1.
2. *Var.* Il devroit par pitié vous quitter l'une ou l'autre. (1650-60)

ACTE III, SCÈNE IV.

Que ce que je l'ai fait il est digne de l'être,
Que je puis suppléer l'obscurité du sang?

D. MANRIQUE.

Oui, bien pour l'élever jusques à notre rang.
Jamais un souverain ne doit compte à personne
Des dignités qu'il fait, et des grandeurs qu'il donne :
S'il est d'un sort indigne ou l'auteur ou l'appui,
Comme il le fait lui seul, la honte est toute à lui.
Mais disposer d'un sang que j'ai reçu sans tache !
Avant que le souiller il faut qu'on me l'arrache :
J'en dois compte aux aïeux dont il est hérité, 935
A toute leur famille, à la postérité.

D. ISABELLE.

Et moi, Manrique, et moi, qui n'en dois aucun conte[1],
J'en disposerai seule, et j'en aurai la honte.
Mais quelle extravagance a pu vous figurer 940
Que je me donne à vous pour vous déshonorer,
Que mon sceptre en vos mains porte quelque infamie ?
Si je suis jusque-là de moi-même ennemie,
En quelle qualité, de sujet, ou d'amant,
M'osez-vous expliquer ce noble sentiment ?
Ah ! si vous n'apprenez pas à parler d'autre sorte.... 945

D. LOPE.

Madame, pardonnez à l'ardeur qui l'emporte ;
Il devoit s'excuser avec plus de douceur.
  Nous avons, en effet, l'un et l'autre une sœur ;
Mais si j'ose en parler avec quelque franchise,
A d'autres qu'au marquis l'une et l'autre est promise.

D. ISABELLE.

A qui, don Lope ?

D. MANRIQUE.

A moi, Madame.

1. Voyez tome I, par 150, note 1.

D. ISABELLE.

      Et l'autre?

D. LOPE.

        A moi.

D. ISABELLE.

J'ai donc tort parmi vous de vouloir faire un roi.
Allez, heureux amants, allez voir vos maîtresses;
Et parmi les douceurs de vos dignes caresses,
N'oubliez pas de dire à ces jeunes esprits   955
Que vous faites du trône un généreux mépris.
Je vous l'ai déjà dit, je ne force personne,
Et rends grâce à l'État des amants qu'il me donne.

D. LOPE.

Écoutez-nous, de grâce.

D. ISABELLE.

     Et que me direz-vous?
Que la constance est belle au jugement de tous?   960
Qu'il n'est point de grandeurs qui la doivent séduire?
Quelques autres que vous m'en sauront mieux instruire;
Et si cette vertu ne se doit point forcer,
Peut-être qu'à mon tour je saurai l'exercer.

D. LOPE.

Exercez-la, Madame, et souffrez qu'on s'explique. 965
Vous connoîtrez du moins don Lope et don Manrique,
Qu'un vertueux amour qu'ils ont tous deux pour vous,
Ne pouvant rendre heureux sans en faire un jaloux,
Porte à tarir ainsi la source des querelles
Qu'entre les grands rivaux on voit si naturelles.   970
Ils se sont l'un et l'autre attachés par ces nœuds[1]
Qui n'auront leur effet que pour le malheureux :
Il me devra sa sœur, s'il faut qu'il vous obtienne ;
Et si je suis à vous, je lui devrai la mienne.

---

1. *Var.* Ils se sont l'un à l'autre attachés par ces nœuds. 1656-63

Celui qui doit vous perdre, ainsi, malgré son sort, 975
A s'approcher de vous fait encor son effort ;
Ainsi, pour consoler l'une ou l'autre infortune,
L'une et l'autre est promise, et nous n'en devons qu'une :
Nous ignorons laquelle et vous la choisirez,
Puisqu'enfin c'est la sœur du roi que vous ferez. 980
  Jugez donc si Carlos en peut être beau-frère,
Et si vous devez rompre un nœud si salutaire,
Hasarder un repos à votre État si doux,
Qu'affermit sous vos lois la concorde entre nous.

D. ISABELLE.

Et ne savez-vous point qu'étant ce que vous êtes, 985
Vos sœurs, par conséquent, mes premières sujettes,
Les donner sans mon ordre, et même malgré moi,
C'est dans mon propre État m'oser faire la loi ?

D. MANRIQUE.

Agissez donc enfin, Madame, en souveraine,
Et souffrez qu'on s'excuse, ou commandez en reine ; 990
Nous vous obéirons, mais sans y consentir ;
Et pour vous dire tout avant que de sortir,
Carlos est généreux, il connoît sa naissance ;
Qu'il se juge en secret sur cette connoissance ;
Et s'il trouve son sang digne d'un tel honneur, 995
Qu'il vienne, nous tiendrons l'alliance à bonheur ;
Qu'il choisisse des deux, et l'épouse, s'il l'ose.
  Nous n'avons plus, Madame, à vous dire autre chose :
Mettre en un tel hasard le choix de leur époux,
C'est jusqu'où nous pouvons nous abaisser pour vous ;
Mais, encore une fois, que Carlos y regarde,
Et pense à quels périls cet hymen le hasarde.

D. ISABELLE.

Vous-même gardez bien, pour le trop dédaigner,
Que je ne montre enfin comme je sais régner.

SCÈNE V.

D. ISABELLE.

Quel est ce mouvement qui tous deux les mutine, 1005
Lorsque l'obéissance au trône les destine?
Est-ce orgueil? est-ce envie? est-ce animosité,
Défiance, mépris, ou générosité?
N'est-ce point que le ciel ne consent qu'avec peine
Cette triste union d'un sujet à sa reine, 1010
Et jette un prompt obstacle aux plus aisés desseins
Qui laissent choir mon sceptre en leurs indignes mains?
Mes yeux n'ont-ils horreur d'une telle bassesse
Que pour s'abaisser trop lorsque je les abaisse?
Quel destin à ma gloire oppose mon ardeur? 1015
Quel destin à ma flamme oppose ma grandeur?
Si ce n'est que par là que je m'en puis défendre,
Ciel, laisse-moi donner ce que je n'ose prendre;
Et puisqu'enfin pour moi tu n'as point fait de rois,
Souffre de mes sujets le moins indigne choix. 1020

SCÈNE VI.

D. ISABELLE, BLANCHE.

D. ISABELLE.

Blanche, j'ai perdu temps.

BLANCHE.

                Je l'ai perdu de même.

D. ISABELLE.

Les comtes à ce prix fuyent le diadème.

BLANCHE.

Et Carlos ne veut point de fortune à ce prix.

ACTE III, SCÈNE VI.

D. ISABELLE.
Rend-il haine pour haine, et mépris pour mépris ?
BLANCHE.
Non, Madame; au contraire, il estime ces dames 1025
Dignes des plus grands cœurs et des plus belles flammes.
D. ISABELLE.
Et qui l'empêche donc d'aimer et de choisir ?
BLANCHE.
Quelque secret obstacle arrête son desir.
Tout le bien qu'il en dit ne passe point l'estime;
Charmantes qu'elles sont, les aimer c'est un crime. 1030
Il ne s'excuse point sur l'inégalité;
Il semble plutôt craindre une infidélité;
Et ses discours obscurs, sous un confus mélange,
M'ont fait voir malgré lui comme une horreur du change,
Comme une aversion qui n'a pour fondement[1] 1035
Que les secrets liens d'un autre attachement.
D. ISABELLE.
Il aimeroit ailleurs !
BLANCHE.
         Oui, si je ne m'abuse,
Il aime en lieu plus haut que n'est ce qu'il refuse;
Et si je ne craignois votre juste courroux,
J'oserois deviner, Madame, que c'est vous. 1040
D. ISABELLE.
Ah ! ce n'est pas pour moi qu'il est si téméraire;
Tantôt dans ses respects j'ai trop vu le contraire :
Si l'éclat de mon sceptre avoit pu le charmer,
Il ne m'auroit jamais défendu de l'aimer.
S'il aime en lieu si haut, il aime donne Elvire; 1045
Il doit l'accompagner jusque dans son empire,

---

1. *Var.* Comme une aversion qui pour tout fondement
N'a que les nœuds secrets d'un autre attachement. (1650-56)

Et fait à mes amants ces défis généreux,
Non pas pour m'acquérir, mais pour se venger d'eux.
　Je l'ai donc agrandi pour le voir disparoître,
Et qu'une reine, ingrate à l'égal de ce traître,　　1050
M'enlève, après vingt ans de refuge en ces lieux,
Ce qu'avoit mon État de plus doux à mes yeux !
Non, j'ai pris trop de soin de conserver sa vie.
Qu'il combatte, qu'il meure, et j'en serai ravie.
Je saurai par sa mort à quels vœux m'engager,　　1055
Et j'aimeroi des trois qui m'en saura venger¹.

BLANCHE.

Que vous peut offenser sa flamme ou sa retraite,
Puisque vous n'aspirez qu'à vous en voir défaite ?
Je ne sais pas s'il aime ou donne Elvire ou vous,
Mais je ne comprends point ce mouvement jaloux.　　1060

D. ISABELLE.

Tu ne le comprends point ! et c'est ce qui m'étonne :
Je veux donner son cœur, non que son cœur le donne ;
Je veux que son respect l'empêche de m'aimer,
Non des flammes qu'une autre a su mieux allumer² ;
Je veux bien plus : qu'il m'aime, et qu'un juste silence
Fasse à des feux pareils pareille violence ;
Que l'inégalité lui donne même ennui ;
Qu'il souffre autant pour moi que je souffre pour lui ;
Que par le seul dessein d'affermir sa fortune,
Et non point par amour, il se donne à quelqu'une ;　　1070
Que par mon ordre seul il s'y laisse obliger ;
Que ce soit m'obéir, et non me négliger ;
Et que voyant ma flamme à l'honorer trop prompte,
Il m'ôte de péril sans me faire de honte.

---

1. *Var.* Et j'aimerai des trois qui m'aura su venger. (1650-56
2. *Var.* Non des flammes qu'un autre a su mieux allumer. (1650-60)
— Voyez tome I, p. 228, note 3.

ACTE III, SCÈNE VI.

Car enfin il l'a vue, et la connoît trop bien ; 1075
Mais il aspire au trône, et ce n'est pas au mien ;
Il me préfère une autre, et cette préférence
Forme de son respect la trompeuse apparence :
Faux respect qui me brave, et veut régner sans moi !

BLANCHE.

Pour aimer donne Elvire, il n'est pas encor roi. 1080

D. ISABELLE.

Elle est reine, et peut tout sur l'esprit de sa mère[1].

BLANCHE.

Si ce n'est un faux bruit, le ciel lui rend un frère :
Don Sanche n'est point mort, et vient ici, dit-on,
Avec les députés qu'on attend d'Aragon :
C'est ce qu'en arrivant leurs gens ont fait entendre. 1085

D. ISABELLE.

Blanche, s'il est ainsi, que d'heur j'en dois attendre !
L'injustice du ciel, faute d'autres objets,
Me forçoit d'abaisser mes yeux sur mes sujets,
Ne voyant point de prince égal à ma naissance,
Qui ne fût sous l'hymen, ou More, ou dans l'enfance ;
Mais s'il lui rend un frère, il m'envoie un époux.
   Comtes, je n'ai plus d'yeux pour Carlos ni pour vous ;
Et devenant par là reine de ma rivale,
J'aurai droit d'empêcher qu'elle ne se ravale[2],
Et ne souffrirai pas qu'elle ait plus de bonheur[3] 1095
Que ne m'en ont permis ces tristes lois d'honneur.

BLANCHE.

La belle occasion que votre jalousie,
Douteuse encor qu'elle est, a promptement saisie !

---

1. *Var.* Elle est reine, et peut tout sur l'esprit d'une mère. (1650-60)
2. *Var.* Je l'empêcherai bien qu'elle ne se ravale ;
   Je l'empêcherai bien d'avoir plus de bonheur. (1650-60)
3. *Var.* Et l'empêcherai bien d'avoir plus de bonheur. (1663 et 64)

D. ISABELLE.

Allons l'examiner, Blanche, et tâchons de voir
Quelle juste espérance on peut en concevoir[1].   1100

1. *Var.* Quelle juste espérance il en faut concevoir. (1650-56)

FIN DU TROISIÈME ACTE.

ACTE IV.

SCÈNE PREMIÈRE.
D. LÉONOR, D. MANRIQUE, D. LOPE.

D. MANRIQUE.
Quoique l'espoir d'un trône et l'amour d'une reine
Soient des biens que jamais on ne céda sans peine,
Quoiqu'à l'un de nous deux elle ait promis sa foi,
Nous cessons de prétendre où nous voyons un roi.
Dans notre ambition nous savons nous connoître;   1105
Et bénissant le ciel qui nous donne un tel maître,
Ce prince qu'il vous rend après tant de travaux[1]
Trouve en nous des sujets et non pas des rivaux :
Heureux si l'Aragon, joint avec la Castille,
Du sang de deux grands rois ne fait qu'une famille!
   Nous vous en conjurons, loin d'en être jaloux,
Comme étant l'un et l'autre à l'État plus qu'à nous ;
Et tous impatients d'en voir la force unie
Des Mores, nos voisins, dompter la tyrannie,
Nous renonçons sans honte à ce choix glorieux,   1115
Qui d'une grande reine abaissoit trop les yeux.

D. LÉONOR.
La générosité de votre déférence,
Comtes, flatte trop tôt ma nouvelle espérance :
D'un avis si douteux j'attends fort peu de fruit;
Et ce grand bruit enfin peut-être n'est qu'un bruit.   1120

---

1. *Var.* Ce prince qu'il nous rend après tant de travaux. (1655)

ACTE IV, SCÈNE II.

D. LOPE.

Prince, ne cachez plus ce que le ciel découvre ;   1205
Ne fermez pas nos yeux quand sa main nous les ouvre.
Vous devez être las de nous faire faillir.
Nous ignorons quel fruit vous en vouliez cueillir,
Mais nous avions pour vous une estime assez haute
Pour n'être pas forcés à commettre une faute ;   1210
Et notre honneur, au vôtre en aveugle opposé,
Méritoit par pitié d'être désabusé.
Notre orgueil n'est pas tel qu'il s'attache aux personnes,
Ou qu'il ose oublier ce qu'il doit aux couronnes ;
Et s'il n'a pas eu d'yeux pour un roi déguisé,   1215
Si l'inconnu Carlos s'en est vu méprisé,
Nous respectons don Sanche, et l'acceptons pour maître,
Sitôt qu'à notre reine il se fera connoître ;
Et sans doute son cœur nous en avouera bien.
Hâtez cette union de votre sceptre au sien,   1220
Seigneur, et d'un soldat quittant la fausse image,
Recevez, comme roi, notre premier hommage.

CARLOS.

Comtes, ces faux respects dont je me vois surpris
Sont plus injurieux encor que vos mépris.
Je pense avoir rendu mon nom assez illustre   1225
Pour n'avoir pas besoin qu'on lui donne un faux lustre.
Reprenez vos honneurs où je n'ai point de part.
J'imputois ce faux bruit aux fureurs du hasard,
Et doutois qu'il pût être une âme assez hardie
Pour ériger Carlos en roi de comédie ;   1230
Mais puisque c'est un jeu de votre belle humeur,
Sachez que les vaillants honorent la valeur,
Et que tous vos pareils auroient quelque scrupule
A faire de la mienne un éclat ridicule.
Si c'est votre dessein d'en réjouir ces lieux,   1235
Quand vous m'aurez vaincu vous me raillerez mieux :

La raillerie est belle après une victoire ;
On la fait avec grâce aussi bien qu'avec gloire.
Mais vous précipitez un peu trop ce dessein :
La bague de la Reine est encore en ma main ; 1240
Et l'inconnu Carlos, sans nommer sa famille,
Vous sert encor d'obstacle au trône de Castille.
Ce bras, qui vous sauva de la captivité,
Peut s'opposer encore à votre avidité[1].

D. MANRIQUE.

Pour n'être que Carlos, vous parlez bien en maître,
Et tranchez bien du prince en déniant de l'être.
Si nous avons tantôt jusqu'au bout défendu
L'honneur qu'à notre rang nous voyions[2] être dû,
Nous saurons bien encor jusqu'au bout le défendre ;
Mais ce que nous devons, nous aimons à le rendre. 1250
   Que vous soyez don Sanche ou qu'un autre le soit,
L'un et l'autre de nous lui rendra ce qu'il doit.
Pour le nouveau marquis, quoique l'honneur l'irrite,
Qu'il sache qu'on l'honore autant qu'il le mérite ;
Mais que, pour nous combattre, il faut que le bon sang
Aide un peu sa valeur à soutenir ce rang.
Qu'il n'y prétende point, à moins qu'il se déclare ;
Non que nous demandions qu'il soit Guzman ou Lare :
Qu'il soit noble, il suffit pour nous traiter d'égal ;
Nous le verrons tous deux comme un digne rival ; 1260
Et si don Sanche enfin n'est qu'une attente vaine,
Nous lui disputerons cet anneau de la Reine.
Qu'il souffre cependant, quoique brave guerrier,
Que notre bras dédaigne un simple aventurier.
   Nous vous laissons, Madame, éclaircir ce mystère.
Le sang à des serets qu'entend mieux une mère ;

---

1. *Var.* Peut s'opposer encore à cette avidité. (1650-56)
2. L'édition de 1655 porte seule *voyons*, et non *voyions*.

Et dans les différends qu'avec lui nous avons,
Nous craignons d'oublier ce que nous vous devons.

SCÈNE III.
D. LÉONOR, CARLOS.

CARLOS.
Madame, vous voyez comme l'orgueil me traite :
Pour me faire un honneur, on veut que je l'achète ; 1270
Mais s'il faut qu'il m'en coûte un secret de vingt ans,
Cet anneau dans mes mains pourra briller longtemps.
D. LÉONOR.
Laissons là ce combat, et parlons de don Sanche.
Ce bruit est grand pour vous, toute la cour y penche :
De grâce, dites-moi, vous connoissez-vous bien ? 1275
CARLOS.
Plût à Dieu qu'en mon sort je ne connusse rien !
Si j'étois quelque enfant épargné des tempêtes,
Livré dans un désert à la merci des bêtes,
Exposé par la crainte ou par l'inimitié,
Rencontré par hasard et nourri par pitié, 1280
Mon orgueil à ce bruit prendroit quelque espérance
Sur votre incertitude et sur mon ignorance ;
Je me figurerois ces destins merveilleux,
Qui tiroient du néant les héros fabuleux,
Et me revêtirois des brillantes chimères 1285
Qu'osa former pour eux le loisir de nos pères ;
Car enfin je suis vain, et mon ambition
Ne peut s'examiner sans indignation ;
Je ne puis regarder sceptre ni diadème,
Qu'ils n'emportent mon âme au delà d'elle-même : 1290
Inutiles élans d'un vol impétueux
Que pousse vers le ciel un cœur présomptueux,

Que soutiennent en l'air quelques exploits de guerre,
Et qu'un coup d'œil sur moi rabat soudain à terre!
　Je ne suis point don Sanche, et connois mes parents;
Ce bruit me donne en vain un nom que je vous rends;
Gardez-le pour ce prince : une heure ou deux peut-être
Avec vos députés vous le feront connoître.
Laissez-moi cependant à cette obscurité
Qui ne fait que justice à ma témérité. 1300

D. LÉONOR.

En vain donc je me flatte, et ce que j'aime à croire
N'est qu'une illusion que me fait votre gloire?
Mon cœur vous en dédit : un secret mouvement,
Qui le penche vers vous, malgré moi vous dément;
Mais je ne puis juger quelle source l'anime, 1305
Si c'est l'ardeur du sang, ou l'effort de l'estime;
Si la nature agit, ou si c'est le desir;
Si c'est vous reconnoître, ou si c'est vous choisir.
Je veux bien toutefois étouffer ce murmure
Comme de vos vertus une aimable imposture, 1310
Condamner, pour vous plaire, un bruit qui m'est si doux;
Mais où sera mon fils s'il ne vit point en vous?
On veut qu'il soit ici; je n'en vois aucun signe :
On connoît, hormis vous, quiconque en seroit digne;
Et le vrai sang des rois, sous le sort abattu, 1315
Peut cacher sa naissance et non pas sa vertu :
Il porte sur le front un luisant caractère
Qui parle malgré lui de tout ce qu'il veut taire;
Et celui que le ciel sur le vôtre avoit mis
Pouvoit seul m'éblouir, si vous l'eussiez permis. 1320
　Vous ne l'êtes donc point, puisque vous me le dites;
Mais vous êtes à craindre avec tant de mérites.
Souffrez que j'en demeure à cette obscurité.
Je ne condamne point votre témérité;
Mon estime, au contraire, est pour vous si puissante,

Qu'il ne tiendra qu'à vous que mon cœur n'y consente :
Votre sang avec moi n'a qu'à se déclarer,
Et je vous donne après liberté d'espérer.
Que si même à ce prix vous cachez votre race,
Ne me refusez point du moins une autre grâce :   1330
Ne vous préparez plus à nous accompagner;
Nous n'avons plus besoin de secours pour régner.
La mort de don Garcie a puni tous ses crimes,
Et rendu l'Aragon à ses rois légitimes ;
N'en cherchez plus la gloire, et quels que soient vos vœux,
Ne me contraignez point à plus que je ne veux.
Le prix de la valeur doit avoir ses limites ;
Et je vous crains enfin avec tant de mérites.
C'est assez vous en dire. Adieu : pensez-y bien,
Et faites-vous connoître, ou n'aspirez à rien.   1340

SCENE IV.

CARLOS, BLANCHE.

BLANCHE.

Qui ne vous craindra point, si les reines vous craignent?

CARLOS.

Elles se font raison lorsqu'elles me dédaignent.

BLANCHE.

Dédaigner un héros qu'on reconnoît pour roi !

CARLOS.

N'aide point à l'envie à se jouer de moi,
Blanche, si tu te plais à seconder sa haine[1],   1345
Du moins respecte en moi l'ouvrage de ta reine[2].

---

1. *Var.* Blanche, ou si tu te plais à seconder sa haine. (1650 in-4° et in-8°)
2. *Var.* Du moins respecte en moi l'ouvrage de la Reine. (1650 in-12 et 53-56)

BLANCHE.

La Reine même en vous ne voit plus aujourd'hui
Qu'un prince que le ciel nous montre malgré lui;
Mais c'est trop la tenir dedans l'incertitude;
Ce silence vers elle est une ingratitude : 1350
Ce qu'a fait pour Carlos sa générosité
Méritoit de don Sanche une civilité.

CARLOS.

Ah! nom fatal pour moi, que tu me persécutes,
Et prépares mon âme à d'effroyables chutes!

SCÈNE V.

D. ISABELLE, CARLOS, BLANCHE.

CARLOS.

Madame, commandez qu'on me laisse en repos, 1355
Qu'on ne confonde plus don Sanche avec Carlos;
C'est faire au nom d'un prince[1] une trop longue injure :
Je ne veux que celui de votre créature;
Et si le sort jaloux, qui semble me flatter,
Veut m'élever plus haut pour m'en précipiter, 1360
Souffrez qu'en m'éloignant je dérobe ma tête
A l'indigne revers que sa fureur m'apprête.
Je le vois de trop loin pour l'attendre en ce lieu;
Souffrez que je l'évite en vous disant adieu;
Souffrez....

D. ISABELLE.

Quoi? ce grand cœur redoute une couronne!
Quand on le croit monarque, il frémit, il s'étonne!
Il veut fuir cette gloire, et se laisse alarmer
De ce que sa vertu force d'en présumer!

---

1. L'édition de 1692 a changé *d'un prince* en *du Prince*.

ACTE IV, SCÈNE V.

CARLOS.

Ah! vous ne voyez pas que cette erreur commune
N'est qu'une trahison de ma bonne fortune;
Que déjà mes secrets sont à demi trahis.
Je lui cachois en vain ma race et mon pays;
En vain sous un faux nom je me faisois connoître,
Pour lui faire oublier ce qu'elle m'a fait naître;
Elle a déjà trouvé mon pays et mon nom.
   Je suis Sanche, Madame, et né dans l'Aragon;
Et je crois déjà voir sa malice funeste
Détruire votre ouvrage en découvrant le reste,
Et faire voir ici, par un honteux effet,
Quel comte et quel marquis votre faveur a fait.

D. ISABELLE.

Pourrois-je alors manquer de force ou de courage
Pour empêcher le sort d'abattre mon ouvrage?
Ne me dérobez point ce qu'il ne peut ternir;
Et la main qui l'a fait saura le soutenir.
Mais vous vous en formez une vaine menace
Pour faire un beau prétexte à l'amour qui vous chasse.
Je ne demande plus d'où partoit ce dédain,
Quand j'ai voulu vous faire un hymen de ma main.
Allez dans l'Aragon suivre votre princesse,
Mais allez-y du moins sans feindre une foiblesse;
Et puisque ce grand cœur s'attache à ses appas,
Montrez, en la suivant, que vous ne fuyez pas.

CARLOS.

Ah! Madame, plutôt apprenez tous mes crimes;
Ma tête est à vos pieds, s'il vous faut des victimes.
   Tout chétif que je suis, je dois vous avouer
Qu'en me plaignant du sort j'ai de quoi m'en louer :
S'il m'a fait en naissant quelque désavantage,
Il m'a donné d'un roi le nom et le courage;
Et depuis que mon cœur est capable d'aimer,

A moins que d'une reine, il n'a pu s'enflammer : 1400
Voilà mon premier crime, et je ne puis vous dire
Qui m'a fait infidèle, ou vous, ou donne Elvire;
Mais je sais que ce cœur, des deux parts engagé,
Se donnant à vous deux, ne s'est point partagé,
Toujours prêt d'embrasser son service et le vôtre, 1405
Toujours prêt à mourir et pour l'une et pour l'autre.
Pour n'en adorer qu'une, il eût fallu choisir;
Et ce choix eût été du moins quelque desir,
Quelque espoir outrageux d'être mieux reçu d'elle,
Et j'ai cru moins de crime à paroître infidèle. 1410
Qui n'a rien à prétendre en peut bien aimer deux,
Et perdre en plus d'un lieu des soupirs et des vœux :
Voilà mon second crime; et quoique ma souffrance
Jamais à ce beau feu n'ait permis d'espérance,
Je ne puis sans mourir d'un désespoir jaloux, 1415
Voir dans les bras d'un autre, ou donne Elvire, ou vous.
Voyant que votre choix m'apprêtoit ce martyre,
Je voulois m'y soustraire en suivant donne Elvire,
Et languir auprès d'elle, attendant que le sort
Par un semblable hymen m'eût envoyé la mort. 1420
Depuis, l'occasion que vous-même avez faite,
M'a fait quitter le soin d'une telle retraite.
Ce trouble a quelque temps amusé ma douleur;
J'ai cru par ces combats reculer mon malheur.
Le coup de votre perte est devenu moins rude, 1425
Lorsque j'en ai vu l'heure en quelque incertitude,
Et que j'ai pu me faire une si douce loi
Que ma mort vous donnât un plus vaillant que moi.
Mais je n'ai plus, Madame, aucun combat à faire.
Je vois pour vous don Sanche un époux nécessaire; 1430
Car ce n'est point l'amour qui fait l'hymen des rois :
Les raisons de l'État règlent toujours leur choix;
Leur sévère grandeur jamais ne se ravale,

ACTE IV, SCÈNE V.

Ayant devant les yeux un prince qui l'égale ;
Et puisque le saint nœud qui le fait votre époux 1435
Arrête comme sœur donne Elvire avec vous,
Que je ne puis la voir sans voir ce qui me tue,
Permettez que j'évite une fatale vue,
Et que je porte ailleurs les criminels soupirs
D'un reste malheureux de tant de déplaisirs. 1440

D. ISABELLE.

Vous m'en dites assez pour mériter ma haine,
Si je laissois agir les sentiments de reine ;
Par un trouble secret je les sens confondus ;
Partez, je le consens, et ne les troublez plus.
Mais non : pour fuir don Sanche, attendez qu'on le voie ; 1445
Ce bruit peut être faux, et me rendre ma joie.
Que dis-je? Allez, marquis, j'y consens de nouveau ;
Mais avant de partir donnez-lui mon anneau ;
Si ce n'est toutefois une faveur trop grande
Que pour tant de faveurs une reine demande. 1450

CARLOS.

Vous voulez que je meure, et je dois obéir,
Dût cette obéissance à mon sort me trahir :
Je recevrai pour grâce un si juste supplice,
S'il en rompt la menace et prévient la malice,
Et souffre que Carlos en donnant cet anneau, 1455
Emporte ce faux nom et sa gloire au tombeau.
C'est l'unique bonheur où ce coupable aspire.

D. ISABELLE.

Que n'êtes-vous don Sanche! Ah ciel! qu'osé-je dire?
Adieu : ne croyez pas ce soupir indiscret.

CARLOS.

Il m'en a dit assez pour mourir sans regret. 1460

FIN DU QUATRIÈME ACTE.

ACTE V, SCÈNE II.

D. LÉONOR.
Et si ce bruit est faux? si vous demeurez reine?
D. ELVIRE.
Que vous puis-je répondre, en étant incertaine? 1530
D. LÉONOR.
En cette incertitude on peut faire espérer.
D. ELVIRE.
On peut attendre aussi pour en délibérer :
On agit autrement quand le pouvoir suprême....

SCÈNE III.
D. ISABELLE, D. LÉONOR, D. ELVIRE.

D. ISABELLE.
J'interromps vos secrets, mais j'y prends part moi-même ;
Et j'ai tant d'intérêt de connoître ce fils, 1535
Que j'ose demander ce qui s'en est appris.
D. LÉONOR.
Vous ne m'en voyez pas davantage éclaircie.
D. ISABELLE.
Mais de qui tenez-vous la mort de don Garcie,
Vu que depuis un mois qu'il vient des députés[1],
On parloit seulement de peuples révoltés? 1540
D. LÉONOR.
Je vous puis sur ce point aisément satisfaire :
Leurs gens m'en ont donné la raison assez claire.
  On assiégeoit encor, alors qu'ils sont partis,
Dedans leur dernier fort don Garcie et son fils.
On l'a pris tôt après ; et soudain par sa prise 1545
Don Raymond prisonnier recouvrant sa franchise,

1. *Var.* Vu que depuis un mois qu'il vint des députés. (1655)

Les voyant tous deux morts, publie à haute voix
Que nous avions un roi du vrai sang de nos rois,
Que don Sanche vivoit, et part en diligence
Pour rendre à l'Aragon le bien de sa présence. 1550
Il joint nos députés hier sur la fin du jour,
Et leur dit que ce prince étoit en votre cour.

C'est tout ce que j'ai pu tirer d'un domestique :
Outre qu'avec ces gens rarement on s'explique,
Comme ils entendent mal, leur rapport est confus; 1555
Mais bientôt don Raymond vous dira le surplus.
Que nous veut cependant Blanche toute étonnée ?

SCÈNE IV.

D. ISABELLE, D. LÉONOR, D. ELVIRE, BLANCHE.

BLANCHE.

Ah! Madame!

D. ISABELLE.

Qu'as-tu?

BLANCHE.

La funeste journée!
Votre Carlos....

D. ISABELLE.

Eh bien?

BLANCHE.

Son père est en ces lieux,
Et n'est....

D. ISABELLE.

Quoi?

BLANCHE.

Qu'un pêcheur.

ACTE V, SCÈNE IV.

D. ISABELLE.
Qui te l'a dit?

BLANCHE.
Mes yeux.

D. ISABELLE.
Tes yeux?

BLANCHE.
Mes propres yeux.

D. ISABELLE.
Que j'ai peine à les croire!

D. LÉONOR.
Voudriez-vous, Madame, en apprendre l'histoire?

D. ELVIRE.
Que le ciel est injuste!

D. ISABELLE.
Il l'est, et nous fait voir
Par cet injuste effet son absolu pouvoir,
Qui du sang le plus vil tire une âme si belle, 1565
Et forme une vertu qui n'a lustre que d'elle.
Parle, Blanche, et dis-nous comme il voit ce malheur.

BLANCHE.
Avec beaucoup de honte, et plus encor de cœur.
Du haut de l'escalier je le voyois descendre;
En vain de ce faux bruit il se vouloit défendre; 1570
Votre cour, obstinée à lui changer de nom,
Murmuroit tout autour : « Don Sanche d'Aragon! »
Quand un chétif vieillard le saisit et l'embrasse[1].

---

1. « Un jour que j'étois devant l'entrée du palais royal, au milieu d'une foule de courtisans qui suivoient ma faveur, un vieux paysan m'envisagea de loin, et fendant la presse, se vint jeter à mon col, les yeux baignés de larmes. On le voulut repousser; mais il s'attacha si fermement à moi, qu'à moins de le mettre en pièces, il n'étoit pas possible de l'en arracher. Bien que cette nouveauté me surprît, si est-ce que mon étonnement ne fut pas si grand que celui des autres. Je connus aussitôt d'où procédoit sa tendresse; je connus, dis-je, que c'étoit Hipparque, ce bon vieillard qui m'avoit nourri parmi ses autres en-

Lui qui le reconnoît frémit de sa disgrâce ;
Puis laissant la nature à ses pleins mouvements,   1575
Répond avec tendresse à ses embrassements.
Ses pleurs mêlent aux siens une fierté sincère ;   [père !
On n'entend que soupirs : « Ah ! mon fils ! — Ah ! mon
— Oh ! jour trois fois heureux ! moment trop attendu !
Tu m'as rendu la vie ! » et : « Vous m'avez perdu[1] ! »
　　Chose étrange ! à ces cris de douleur et de joie,
Un grand peuple accouru ne veut pas qu'on les croie[2] ;
Il s'aveugle soi-même ; et ce pauvre pêcheur,
En dépit de Carlos, passe pour imposteur.
Dans les bras de ce fils on lui fait mille hontes :   1585
C'est un fourbe, un méchant suborné par les comtes.
Eux-mêmes (admirez leur générosité)
S'efforcent d'affermir cette incrédulité ;
Non qu'ils prennent sur eux de si lâches pratiques ;
Mais ils en font auteur un de leurs domestiques,   1590
Qui pensant bien leur plaire, a si mal à propos
Instruit ce malheureux pour affronter Carlos.
Avec avidité cette histoire est reçue :
Chacun la tient trop vraie aussitôt qu'elle est sue ;

fants, et que j'estimois alors mon père : ainsi j'empêchai qu'on ne l'outrageât, et ce bon homme reprenant haleine : « O mon fils, s'écria-t-il, est-ce vous ? « est-il possible que je vous trouve environné de tant de pompe ? O mon fils, ne « me rebutez point, ne refusez pas de me reconnoître, souffrez que j'achève à « vos pieds le reste de mes jours : je suis votre père, le sang ne vous émeut-il « point ? Mon fils, souffrez que je vous embrasse. » J'interrompis à même temps ce bon vieillard, et contre l'opinion de tous les assistants, qui s'imaginoient que j'allois le désavouer et possible le maltraiter : « Oui, mon père, lui dis-je « en le baisant, je vous reconnois. » A peine eus-je proféré ces trois ou quatre mots, que ma confusion me ferma la bouche : je m'éloignai du palais, et ne pouvant pas me résoudre même à demeurer dans la ville, après que j'eus fait accroire au pauvre Hipparque, pour me défaire de lui, que j'irois le voir au premier jour dans sa maison, j'allai m'enfermer dans une chambre de mon logis avec mon frère. » (*Dom Pélage*, livre V, seconde partie, p. 210-212.)
— Voyez ci-dessus, p. 414, note 2.
　1. L'édition de 1655 porte seule : « Vous m'aviez perdu ! »
　2. *Var.* Un grand peuple amassé ne veut pas qu'on les croie. (1650-56)

Et pour plus de croyance à cette trahison, 1595
Les comtes font traîner ce bonhomme en prison.
Carlos rend témoignage en vain contre soi-même;
Les vérités qu'il dit cèdent au stratagème,
Et dans le déshonneur qui l'accable aujourd'hui,
Ses plus grands envieux l'en sauvent malgré lui. 1600
Il tempête, il menace, et bouillant de colère,
Il crie à pleine voix qu'on lui rende son père :
On tremble devant lui sans croire son courroux;
Et rien.... Mais le voici qui vient s'en plaindre à vous [1].

SCÈNE V.

D. ISABELLE, D. LÉONOR, D. ELVIRE, BLANCHE, CARLOS, D. MANRIQUE, D. LOPE.

CARLOS.

Eh bien! Madame, enfin on connoît ma naissance : 1605
Voilà le digne fruit de mon obéissance.
J'ai prévu ce malheur, et l'aurois évité,
Si vos commandements ne m'eussent arrêté.
Ils m'ont livré, Madame, à ce moment funeste;
Et l'on m'arrache encor le seul bien qui me reste! 1610
On me vole mon père! on le fait criminel!
On attache à son nom un opprobre éternel!
 Je suis fils d'un pêcheur, mais non pas d'un infâme :
La bassesse du sang ne va point jusqu'à l'âme;
Et je renonce aux noms de comte et de marquis 1615
Avec bien plus d'honneur qu'aux sentiments de fils :
Rien n'en peut effacer le sacré caractère.
De grâce, commandez qu'on me rende mon père.

1. *Var.* Et rien.... Mais le voici qui s'en vient plaindre à vous. (1650-56)

Ce doit leur être assez de savoir qui je suis,
Sans m'accabler encor par de nouveaux ennuis. 1620
D. MANRIQUE.
Forcez ce grand courage à conserver sa gloire,
Madame, et l'empêchez lui-même de se croire.
Nous n'avons pu souffrir qu'un bras qui tant de fois
A fait trembler le More et triompher nos rois[1],
Reçût de sa naissance une tache éternelle : 1625
Tant de valeur mérite une source plus belle.
Aidez ainsi que nous ce peuple à s'abuser ;
Il aime son erreur, daignez l'autoriser :
A tant de beaux exploits rendez cette justice,
Et de notre pitié soutenez l'artifice. 1630
CARLOS.
Je suis bien malheureux, si je vous fais pitié ;
Reprenez votre orgueil et votre inimitié.
Après que ma fortune a soûlé votre envie,
Vous plaignez aisément mon entrée à la vie ;
Et me croyant par elle à jamais abattu, 1635
Vous exercez sans peine une haute vertu.
Peut-être elle ne fait qu'une embûche à la mienne.
La gloire de mon nom vaut bien qu'on la retienne ;
Mais son plus bel éclat seroit trop acheté,
Si je le retenois par une lâcheté. 1640
Si ma naissance est basse, elle est du moins sans tache :
Puisque vous la savez[2], je veux bien qu'on la sache.

Sanche, fils d'un pêcheur, et non d'un imposteur,
De deux comtes jadis fut le libérateur ;
Sanche, fils d'un pêcheur, mettoit naguère en peine
Deux illustres rivaux sur le choix de leur reine ;
Sanche, fils d'un pêcheur, tient encore en sa main

---

1. *Var.* A fait trembler le More et ployer sous nos rois. (1650-56)
2. On lit dans l'édition de 1682 : « Puisque vous *le* savez. »

ACTE V, SCÈNE V.   487

De quoi faire bientôt tout l'heur d'un souverain ;
Sanche enfin, malgré lui, dedans cette province,
Quoique fils d'un pêcheur, a passé pour un prince.   1650
    Voilà ce qu'a pu faire et qu'a fait à vos yeux
Un cœur que ravaloit le nom de ses aïeux.
La gloire qui m'en reste après cette disgrâce
Éclate encore assez pour honorer ma race,
Et paroîtra plus grande à qui comprendra bien   1655
Qu'à l'exemple du ciel j'ai fait beaucoup de rien.

                    D. LOPE.

Cette noble fierté désavoue un tel père,
Et par un témoignage à soi-même contraire,
Obscurcit de nouveau ce qu'on voit éclairci.
Non, le fils d'un pêcheur ne parle point ainsi,   1660
Et son âme paroît si dignement formée,
Que j'en crois plus que lui l'erreur que j'ai semée.
Je le soutiens, Carlos, vous n'êtes point son fils :
La justice du ciel ne peut l'avoir permis ;
Les tendresses du sang vous font une imposture,   1665
Et je démens pour vous la voix de la nature.
    Ne vous repentez point de tant de dignités
Dont il vous plut orner ses rares qualités :
Jamais plus digne main ne fit plus digne ouvrage,
Madame ; il les relève avec ce grand courage ;   1670
Et vous ne leur pouviez trouver plus haut appui,
Puisque même le sort est au-dessous de lui.

                    D. ISABELLE.

La générosité qu'en tous les trois j'admire
Me met en un état de n'avoir que leur dire.
Et dans la nouveauté de ces événements,   1675
Par un illustre effort prévient mes sentiments.
    Ils paroîtront en vain, comtes, s'ils vous excitent
A lui rendre l'honneur que ses hauts faits méritent,
Et ne dédaigner pas l'illustre et rare objet

D'une haute valeur qui part d'un sang abjet[1] : 1680
Vous courez au-devant avec tant de franchise,
Qu'autant que du pêcheur je m'en trouve surprise.
  Et vous, que par mon ordre ici j'ai retenu,
Sanche, puisqu'à ce nom vous êtes reconnu,
Miraculeux héros dont la gloire refuse 1685
L'avantageuse erreur d'un peuple qui s'abuse,
Parmi les déplaisirs que vous en recevez,
Puis-je vous consoler d'un sort que vous bravez?
Puis-je vous demander ce que je vous vois faire?
Je vous tiens malheureux d'être né d'un tel père; 1690
Mais je vous tiens ensemble heureux au dernier point
D'être né d'un tel père, et de n'en rougir point,
Et de ce qu'un grand cœur, mis dans l'autre balance,
Emporte encor si haut une telle naissance.

SCÈNE VI.

D. ISABELLE, D. LÉONOR, D. ELVIRE, CARLOS, D. MANRIQUE, D. LOPE, D. ALVAR, BLANCHE.

D. ALVAR.

Princesses, admirez l'orgueil d'un prisonnier, 1695
Qu'en faveur de son fils on veut calomnier.
  Ce malheureux pêcheur, par promesse ni crainte,
Ne sauroit se résoudre à souffrir une feinte.
J'ai voulu lui parler, et n'en fais que sortir;
J'ai tâché, mais en vain, de lui faire sentir 1700
Combien mal à propos sa présence importune
D'un fils si généreux renverse la fortune,
Et qu'il le perd d'honneur, à moins que d'avouer

---

1. *Var.* D'une haute valeur qu'affronte un sang abjet. (1650-56)

ACTE V, SCÈNE VI.

Que c'est un lâche tour qu'on le force à jouer ;
J'ai même à ces raisons ajouté la menace :   1705
Rien ne peut l'ébranler, Sanche est toujours sa race,
Et quant à ce qu'il perd de fortune et d'honneur,
Il dit qu'il a de quoi le faire grand seigneur[1],
Et que plus de cent fois il a su de sa femme
(Voyez qu'il est crédule et simple au fond de l'âme)   1710
Que voyant ce présent, qu'en mes mains il a mis,
La reine d'Aragon agrandiroit son fils.

(A D. Léonor.)

Si vous le recevez avec autant de joie,
Madame, que par moi ce vieillard vous l'envoie,
Vous donnerez sans doute à cet illustre fils   1715
Un rang encor plus haut que celui de marquis.
Ce bonhomme en paroît l'âme toute comblée.

(D. Alvar présente à D. Léonor un petit écrin, qui s'ouvre sans clef, au moyen d'un ressort secret.)

D. ISABELLE.

Madame, à cet aspect vous paroissez troublée.

---

1. « Hipparque ne m'eut pas sitôt abandonné qu'il courut au logis de la princesse Benilde, qui depuis la mort de son mari se tenoit à Tolède avec Ormisinde sa fille, et demandant à parler au même Oronte, des mains duquel sa femme m'avoit reçu pour me nourrir : « Monsieur, lui dit-il, je suis le plus « heureux homme du monde ; enfin après beaucoup d'inutiles recherches le « ciel m'a fait retrouver le précieux trésor que vous aviez autrefois commis à « ma garde. — Que veux-tu dire ? interrompit Oronte sans le connoître. — « Ha, Monsieur, lui répondit ce bon vieillard, avez-vous perdu la mémoire « d'Hipparque ? » A ce nom Oronte, revenant à soi, considéra ce visage, et connut que c'étoit véritablement le nourricier du fils unique de la Princesse. Alors se jetant à son col : « Oui, lui dit-il, Hipparque, je me souviens qui « vous êtes, mais je n'ai pas bien conçu ce que vous venez de me dire. — Je « vous ai dit, ajouta le vieillard, qu'aujourd'hui j'ai retrouvé dans Tolède votre « enfant, que j'avois perdu depuis neuf ou dix années. — Est-il bien vrai ? » lui répondit Oronte. Et là-dessus, courant à la chambre de la Princesse : « Ma-« dame, lui dit-il tout hors de soi, je vous apporte la plus heureuse nouvelle « que vous pourriez souhaiter ; votre fils le jeune prince dom Pélage, la perte « duquel vous pleurez à toute heure, est aujourd'hui dans Tolède. » Là-dessus il fit entrer Hipparque, et ce bon vieillard, se jetant aux pied de Benilde, lui confirma naïvement la nouvelle d'Oronte. » (*Dom Pélage*, livre V, seconde partie, p. 214-216.) — Voyez ci-dessus, p. 414, note 2, et p. 483, note 1.

D. LÉONOR, après avoir lu.

Ah! mon fils, s'il en faut encore davantage,
Croyez-en vos vertus et votre grand courage.

CARLOS, à D. Léonor[1].

Ce seroit mal répondre à ce rare bonheur   1795
Que vouloir me défendre encor d'un tel honneur,

(à D. Isabelle.)

Je reprends toutefois Nugne pour mon vrai père,
Si vous ne m'ordonnez, Madame, que j'espère.

D. ISABELLE.

C'est trop peu d'espérer, quand tout vous est acquis.
Je vous avois fait tort en vous faisant marquis;   1800
Et vous n'aurez[2] pas lieu désormais de vous plaindre
De ce retardement où j'ai su vous contraindre.
Et pour moi, que le ciel destinoit pour un roi,
Digne de la Castille et digne encor de moi,
J'avois mis cette bague en des mains assez bonnes 1805
Pour la rendre à don Sanche, et joindre nos couronnes.

CARLOS.

Je ne m'étonne plus de l'orgueil de mes vœux,
Qui, sans le partager, donnoient mon cœur à deux :
Dans les obscurités d'une telle aventure,
L'amour se confondoit avecque la nature.   1810

D. ELVIRE.

Le nôtre y répondoit sans faire honte au rang,
Et le mien vous payoit ce que devoit le sang.

CARLOS, à D. Elvire.

Si vous m'aimez encore, et m'honorez en frère,
Un époux de ma main pourrait-il vous déplaire?

D. ELVIRE.

Si don Alvar de Lune est cet illustre époux,   1815
Il vaut bien à mes yeux tout ce qui n'est point vous.

1. *Var.* CARLOS, *reconnu pour D. Sanche, à D. Léonor.* (1650-60)
2. L'édition de 1656 porte *vous n'avez,* pour *vous n'aurez.*

CARLOS, à D. Elvire.
Il honoroit[1] en moi la vertu toute nue.
(A D. Manrique et à D. Lope.)
Et vous, qui dédaigniez ma naissance inconnue,
Comtes, et les premiers en cet événement
Jugiez en ma faveur si véritablement,   1820
Votre dédain fut juste autant que son estime :
C'est la même vertu sous une autre maxime.
D. RAYMOND, à D. Isabelle.
Souffrez qu'à l'Aragon il daigne se montrer.
Nos députés, Madame, impatients d'entrer....
D. ISABELLE.
Il vaut mieux leur donner audience publique,   1825
Afin qu'aux yeux de tous ce miracle s'explique.
 Allons ; et cependant qu'on mette en liberté
Celui par qui tant d'heur nous vient d'être apporté ;
Et qu'on l'amène ici, plus heureux qu'il ne pense,
Recevoir de ses soins la digne récompense.   1830

1. L'édition de 1692 a changé *honoroit* en *adoroit*.

FIN DU CINQUIÈME ET DERNIER ACTE.

NICOMÈDE

TRAGÉDIE

1651

NOTICE.

CETTE pièce est, comme le remarque Corneille dans l'avis *Au lecteur* et dans l'*Examen*[1], « la vingt et unième » qu'il ait fait voir sur le théâtre[2]; les frères Parfait la font figurer parmi les ouvrages représentés en 1652 : c'est une inadvertance qu'on ne s'explique guère, car l'Achevé d'imprimer de l'édition originale est du 29 novembre 1651.

Suivant Jolly, dont l'opinion paraît très-vraisemblable, cette tragédie fut jouée avant que les princes eussent été rendus à la liberté, c'est-à-dire antérieurement au 13 février. « Les Princes, dit-il, étant sortis de prison dans le temps qu'on représentoit *Nicomède*, quelques vers donnèrent matière à des applications qui augmentèrent le succès de cette tragédie[3]. »

D'après l'auteur du *Journal du Théâtre françois*[4], *Nicomède* fut joué par les comédiens du Roi, mais on ne trouve ni dans cet ouvrage, ni dans aucun de ceux que nous avons consultés, le moindre renseignement sur la manière dont les rôles furent distribués. Les troupes de province conservèrent cette pièce dans leur répertoire. C'est elle que Molière représenta dans une circonstance des plus importantes. « Le 24 octobre 1658, dit Lagrange, cette troupe (*celle de Molière*) commença de paroître devant Leurs Majestés et toute la cour, sur un théâtre

---

1. Voyez ci-après, p. 501 et 505.
2. L'édition Lefèvre la place au vingtième rang, avant *Don Sanche*, mais ce n'est là qu'une simple erreur matérielle, car sur les faux titres chaque pièce a bien la date qu'elle doit porter.
3. *Avertissement* du *Théâtre de Corneille*, 1738, p. III.
4. Tome II, fol. 991 verso.

que le Roi avoit fait dresser dans la salle des gardes du vieux Louvre. *Nicomède*, tragédie de M. de Corneille l'aîné, fut la pièce qu'elle choisit pour cet éclatant début. Ces nouveaux acteurs ne déplurent point, et on fut surtout fort satisfait de l'agrément et du jeu des femmes. Les fameux comédiens qui faisoient alors si bien valoir l'hôtel de Bourgogne étoient présents à cette représentation. La pièce étant achevée, M. de Molière vint sur le théâtre, et après avoir remercié Sa Majesté en des termes très modestes.... il lui dit que l'envie qu'ils avoient eue d'avoir l'honneur de divertir le plus grand roi du monde leur avoit fait oublier que Sa Majesté avoit à son service d'excellents originaux, dont ils n'étoient que de très-foibles copies; mais que puisqu'elle avoit bien voulu souffrir leurs manières de campagne, il la supplioit très-humblement d'avoir pour agréable qu'il lui donnât un de ces petits divertissements qui lui avoient acquis quelque réputation[1]. » La proposition fut acceptée. Molière joua avec grand succès le Docteur amoureux; et à partir de ce jour, sa troupe s'établit à Paris.

Une fois en possession de la faveur publique, sa modestie diminua; il témoigna beaucoup moins de respect aux « excellents originaux » que Sa Majesté avait à son service; et en 1663, dans l'*Impromptu de Versailles*, où il les attaqua si vivement, il critiqua en particulier d'une façon très fine le jeu de Montfleury dans le rôle de Prusias. Après avoir expliqué fort sommairement à ses camarades le plan de la comédie qu'il prétend avoir en tête : « Là-dessus, dit-il, le comédien auroit récité, par exemple, quelques vers du Roi, de *Nicomède* :

Te le dirai-je, Araspe? il m'a trop bien servi;
Augmentant mon pouvoir[2]....

le plus naturellement qu'il lui auroit été possible. Et le poëte : Comment ! vous appelez cela réciter ? C'est se railler : il faut dire les choses avec emphase. Écoutez-moi :

(Il contrefait Montfleury, comédien de l'hôtel de Bourgogne.)

Te le dirai-je, Araspe? etc.

---

1. *Les œuvres de Monsieur Moliere....* Paris, D. Thierry, M.DC.LXXXII, tome I, 4ᵉ feuillet recto.
2. Acte II, scène 1, vers 413 et 414.

Voyez-vous cette posture? Remarquez bien cela. Là, appuyez comme il faut le dernier vers. Voilà ce qui attire l'approbation et fait faire le brouhaha. — Mais, Monsieur, auroit répondu le comédien, il me semble'qu'un roi qui s'entretient tout seul avec son capitaine des gardes parle un peu plus humainement, et ne prend guère ce ton de démoniaque. — Vous ne savez ce que c'est. Allez-vous-en réciter comme vous faites, vous verrez si vous ferez faire aucun *Ah*[1]! »

On a remarqué que dans ces imitations d'acteurs Floridor est épargné. Cela s'explique facilement : ce comédien, qui comprenait admirablement ses rôles et les interprétait avec justesse, prêtait beaucoup moins à la critique que la plupart de ses camarades; de plus il était chef de la troupe de l'hôtel de Bourgogne, et Molière trouvait sans doute convenable de ménager un rival dont il honorait à coup sûr le caractère et le talent. Il est bien probable que Floridor jouait Nicomède; ce qui le fait croire, c'est que Baron, qui en 1673 lui succéda dans tout son emploi à l'hôtel de Bourgogne, remplit ce personnage avec le plus grand éclat.

« Il faut, dit Lekain[2], un grand art à l'acteur chargé de ce rôle pour ne pas y laisser apercevoir le ton de la comédie. Le grand Baron était le seul qui savait le sauver par des nuances imperceptibles, et c'est ce qui constitue le génie et le vrai talent. »

En 1691, la retraite de Baron jeta la comédie dans le plus grand embarras. Beaubourg, qui débuta le samedi 17 décembre 1691 dans ce rôle de Nicomède, où son illustre prédécesseur s'était montré inimitable, satisfit assez le public pour se faire agréer[3].

Nous ne mentionnerons qu'en passant le début de Dufey dans ce rôle, le 2 mai 1694, car cet acteur, en le jouant, ne faisait que remplir la formalité nécessaire pour être admis dans un emploi fort secondaire[4]; mais nous nous arrêterons un peu à la reprise de *Nicomède* par Grandval en 1754, que nous avons déjà eu l'occasion de mentionner dans notre précédente notice[5]. Elle produisit une impression vive et durable.

1. Scène 1. — 2. *Mémoires*, p. 125.
3. Lemazurier, tome I, p. 123. — 4. *Ibidem*, p. 250.
5. Voyez ci-dessus, p. 401.

«.Nous nous souvenons encore, lit-on dans les *Mémoires pour Marie-Françoise Dumesnil*[1], avec quelle noble ironie, avec quelle finesse de nuance, Grandval, qui jouait supérieurement le rôle de Nicomède, disait, en adressant la parole à Attale dans la scène II du Ier acte, le couplet qui commence par ce vers :

Seigneur, je crains pour vous qu'un Romain vous écoute. »

C'est probablement, malgré la différence des dates, de cette même reprise que Voltaire entend parler quand il dit : « Lorsqu'on rejoua, en 1756, *Nicomède*, oublié pendant plus de quatre-vingts ans, les comédiens du Roi ne l'annoncèrent que sous le titre de tragi-comédie[2]. »

« Il devait ajouter, dit Palissot, qu'elle reparut d'une manière si brillante que bientôt on ne lui donna plus sur les affiches que le titre de tragédie, titre que Corneille lui avait donné dans son origine. » Dans la note dont nous extrayons ce passage, Palissot prédit, quelques lignes plus haut, que cette pièce « se soutiendra avec éclat au théâtre, tant qu'il restera des acteurs qui réuniront, comme le célèbre Lekain, à une grande supériorité d'intelligence et de talent, assez de noblesse pour rendre dans toute sa dignité le beau personnage de Nicomède. »

Un autre grand comédien, Molé, joua ce rôle après Lekain, mais la nature de son talent ne lui permettait guère de le remplir avec succès. « Molé, dit Lemazurier[3], transportait dans le genre sérieux toutes les habitudes, toutes les manières qui lui réussissaient avec raison dans l'autre : elles y étaient complétement déplacées. Ce n'est pas en jouant Nicomède qu'il faut hésiter, bégayer ou parler avec volubilité, ce qui est un autre excès. »

Moins heureux que Lekain, lorsqu'il s'agissait de représenter les tragédies de Corneille, Molé du moins savait les apprécier avec un goût plus réel et surtout plus respectueux ; et il s'é-

1. Pages 144 et 147.
2. *Théâtre de P. Corneille avec des commentaires* (1764). *Préface de Nicomède*.
3. Tome I, p. 384 et 385.

tonnait à bon droit que cet acteur, si peu disposé à accepter les corrections faites par Marmontel au *Venceslas* de Rotrou, en proposât de si nombreuses pour le *Nicomède*[1] de Corneille.

Du reste, quelles qu'aient été la variété de leurs aptitudes et la divergence de leurs opinions, les grands comédiens qui ont abordé le rôle si difficile de Nicomède l'ont presque tous rempli, on le voit, de façon à laisser de vifs souvenirs ; le rôle secondaire de Laodice a trouvé aussi des interprètes éminentes, parmi lesquelles nous rencontrons Mlle Lecouvreur, Mlle Clairon et Mme Vestris[2].

L'édition originale de cet ouvrage, imprimée en vertu d'un privilége qui lui est commun avec *Andromède*[3], porte les mêmes adresses. En voici le titre : NICOMEDE, TRAGEDIE. *A Rouen, chez Laurens Maurry*.... M. DC. LI. *Et se vend à Paris, chez Charles de Sercy*.... L'Achevé d'imprimer est du 29 novembre. Le volume se compose de 4 feuillets et de 124 pages in-4°.

AU LECTEUR.

Voici une pièce d'une constitution assez extraordinaire ; aussi est-ce la vingt et unième que j'ai fait voir sur le théâtre ; et après y avoir fait réciter quarante mille vers, il est bien malaisé de trouver quelque chose de nouveau, sans s'écarter un peu du grand chemin, et se mettre au hasard de s'égarer. La tendresse et les passions, qui doivent être l'âme des tragédies, n'ont aucune part en celle-ci : la grandeur de courage y règne seule, et regarde son malheur d'un œil si dédaigneux qu'il n'en sauroit arracher une plainte. Elle y est com-

---

1. *Observations sur la tragédie de Nicomède* dans les *Mémoires de Henri-Louis Lekain*, p. 102-162.
2. Lemazurier, tome II, p. 257.
3. Voyez ci-dessus, p. 257.

AU LECTEUR. 505

mais il faut que l'événement justifie cette hardiesse ; et dans une liberté de cette nature on demeure coupable, à moins que d'être fort heureux.

EXAMEN.

Voici une pièce d'une constitution assez extraordinaire : aussi est-ce la vingt et unième que j'ai mise[1] sur le théâtre ; et après y avoir fait réciter quarante mille vers, il est bien malaisé de trouver quelque chose de nouveau, sans s'écarter un peu du grand chemin, et se mettre au hasard de s'égarer. La tendresse et les passions, qui doivent être l'âme des tragédies, n'ont aucune part en celle-ci : la grandeur de courage y règne seule, et regarde son malheur d'un œil si dédaigneux qu'il n'en sauroit arracher une plainte. Elle y est combattue par la politique, et n'oppose à ses artifices qu'une prudence généreuse, qui marche à visage découvert, qui prévoit le péril sans s'émouvoir, et qui ne veut point d'autre appui que celui de sa vertu et de l'amour qu'elle imprime dans les cœurs de tous les peuples.

L'histoire[2] qui m'a prêté de quoi la faire paroître en ce haut degré est tirée du trente-quatrième[3] livre de Justin.

cette sentence morale comme un précepte littéraire. Voyez tome I, p. 261, note 1.

1. Dans ce premier paragraphe, l'*Examen* ne diffère de l'avis *Au lecteur* que par la variante « j'ai mise, » pour « j'ai fait voir, » et l'addition de *qui*, au dernier membre de phrase.

2. Corneille a notablement modifié le commencement de cet alinéa, mais à partir des mots « donnât plus d'ombrage, » jusqu'à la fin du troisième paragraphe, il n'a plus rien changé.

3. On lit dans toutes les éditions, même dans celles de Th. Corneille et de Voltaire : « du 4. » ou « du quatrième. » C'est une er-

J'ai ôté de ma scène l'horreur de sa catastrophe, où le fils fait assassiner son père, qui lui en avoit voulu faire autant, et n'ai donné ni à Prusias ni à Nicomède aucun dessein de parricide. J'ai fait ce dernier amoureux de Laodice, reine d'Arménie, afin que l'union d'une couronne voisine à la sienne donnât plus d'ombrage aux Romains, et leur fît prendre plus de soin d'y mettre un obstacle de leur part. J'ai approché de cette histoire celle de la mort d'Annibal, qui arriva un peu auparavant chez ce même roi, et dont le nom n'est pas un petit ornement à mon ouvrage. J'en ai fait Nicomède disciple, pour lui prêter plus de valeur et plus de fierté contre les Romains; et prenant l'occasion de l'ambassade où Flaminius fut envoyé par eux vers ce roi, leur allié, pour demander qu'on remît entre leurs mains ce vieil ennemi de leur grandeur, je l'ai chargé d'une commission secrète de traverser ce mariage, qui leur devoit donner de la jalousie. J'ai fait que pour gagner l'esprit de la Reine, qui, suivant l'ordinaire des secondes femmes, avoit tout pouvoir sur celui de son vieux mari, il lui ramène un de ses fils, que mon auteur m'apprend avoir été nourris[1] à Rome. Cela fait deux effets; car d'un côté, il obtient la perte d'Annibal par le moyen de cette mère ambitieuse; et de l'autre, il oppose à Nicomède un rival appuyé de toute la faveur des Romains, jaloux de sa gloire et de sa grandeur naissante.

Les assassins qui découvrirent à ce prince les sanglants desseins de son père m'ont donné jour à d'autres artifices pour le faire tomber dans les embûches que sa belle-mère lui avoit préparées; et pour la fin, je l'ai réduite en

reur matérielle, qui ne doit être imputée qu'aux imprimeurs, car dans l'avis *Au lecteur* (p. 502), c'est bien le trente-quatrième livre qui est cité.

1. Thomas Corneille a mis, mais à tort, *nourri* dans l'édition de 1692. Voyez ci-dessus, p. 502, et la note 1.

sorte que tous mes personnages y agissent avec générosité, et que les uns rendant ce qu'ils doivent à la vertu, et les autres demeurant[1] dans la fermeté de leur devoir, laissent un exemple assez illustre, et une conclusion assez agréable.

La représentation n'en a point déplu, et ce ne sont pas les moindres vers qui soient partis de ma main. Mon principal but a été de peindre la politique des Romains au dehors, et comme ils agissoient impérieusement avec les rois leurs alliés ; leurs maximes pour les empêcher de s'accroître, et les soins qu'ils prenoient de traverser leur grandeur, quand elle commençoit à leur devenir suspecte à force de s'augmenter et de se rendre considérable par de nouvelles conquêtes. C'est le caractère que j'ai donné à leur république en la personne de son ambassadeur Flaminius, à qui j'oppose[2] un prince intrépide, qui voit sa perte assurée sans s'ébranler, et qui brave l'orgueilleuse masse de leur puissance, lors même qu'il en est accablé. Ce héros de ma façon sort un peu des règles de la tragédie, en ce qu'il ne cherche point à faire pitié par l'excès de ses infortunes ; mais le succès a montré que la fermeté des grands cœurs, qui n'excite que de l'admiration dans l'âme du spectateur, est quelquefois aussi agréable que la compassion que notre art nous ordonne d'y produire par la représentation de leurs malheurs. Il en fait naître toutefois quelqu'une, mais elle ne va pas jusques à tirer

---

1. Dans l'avis *Au lecteur* (1651-1656), il y a *rendants, demeurants*; dans l'*Examen* (1660-1692), *rendant, demeurant*, sans accord.

2. Corneille, qui a beaucoup abrégé la première phrase de ce paragraphe, a remplacé ici : « qui rencontre » par « à qui j'oppose ; » puis il a ajouté *qui* à la ligne suivante ; substitué, quatre lignes plus bas, *infortunes* à *malheurs* ; et entièrement changé la fin de la phrase. Pour toute la suite, il n'y a plus de rapport entre l'avis *Au lecteur* et l'*Examen*.

des larmes. Son effet se borne à mettre les auditeurs dans les intérêts de ce prince, et à leur faire former des souhaits pour ses prospérités.

Dans l'admiration qu'on a pour sa vertu, je trouve une manière de purger les passions dont n'a point parlé Aristote, et qui est peut-être plus sûre que celle qu'il prescrit à la tragédie par le moyen de la pitié et de la crainte. L'amour qu'elle nous donne pour cette vertu que nous admirons, nous imprime de la haine pour le vice contraire. La grandeur de courage de Nicomède nous laisse une aversion de la pusillanimité[1] ; et la généreuse reconnoissance d'Héraclius, qui expose sa vie pour Martian, à qui il est redevable de la sienne, nous jette dans l'horreur de l'ingratitude.

Je ne veux point dissimuler que cette pièce est une de celles pour qui j'ai le plus d'amitié. Aussi n'y remarquerai-je que ce défaut de la fin, qui va trop vite, comme je l'ai dit ailleurs[2], et où l'on peut même trouver quelque inégalité de mœurs en Prusias et Flaminius, qui après avoir pris la fuite sur la mer, s'avisent tout d'un coup de rappeler leur courage, et viennent se ranger auprès de la reine Arsinoé, pour mourir avec elle en la défendant. Flaminius y demeure en assez méchante posture, voyant réunir toute la famille royale, malgré les soins qu'il avoit pris de la diviser, et les instructions qu'il en avoit apportées de Rome. Il s'y voit enlever par Nicomède les affections de cette reine et du prince Attale, qu'il avoit choisis pour instrument à traverser sa grandeur, et semble n'être revenu que pour être témoin du triomphe qu'il remporte sur lui. D'abord j'avois fini la pièce sans les faire revenir, et m'étois contenté de faire témoigner par Nicomède à

1. Var. (édit. de 1663) ; une aversion contre la pusillanimité.
2. *Discours des trois unités*, tome I, p. 115.

EXAMEN.

sa belle-mère grand déplaisir de ce que la fuite du Roi ne lui permettoit pas de lui rendre ses obéissances. Cela ne démentoit point l'effet historique, puisqu'il laissoit sa mort en incertitude ; mais le goût des spectateurs, que nous avons accoutumés à voir rassembler tous nos personnages à la conclusion de cette sorte de poëmes, fut cause de ce changement, où je me résolus pour leur donner plus de satisfaction, bien qu'avec moins de régularité[1].

LISTE DES ÉDITIONS QUI ONT ÉTÉ COLLATIONNÉES POUR LES VARIANTES DE *NICOMÈDE*.

ÉDITIONS SÉPARÉES.

1651 in-4°;	1653 in-12, Courbé;
1652 in-12, de Sercy;	1653 in-12, de Luynes[2];
1652 in-12, de Luynes;	

RECUEILS.

1654 in-12;	1664 in-8°;
1656 in-12;	1668 in-12;
1660 in-8°;	1682 in-12.
1663 in-fol.;	

1. Var. (édit. de 1660 et de 1663) : plus de satisfaction et moins de régularité.
2. Nous distinguerons par les lettres A. et B. les deux éditions de 1652 ; nous n'avons pas trouvé de différences, dignes d'être relevées, entre les deux de 1653.

ACTEURS.

PRUSIAS, roi de Bithynie[1].
FLAMINIUS, ambassadeur de Rome[2].
ARSINOÉ, seconde femme de Prusias[3].
LAODICE, reine d'Arménie.
NICOMÈDE, fils aîné de Prusias, sorti du premier lit[4].
ATTALE, fils de Prusias et d'Arsinoé[5].
ARASPE, capitaine des gardes de Prusias.
CLÉONE, confidente d'Arsinoé.

La scène est à Nicomédie.

---

1. Prusias II, le chasseur, régna de 192 à 148 avant J. C.
2. Titus Quinctius Flaminius, ou mieux Flamininus, fut consul en 198 avant J. C. Son ambassade eut lieu en l'année 183; on en trouve le récit dans les chapitres xxxix et suivants de sa vie écrite par Plutarque. Voyez encore ci-après, p. 525, note 1.
3. Les historiens disent bien que Prusias eut deux femmes, mais ils ne les nomment pas.
4. Nicomède II, surnommé par dérision Philopator, fut roi de Bithynie de 148 à 90 avant J. C., après la mort de Prusias.
5. Justin parle en termes généraux des fils de la seconde femme de Prusias, élevés à Rome, mais l n'en nomme aucun. Voyez ci-dessus, p. 502, note 1.

NICOMÈDE.

TRAGÉDIE.

ACTE I.

SCÈNE PREMIÈRE[2].

NICOMÈDE, LAODICE.

LAODICE.
Après tant de hauts faits, il m'est bien doux, Seigneur[1],
De voir encor mes yeux régner sur votre cœur ;
De voir, sous les lauriers qui vous couvrent la tête,
Un si grand conquérant être encor ma conquête[2],
Et de toute la gloire acquise à ses travaux   5

> 1. *Var.* Seigneur, je vous l'avoue, il doit m'être bien doux
> De voir que, tout vainqueur, je règne encor sur vous (*a*) ;
> Que sous tant de lauriers qui vous couvrent la tête,
> Un si grand conquérant est encor ma conquête (*b*),
> Et que toute la gloire acquise à vos travaux
> Sert d'un illustre hommage à ce peu que je vaux (*c*). (1651-56)
> *Var.* Il doit m'être bien doux, je l'avouerai, Seigneur. (1660-63)
> 2. « Racine.... a imité ce vers dans *Andromaque* (acte V, scène II) :
> Mener en conquérant sa superbe conquête. »
> (*Voltaire.*)
> — Il y a dans le texte de Racine : sa *nouvelle* conquête.
> (*a*) Qu'après de tels exploits je règne encor sur vous. (1652 B.-56)
> De voir qu'étant vainqueur, je règne encor sur vous. (1652 A.)
> (*b*) Un si grand conquérant soit encor ma conquête. (1652-56)
> (*c*) Serve d'illustre hommage à ce peu que je vaux. (1652 B.-56)
> Est un illustre hommage à ce peu que je vaux. (1652 A.)

Faire un illustre hommage à ce peu que je vaux.
Quelques biens¹ toutefois que le ciel me renvoie,
Mon cœur épouvanté se refuse à la joie :
Je vous vois à regret, tant mon cœur amoureux²
Trouve la cour pour vous un séjour dangereux. 10
Votre marâtre y règne, et le Roi votre père
Ne voit que par ses yeux, seule la considère,
Pour souveraine loi n'a que sa volonté :
Jugez après cela de votre sûreté.
La haine que pour vous elle a si naturelle 15
A mon occasion encor se renouvelle.
Votre frère son fils, depuis peu de retour....

NICOMÈDE.

Je le sais, ma princesse, et qu'il vous fait la cour ;
Je sais que les Romains, qui l'avoient en otage,
L'ont enfin renvoyé pour un plus digne ouvrage ; 20
Que ce don à sa mère étoit le prix fatal
Dont leur Flaminius marchandoit Annibal ;
Que le Roi par son ordre eût livré ce grand homme,
S'il n'eût par le poison lui-même évité Rome,
Et rompu par sa mort les spectacles pompeux 25
Où l'effroi de son nom le destinoit chez eux.
Par mon dernier combat je voyois réunie
La Cappadoce entière³ avec la Bithynie,
Lorsqu'à cette nouvelle, enflammé de courroux
D'avoir perdu mon maître et de craindre pour vous, 30
J'ai laissé mon armée aux mains de Théagène,
Pour voler en ces lieux au secours de ma reine.
Vous en aviez besoin, Madame, et je le voi,

---

1. Dans l'édition de 1692 : « quelque bien. »
2. *Var.* Je vous vois à regret, tant ce cœur amoureux. (1651-56)
3. « Cette conquête éphémère de la Cappadoce fut faite, il est vrai, par Nicomède, lorsqu'il régnait après la mort de Prusias. (*Note de M. Naudet ;* voyez la fin de la note 2 de la p. 525.)

ACTE I, SCÈNE I.

Puisque Flaminius obsède encor le Roi.
Si de son arrivée Annibal fut la cause, 35
Lui mort, ce long séjour prétend quelque autre chose;
Et je ne vois que vous qui le puisse arrêter,
Pour aider à mon frère à vous persécuter.

LAODICE.

Je ne veux point douter que sa vertu romaine[1]
N'embrasse avec chaleur l'intérêt de la Reine : 40
Annibal, qu'elle vient de lui sacrifier,
L'engage en sa querelle et m'en fait défier.
Mais, Seigneur, jusqu'ici j'aurois tort de m'en plaindre;
Et quoi qu'il entreprenne, avez-vous lieu de craindre?
Ma gloire et mon amour peuvent bien peu sur moi, 45
S'il faut votre présence à soutenir ma foi,
Et si je puis tomber en cette frénésie
De préférer Attale au vainqueur de l'Asie :
Attale, qu'en otage ont nourri les Romains,
Ou plutôt qu'en esclave ont façonné leurs mains, 50
Sans lui rien mettre au cœur qu'une crainte servile
Qui tremble à voir un aigle, et respecte un édile!

NICOMÈDE.

Plutôt, plutôt la mort que mon esprit jaloux
Forme des sentiments si peu dignes de vous.
Je crains la violence, et non votre foiblesse[2]; 55
Et si Rome une fois contre nous s'intéresse....

LAODICE.

Je suis reine, Seigneur; et Rome a beau tonner,
Elle ni votre roi n'ont rien à m'ordonner :
Si de mes jeunes ans il est dépositaire,
C'est pour exécuter les ordres de mon père; 60
Il m'a donnée à vous, et nul autre que moi

1. *Var.* Je n'oserois douter que sa vertu romaine. (1651-60)
2. *Var.* Je crains leur violence, et non votre foiblesse (1651-56)

ATTALE.
Vous l'estimez trop peu pour le vouloir garder.
LAODICE.
Je vous estime trop pour vouloir rien farder. 130
Votre rang et le mien ne sauroient le permettre[1] :
Pour garder votre cœur je n'ai pas où le mettre ;
La place est occupée, et je vous l'ai tant dit,
Prince, que ce discours vous dût être interdit :
On le souffre d'abord, mais la suite importune. 135
ATTALE.
Que celui qui l'occupe a de bonne fortune !
Et que seroit heureux qui pourroit aujourd'hui
Disputer cette place et l'emporter sur lui !
NICOMÈDE.
La place à l'emporter coûteroit bien des têtes,
Seigneur : ce conquérant garde bien ses conquêtes, 140
Et l'on ignore encor parmi ses ennemis[2]
L'art de reprendre un fort qu'une fois il a pris.
ATTALE.
Celui-ci toutefois peut s'attaquer de sorte
Que, tout vaillant qu'il est, il faudra qu'il en sorte.
LAODICE.
Vous pourriez vous méprendre.
ATTALE.
Et si le roi le veut ? 145
LAODICE.
Le Roi, juste et prudent, ne veut que ce qu'il peut.
ATTALE.
Et que ne peut ici la grandeur souveraine ?
LAODICE.
Ne parlez pas si haut : s'il est roi, je suis reine ;

1. *Var.* Votre rang et le mien ne le sauroient permettre. (1651-56)
2. *Var.* Et l'on ne sait que c'est parmi ses ennemis
De regagner un fort qu'une fois il a pris. (1651-60)

Et vers moi tout l'effort de son autorité
N'agit que par prière et par civilité. 150

ATTALE.

Non; mais agir ainsi souvent c'est beaucoup dire
Aux reines comme vous qu'on voit dans son empire[1];
Et si ce n'est assez des prières d'un roi,
Rome qui m'a nourri vous parlera pour moi.

NICOMÈDE.

Rome! Seigneur.

ATTALE.

Oui, Rome; en êtes-vous en doute? 155

NICOMÈDE.

Seigneur, je crains pour vous qu'un Romain vous écoute;
Et si Rome savoit de quels feux vous brûlez,
Bien loi de vous prêter l'appui dont vous parlez,
Elle s'indigneroit de voir sa créature
A l'éclat de son nom faire une telle injure, 160
Et vous dégraderoit peut-être dès demain
Du titre glorieux de citoyen romain.
Vous l'a-t-elle donné pour mériter sa haine,
En le déshonorant par l'amour d'une reine,
Et ne savez-vous plus qu'il n'est princes ni rois 165
Qu'elle daigne égaler à ses moindres bourgeois?
Pour avoir tant vécu chez ces cœurs magnanimes,
Vous en avez bientôt oublié les maximes.
Reprenez un orgueil digne d'elle et de vous;
Remplissez mieux un nom sous qui nous tremblons tous,
Et sans plus l'abaisser à cette ignominie
D'idolâtrer en vain la reine d'Arménie,
Songez qu'il faut du moins, pour toucher votre cœur,
La fille d'un tribun ou celle d'un préteur;

---

1. *Var.* Aux reines comme vous qu'on voit sous son empire. (1651 et 52 B-56)
Var. Aux reines comme vous qui sont sous son empire. (1652 A.)

ACTE I, SCÈNE II.

Que Rome vous permet cette haute alliance[1], 175
Dont vous auroit exclu le défaut de naissance,
Si l'honneur souverain de son adoption
Ne vous autorisoit à tant d'ambition[2].
Forcez, rompez, brisez de si honteuses chaînes ;
Aux rois qu'elle méprise abandonnez les reines ; 180
Et concevez enfin des vœux plus élevés,
Pour mériter les biens qui vous sont réservés.

ATTALE.

Si cet homme est à vous, imposez-lui silence,
Madame, et retenez une telle insolence.
Pour voir jusqu'à quel point elle pourroit aller, 185
J'ai forcé ma colère à le laisser parler ;
Mais je crains qu'elle échappe, et que s'il continue,
Je ne m'obstine plus à tant de retenue.

NICOMÈDE.

Seigneur, si j'ai raison, qu'importe à qui je sois ?
Perd-elle de son prix pour emprunter ma voix ? 190
Vous-même, amour à part, je vous en fais arbitre.
    Ce grand nom de Romain est un précieux titre ;
Et la Reine et le Roi l'ont assez acheté[3]
Pour ne se plaire pas à le voir rejeté,
Puisqu'ils se sont privés, pour ce nom d'importance, 195
Des charmantes douceurs d'élever votre enfance.
Dès l'âge de quatre ans ils vous ont éloigné ;
Jugez si c'est pour voir ce titre dédaigné,
Pour vous voir renoncer, par l'hymen d'une reine,
A la part qu'ils avoient à la grandeur romaine. 200
D'un si rare trésor l'un et l'autre jaloux....

---

1. *Var.* Que c'est à ces partis que Rome vous destine,
   Mais dont vous exclurroit (*sic*) enfin votre origine. (1651-56)
   Var. Que Rome vous promet cette haute alliance. (1660 et 63)
2. *Var.* Ne vous autorisoit à cette ambition. (1651-56)
3. *Var.* Et la Reine et le Roi l'ont pour vous acheté
   Assez pour n'aimer pas à le voir rejeté. (1651-56)

ATTALE.

Madame, encore un coup, cet homme est-il à vous?
Et pour vous divertir est-il si nécessaire
Que vous ne lui puissiez ordonner de se taire[1]?

LAODICE.

Puisqu'il vous a déplu vous traitant de Romain,   205
Je veux bien vous traiter de fils de souverain.
  En cette qualité vous devez reconnoître
Qu'un prince votre aîné doit être votre maître,
Craindre de lui déplaire et savoir que le sang
Ne vous empêche pas de différer de rang,   210
Lui garder le respect qu'exige sa naissance,
Et loin de lui voler son bien en son absence....

ATTALE.

Si l'honneur d'être à vous est maintenant son bien,
Dites un mot, Madame, et ce sera le mien;
Et si l'âge à mon rang fait quelque préjudice,   215
Vous en corrigerez la fatale injustice.
Mais si je lui dois tant en fils de souverain,
Permettez qu'une fois je vous parle en Romain.
  Sachez qu'il n'en est point que le ciel n'ait fait naître
Pour commander aux rois, et pour vivre sans maître[2];
Sachez que mon amour est un noble projet[3]
Pour éviter l'affront de me voir son sujet;
Sachez....

LAODICE.

  Je m'en doutois, Seigneur, que ma couronne
Vous charmoit bien du moins autant que ma personne;

---

1. *Var.* Que sans vous offenser il ne se puisse taire? (1651-56)
2. « Ces deux vers sont de la tragédie de *Cinna*, dans le rôle d'Émilie, mais ils conviennent bien mieux à Émilie, Romaine, qu'à un prince arménien. » (*Voltaire.*)

  Sache qu'il n'en est point..., etc.
        (Acte III, scène IV, vers 1001 et 1002.)

3. *Var.* Sachez que mon amour n'est qu'un noble projet. (1651-56)

Mais telle que je suis, et ma couronne et moi, 225
Tout est à cet aîné qui sera votre roi ;
Et s'il étoit ici, peut-être en sa présence
Vous penseriez deux fois à lui faire une offense.

ATTALE.

Que ne puis-je l'y voir ! mon courage amoureux....

NICOMÈDE.

Faites quelques souhaits qui soient moins dangereux,
Seigneur : s'il les savoit, il pourroit bien lui-même
Venir d'un tel amour venger l'objet qu'il aime.

ATTALE.

Insolent ! est-ce enfin le respect qui m'est dû ?

NICOMÈDE.

Je ne sais de nous deux, Seigneur, qui l'a perdu.

ATTALE.

Peux-tu bien me connoître et tenir ce langage ? 235

NICOMÈDE.

Je sais à qui je parle, et c'est mon avantage
Que n'étant point connu, Prince, vous ne savez
Si je vous dois respect, ou si vous m'en devez.

ATTALE.

Ah ! Madame, souffrez que ma juste colère....

LAODICE.

Consultez-en, Seigneur, la Reine votre mère ; 240
Elle entre.

SCÈNE III.

NICOMÈDE, ARSINOÉ, LAODICE, ATTALE, CLÉONE.

NICOMÈDE.

Instruisez mieux le Prince votre fils,
Madame, et dites-lui, de grâce, qui je suis :
Faute de me connoître, il s'emporte, il s'égare ;

Et ce désordre est mal dans une âme si rare :
J'en ai pitié.
ARSINOÉ.
       Seigneur, vous êtes donc ici ?   245
NICOMÈDE.
Oui, Madame, j'y suis, et Métrobate aussi.
ARSINOÉ.
Métrobate ! ah ! le traître !
NICOMÈDE.
              Il n'a rien dit, Madame,
Qui vous doive jeter aucun trouble dans l'âme.
ARSINOÉ.
Mais qui cause, Seigneur, ce retour surprenant ?
Et votre armée ?
NICOMÈDE.
        Elle est sous un bon lieutenant ;   250
Et quant à mon retour, peu de chose le presse.
J'avois ici laissé mon maître et ma maîtresse :
Vous m'avez ôté l'un, vous, dis-je, ou les Romains ;
Et je viens sauver l'autre et d'eux et de vos mains.
ARSINOÉ.
C'est ce qui vous amène ?
NICOMÈDE.
            Oui, Madame ; et j'espère 255
Que vous m'y servirez auprès du Roi mon père.
ARSINOÉ.
Je vous y servirai comme vous l'espérez.
NICOMÈDE.
De votre bon vouloir nous sommes assurés.
ARSINOÉ.
Il ne tiendra qu'au Roi qu'aux effets je ne passe.
NICOMÈDE.
Vous voulez à tous deux nous faire cette grâce[1] ?   260

1. *Var.* Nous allons donc penser à vous en rendre grâce.
  ARS. Allez, et soyez sûr que je n'oublierai rien. (1651-56)

ARSINOÉ.
Tenez-vous assuré que je n'oublierai rien.
NICOMÈDE.
Je connois votre cœur, ne doutez pas du mien.
ATTALE.
Madame, c'est donc là le prince Nicomède?
NICOMÈDE.
Oui, c'est moi qui viens voir s'il faut que je vous cède.
ATTALE.
Ah! Seigneur, excusez si vous connoissant mal.... 265
NICOMÈDE.
Prince, faites-moi voir un plus digne rival.
Si vous aviez dessein d'attaquer cette place,
Ne vous départez point d'une si noble audace;
Mais comme à son secours je n'amène que moi,
Ne la menacez plus de Rome ni du Roi : 270
Je la défendrai seul, attaquez-la de même,
Avec tous les respects qu'on doit au diadème.
Je veux bien mettre à part, avec le nom d'aîné,
Le rang de votre maître où je suis destiné;
Et nous verrons ainsi qui fait mieux un brave homme,
Des leçons d'Annibal, ou de celles de Rome.
Adieu : pensez-y bien, je vous laisse y rêver.

SCÈNE IV.

ARSINOÉ, ATTALE, CLÉONE.

ARSINOÉ.
Quoi? tu faisois excuse à qui m'osoit braver!
ATTALE.
Que ne peut point, Madame, une telle surprise?
Ce prompt retour me perd, et rompt votre entreprise.

ARSINOÉ.

Tu l'entends mal, Attale : il la met dans ma main.
Va trouver de ma part l'ambassadeur romain ;
Dedans mon cabinet amène-le sans suite,
Et de ton heureux sort laisse-moi la conduite.

ATTALE.

Mais, Madame, s'il faut....

ARSINOÉ.

      Va, n'appréhende rien[1], 285
Et pour avancer tout, hâte cet entretien.

SCÈNE V.

ARSINOÉ, CLÉONE.

CLÉONE.

Vous lui cachez, Madame, un dessein qui le touche !

ARSINOÉ.

Je crains qu'en l'apprenant son cœur ne s'effarouche ;
Je crains qu'à la vertu par les Romains instruit
De ce que je prépare il ne m'ôte le fruit,   290
Et ne conçoive mal qu'il n'est fourbe ni crime[2]
Qu'un trône acquis par là ne rende légitime.

CLÉONE.

J'aurois cru les Romains un peu moins scrupuleux,
Et la mort d'Annibal m'eût fait mal juger d'eux.

ARSINOÉ.

Ne leur impute pas une telle injustice :   295
Un Romain seul l'a faite, et par mon artifice.
Rome l'eût laissé vivre, et sa légalité
N'eût point forcé les lois de l'hospitalité.

---

1. *Var.*   Point de mais, ni de si ;
 Va, tu ne sauras rien que tout n'ait réussi. (1651-56)
2. *Var.* Et ne connoisse mal qu'il n'est fourbe ni crime. (1656)

Savante à ses dépens de ce qu'il savoit faire,
Elle le souffroit mal auprès d'un adversaire ; 300
Mais quoique, par ce triste et prudent souvenir,
De chez Antiochus elle l'ait fait bannir,
Elle auroit vu couler sans crainte et sans envie
Chez un prince allié les restes de sa vie :
Le seul Flaminius[1], trop piqué de l'affront 305
Que son père défait lui laisse sur le front ;
Car je crois que tu sais que quand l'aigle romaine
Vit choir ses légions au bord de Trasimène,
Flaminius son père en étoit général,
Et qu'il y tomba mort de la main d'Annibal[2]. 310

1. « Corneille donne ici, contre la vérité historique, l'exemple d'une licence qui, à ce que nous croyons, ne doit jamais être imitée. Le Flaminius qu'il introduit dans sa pièce n'était point du tout, comme il le suppose, fils du général qui fut vaincu, et qui périt à la journée de Trasimène. Ces deux Flaminius n'avaient pas même une origine commune. Celui qui combattit contre Annibal se nommait Caïus Flaminius, et sa famille était plébéienne ; l'autre, patricien de naissance, se nommait T. Quintus Flaminius, et fut en effet député à la cour de Prusias, pour y demander, au nom des Romains, Annibal, qui s'était réfugié chez ce prince. Corneille, quoique très-instruit, fut trompé, selon toute apparence, par la conformité des noms ; et ce qui nous le persuade, c'est que, lorsqu'il se permet de donner volontairement quelque atteinte à la vérité de l'histoire, il ne le dissimule jamais dans l'examen de ses pièces, et qu'il y rend compte des motifs qui ont pu l'autoriser à se donner cette licence ; mais on ne trouve rien ni dans la préface, ni dans l'examen de *Nicomède*, qui prouve que Corneille ait cru prendre ici quelque liberté. » (*Palissot.*) — Les noms mêmes diffèrent : le vaincu de Trasimène se nomme C. Flaminius ; l'ambassadeur que Corneille met en scène, T. Quinctius Flaminus. Voyez ci-dessus, p. 510.

2. « Supposition gratuite du poëte. L'histoire ne dit point qu'Annibal ait tué de sa main le consul Flaminius. Mais on passe aisément sur l'invention parce que, sans cette circonstance particulière, la défaite et la mort de Flaminius suffiraient amplement à motiver le ressentiment d'un fils. Ce qui choque davantage, c'est la prétention d'Arsinoé d'être la cause première de la mort d'Annibal, c'est la fausse apologie de Rome, que dément toute l'histoire. Tite Live est plus sincère : *Semper talem exitum vitæ suæ Hannibal prospexerat animo, et Romanorum inexpiabile odium in se cernens.... « Liberemus, inquit, « dinturna cura populum romanum, quando mortem senis exspectare longum « censent, »* etc. (Lib. XXXIX, cap. LI.) Ne diroit-on pas qu'il a pris un remords à Corneille de maltraiter ses chers Romains dans cette pièce, et qu'il veut les relever un peu ? Arsinoé se donne trop d'importance et se fait plus criminelle

ACTE II.

SCÈNE PREMIÈRE.

PRUSIAS, ARASPE.

PRUSIAS.

Revenir sans mon ordre, et se montrer ici ! 365
ARASPE.
Sire[1], vous auriez tort d'en prendre aucun souci,
Et la haute vertu du prince Nicomède
Pour ce qu'on peut en craindre est un puissant remède[2] ;
Mais tout autre que lui devroit être suspect :
Un retour si soudain manque un peu de respect, 370
Et donne lieu d'entrer en quelque défiance
Des secrètes raisons de tant d'impatience.
PRUSIAS.
Je ne les vois que trop, et sa témérité
N'est qu'un pur attentat sur mon autorité :
Il n'en veut plus dépendre et croit que ses conquêtes 375
Au-dessus de son bras ne laissent point de têtes ;
Qu'il est lui seul sa règle, et que sans se trahir
Des héros tels que lui ne sauroient obéir[3].
ARASPE.
C'est d'ordinaire ainsi que ses pareils agissent :

---

1. L'édition de 1692 a changé *Sire* en *Seigneur*.
2. *Var.* De ce qu'on pourroit craindre est un puissant remède. (1651-56)
3. *Var.* [Des héros tels que lui ne sauroient obéir.]
   Par ce lâche devoir ses hauts faits se ternissent.
   ARASPE. [C'est d'ordinaire ainsi que ses pareils agissent :]
   Ces jeunes cœurs enflés du bruit de leurs combats. (1651-56)

A suivre leur devoir leurs hauts faits se ternissent ; 380
Et ces grands cœurs, enflés du bruit de leurs combats,
Souverains dans l'armée et parmi leurs soldats,
Font du commandement une douce habitude,
Pour qui l'obéissance est un métier bien rude.

PRUSIAS.

Dis tout, Araspe : dis que le nom de sujet 385
Réduit toute leur gloire en un rang trop abjet ;
Que bien que leur naissance au trône les destine,
Si son ordre est trop lent, leur grand cœur s'en mutine ;
Qu'un père garde trop un bien qui leur est dû,
Et qui perd de son prix étant trop attendu ; 390
Qu'on voit naître de là mille sourdes pratiques
Dans le gros de son peuple et dans ses domestiques ;
Et que si l'on ne va jusqu'à trancher le cours
De son règne ennuyeux et de ses tristes jours,
Du moins une insolente et fausse obéissance, 395
Lui laissant un vain titre, usurpe sa puissance.

ARASPE.

C'est ce que de tout autre il faudroit redouter,
Seigneur, et qu'en tout autre il faudroit arrêter[1] ;
Mais ce n'est pas pour vous un avis nécessaire :
Le Prince est vertueux, et vous êtes bon père. 400

PRUSIAS.

Si je n'étois bon père, il seroit criminel :
Il doit son innocence à l'amour paternel ;
C'est lui seul qui l'excuse et qui le justifie,
Ou lui seul qui me trompe et qui me sacrifie,
Car je dois craindre enfin que sa haute vertu 405
Contre l'ambition n'ait en vain combattu,
Qu'il ne force en son cœur la nature à se taire.
Qui se lasse d'un roi peut se lasser d'un père ;

1. *Var.* Sire, et ce qu'en tout autre il faudroit arrêter. (1651-60)

Mille exemples sanglants nous peuvent l'enseigner :
Il n'est rien qui ne cède à l'ardeur de régner ;   410
Et depuis qu'une fois elle nous inquiète,
La nature est aveugle, et la vertu muette.
    Te le dirai-je, Araspe ? il m'a trop bien servi ;
Augmentant mon pouvoir, il me l'a tout ravi :
Il n'est plus mon sujet qu'autant qu'il le veut être ; 415
Et qui me fait régner en effet est mon maître.
Pour paroître à mes yeux son mérite est trop grand :
On n'aime point à voir ceux à qui l'on doit tant.
Tout ce qu'il a fait parle au moment qu'il m'approche ;
Et sa seule présence est un secret reproche :   420
Elle me dit toujours qu'il m'a fait trois fois roi ;
Que je tiens plus de lui qu'il ne tiendra de moi ;
Et que si je lui laisse un jour une couronne,
Ma tête en porte trois que sa valeur me donne.
J'en rougis dans mon âme ; et ma confusion¹,   425
Qui renouvelle et croît à chaque occasion,
Sans cesse offre à mes yeux cette vue importune,
Que qui m'en donne trois peut bien m'en ôter une ;
Qu'il n'a qu'à l'entreprendre, et peut tout ce qu'il veut.
Juge, Araspe, où j'en suis s'il veut tout ce qu'il peut.

ARASPE.

Pour tout autre que lui je sais comme s'explique
La règle de la vraie et saine politique.
    Aussitôt qu'un sujet s'est rendu trop puissant,
Encor qu'il soit sans crime, il n'est pas innocent² :

---

1. *Var.* Si je ne le dois craindre, au moins j'en dois rougir ;
    Et la confusion dont je me sens couvrir
    Me ramène aussitôt cette vue importune. (1651-56)
2. « Araspe semble avoir dicté à Mathan sa maxime :
        Est-ce aux rois à garder cette lente justice ?
    . . . .
        Dès qu'on leur est suspect, on n'est plus innocent.
                        (*Athalie*, acte II, scène v.)
(*Note de M. Naudet.*)

On n'attend point alors qu'il s'ose tout permettre ; 435
C'est un crime d'État que d'en pouvoir commettre ;
Et qui sait bien régner l'empêche prudemment
De mériter un juste et plus grand châtim '
Et prévient, par un ordre à tous deux salutaire,
Ou les maux qu'il prépare, ou ceux qu'il pourroit faire.
Mais, Seigneur, pour le Prince, il a trop de vertu ;
Je vous l'ai déjà dit.

PRUSIAS.
Et m'en répondras tu ?
Me seras-tu garant de ce qu'il pourra faire
Pour venger Annibal, ou pour perdre son frère ?
Et le prends-tu pour homme à voir d'un œil égal 445
Et l'amour de son frère, et la mort d'Annibal ?
Non, ne nous flattons point, il court à sa vengeance ;
Il en a le prétexte, il en a la puissance ;
Il est l'astre naissant qu'adorent mes États ;
Il est le Dieu du peuple et celui des soldats. 450
Sûr de ceux-ci, sans doute il vient soulever l'autre,
Fondre avec son pouvoir sur le reste du nôtre ;
Mais ce peu qui m'en reste, encor que languissant,
N'est pas peut-être encor tout à fait impuissant.
Je veux bien toutefois agir avec adresse, 455
Joindre beaucoup d'honneur à bien peu de rudesse,
Le chasser avec gloire, et mêler doucement
Le prix de son mérite à mon ressentiment ;
Mais s'il ne m'obéit, ou s'il ose s'en plaindre,
Quoi qu'il ait fait pour moi, quoi que j'en voie à craindre[1],
Dussé-je voir par là tout l'État hasardé....

ARASPE.
Il vient.

1. *Var.* Quoi qu'il ait fait pour moi, quoi que j'en doive craindre. (1651-60)

SCÈNE II.

PRUSIAS, NICOMÈDE, ARASPE.

_{PRUSIAS.}
Vous voilà, Prince ! et qui vous a mandé ?
_{NICOMÈDE.}
La seule ambition de pouvoir en personne
Mettre à vos pieds, Seigneur, encore une couronne,
De jouir de l'honneur de vos embrassements, 465
Et d'être le témoin de vos contentements.
Après la Cappadoce heureusement unie[1]
Aux royaumes du Pont et de la Bithynie,
Je viens remercier et mon père et mon roi
D'avoir eu la bonté de s'y servir de moi, 470
D'avoir choisi mon bras pour une telle gloire,
Et fait tomber sur moi l'honneur de sa victoire[2].

_{PRUSIAS.}
Vous pouviez vous passer de mes embrassements,
Me faire par écrit de tels remercîments ;
Et vous ne deviez pas envelopper d'un crime 475
Ce que votre victoire ajoute à votre estime.
Abandonner mon camp en est un capital,
Inexcusable en tous, et plus au général ;
Et tout autre que vous, malgré cette conquête,
Revenant sans mon ordre, eût payé de sa tête. 480

---

1. *Var.* La Cappadoce est vôtre et le trône d'Arsace ;
   Vos ordres par ma main vous ont mis en sa place,
   Et je viens rendre grâce à mon père et mon roi. (1651-56)
2. « Voltaire ne devrait-il pas à une réminiscence ces vers de *Sémiramis*, (acte I, scène I) :

   Elle laissa tomber de son char de victoire
   Sur mon front jeune encore un rayon de sa gloire ? »
   (*Note de M. Naudet.*)

NICOMÈDE.

Jai failli, je l'avoue, et mon cœur imprudent
A trop cru les transports d'un desir trop ardent :
L'amour que j'ai pour vous a commis cette offense,
Lui seul à mon devoir fait cette violence.
Si le bien de vous voir m'étoit moins précieux,   485
Je serois innocent, mais si loin de vos yeux,
Que j'aime mieux, Seigneur, en perdre un peu d'estime
Et qu'un bonheur si grand me coûte un petit crime,
Qui ne craindra jamais la plus sévère loi[1],
Si l'amour juge en vous ce qu'il a fait en moi.   490

PRUSIAS.

La plus mauvaise excuse est assez pour un père,
Et sous le nom d'un fils toute faute est légère :
Je ne veux voir en vous que mon unique appui.
  Recevez tout l'honneur qu'on vous doit aujourd'hui :
L'ambassadeur romain me demande audience ;   495
Il verra ce qu'en vous je prends de confiance ;
Vous l'écouterez, Prince, et répondrez pour moi.
Vous êtes aussi bien le véritable roi ;
Je n'en suis plus que l'ombre, et l'âge ne m'en laisse
Qu'un vain titre d'honneur qu'on rend à ma vieillesse ;
Je n'ai plus que deux jours peut-être à le garder :
L'intérêt de l'État vous doit seul regarder.
Prenez-en aujourd'hui la marque la plus haute ;
Mais gardez-vous aussi d'oublier votre faute ;
Et comme elle fait brèche au pouvoir souverain,   505
Pour la bien réparer, retournez dès demain.
Remettez en éclat la puissance absolue :
Attendez-la de moi comme je l'ai reçue,
Inviolable, entière ; et n'autorisez pas
De plus méchants que vous à la mettre plus bas.   510

---

1. *Var.* Qui ne craindra jamais une si dure loi. (1651-56)

Le peuple qui vous voit, la cour qui vous contemple,
Vous désobéiroient sur votre propre exemple :
Donnez-leur-en un autre, et montrez à leurs yeux
Que nos premiers sujets obéissent le mieux.

NICOMÈDE.

J'obéirai, Seigneur, et plus tôt qu'on ne pense ; 515
Mais je demande un prix de mon obéissance.
La reine d'Arménie est due à ses États,
Et j'en vois les chemins ouverts par nos combats[1].
Il est temps qu'en son ciel cet astre aille reluire :
De grâce, accordez-moi l'honneur de l'y conduire. 520

PRUSIAS.

Il n'appartient qu'à vous, et cet illustre emploi
Demande un roi lui-même, ou l'héritier d'un roi ;
Mais pour la renvoyer jusqu'en son Arménie,
Vous savez qu'il y faut quelque cérémonie :
Tandis que je ferai préparer son départ, 525
Vous irez dans mon camp l'attendre de ma part.

NICOMÈDE.

Elle est prête à partir sans plus grand équipage.

PRUSIAS.

Je n'ai garde à son rang de faire un tel outrage[2].
Mais l'ambassadeur entre, il le faut écouter ;
Puis nous verrons quel ordre on y doit apporter. 530

1. *Var.* Et les chemins ouverts par nos derniers combats
Font qu'après ce bonheur tout son peuple soupire. (1651-56)
2. *Var.* Je n'ai garde à son rang de faire cet outrage (1651 et 52 A.)

SCÈNE III.

PRUSIAS, NICOMÈDE, FLAMINIUS, ARASPE.

FLAMINIUS.

Sur le point de partir, Rome, Seigneur, me mande
Que je vous fasse encor pour elle une demande.
 Elle a nourri vingt ans un prince votre fils;
Et vous pouvez juger les soins qu'elle en a pris
Par les hautes vertus et les illustres marques   535
Qui font briller en lui le sang de vos monarques.
Surtout il est instruit en l'art de bien régner :
C'est à vous de le croire, et de le témoigner.
Si vous faites état de cette nourriture,
Donnez ordre qu'il règne : elle vous en conjure;   540
Et vous offenseriez l'estime qu'elle en fait
Si vous le laissiez vivre et mourir en sujet.
Faites donc aujourd'hui que je lui puisse dire
Où vous lui destinez un souverain empire.

PRUSIAS.

Les soins qu'ont pris de lui le peuple et le sénat   545
Ne trouveront en moi jamais un père ingrat :
Je crois que pour régner il en a les mérites,
Et n'en veux point douter après ce que vous dites[1];
Mais vous voyez, Seigneur, le Prince son aîné,
Dont le bras généreux trois fois m'a couronné;   550
Il ne fait que sortir encor d'une victoire;
Et pour tant de hauts faits je lui dois quelque gloire :
Souffrez qu'il ait l'honneur de répondre pour moi.

NICOMÈDE.

Seigneur, c'est à vous seul de faire Attale roi.

---

1. *Var.* Et n'en veux point douter, puisque vous me le dites. (1651-56

ACTE II, SCÈNE III.

PRUSIAS.

C'est votre intérêt seul que sa demande touche[1]. 555

NICOMÈDE.

Le vôtre toutefois m'ouvrira seul la bouche.
De quoi se mêle Rome, et d'où prend le sénat,
Vous vivant, vous régnant, ce droit sur votre État?
Vivez, régnez, Seigneur, jusqu'à la sépulture,
Et laissez faire après, ou Rome, ou la nature. 560

PRUSIAS.

Pour de pareils amis il faut se faire effort.

NICOMÈDE.

Qui partage vos biens aspire à votre mort[2];
Et de pareils amis, en bonne politique....

PRUSIAS.

Ah! ne me brouillez point avec la République :
Portez plus de respect à de tels alliés. 565

NICOMÈDE.

Je ne puis voir sous eux les rois humiliés;
Et quel que soit ce fils que Rome vous renvoie,
Seigneur, je lui rendrois son présent avec joie.
S'il est si bien instruit en l'art de commander,
C'est un rare trésor qu'elle devroit garder, 570
Et conserver chez soi sa chère nourriture,
Ou pour le consulat, ou pour la dictature.

FLAMINIUS[3].

Seigneur, dans ce discours qui nous traite si mal,
Vous voyez un effet des leçons d'Annibal;
Ce perfide ennemi de la grandeur romaine 575
N'en a mis en son cœur que mépris et que haine.

NICOMÈDE.

Non, mais il m'a surtout laissé ferme en ce point,

---

1. *Var.* C'est votre intérêt seul que cette affaire touche.
  NICOM. Et pour le vôtre seul je veux ouvrir la bouche. (1651-56)
2. *Var.* Qui vous partage en vie aspire à votre mort. (1651-56
3. L'édition de 1692 ajoute ici : *à Prusias.*

N'est pas grande vertu si l'on ne les imite);
Si j'avois donc vécu dans ce même repos 645
Qu'il a vécu dans Rome auprès de ses héros,
Elle me laisseroit la Bithynie entière,
Telle que de tout temps l'aîné la tient d'un père,
Et s'empresseroit moins à le¹ faire régner,
Si vos armes sous moi n'avoient su rien gagner. 650
Mais parce qu'elle voit avec la Bithynie
Par trois sceptres conquis trop de puissance unie,
Il faut la diviser; et dans ce beau projet²,
Ce prince est trop bien né pour vivre mon sujet!
Puisqu'il peut la servir à me faire descendre, 655
Il a plus de vertu que n'en eut Alexandre;
Et je lui dois quitter, pour le mettre en mon rang,
Le bien de mes aïeux, ou le prix de mon sang.
Grâces aux immortels, l'effort de mon courage
Et ma grandeur future ont mis Rome en ombrage : 660
Vous pouvez l'en guérir, Seigneur, et promptement;
Mais n'exigez d'un fils aucun consentement :
Le maître qui prit soin d'instruire ma jeunesse
Ne m'a jamais appris à faire une bassesse.

FLAMINIUS.

A ce que je puis voir, vous avez combattu, 665
Prince, par intérêt, plutôt que par vertu.
Les plus rares exploits que vous ayez pu faire
N'ont jeté qu'un dépôt sur la tête d'un père :
Il n'est que gardien de leur illustre prix³,
Et ce n'est que pour vous que vous avez conquis, 670
Puisque cette grandeur à son trône attachée
Sur nul autre que vous ne peut être épanchée.

1. *Var.* Les éditions de 1663-82 donnent, par erreur évidemment, *la*, au lieu de *le*.
2. *Var.* Il la faut diviser; et dans ce beau projet. (1651-56)
3. *Var.* Vous n'avez fait le Roi que garde de leur prix. (1651-64)

Certes, je vous croyois un peu plus généreux :
Quand les Romains le sont, ils ne font rien pour eux.
Scipion, dont tantôt vous vantiez le courage, 675
Ne vouloit point régner sur les murs de Carthage;
Et de tout ce qu'il fit pour l'empire romain
Il n'en eut que la gloire et le nom d'Africain.
Mais on ne voit qu'à Rome une vertu si pure :
Le reste de la terre est d'une autre nature. 680
 Quant aux raisons d'État qui vous font concevoir
Que nous craignons en vous l'union du pouvoir,
Si vous en consultiez des têtes bien sensées,
Elles vous déferoient de ces belles pensées :
Par respect pour le Roi je ne dis rien de plus[1]. 685
Prenez quelque loisir de rêver là-dessus ;
Laissez moins de fumée à vos feux militaires,
Et vous pourrez avoir des visions plus claires.

    NICOMÈDE.

Le temps pourra donner quelque décision
Si la pensée est belle, ou si c'est vision. 690
Cependant....

    FLAMINIUS.

     Cependant, si vous trouvez des charmes
A pousser plus avant la gloire de vos armes,
Nous ne la bornons point ; mais comme il est permis
Contre qui que ce soit de servir ses amis,
Si vous ne le savez, je veux bien vous l'apprendre, 695
Et vous en donne avis pour ne vous pas surprendre[2].
 Au reste, soyez sûr que vous posséderez
Tout ce qu'en votre cœur déjà vous dévorez :
Le Pont sera pour vous avec la Galatie,
Avec la Cappadoce, avec la Bithynie. 700

---

1. *Var.* Pour le respect du Roi je ne dis rien de plus. (1651-64)
2. *Var.* Et vous en donne avis de peur de vous surprendre. (1651 et 52 A.)

ACTE II, SCÈNE III.

Ce bien de vos aïeux, ces prix de votre sang,
Ne mettront point Attale en votre illustre rang;
Et puisque leur partage est pour vous un supplice,
Rome n'a pas dessein de vous faire injustice.
Ce prince régnera sans rien prendre sur vous. 705
(A Prusias.)
La reine d'Arménie a besoin d'un époux,
Seigneur; l'occasion ne peut être plus belle :
Elle vit sous vos lois, et vous disposez d'elle.
NICOMÈDE.
Voilà le vrai secret de faire Attale roi,
Comme vous l'avez dit, sans rien prendre sur moi. 710
La pièce est délicate, et ceux qui l'ont tissue
A de si longs détours font une digne issue.
Je n'y réponds qu'un mot, étant sans intérêt.
Traitez cette princesse en reine comme elle est :
Ne touchez point en elle aux droits du diadème[1], 715
Ou pour les maintenir je périrai moi-même.
Je vous en donne avis, et que jamais les rois,
Pour vivre en nos États, ne vivent sous nos lois;
Qu'elle seule en ces lieux d'elle-même dispose.
PRUSIAS.
N'avez-vous, Nicomède, à lui dire autre chose? 720
NICOMÈDE.
Non, Seigneur, si ce n'est que la Reine, après tout,
Sachant ce que je puis, me pousse trop à bout.
PRUSIAS.
Contre elle, dans ma cour, que peut votre insolence?
NICOMÈDE.
Rien du tout, que garder ou rompre le silence.
Une seconde fois avisez, s'il vous plaît, 725
A traiter Laodice en reine comme elle est :
C'est moi qui vous en prie.

1. *Var.* Ne touchez point en elle aux droits de diadème. (1651-60)

SCÈNE IV.

PRUSIAS, FLAMINIUS, ARASPE.

FLAMINIUS.
Eh quoi! toujours obstacle?
PRUSIAS.
De la part d'un amant ce n'est pas grand miracle.
Cet orgueilleux esprit, enflé de ses succès[1],
Pense bien de son cœur nous empêcher l'accès ; 730
Mais il faut que chacun suive sa destinée.
L'amour entre les rois ne fait pas l'hyménée,
Et les raisons d'État, plus fortes que ses nœuds,
Trouvent bien les moyens d'en éteindre les feux.
FLAMINIUS.
Comme elle a de l'amour, elle aura du caprice. 735
PRUSIAS.
Non, non : je vous réponds, Seigneur, de Laodice ;
Mais enfin elle est reine, et cette qualité
Semble exiger de nous quelque civilité[2].
J'ai sur elle après tout une puissance entière ;
Mais j'aime à la cacher sous le nom de prière. 740
Rendons-lui donc visite, et comme ambassadeur,
Proposez cet hymen vous-même à sa grandeur.
Je seconderai Rome, et veux vous introduire.
Puisqu'elle est en nos mains, l'amour ne vous peut nuire[3].
Allons de sa réponse à votre compliment 745
Prendre l'occasion de parler hautement.

1. *Var.* Cet esprit arrogant, et fier de ses succès. (1651-56)
2. *Var.* Semble exiger de nous quelque formalité.
   Quoique j'aye sur elle une puissance entière,
   J'en cache les effets sous le nom de prière. (1651-56)
3. *Var.* Puisqu'elle est en nos mains, l'amour ne nous peut nuire. (1651-63

FIN DU SECOND ACTE.

ACTE III.

SCÈNE PREMIÈRE.

PRUSIAS, FLAMINIUS, LAODICE.

PRUSIAS.
Reine, puisque ce titre a pour vous tant de charmes,
Sa perte vous devroit donner quelques alarmes :
Qui tranche trop du roi ne règne pas longtemps.

LAODICE.
J'observerai, Seigneur, ces avis importants ; 750
Et si jamais je règne, on verra la pratique
D'une si salutaire et noble politique.

PRUSIAS.
Vous vous mettez fort mal au chemin de régner.

LAODICE.
Seigneur, si je m'égare, on peut me l'enseigner.

PRUSIAS.
Vous méprisez trop Rome, et vous devriez faire 755
Plus d'estime d'un roi qui vous tient lieu de père.

LAODICE.
Vous verriez qu'à tous deux je rends ce que je doi[1],
Si vous vouliez mieux voir ce que c'est qu'être roi.
Recevoir ambassade en qualité de reine,
Ce seroit à vos yeux faire la souveraine, 760

---

1. *Var.* Vous verrez qu'à tous deux je rends ce que je doi,
Si vous voulez mieux voir ce que c'est qu'être roi. (1651 et 52 A.)

Entreprendre sur vous, et dedans votre État
Sur votre autorité commettre un attentat :
Je la refuse donc, Seigneur, et me dénie
L'honneur qui ne m'est dû que dans mon Arménie.
C'est là que sur mon trône avec plus de splendeur 765
Je puis honorer Rome en son ambassadeur,
Faire réponse en reine, et comme le mérite
Et de qui l'on me parle, et qui m'en sollicite.
Ici c'est un métier que je n'entends pas bien,
Car hors de l'Arménie enfin je ne suis rien ; 770
Et ce grand nom de reine ailleurs ne m'autorise[1]
Qu'à n'y voir point de trône à qui je sois soumise,
A vivre indépendante, et n'avoir en tous lieux
Pour souverains que moi, la raison, et les Dieux.

PRUSIAS.

Ces Dieux, vos souverains, et le Roi votre père, 775
De leur pouvoir sur vous m'ont fait dépositaire ;
Et vous pourrez peut-être apprendre une autre fois
Ce que c'est en tous lieux que la raison des rois.
Pour en faire l'épreuve allons en Arménie :
Je vais vous y remettre en bonne compagnie ; 780
Partons ; et dès demain, puisque vous le voulez,
Préparez-vous à voir vos pays désolés ;
Préparez-vous à voir par toute votre terre
Ce qu'ont de plus affreux les fureurs de la guerre,
Des montagnes de morts[2], des rivières de sang. 785

LAODICE.

Je perdrai mes États et garderai mon rang ;
Et ces vastes malheurs où mon orgueil me jette
Me feront votre esclave et non votre sujette :

---

1. *Var.* Tout ce qu'un nom de reine ailleurs le ciel permette,
C'est la gloire d'y vivre et n'être point sujette,
D'y régner sur soi-même, et n'avoir en tous lieux. (1651-56)
2. Voyez tome IV, p. 27, note 3.

Ma vie est en vos mains, mais non ma dignité[1].
PRUSIAS.
Nous ferons bien changer ce courage indompté[2] ;
Et quand vos yeux, frappés de toutes ces misères,
Verront Attale assis au trône de vos pères,
Alors peut-être, alors vous le prierez en vain
Que pour y remonter il vous donne la main.
LAODICE.
Si jamais jusque-là votre guerre m'engage,
Je serai bien changée et d'âme et de courage.
Mais peut-être, Seigneur vous n'irez pas si loin :
Les Dieux de ma fortune auront un peu de soin;
Ils vous inspireront, ou trouveront un homme
Contre tant de héros que vous prêtera Rome.
PRUSIAS.
Sur un présomptueux vous fondez votre appui;
Mais il court à sa perte, et vous traîne apec lui.
   Pensez-y bien, Madame, et faites-vous justice :
Choisissez d'être reine, ou d'être Laodice;
Et pour dernier avis que vous aurez de moi,
Si vous voulez régner, faites Attale roi.
Adieu.

SCÈNE II[1].

FLAMINIUS, LAODICE.

FLAMINIUS.
Madame, enfin une vertu parfaite....
LAODICE.
Suivez le Roi, Seigneur, votre ambassade est faite;
Et je vous dis encor, pour ne vous point flatter,

---

1. *Var.* Ma vie est en vos mains, et non ma dignité. (1651)
2. *Var.* Nous verrons bien changer ce courage indompté. (1651-56)

Qu'ici je ne la dois ni la veux écouter[1]. 810
FLAMINIUS.
Et je vous parle aussi, dans ce péril extrême,
Moins en ambassadeur qu'en homme qui vous aime,
Et qui touché du sort que vous vous préparez,
Tâche à rompre le cours des maux où vous courez.
 J'ose donc comme ami vous dire en confidence 815
Qu'une vertu parfaite a besoin de prudence,
Et doit considérer, pour son propre intérêt,
Et les temps où l'on vit, et les lieux où l'on est.
La grandeur de courage en une âme royale
N'est sans cette vertu qu'une vertu brutale, 820
Que son mérite aveugle, et qu'un faux jour d'honneur
Jette en un tel divorce avec le vrai bonheur[2],
Qu'elle-même se livre à ce qu'elle doit craindre,
Ne se fait admirer que pour se faire plaindre,
Que pour nous pouvoir dire, après un grand soupir :
« J'avois droit de régner, et n'ai su m'en servir. »
Vous irritez un roi dont vous voyez l'armée
Nombreuse, obéissante, à vaincre accoutumée ;
Vous êtes en ses mains, vous vivez dans sa cour.
LAODICE.
Je ne sais si l'honneur eut jamais un faux jour, 830
Seigneur ; mais je veux bien vous répondre en amie.
 Ma prudence n'est pas tout à fait endormie ;
Et sans examiner par quel destin jaloux
La grandeur de courage est si mal avec vous,
Je veux vous faire voir que celle que j'étale 835
N'est pas tant qu'il vous semble une vertu brutale ;
Que si j'ai droit au trône, elle s'en veut servir,
Et sait bien repousser qui me le veut ravir.

1. *Var.* Que je ne dois ici ni ne veux l'écouter. (1651-56)
2. *Var.* Jette en un tel divorce avecque le bonheur. (1651-56)

ACTE III, SCÈNE II.

Je vois sur la frontière une puissante armée,
Comme vous l'avez dit, à vaincre accoutumée ; 840
Mais par quelle conduite, et sous quel général ?
Le Roi, s'il s'en fait fort, pourroit s'en trouver mal ;
Et s'il vouloit passer de son pays au nôtre,
Je lui conseillerois de s'assurer d'une autre.
Mais je vis dans sa cour, je suis dans ses États[1], 845
Et j'ai peu de raison de ne le craindre pas.
Seigneur, dans sa cour même, et hors de l'Arménie,
La vertu trouve appui contre la tyrannie.
Tout son peuple a des yeux pour voir quel attentat
Font sur le bien public les maximes d'État : 850
Il connoît Nicomède, il connoît sa marâtre,
Il en sait, il en voit la haine opiniâtre ;
Il voit la servitude où le Roi s'est soumis,
Et connoît d'autant mieux les dangereux amis[2].
Pour moi, que vous croyez au bord du précipice, 855
Bien loin de mépriser Attale par caprice,
J'évite les mépris qu'il recevroit de moi,
S'il tenoit de ma main la qualité de roi.
Je le regarderois comme une âme commune,
Comme un homme mieux né pour une autre fortune,
Plus mon sujet qu'époux, et le nœud conjugal
Ne le tireroit pas de ce rang inégal.
Mon peuple à mon exemple en feroit peu d'estime.
Ce seroit trop, Seigneur, pour un cœur magnanime :
Mon refus lui fait grâce, et malgré ses desirs, 865
J'épargne à sa vertu d'éternels déplaisirs.

FLAMINIUS.
Si vous me dites vrai, vous êtes ici reine :
Sur l'armée et la cour je vous vois souveraine ;

---

1. *Var.* Je vis dedans sa cour, je suis dans ses États. (1651-56)
2. *Var.* Et connoît d'autant mieux ses dangereux amis. (1651 et 55 A.)

NICOMÈDE.

Je m'emporte?

FLAMINIUS.

    Sachez qu'il n'est point de contrée
Ou d'un ambassadeur la dignité sacrée....

NICOMÈDE.

Ne nous vantez plus tant son rang et sa splendeur : 945
Qui fait le conseiller n'est plus ambassadeur;
Il excède sa charge, et lui-même y renonce.
Mais dites-moi, Madame, a-t-il eu sa réponse?

LAODICE.

Oui, Seigneur.

NICOMÈDE.

    Sachez donc que je ne vous prends plus
Que pour l'agent d'Attale, et pour Flaminius; 950
Et si vous me fâchiez, j'ajouterois peut-être
Que pour l'empoisonneur d'Annibal, de mon maître.
Voilà tous les honneurs que vous aurez de moi :
S'ils ne vous satisfont, allez vous plaindre au Roi.

FLAMINIUS.

Il me fera justice, encor qu'il soit bon père, 955
Ou Rome à son refus se la saura bien faire.

NICOMÈDE.

Allez de l'un et l'autre embrasser les genoux.

FLAMINIUS.

Les effets répondront. Prince, pensez à vous.

SCÈNE IV.

NICOMÈDE, LAODICE.

NICOMÈDE.

Cet avis est plus propre à donner à la Reine.
Ma générosité cède enfin à sa haine : 960

Je l'épargnois assez pour ne découvrir pas
Les infâmes projets de ses assassinats;
Mais enfin on m'y force, et tout son crime éclate.
J'ai fait entendre au Roi Zénon et Métrobate;
Et comme leur rapport a de quoi l'étonner, 965
Lui-même il prend le soin de les examiner[1].

LAODICE.

Je ne sais pas, Seigneur, quelle en sera la suite;
Mais je ne comprends point toute cette conduite,
Ni comme à cet éclat la Reine vous contraint.
Plus elle vous doit craindre, et moins elle vous craint;
Et plus vous la pouvez accabler d'infamie,
Plus elle vous attaque en mortelle ennemie.

NICOMÈDE.

Elle prévient ma plainte, et cherche adroitement
A la faire passer pour un ressentiment;
Et ce masque trompeur de fausse hardiesse 975
Nous déguise sa crainte et couvre sa foiblesse.

LAODICE.

Les mystères de cour souvent sont si cachés
Que les plus clairvoyants y sont bien empêchés.
   Lorsque vous n'étiez point ici pour me défendre,
Je n'avois contre Attale aucun combat à rendre; 980
Rome ne songeoit point à troubler notre amour :
Bien plus, on ne vous souffre ici que ce seul jour,
Et dans ce même jour Rome, en votre présence,
Avec chaleur pour lui presse mon alliance.
Pour moi, je ne vois goutte en ce raisonnement, 985
Qui n'attend point le temps de votre éloignement,
Et j'ai devant les yeux toujours quelque nuage
Qui m'offusque la vue et m'y jette un ombrage.
Le roi chérit sa femme, il craint Rome; et pour vous,

---

1. *Var.* Lui-même prend le soin de les examiner. (1651-56)

S'il ne voit vos hauts faits d'un œil un peu jaloux[1],   990
Du moins, à dire tout, je ne saurois vous taire
Qu'il est trop bon mari pour être assez bon père.
Voyez quel contre-temps Attale prend ici!
Qui l'appelle avec nous? quel projet? quel souci?
Je conçois mal, Seigneur, ce qu'il faut que j'en pense;
Mais j'en romprai le coup, s'il y faut ma présence.
Je vous quitte.

SCÈNE V.

NICOMÈDE, ATTALE, LAODICE.

ATTALE.
Madame, un si doux entretien
N'est plus charmant pour vous quand j'y mêle le mien.
LAODICE.
Votre importunité, que j'ose dire extrême,
Me peut entretenir en un autre moi-même :   1000
Il connoît tout mon cœur, et répondra pour moi,
Comme à Flaminius il a fait pour le Roi.

SCÈNE VI.

NICOMÈDE, ATTALE[2].

ATTALE.
Puisque c'est la chasser, Seigneur, je me retire.
NICOMÈDE.
Non, non; j'ai quelque chose aussi bien à vous dire,
Prince. J'avois mis bas, avec le nom d'aîné,   1005

---

1. *Var.* Le bruit de votre nom ne le rend pas jaloux,
  Je n'ose le penser; mais je ne puis vous taire. (1651-56)
2. Par une erreur singulière, les éditions de 1660-68 portent en tête de cette scène, ARASPE, pour ATTALE.

L'avantage du trône où je suis destiné;
Et voulant seul ici défendre ce que j'aime,
Je vous avois prié de l'attaquer de même,
Et de ne mêler point surtout dans vos desseins
Ni le secours du Roi, ni celui des Romains.   1010
Mais ou vous n'avez pas la mémoire fort bonne,
Ou vous n'y mettez rien de ce qu'on vous ordonne.

ATTALE.

Seigneur, vous me forcez à m'en souvenir mal,
Quand vous n'achevez pas de rendre tout égal :
Vous vous défaites bien de quelques droits d'aînesse;
Mais vous défaites-vous du cœur de la Princesse,
De toutes les vertus qui vous en font aimer,
Des hautes qualités qui savent tout charmer,
De trois sceptres conquis, du gain de six batailles,
Des glorieux assauts de plus de cent murailles?   1020
Avec de tels seconds rien n'est pour vous douteux.
Rendez donc la Princesse égale entre nous deux :
Ne lui laissez plus voir ce long amas de gloire
Qu'à pleines mains sur vous a versé la victoire;
Et faites qu'elle puisse oublier une fois   1025
Et vos rares vertus, et vos fameux exploits;
Ou contre son amour, contre votre vaillance,
Souffrez Rome et le Roi dedans l'autre balance :
Le peu qu'ils ont gagné vous fait assez juger
Qu'ils n'y mettront jamais qu'un contre-poids léger.

NICOMÈDE.

C'est n'avoir pas perdu tout votre temps à Rome,
Que vous savoir ainsi défendre en galant homme : .
Vous avez de l'esprit, si vous n'avez du cœur.

SCÈNE VII.

ARSINOÉ, NICOMÈDE, ATTALE, ARASPE.

ARASPE.
Seigneur, le Roi vous mande.
NICOMÈDE.
Il me mande?
ARASPE.
Oui, Seigneur,
ARSINOÉ.
Prince, la calomnie est aisée à détruire. 1035
NICOMÈDE.
J'ignore à quel sujet vous m'en venez instruire,
Moi qui ne doute point de cette vérité,
Madame.
ARSINOÉ.
Si jamais vous n'en aviez douté,
Prince, vous n'auriez pas, sous l'espoir qui vous flatte,
Amené de si loin Zénon et Métrobate. 1040
NICOMÈDE.
Je m'obstinois, Madame, à tout dissimuler;
Mais vous m'avez forcé de les faire parler.
ARSINOÉ.
La vérité les force, et mieux que vos largesses.
Ces hommes du commun tiennent mal leurs promesses :
Tous deux en ont plus dit qu'ils n'avoient résolu[1]. 1045
NICOMÈDE.
J'en suis fâché pour vous, mais vous l'avez voulu.
ARSINOÉ.
Je le veux bien encore, et je n'en suis fâchée
Que d'avoir vu par là votre vertu tachée,

---

1. *Var.* Tous deux avoient plus dit qu'ils n'avoient résolu. (1656)

Et qu'il faille ajouter à vos titres d'honneur
La noble qualité de mauvais suborneur.   1050
NICOMÈDE.
Je les ai subornés contre vous à ce conte[1]?
ARSINOÉ.
J'en ai le déplaisir, vous en aurez la honte.
NICOMÈDE.
Et vous pensez par là leur ôter tout crédit?
ARSINOÉ.
Non, Seigneur : je me tiens à ce qu'ils en ont dit.
NICOMÈDE.
Qu'ont-ils dit qui vous plaise, et que vous vouliez croire?
ARSINOÉ.
Deux mots de vérité qui vous comblent de gloire.
NICOMÈDE.
Peut-on savoir de vous ces deux mots importants?
ARASPE.
Seigneur, le Roi s'ennuie, et vous tardez longtemps.
ARSINOÉ.
Vous les saurez de lui, c'est trop le faire attendre.
NICOMÈDE.
Je commence, Madame, enfin à vous entendre :   1060
Son amour conjugal, chassant le paternel,
Vous fera l'innocente, et moi le criminel.
Mais....
ARSINOÉ.
Achevez, Seigneur ; ce mais, que veut-il dire?
NICOMÈDE.
Deux mots de vérité qui font que je respire.
ARSINOÉ.
Peut-on savoir de vous ces deux mots importants?   1065
NICOMÈDE.
Vous les saurez du Roi, je tarde trop longtemps[2].

1. Voyez tome I, p. 150, note 1.
2. Il y a ici comme un souvenir du dialogue qui termine la scène III de

SCÈNE VIII.

ARSINOÉ, ATTALE.

ARSINOÉ.

Nous triomphons, Attale; et ce grand Nicomède
Voit quelle digne issue à ses fourbes succède.
Les deux accusateurs que lui-même a produits,
Que pour l'assassiner je dois avoir séduits, 1070
Pour me calomnier subornés par lui-même,
N'ont su bien soutenir un si noir stratagème.
Tous deux m'ont accusée, et tous deux avoué
L'infâme et lâche tour qu'un prince m'a joué.
Qu'en présence des rois les vérités sont fortes! 1075
Que pour sortir d'un cœur elles trouvent de portes!
Qu'on en voit le mensonge aisément confondu!
Tous deux vouloient me perdre, et tous deux l'on perdu.

ATTALE.

Je suis ravi de voir qu'une telle imposture
Ait laissé votre gloire et plus grande et plus pure; 1080
Mais pour l'examiner et bien voir ce que c'est,
Si vous pouviez vous mettre un peu hors d'intérêt,
Vous ne pourriez jamais sans un peu de scrupule,
Avoir pour deux méchants une âme si crédule.
Ces perfides tous deux se sont dits aujourd'hui 1085
Et subornés par vous, et subornés par lui :
Contre tant de vertus, contre tant de victoires,
Doit-on quelque croyance à des âmes si noires?
Qui se confesse traître est indigne de foi.

ARSINOÉ.

Vous êtes généreux, Attale, et je le voi, 1090
Même de vos rivaux la gloire vous est chère.

l'acte II du *Menteur*, et où Alcippe et Clarice se disent tour à tour l'un à l'autre,
pour excuse et pour raison de leur refus, que « le père va descendre. »

ATTALE.

Si je suis son rival, je suis aussi son frère[1];
Nous ne sommes qu'un sang, et ce sang dans mon cœur
A peine à le passer pour calomniateur.

ARSINOÉ.

Et vous en avez moins à me croire assassine,　　1095
Moi dont la perte est sûre, à moins que sa ruine?

ATTALE.

Si contre lui j'ai peine à croire ces témoins,
Quand ils vous accusoient je les croyois bien moins[2].
Votre vertu, Madame, est au-dessus du crime.
Souffrez donc que pour lui je garde un peu d'estime:　1100
La sienne dans la cour lui fait mille jaloux,
Dont quelqu'un a voulu le perdre auprès de vous;
Et ce lâche attentat n'est qu'un trait de l'envie
Qui s'efforce à noircir une si belle vie.
Pour moi, si par soi-même on peut juger d'autrui,　1105
Ce que je sens[3] en moi, je le présume en lui.
Contre un si grand rival j'agis à force ouverte,
Sans blesser son honneur, sans pratiquer sa perte.
J'emprunte du secours, et le fais hautement;
Je crois qu'il n'agit pas moins généreusement,　　1110
Qu'il n'a que les desseins où sa gloire l'invite,
Et n'oppose à mes vœux que son propre mérite.

ARSINOÉ.

Vous êtes peu du monde, et savez mal la cour.

ATTALE.

Est-ce autrement qu'en prince on doit traiter l'amour?

ARSINOÉ.

Vous le traitez, mon fils, et parlez en jeune homme.　1115

---

1. *Var.* Si je suis son rival, Madame, il est mon frère. (1651 et 52 A.)
2. *Var.* Quand ils font contre vous je les crois beaucoup moins. (1651-56)
3. L'édition de 1656 porte, par erreur, *suis*, pour *sens*.

ACTE III, SCÈNE VIII.

ATTALE.
Madame, je n'ai vu que des vertus à Rome.
ARSINOÉ.
Le temps vous apprendra par de nouveaux emplois
Quelles vertus il faut à la suite des rois.
Cependant, si le Prince est encor votre frère,
Souvenez-vous aussi que je suis votre mère ; 1120
Et malgré les soupçons que vous avez conçus,
Venez savoir du Roi ce qu'il croit là-dessus.

FIN DU TROISIÈME ACTE.

Que ce nom seul l'oblige à me persécuter;
Car enfin, hors de là, que peut-il m'imputer? 1190
Ma voix, depuis dix ans qu'il commande une armée,
A-t-elle refusé d'enfler sa renommée?
Et lorsqu'il l'a fallu puissamment secourir,
Que la moindre longueur l'auroit laissé périr,
Quel autre a mieux pressé les secours nécessaires? 1195
Qui l'a mieux dégagé de ses destins contraires?
A-t-il eu près de vous un plus soigneux agent
Pour hâter les renforts et d'hommes et d'argent?
Vous le savez, Seigneur, et pour reconnoissance,
Après l'avoir servi de toute ma puissance, 1200
Je vois qu'il a voulu me perdre auprès de vous;
Mais tout est excusable en un amant jaloux :
Je vous l'ai déjà dit.

PRUSIAS.
Ingrat! que peux-tu dire?
NICOMÈDE.
Que la Reine a pour moi des bontés que j'admire.
Je ne vous dirai point que ces puissants secours 1205
Dont elle a conservé mon honneur et mes jours,
Et qu'avec tant de pompe à vos yeux elle étale,
Travailloient par ma main à la grandeur d'Attale;
Que par mon propre bras elle amassoit pour lui,
Et préparoit dès lors ce qu'on voit aujourd'hui : 1210
Par quelques sentiments qu'elle aye été poussée,
J'en laisse le ciel juge, il connoît sa pensée;
Il sait pour mon salut comme elle a fait des vœux;
Il lui rendra justice, et peut-être à tous deux.
Cependant, puisqu'enfin l'apparence est si belle, 1215
Elle a parlé pour moi, je dois parler pour elle,
Et pour son intérêt vous faire souvenir
Que vous laissez longtemps deux méchants à punir.
Envoyez Métrobate et Zénon au supplice.

Sa gloire attend de vous ce digne[1] sacrifice : 1220
Tous deux l'ont accusée ; et s'ils s'en sont dédits
Pour la faire innocente et charger votre fils,
Ils n'ont rien fait pour eux, et leur mort est trop juste
Après s'être joués d'une personne auguste.
L'offense une fois faite à ceux de notre rang 1225
Ne se répare point que par des flots de sang :
On n'en fut jamais quitte ainsi pour s'en dédire.
Il faut sous les tourments que l'imposture expire ;
Ou vous exposeriez tout votre sang royal
A la légèreté d'un esprit déloyal. 1230
L'exemple est dangereux et hasarde nos vies,
S'il met en sûreté de telles calomnies.

ARSINOÉ.

Quoi ? Seigneur, les punir de la sincérité
Qui soudain dans leur bouche a mis la vérité,
Qui vous a contre moi sa fourbe découverte, 1235
Qui vous rend votre femme et m'arrache à ma perte,
Qui vous a retenu d'en prononcer l'arrêt,
Et couvrir tout cela de mon seul intérêt !
C'est être trop adroit, Prince, et trop bien l'entendre.

PRUSIAS.

Laisse là Métrobate, et songe à te défendre : 1240
Purge-toi d'un forfait si honteux et si bas.

NICOMÈDE.

M'en purger ! moi, Seigneur ! vous ne le croyez pas[2] !
Vous ne savez que trop qu'un homme de ma sorte,

1. L'édition de 1692 a changé *digne* en *noble*.
2. « Ce vers est beau, noble, convenable au caractère et à la situation ; il fait voir tous les défauts précédents. » (*Voltaire.*) — « Ce vers est si beau que Voltaire s'en est ressouvenu dans *OEdipe* (acte III, scène II), en faisant dire par Philoctète à Jocaste :

Qui ? moi, de tels forfaits ! moi, des assassinats !
Et que de votre époux.... Vous ne le croyez pas ! »
(*Palissot.*)

Quand il se rend coupable, un peu plus haut se porte ;
Qu'il lui faut un grand crime à tenter son devoir, 1245
Où sa gloire se sauve à l'ombre du pouvoir[1].
    Soulever votre peuple, et jeter votre armée
Dedans les intérêts d'une reine opprimée ;
Venir, le bras levé, la tirer de vos mains,
Malgré l'amour d'Attale et l'effort des Romains, 1250
Et fondre en vos pays contre leur tyrannie
Avec tous vos soldats et toute l'Arménie,
C'est ce que pourroit faire un homme tel que moi,
S'il pouvoit se résoudre à vous manquer de foi.
La fourbe n'est le jeu que des petites âmes, 1255
Et c'est là proprement le partage des femmes.
    Punissez donc, Seigneur, Métrobate et Zénon ;
Pour la Reine ou pour moi, faites-vous-en raison.
A ce dernier moment la conscience presse ;
Pour rendre compte aux Dieux tout respect humain cesse ;
Et ces esprits légers, approchant des abois,
Pourroient bien se dédire une seconde fois.

ARSINOÉ.

Seigneur....

NICOMÈDE.

    Parlez, Madame, et dites quelle cause
A leur juste supplice obstinément s'oppose ;
Ou laissez-nous penser qu'aux portes du trépas 1265
Ils auroient des remords qui ne vous plairoient pas.

ARSINOÉ.

Vous voyez à quel point sa haine m'est cruelle :
Quand je le justifie, il me fait criminelle ;
Mais sans doute, Seigneur, ma présence l'aigrit,
Et mon éloignement remettra son esprit ; 1270
Il rendra quelque calme à son cœur magnanime,

---

1. *Var.* Où sa gloire se sauve à l'ombre de pouvoir. (1651-56)

Et lui pourra sans doute épargner plus d'un crime.
  Je ne demande point que par compassion
Vous assuriez un sceptre à ma protection,
Ni que pour garantir la personne d'Attale, 1275
Vous partagiez entre eux la puissance royale;
Si vos amis de Rome en ont pris quelque soin,
C'étoit sans mon aveu, je n'en ai pas besoin.
Je n'aime point si mal que de ne vous pas suivre,
Sitôt qu'entre mes bras vous cesserez de vivre; 1280
Et sur votre tombeau mes premières douleurs
Verseront tout ensemble et mon sang et mes pleurs.

PRUSIAS.

Ah! Madame.

ARSINOÉ.

  Oui, Seigneur, cette heure infortunée
Par vos[1] derniers soupirs clora ma destinée;
Et puisque ainsi jamais il ne sera mon roi, 1285
Qu'ai-je à craindre de lui? que peut-il contre moi?
Tout ce que je demande en faveur de ce gage,
De ce fils qui déjà lui donne tant d'ombrage,
C'est que chez les Romains il retourne achever
Des jours que dans leur sein vous fîtes élever; 1290
Qu'il retourne y traîner, sans péril et sans gloire,
De votre amour pour moi l'impuissante mémoire.
Ce grand prince vous sert, et vous servira mieux
Quand il n'aura plus rien qui lui blesse les yeux;
Et n'appréhendez point Rome ni sa vengeance; 1295
Contre tout son pouvoir il a trop de vaillance:
Il sait tous les secrets du fameux Annibal,
De ce héros à Rome en tous lieux si fatal,
Que l'Asie et l'Afrique admirent l'avantage
Qu'en tire Antiochus, et qu'en reçut Carthage. 1300

1. Th. Corneille (1692) et Voltaire (1764) donnent *mes*, au lieu de *vos*.

Je me retire donc, afin qu'en liberté
Les tendresses du sang pressent votre bonté;
Et je ne veux plus voir ni qu'en votre présence
Un prince que j'estime indignement m'offense,
Ni que je sois forcée à vous mettre en courroux   1305
Contre un fils si vaillant et si digne de vous.

SCÈNE III.
PRUSIAS, NICOMÈDE, ARASPE[1].

PRUSIAS.
Nicomède, en deux mots, ce désordre me fâche.
Quoi qu'on t'ose imputer, je ne te crois point lâche;
Mais donnons quelque chose à Rome, qui se plaint,
Et tâchons d'assurer la Reine, qui te craint.   1310
J'ai tendresse pour toi, j'ai passion pour elle;
Et je ne veux pas voir cette haine éternelle,
Ni que des sentiments que j'aime à voir durer
Ne règnent dans mon cœur que pour le déchirer.
J'y veux mettre d'accord l'amour et la nature,   1315
Être père et mari dans cette conjoncture....

NICOMÈDE.
Seigneur, voulez-vous bien vous en fier à moi?
Ne soyez l'un ni l'autre.

PRUSIAS.
      Et que dois-je être?

NICOMÈDE.
                    Roi.
Reprenez hautement ce noble caractère.
Un véritable roi n'est ni mari ni père;   1320
Il regarde son trône, et rien de plus. Régnez;
Rome vous craindra plus que vous ne la craignez.

1. *Var.* PRUSIAS, NICOMÈDE, ARASPE, GARDES. (1651-60)

Malgré cette puissance et si vaste et si grande[1],
Vous pouvez déjà voir comme elle m'appréhende,
Combien en me perdant elle espère gagner,   1325
Parce qu'elle prévoit que je saurai régner.

PRUSIAS.

Je règne donc, ingrat! puisque tu me l'ordonnes :
Choisis, ou Laodice, ou mes quatre couronnes.
Ton roi fait ce partage entre ton frère et toi :
Je ne suis plus ton père, obéis à ton roi.   1330

NICOMÈDE.

Si vous étiez aussi le roi de Laodice,
Pour l'offrir à mon choix avec quelque justice,
Je vous demanderois le loisir d'y penser;
Mais enfin pour vous plaire, et ne pas l'offenser,
J'obéirai, Seigneur, sans répliques frivoles,   1335
A vos intentions, et non à vos paroles.

A ce frère si cher transportez tous mes droits,
Et laissez Laodice en liberté du choix.
Voilà quel est le mien.

PRUSIAS.

Quelle bassesse d'âme,
Quelle fureur t'aveugle en faveur d'une femme[2]?   1340
Tu la préfères, lâche! à ces prix glorieux
Que ta valeur unit au bien de tes aïeux!
Après cette infamie es-tu digne de vivre?

NICOMÈDE.

Je crois que votre exemple est glorieux à suivre:
Ne préférez-vous pas une femme à ce fils   1345
Par qui tous ces États aux vôtres sont unis?

PRUSIAS.

Me vois-tu renoncer pour elle au diadème?

1. *Var.* Elle qui vous menace, elle qui vous gourmande,
   Voyez-vous pas déjà comme elle m'appréhende? (1651-56)
2. *Var.* Quelle fureur t'aveugle en vertu d'une femme? (1651 et 52 A.)

NICOMÈDE.

Me voyez-vous pour l'autre y renoncer moi-même ?
Que cédé-je à mon frère en cédant vos États ?
Ai-je droit d'y prétendre avant votre trépas ? 1350
Pardonnez-moi ce mot, il est fâcheux à dire,
Mais un monarque enfin comme un autre homme expire ;
Et vos peuples alors, ayant besoin d'un roi,
Voudront choisir peut-être entre ce prince et moi.

Seigneur, nous n'avons pas si grande ressemblance,
Qu'il faille de bons yeux pour y voir différence ;
Et ce vieux droit d'aînesse est souvent si puissant,
Que pour remplir un trône il rappelle un absent.
Que si leurs sentiments se règlent sur les vôtres,
Sous le joug de vos lois j'en ai bien rangé d'autres ; 1360
Et dussent vos Romains en être encor jaloux,
Je ferai bien pour moi ce que j'ai fait pour vous.

PRUSIAS.

J'y donnerai bon ordre.

NICOMÈDE.

Oui, si leur artifice
De votre sang par vous se fait un sacrifice ;
Autrement vos États à ce prince livrés 1365
Ne seront en ses mains qu'autant que vous vivrez.
Ce n'est point en secret que je vous le déclare ;
Je le dis à lui-même, afin qu'il s'y prépare :
Le voilà qui m'entend.

PRUSIAS.

Va, sans verser mon sang,
Je saurai bien, ingrat ! l'assurer en ce rang ; 1370
Et demain....

SCÈNE IV.

PRUSIAS, NICOMÈDE, ATTALE, FLAMINIUS,
ARASPE, Gardes.

FLAMINIUS.
Si pour moi vous êtes en colère,
Seigneur, je n'ai reçu qu'une offense légère :
Le sénat en effet pourra s'en indigner ;
Mais j'ai quelques amis qui sauront le gagner[1].

PRUSIAS.
Je lui ferai raison ; et dès demain Attale   1375
Recevra de ma main la puissance royale :
Je le fais roi de Pont, et mon seul héritier[2] ;
Et quant à ce rebelle, à ce courage fier,
Rome entre vous et lui jugera de l'outrage ;
Je veux qu'au lieu d'Attale il lui serve d'otage ; 1380
Et pour l'y mieux conduire, il vous sera donné,
Sitôt qu'il aura vu son frère couronné.

NICOMÈDE.
Vous m'envoirez à Rome !

PRUSIAS.
On t'y fera justice.
Va, va lui demander ta chère Laodice.

NICOMÈDE.
J'irai, j'irai, Seigneur, vous le voulez ainsi ;   1385
Et j'y serai plus roi que vous n'êtes ici.

FLAMINIUS.
Rome sait vos hauts faits, et déjà vous adore.

NICOMÈDE.
Tout beau, Flaminius ! je n'y suis pas encore :

---

1. *Var.* Mais j'ai quelques amis qui le sauront gagner. (1651-56)
2. *Var.* Je le fais roi du Pont, et mon seul héritier. (1651 et 52 A.)

ACTE IV, SCÈNE IV.

La route en est mal sûre, à tout considérer[1],
Et qui m'y conduira pourra bien s'égarer.

PRUSIAS.

Qu'on le ramène, Araspe, et redoublez sa garde.
Toi, rends grâces à Rome, et sans cesse regarde
Que comme son pouvoir est la source du tien,
En perdant son appui tu ne seras plus rien.
  Vous, Seigneur, excusez si, me trouvant en peine[2]
De quelques déplaisirs que m'a fait voir la Reine,
Je vais l'en consoler, et vous laisse avec lui.
Attale, encore un coup, rends grâce à ton appui.

SCÈNE V.

FLAMINIUS, ATTALE.

ATTALE.

Seigneur, que vous dirai-je après des avantages[3]
Qui sont même trop grands pour les plus grands courages!
Vous n'avez point de borne, et votre affection
Passe votre promesse et mon ambition.
Je l'avouerai pourtant, le trône de mon père
Ne fait pas le bonheur que plus je considère :
Ce qui touche mon cœur, ce qui charme mes sens,
C'est Laodice acquise à mes vœux innocents.
La qualité de roi qui me rend digne d'elle....

---

1. *Var.* Le voyage est si long qu'avant que d'arriver,
    Qui le commence bien peut le mal achever.
    [PRUS. Qu'on le ramène (*a*), Araspe, et redoublez sa garde.]
    ATT. Seigneur.... PRUS. Rends grâce à Rome, et sans cesse regarde. (1651-56)
2. *Var.* Mais excusez, Seigneur, si me trouvant en peine. (1651-56)
3. *Var.* Seigneur, que vous dirai-je après tant d'avantages,
    Qu'ils sont même trop grands pour les plus grands courages? (1651 et 52 A.)

(*a*) L'édition de 1652 A, porte seule *ramène*, pour *remène*.

ACTE V.

SCÈNE PREMIÈRE.

ARSINOÉ, ATTALE.

ARSINOÉ.

J'ai prévu ce tumulte, et n'en vois rien à craindre :
Comme un moment l'allume, un moment peut l'éteindre,
Et si l'obscurité laisse croître ce bruit,
Le jour dissipera les vapeurs de la nuit.
Je me fâche bien moins qu'un peuple se mutine,
Que de voir que ton cœur dans son amour s'obstine,
Et d'une indigne ardeur lâchement embrasé   1485
Ne rend point de mépris à qui t'a méprisé.
Venge-toi d'une ingrate, et quitte une cruelle,
A présent que le sort t'a mis au-dessus d'elle.
Son trône, et non ses yeux, avoit dû te charmer :
Tu vas régner sans elle ; à quel propos l'aimer ?   1490
Porte, porte ce cœur à de plus douces chaînes.
Puisque te voilà roi, l'Asie a d'autres reines,
Qui loin de te donner des rigueurs à souffrir[1],
T'épargneront bientôt la peine de t'offrir.

ATTALE.

Mais, Madame....

ARSINOÉ.

Eh bien ! soit, je veux qu'elle se rende :

---

1. *Var.* Qui n'auront point pour toi de rigueurs à souffrir,
   Et t'offriront les vœux que tu lui vas offrir. (1651-56)

Prévois-tu les malheurs qu'ensuite j'appréhende ?
Sitôt que d'Arménie elle t'aura fait roi,
Elle t'engagera dans sa haine pour moi.
Mais, ô Dieux ! pourra-t-elle y borner sa vengeance ?
Pourras-tu dans son lit dormir en assurance[1] ?   1500
Et refusera-t-elle à son ressentiment
Le fer ou le poison pour venger son amant ?
Qu'est-ce qu'en sa fureur une femme n'essaie ?

ATTALE.

Que de fausses raisons pour me cacher la vraie !
Rome, qui n'aime pas à voir un puissant roi,   1505
L'a craint en Nicomède, et le craindroit en moi[2].
Je ne dois plus prétendre à l'hymen d'une reine,
Si je ne veux déplaire à notre souveraine ;
Et puisque la fâcher ce seroit me trahir,
Afin qu'elle me souffre, il vaut mieux obéir.   1510
Je sais par quels moyens sa sagesse profonde
S'achemine à grands pas à l'empire du monde.
Aussitôt qu'un État devient un peu trop grand,
Sa chute doit guérir l'ombrage qu'elle en prend.
C'est blesser les Romains que faire une conquête,   1515
Que mettre trop de bras sous une seule tête ;
Et leur guerre est trop juste, après cet attentat
Que fait sur leur grandeur un tel crime d'État.
Eux, qui pour gouverner sont les premiers des hommes,
Veulent que sous leur ordre on soit ce que nous sommes,
Veulent sur tous les rois un si haut ascendant
Que leur empire seul demeure indépendant.
   Je les connois, Madame, et j'ai vu cet ombrage
Détruire Antiochus et renverser Carthage.
De peur de choir comme eux, je veux bien m'abaisser,

---

1. *Var.* Pourras-tu dans son sein dormir en assurance ? (1651-56)
2. *Var.* Le craint en Nicomède, et le craindroit en moi. (1651-56)

Et cède à des raisons que je ne puis forcer.
D'autant plus justement mon impuissance y cède,
Que je vois qu'en leurs mains on livre Nicomède.
Un si grand ennemi leur répond de ma foi;
C'est un lion tout prêt à déchaîner sur moi. 1530
ARSINOÉ.
C'est de quoi je voulois vous faire confidence;
Mais vous me ravissez d'avoir cette prudence.
Le temps pourra changer; cependant prenez soin
D'assurer des jaloux dont vous avez besoin.

SCÈNE II.
FLAMINIUS, ARSINOÉ, ATTALE.
ARSINOÉ.
Seigneur, c'est remporter une haute victoire 1535
Que de rendre un amant capable de me croire :
J'ai su le ramener aux termes du devoir,
Et sur lui la raison a repris son pouvoir.
FLAMINIUS.
Madame, voyez donc si vous serez capable
De rendre également ce peuple raisonnable. 1540
Le mal croît; il est temps d'agir de votre part,
Ou quand vous le voudrez, vous le voudrez trop tard.
Ne vous figurez plus que ce soit le confondre
Que de le laisser faire et ne lui point répondre.
Rome autrefois a vu de ces émotions, 1545
Sans embrasser jamais vos résolutions.
Quand il falloit calmer toute une populace,
Le sénat n'épargnoit promesse ni menace,
Et rappeloit par là son escadron mutin
Et du mont Quirinal et du mont Aventin, 1550
Dont il l'auroit vu faire une horrible descente,

S'il eût traité longtemps sa fureur d'impuissante
Et l'eût abandonnée à sa confusion,
Comme vous semblez faire en cette occasion.
ARSINOÉ.
Après ce grand exemple en vain on délibère :   1555
Ce qu'a fait le sénat montre ce qu'il faut faire ;
Et le Roi.... Mais il vient.

SCÈNE III.

PRUSIAS, ARSINOÉ, FLAMINIUS, ATTALE.

PRUSIAS.
                    Je ne puis plus douter,
Seigneur, d'où vient le mal que je vois éclater :
Ces mutins ont pour chefs les gens de Laodice.
FLAMINIUS.
J'en avois soupçonné déjà son artifice.   1560
ATTALE.
Ainsi votre tendresse et vos soins sont payés !
FLAMINIUS.
Seigneur, il faut agir ; et si vous m'en croyez....

SCÈNE IV.

PRUSIAS, ARSINOÉ, FLAMINIUS, ATTALE, CLÉONE.

CLÉONE.
Tout est perdu, Madame, à moins d'un prompt remède :
Tout le peuple à grands cris demande Nicomède ;
Il commence lui-même à se faire raison,   1565
Et vient de déchirer Métrobate et Zénon.

ACTE V, SCÈNE IV.

ARSINOÉ.

Il n'est donc plus à craindre, il a pris ses victimes :
Sa fureur sur leur sang va consumer ses crimes ;
Elle s'applaudira de cet illustre effet,
Et croira Nicomède amplement satisfait. 1570

FLAMINIUS.

Si ce désordre étoit sans chefs et sans conduite,
Je voudrois, comme vous, en craindre moins la suite :
Le peuple par leur mort pourroit s'être adouci ;
Mais un dessein formé ne tombe pas ainsi :
Il suit toujours son but jusqu'à ce qu'il l'emporte ; 1575
Le premier sang versé rend sa fureur plus forte ;
Il l'amorce, il l'acharne, il en éteint l'horreur,
Et ne lui laisse plus ni pitié ni terreur.

SCÈNE V.

PRUSIAS, FLAMINIUS, ARSINOÉ, ATTALE, CLÉONE, ARASPE.

ARASPE.

Seigneur, de tous côtés le peuple vient en foule ;
De moment en moment votre garde s'écoule ; 1580
Et suivant les discours qu'ici même j'entends,
Le Prince entre mes mains ne sera pas longtemps ;
Je n'en puis plus répondre.

PRUSIAS.

              Allons, allons le rendre,
Ce précieux objet d'une amitié si tendre.
Obéissons, Madame, à ce peuple sans foi, 1585
Qui las de m'obéir, en veut faire son roi ;
Et du haut d'un balcon, pour calmer la tempête,
Sur ses nouveaux sujets faisons voler sa tête[1].

1. *Var.* Sur ses nouveaux sujets faire voler sa tête. (1651 et 52 A.)

ATTALE.

Ah! Seigneur.

PRUSIAS.

C'est ainsi qu'il lui sera rendu :
A qui le cherche ainsi, c'est ainsi qu'il est dû. 1590

ATTALE.

Ah! Seigneur, c'est tout perdre, et liver à sa rage
Tout ce qui de plus près touche votre courage;
Et j'ose dire ici que Votre Majesté[1]
Aura peine elle-même à trouver sûreté.

PRUSIAS.

Il faut donc se résoudre à tout ce qu'il m'ordonne, 1595
Lui rendre Nicomède avecque ma couronne :
Je n'ai point d'autre choix; et s'il est le plus fort,
Je dois à son idole ou mon sceptre ou la mort.

FLAMINIUS.

Seigneur, quand ce dessein auroit quelque justice,
Est-ce à vous d'ordonner que ce prince périsse ? 1600
Quel pouvoir sur ses jours vous demeure permis ?
C'est l'otage de Rome, et non plus votre fils :
Je dois m'en souvenir, quand son père l'oublie.
C'est attenter sur nous qu'ordonner de sa vie;
J'en dois compte au sénat, et n'y puis consentir. 1605
Ma galère est au port toute prête à partir;
Le palais y répond par la porte secrète :
Si vous le voulez perdre, agréez ma retraite;
Souffrez que mon départ fasse connoître à tous
Que Rome a des conseils plus justes et plus doux; 1610
Et ne l'exposez pas à ce honteux outrage
De voir à ses yeux même immoler son otage.

ARSINOÉ.

Me croirez-vous, Seigneur, et puis-je m'expliquer?

---

1. *Var.* Flaminius, la Reine, et votre Majesté
[Aura peine elle-même à trouver sûreté.] (1651-56).

PRUSIAS.

Ah! rien de votre part ne sauroit me choquer[1] :
Parlez.

ARSINOÉ.

      Le ciel m'inspire un dessein dont j'espère   1615
Et satisfaire Rome et ne vous pas déplaire.
  S'il est prêt à partir, il peut en ce moment
Enlever avec lui son otage aisément :
Cette porte secrète ici nous favorise ;
Mais pour faciliter d'autant mieux l'entreprise,   1620
Montrez-vous à ce peuple, et flattant son courroux,
Amusez-le du moins à débattre avec vous :
Faites-lui perdre temps, tandis qu'en assurance
La galère s'éloigne avec son espérance ;
S'il force le palais, et ne l'y trouve plus,   1625
Vous ferez comme lui le surpris, le confus ;
Vous accuserez Rome, et promettrez vengeance
Sur quiconque sera de son intelligence.
Vous envoierez après, sitôt qu'il sera jour,
Et vous lui donnerez l'espoir d'un prompt retour,   1630
Où mille empêchements que vous ferez vous-même
Pourront de toutes parts aider au stratagème.
Quelque aveugle transport qu'il témoigne aujourd'hui,
Il n'attentera rien tant qu'il craindra pour lui,
Tant qu'il présumera son effort inutile.   1635
Ici la délivrance en paroît trop facile ;
Et s'il l'obtient, Seigneur, il faut fuir vous et moi :
S'il le voit à sa tête, il en fera son roi ;
Vous le jugez vous-même.

PRUSIAS.

          Ah! j'avouerai, Madame,
Que le ciel a versé ce conseil dans votre âme.   1640

---

1. *Var.* Ah! rien de votre part ne sauroit choquer. (1651-56)

Seigneur, se peut-il voir rien de mieux concerté?
FLAMINIUS.
Il vous assure et vie, et gloire, et liberté;
Et vous avez d'ailleurs Laodice en otage;
Mais qui perd temps ici perd tout son avantage.
PRUSIAS.
Il n'en faut donc plus perdre : allons-y de ce pas. 1645
ARSINOÉ.
Ne prenez avec vous qu'Araspe et trois soldats :
Peut-être un plus grand nombre auroit quelque infidèle.
J'irai chez Laodice, et m'assurerai d'elle.
Attale, où courez-vous?
ATTALE.
Je vais de mon côté
De ce peuple mutin amuser la fierté. 1650
A votre stratagème en ajouter quelque autre.
ARSINOÉ.
Songez que ce n'est qu'un que mon sort et le vôtre,
Que vos seuls intérêts me mettent en danger.
ATTALE.
Je vais périr, Madame, ou vous en dégager.
ARSINOÉ.
Allez donc. J'aperçois la reine d'Arménie. 1655

SCÈNE VI.

ARSINOÉ, LAODICE, CLÉONE.

ARSINOÉ.
La cause de nos maux doit-elle être impunie?
LAODICE.
Non, Madame; et pour peu qu'elle ait d'ambition,
Je vous réponds déjà de sa punition.

ARSINOÉ.

Vous qui savez son crime, ordonnez de sa peine.

LAODICE.

Un peu d'abaissement suffit pour une reine : 1660
C'est déjà trop de voir son dessein avorté.

ARSINOÉ.

Dites, pour châtiment de sa témérité,
Qu'il lui faudroit du front tirer le diadème[1].

LAODICE.

Parmi les généreux il n'en va pas de même :
Ils savent oublier quand ils ont le dessus, 1665
Et ne veulent que voir leurs ennemis confus.

ARSINOÉ.

Ainsi qui peut vous croire aisément se contente!

LAODICE.

Le ciel ne m'a pas fait l'âme plus violente.

ARSINOÉ.

Soulever des sujets contre leur souverain,
Leur mettre à tous le fer et la flamme en la main, 1670
Jusque dans le palais pousser leur insolence,
Vous appelez cela fort peu de violence?

LAODICE.

Nous nous entendons mal, Madame; et je le voi,
Ce que je dis pour vous, vous l'expliquez pour moi.
  Je suis hors de souci pour ce qui me regarde; 1675
Et je viens vous chercher pour vous prendre en ma garde,
Pour ne hasarder pas en vous la majesté
Au manque de respect d'un grand peuple irrité.
Faites venir le Roi, rappelez votre Attale,
Que je conserve en eux la dignité royale : 1680
Ce peuple en sa fureur peut les connoître mal.

---

1. *Var.* Qu'elle mérite perdre et sceptre et diadème. (1651-56)

L'avoit déjà conduit à cette fausse porte;
L'ambassadeur de Rome étoit déjà passé,
Quand dans le sein d'Araspe un poignard enfoncé 1750
Le jette aux pieds du Prince. Il s'écrie, et sa suite,
De peur d'un pareil sort, prend aussitôt la fuite.

ARSINOÉ.

Et qui dans cette porte a pu le poignarder?

ATTALE.

Dix ou douze soldats qui sembloient la garder.
Et ce prince....

ARSINOÉ.

    Ah! mon fils, qu'il est partout de traîtres!
Qu'il est peu de sujets fidèles à leurs maîtres!
Mais de qui savez-vous un désastre si grand?

ATTALE.

Des compagnons d'Araspe, et d'Araspe mourant.
Mais écoutez encor ce qui me désespère.
 J'ai couru me ranger auprès du Roi mon père; 1760
Il n'en étoit plus temps : ce monarque étonné
A ses frayeurs déjà s'étoit abandonné,
Avoit pris un esquif pour tâcher de rejoindre
Ce Romain, dont l'effroi peut-être n'est pas moindre.

SCÈNE VIII.

PRUSIAS, FLAMINIUS, ARSINOÉ, LAODICE, ATTALE, CLÉONE.

PRUSIAS.

Non, non; nous revenons l'un et l'autre en ces lieux
Défendre votre gloire, ou mourir à vos yeux.

ARSINOÉ.

Mourons, mourons, Seigneur, et dérobons nos vies

A l'absolu pouvoir des fureurs ennemies ;
N'attendons pas leur ordre, et montrons-nous jaloux
De l'honneur qu'ils auroient à disposer de nous. 1770
LAODICE.
Ce désespoir, Madame, offense un si grand homme
Plus que vous n'avez fait en l'envoyant à Rome :
Vous devez le connoître; et puisqu'il a ma foi,
Vous devez présumer qu'il est digne de moi.
Je le désavouerois, s'il n'étoit magnanime, 1775
S'il manquoit à remplir l'effort de mon estime,
S'il ne faisoit paroître un cœur toujours égal.
Mais le voici : voyez si je le connois mal.

SCÈNE IX.

PRUSIAS, NICOMÈDE, ARSINOÉ, LAODICE, FLAMINIUS, ATTALE, CLÉONE.

NICOMÈDE.
Tout est calme, Seigneur : un moment de ma vue
A soudain apaisé la populace émue. 1780
PRUSIAS.
Quoi? me viens-tu braver jusque dans mon palais,
Rebelle?
NICOMÈDE.
C'est un nom que je n'aurai jamais.
Je ne viens point ici montrer à votre haine
Un captif insolent d'avoir brisé sa chaîne :
Je viens en bon sujet vous rendre le repos 1785
Que d'autres intérêts troubloient mal à propos.
Non que je veuille à Rome imputer quelque crime :
Du grand art de régner elle suit la maxime;
Et son ambassadeur ne fait que son devoir,

Quand il veut entre nous partager le pouvoir[1].   1790
Mais ne permettez pas qu'elle vous y contraigne :
Rendez-moi votre amour, afin qu'elle vous craigne;
Pardonnez à ce peuple un peu trop de chaleur
Qu'à sa compassion a donné mon malheur;
Pardonnez un forfait qu'il a cru nécessaire,   1795
Et qui ne produira qu'un effet salutaire.
  Faites-lui grâce aussi, madame, et permettez
Que jusques au tombeau j'adore vos bontés.
Je sais par quels motifs vous m'êtes si contraire :
Votre amour maternel veut voir régner mon frère; 1800
Et je contribuerai moi-même à ce dessein,
Si vous pouvez souffrir qu'il soit roi de ma main.
Oui, l'Asie à mon bras offre encor des conquêtes;
Et pour l'en couronner mes mains sont toutes prêtes :
Commandez seulement, choisissez en quels lieux,   1805
Et j'en apporterai la couronne à vos yeux.

ARSINOÉ.

Seigneur, faut-il si loin pousser votre victoire,
Et qu'ayant en vos mains et mes jours et ma gloire,
La haute ambition d'un si puissant vainqueur
Veuille encor triompher jusque dedans mon cœur ? 1810
Contre tant de vertu je ne puis le défendre[2];
Il est impatient lui-même de se rendre.
Joignez cette conquête à trois sceptres conquis,
Et je croirai gagner en vous un second fils.

PRUSIAS.

Je me rends donc aussi, Madame; et je veux croire 1815
Qu'avoir un fils si grand est ma plus grande gloire.
Mais parmi les douceurs qu'enfin nous recevons,

---

1. *Var.* Quand il veut entre nous partager ce pouvoir;
Mais ne permettez point qu'elle vous y contraigne. (1651-56)
2. *Var.* Contre tant de vertu je ne puis le défendre. (1651-56)

Faites-nous savoir, Prince, à qui nous vous devons[1].
####### NICOMÈDE.
L'auteur d'un si grand coup m'a caché son visage;
Mais il m'a demandé mon diamant pour gage,   1820
Et me le doit ici rapporter dès demain.
####### ATTALE.
Le voulez-vous, Seigneur, reprendre de ma main?
####### NICOMÈDE.
Ah! laissez-moi toujours à cette digne marque
Reconnoître en mon sang un vrai sang de monarque.
Ce n'est plus des Romains l'esclave ambitieux,   1825
C'est le libérateur d'un sang si précieux.
Mon frère, avec mes fers vous en brisez bien d'autres :
Ceux du Roi, de la Reine, et les siens et les vôtres.
Mais pourquoi vous cacher en sauvant tout l'État?
####### ATTALE.
Pour voir votre vertu dans son plus haut éclat;   1830
Pour la voir seule agir contre notre injustice,
Sans la préoccuper par ce foible service;
Et me venger enfin ou sur vous ou sur moi,
Si j'eusse mal jugé de tout ce que je voi.
Mais, Madame....
####### ARSINOÉ
       Il suffit : voilà le stratagème   1835
Que vous m'aviez promis pour moi contre moi-même.
####### (A Nicomède.)
Et j'ai l'esprit, Seigneur, d'autant plus satisfait,
Que mon sang rompt le cours du mal que j'avois fait.
####### NICOMÈDE, à Flaminius.
Seigneur, à découvert, toute âme généreuse
D'avoir notre amitié doit se tenir heureuse;   1840
Mais nous n'en voulons plus avec ces dures lois

---

1. *Var.* Prince, saurons-nous point à qui nous vous devons? (1651-56)

ACTE V, SCÈNE IX.

Qu'elle jette toujours sur la tête des rois :
Nous vous la demandons hors de la servitude,
Ou le nom d'ennemi nous semblera moins rude.

FLAMINIUS, à Nicomède.

C'est de quoi le sénat pourra délibérer ; 1845
Mais cependant pour lui j'ose vous assurer,
Prince, qu'à ce défaut vous aurez son estime,
Telle que doit l'attendre un cœur si magnanime ;
Et qu'il croira se faire un illustre ennemi,
S'il ne vous reçoit pas pour généreux ami. 1850

PRUSIAS.

Nous autres, réunis sous de meilleurs auspices,
Préparons à demain de justes sacrifices ;
Et demandons aux Dieux, nos dignes souverains,
Pour comble de bonheur l'amitié des Romains.

FIN DU CINQUIÈME ET DERNIER ACTE.

TABLE DES MATIÈRES

CONTENUS DANS LE CINQUIÈME VOLUME.

THÉODORE, VIERGE ET MARTYRE, tragédie chrétienne..... 1
    Notice 3
    A Monsieur L. P. C. B......................... 8
    Examen.. 10
    Liste des éditions qui ont été collationnées pour les variantes de *Théodore*............................ 15
THÉODORE 17
    APPENDICE :
      I.   Tragédie de *Sainte Agnès* par le sieur d'Aves. Argument de la présente tragédie............... 101
      II. Vita S. virginis Theodoræ et Didymi martyris, ex Simeone Metaphraste..................... 103
      III. Martyrium S. Theodoræ virginis à S. Ambrosio scriptum, libro secundo *de Virginibus*......... 108

HÉRACLIUS, EMPEREUR D'ORIENT, tragédie............. 113
    Notice 115
    Lettre de M. Viguier à M. Marty-Laveaux.......... 134
    A Monseigneur Seguier, chancelier de France........ 141
    Au lecteur....................................... 143
    Examen.. 148
    Liste des éditions qui ont été collationnées pour les variantes d'*Héraclius*............................ 155

TABLE DES MATIÈRES.

Héraclius	157
ANDROMÈDE, tragédie.......................	243
Notice	245
Dessein de la tragédie d'Andromède...............	258
Appendice : L'*Andromède*, représentée par la troupe royale au Petit-Bourbon, avec l'explication de ses machines	279
A M. M. M. M.............................	291
Argument.................................	292
Examen..................................	299
Liste des éditions qui ont été collationnées pour les variantes d'*Andromède*...........................	313
Andromède	315
DON SANCHE D'ARAGON, comédie héroïque..........	397
Notice	399
A Monsieur de Zuylichem.....................	404
Argument	411
Examen	414
Liste des éditions qui ont été collationnées pour les variantes de *Don Sanche d'Aragon*	417
Don Sanche d'Aragon........................	419
NICOMÈDE, tragédie...........................	495
Notice...................................	497
Au lecteur................................	501
Examen	505
Liste des éditions qui ont été collationnées pour les variantes de *Nicomède*...........................	509
Nicomède.................................	511

FIN DE LA TABLE DES MATIÈRES.

Paris. — Imprimerie de Ch. Lahure, rue de Fleurus, 9.